NEPTUNO

LA CASA 12 Y PISCIS

La atemporalidad de la Verdad
Segunda Edición

MAURICE FERNANDEZ

© Copyright 2004, 2018 Maurice Fernandez

Todos los derechos reservados. Ninguna parte de esta publicación puede ser reproducida, almacenada en un sistema de recuperación de datos o transmitida de ninguna forma o medio, ya sea electrónico, mecánico, por fotocopia, grabación o cualquier otro, sin el permiso escrito del autor.

Impreso en Estados Unidos
Primera edición inglés (2004) ISBN 978-14120402-80
Segunda edición inglés (2018) ISBN 978-17323096-09

Traducción en español **(2024) ISBN 978-1-7323096-2-3**

Editores inglés:
Primera edición: Jinny Rodrigo
Segunda edición: Leann Plank, Arthur Kuper, Geoff Gronlund, Jeremy Kanyo

Portada: Jeff Lohrius en **jefflohrius.com**
Diseño de portada y gráficos interiores: Sara Fisk
Mandala de Neptuno: Maureen Frank en MandalaLady.com
Imagen de contratapa: Robert Kent

Traducción al español: Alice Thomas
Traducciones adicionales: Belen Landi
Edición en español: Belen Landi

Todas las cartas utilizadas en este volumen están clasificadas Rodden AA, A o B.
Sistema de casas de Koch y Nodos Verdaderos
(salvo indicación contraria)

Publicado por *River of Stars Publications*

Agradecimientos

Me gustaría agradecer a mis padres, Sara y David, por su amor y apoyo incondicional, tanto a través de su presencia física como etérea.

Agradezco inmensamente a mis colegas, estudiantes y maestros cuyo esfuerzo y dedicación mantienen viva la llama de la astrología, a menudo a contraviento. Al equipo de OPA y a sus miembros, por apoyar y crear juntos asombrosos proyectos de astrología. A mis maestros, mentores y predecesores Dane Rudhyar, Jeffrey Green, Ayelet Bental, quienes me abrieron tanto las puertas espirituales como también las manifiestas para hacer uso de la astrología y me facilitaron recordar la Verdad.

Agradezco de todo corazón a quienes me ayudaron, apoyaron y confiaron en mí durante todo el camino, especialmente en los momentos en que todo parecía ser tan absurdo. En particular, doy gracias a Leann Plank, Arthur Kuper, Geoff Gronlund y Jeremy Kanyo por el minucioso trabajo de edición y revisión del texto.

También, a quienes me ayudaron a integrar mi cuerpo y alma, John of God (Juan de Dios), el rabino Elazar de Adderet, Yogi Bhajan, Linda Tucker, a los Leones Blancos y todos los maestros espirituales que de manera auténtica han sostenido la esencia de la Verdad y la fuerza del amor en este planeta.

A Jeremy, mi Neptuniano favorito.

"¿Por qué las cosas son como son y no de otra manera?"
JOHANNES KEPLER

"Quien no es un buen siervo no será un buen maestro"
PLATÓN

"Platón es mi amigo, Aristóteles es mi amigo, pero mi mejor amiga es la Verdad"
ISAAC NEWTON

Tabla de Contenidos

CAPÍTULO UNO El arquetipo de Piscis 1
    Las fases de desarrollo del arquetipo de Piscis 18

CAPÍTULO DOS En Sintesis 79
    Las siete fases evolutivas del arquetipo de Piscis 80
    Neptuno en Aries /Casa 1 90
    Neptuno en Tauro / Casa 2 122
    Neptuno en Géminis / Casa 3 150
    Neptuno en Cáncer / Casa 4 179
    Neptuno en Leo / Casa 5 206
    Neptuno en Virgo / Casa 6 233
    Neptuno en Libra / Casa 7 263
    Neptuno en Escorpio / Casa 8 292
    Neptuno en Sagitario / Casa 9 325
    Neptuno en Capricornio/ Casa 10 353
    Neptuno en Acuario / Casa 11 384
    Neptuno en Piscis / Casa 12 417
    Nodos Lunares en Virgo/Piscis o Casas 6/12 450
    Neptuno en aspecto al eje nodal 465
    Neptuno Retrógrado 475
    Estudio de Caso: Kayelitsha 478

CAPÍTULO TRES Neptuno en Tránsito 492

Tránsitos en el signo de Piscis 505
El tránsito anterior de Neptuno en Piscis, 1847-1862 525
Neptuno en Piscis 2011-2026... 534

Prefacio

Segunda edición (2018)

Escribir este libro fue una experiencia neptuniana en sí misma. A fines de julio de 2000, sin previo aviso, este material llegó a mí dentro del espacio de una semana, mientras escribía algunas notas para lo que se suponía que sería una breve presentación acerca del planeta Neptuno. Para mi sorpresa, la lapicera tomó el control del proceso de pensamiento y las páginas se sucedieron una detrás de otra. A medida que surgían nuevas ideas acerca de la naturaleza de la influencia de Neptuno, fui dirigido hacia preguntas que eran fundamentalmente existenciales y que siempre me habían atormentado; la que más destacaba era, ¿por qué tanto sufrimiento para los inocentes? La respuesta no era fácil; sin embargo, tuvo sentido y le permitió a mi alma estar más en paz con aquello que a menudo parece ser un absurdo en la vida.

El propósito de este libro es arrojar luz sobre aquellos rincones nebulosos del arquetipo de Piscis: la casa 12, Piscis (su signo asociado) y el planeta Neptuno. Espero ofrecerle un marco de referencia lógico, que lo ayude a comprender la dinámica inherente de este arquetipo como un proceso y no como hechos y definiciones desconectados. Por ejemplo, la casa 12 está tradicionalmente asociada, por un lado, a la espiritualidad y por el otro, a las cárceles. Cuando hay datos y definiciones tan disímiles y no hay un denominador común, nuestra comprensión termina siendo fragmentada. Ahí radica la fuerza de la Astrología y la Evolución de la Conciencia: este enfoque proporciona una comprensión holística, un hilo conductor evolutivo, que vincula sucesos aparentemente no relacionados entre sí, con una temática subyacente. En este ejemplo, lo que une a las cárceles y a la espiritualidad, es que ambas experiencias, elegidas o no, están conectadas con situaciones que nos obligan a ceder el control y la rendición es, de hecho, un tema central dentro de los asuntos de la duodécima casa.

Decidí escribir la segunda edición de este libro sin haber quedado completamente satisfecho con la primera edición. En aquel momento, era alguien con poca experiencia, necesitaba pulir mi inglés y hacer un intenso trabajo de edición y mayor refinamiento. Espero que ahora esté más fluido. Inicialmente, pensé que tendría la segunda edición lista para el ingreso de Neptuno al signo de Piscis en 2012, pero me llevó seis años más poder completarla. Mientras revisaba los capítulos, me llegaba más información y lo que se había editado necesitaba volver a revisarse. Me tomó una gran cantidad de tiempo lograr pulir el contenido, de modo que las complejas definiciones y matices espirituales se transmitieran de un modo accesible y útil. Ahora me siento más en paz con este escrito y espero que Neptuno no tenga reservado para mí una tercera edición.

¿Cómo leer este libro? Por más obvio que parezca, es esencial leer primero el Capítulo Uno para comprender mejor la descripción respecto a las distintas posiciones en la carta que encontrará en el Capítulo Dos. Recomiendo resistir la tentación de irse directamente a los capítulos posteriores vinculados a su carta, al menos durante una primera lectura.

Descubrirá que probablemente tenga más de un tema en particular que se ajuste a su carta. Al combinar las ubicaciones y aspectos de Neptuno y luego los planetas y signos en la casa 12 y Piscis, encontrará múltiples inscripciones arquetípicas que se ajustarán a cualquier carta. Todas esas inscripciones son válidas y relevantes y puede ocurrir que su activación varíe, dependiendo del periodo vital en que se encuentre.

Ésta es mi ofrenda: dedico este libro a la astrología y a la vida, mi máxima maestra.

Amor y bendiciones para todos.
Maurice Fernandez
Sedona, Arizona (marzo de 2018)

La Atemporalidad de la Verdad

Neptuno mitológico y astrológico

Neptuno, el regente moderno de Piscis, fue descubierto el 23 de septiembre de 1846. Su órbita de 165 años alrededor del Sol es aproximadamente el doble de la de Urano y dos tercios de la de Plutón.

Antes del descubrimiento de Neptuno, Júpiter era considerado el regente de Piscis y así también lo ven en la actualidad muchos de los que practican la Astrología Tradicional. Mi investigación personal, tal como la comparto en este volumen, me confirma que Neptuno es el representante más exhaustivo de los temas de Piscis. Si bien Júpiter abarca varios de los temas de Piscis, como el desarrollo espiritual, las asociaciones con la naturaleza y la vida silvestre, Neptuno lleva estos temas hacia lo profundo de la dimensión transpersonal. Por ejemplo, si Júpiter está asociado a nuestro sistema de creencias, Neptuno representa la Verdad eterna, más allá de cualquier sesgo en las creencias.

De manera sincrónica, **al momento del descubrimiento de Neptuno**, surgió la fiebre de oro norteamericana. Ésta propició una migración masiva hacia California, motivada por la esperanza de hacer una fortuna rápido. Al mismo tiempo, los antisépticos fueron usados por primera vez en los hospitales para combatir infecciones. En 1846, fue el primer refinamiento de petróleo crudo. Quince años más tarde, estalló la guerra civil en Estados Unidos, con el fin de abolir la esclavitud. Todos estos hechos históricos coinciden con los temas de Piscis.

En la mitología, Neptuno es la contraparte romana del dios griego Poseidón, quien gobernó la Creación como el Señor de las aguas, junto con sus hermanos Hades (Plutón) el Señor del inframundo y Zeus (Júpiter) el Señor del cielo. La tierra misma está gobernada por los tres, con Zeus como líder supremo.

A Poseidón se lo representa comúnmente sosteniendo un tridente, conocido como el símbolo astrológico de Neptuno. Se lo incluye en numerosas historias mitológicas, como La Ilíada y La Odisea. Mientras que el mito de Neptuno y Poseidón conllevan muchos atributos asociados a las influencias astrológicas de Neptuno, particularmente con los océanos y el poder de cambiar de forma, el contenido de este volumen describe al planeta Neptuno con una influencia mucho más vasta en la carta, que va más allá del mito original asociado con el nombre del planeta.

Los astrólogos consideran a Neptuno como uno de los planetas exteriores, junto con Urano y Plutón. Los planetas exteriores representan el impulso para desarrollar una perspectiva más elevada en la vida, aquello que trasciende los apegos egocéntricos y prejuicios. Estos tres cuerpos celestes son las fuerzas de cambio que impulsan la evolución de nuestra conciencia para hacernos más conscientes respecto de la Verdad de la vida. Mientras que los planetas personales representan la necesidad de desarrollar un ego, sobrevivir, tener seguridad y construir una identidad, los planetas exteriores representan la necesidad de superar constantemente nuestras limitaciones y trascender nuestras perspectivas subjetivas. Los planetas exteriores nos ayudan a darnos cuenta de que nuestras vidas personales están vinculadas a una Verdad más amplia que lo une todo, desde el desarrollo personal hasta la evolución transpersonal.

Para vivir bien, no podemos centrarnos solo en la supervivencia y la seguridad: también es necesario expandir nuestra conciencia de manera continua. A través de crisis y revelaciones, los planetas exteriores revelan nuevas capas de la Verdad. Neptuno, representa en particular la esencia de la Verdad que no está condicionada por un lugar, ni por una cultura o un punto de vista determinados, sino que permanece como una constante a través del curso del tiempo: *la Verdad atemporal.*

En tiempos de confusión, desorientación y abatimiento, la constante de la Verdad nos sirve como referencia para poder volver al camino.

Es curioso que Neptuno simbolice, al mismo tiempo, la ilusión y la desilusión de las ilusiones. A medida que los velos se levantan, tenemos una experiencia directa de aquello que es constante, *la Verdad atemporal.*

CAPÍTULO UNO

El Arquetipo de Piscis

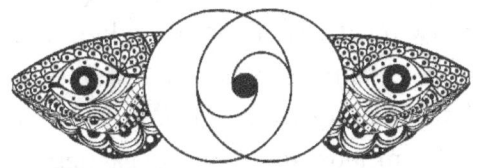

El ego y las fuerzas de la vida

Cada arquetipo en astrología refleja una función que es inherente a la naturaleza de la vida. Cuando hablamos del arquetipo de Piscis, el cual incluye el signo de Piscis, su regente planetario moderno Neptuno y su Casa natural, la casa 12, su principal propósito es establecer un puente entre una conciencia separada, el ego, las fuerzas superiores de la vida y las fuerzas originales de la Creación. Bajo la influencia de Piscis, nos damos cuenta de que hay bastante más en la vida que nuestra historia personal y, por el mismo motivo, reconocemos que somos parte de un designio más amplio que subyace la existencia.

A través de Piscis ponemos a prueba nuestra relación con la vida en su totalidad y esta relación determina, a su vez, la naturaleza de nuestro bienestar existencial. Independientemente de si somos ricos o pobres o de cualquier otro detalle de nuestra circunstancia personal, cuando nuestra relación con la vida es saludable, podemos encontrar bienestar. El arquetipo de

Piscis en nuestra carta refleja el diálogo continuo que tenemos con la existencia y, más allá de que estemos atravesando tormentas o aguas tranquilas, la lección evolutiva inherente será, en esencia, estar en paz con la vida.

Para explorar esta relación entre el ego y las fuerzas de la Creación, necesitamos definir y comprender mejor el fenómeno del ego. *El ego* es la parte de nuestra psique que, durante nuestra encarnación, transforma la vida en algo personal; es el filtro mediante el cual internalizamos y digerimos cada impresión. Hablando en términos espirituales, representa la *conciencia individual*, el canal a través del cual creamos nuestra identidad dentro de la inmensidad de la existencia y procesamos todo aquello que experimentamos.

La expresión superior del ego es el alma. Nuestra alma también es parte de nuestra identidad separada. Sin embargo, a diferencia del ego, el alma representa nuestra identidad más allá de la vida actual e incluye la suma de nuestro proceso evolutivo a través de múltiples encarnaciones.

El alma trabaja a través de un ego en cada encarnación para crear una identidad que le sirva a su proceso evolutivo. El ego se identificará con personas, lugares, ideas o causas que servirán de plataforma para que el alma evolucione. A través de nuestro ego, nos apegaremos emocionalmente a ciertas cosas y las personalizaremos, entonces, se volverán conocidas, seguras y, de ese modo, las podremos manejar y controlar mejor. Por ejemplo, si una persona es docente, el ego personaliza esa profesión y la enseñanza se convierte en el campo de operación a través del cual el alma experimenta y aprende sus lecciones de vida.

En el otro extremo del espectro está el arquetipo de Piscis, que representa las fuerzas de la vida que existían *antes de que naciéramos*; las fuerzas que nos crearon junto a todo lo demás. Por tanto, incluye todo el mecanismo de la vida que opera, sin importar si lo entendemos o no; está más allá del espectro que abarca nuestro ego. Nacemos dentro de una realidad que no creamos: el cielo es azul y los árboles son verdes y eso se nos presenta como algo dado. Cómo empezó todo y hacia dónde va, no lo sabemos con certeza: sólo podemos especular al respecto.

Puesto que el signo de Piscis, Neptuno y la casa 12 representan, como arquetipo, las amplias fuerzas de la Creación, también son capaces de reflejar lo *desconocido, el misterio y, por tanto, lo que no controlamos*. La forma en que nos vinculamos con lo desconocido y lo aceptamos es parte de esta lección evolutiva. Al no tener control, es posible experimentar este arquetipo como algo caótico e inseguro. Sin embargo, desde el punto de vista de Piscis, ya que la vida es un organismo holístico donde todo está interconectado, necesitamos encontrar eventualmente elementos desconocidos y salir de nuestra zona de confort para experimentar todo lo que hay. Ya que cada elemento de la vida está interconectado y es interdependiente, somos parte del todo, nos demos cuenta o no. Las leyes naturales holísticas nos desafían, porque implican que elementos ajenos y a veces hostiles estén, de alguna manera, conectados con nuestra vida personal, incluso si nuestro ego inicialmente se disocia de ellos. Por ejemplo, las personas adineradas pueden preferir librarse de las preocupaciones de los pobres y piensan que esa realidad está fuera de su ámbito personal; sin embargo, a través de la influencia de Piscis, eventualmente aprenderán que todos los elementos, sin importar cuán remotos parezcan, influyen en los demás. En este caso, la pobreza puede generar malestar social o, posiblemente, altas tasas de criminalidad que afectarán a todas las clases sociales.

Piscis es el arquetipo de la *unidad original,* donde todo es dado antes de la separación e individualización. Es la *materia prima* que contiene todos los componentes y códigos de la vida. Por tanto, va más allá de las etiquetas y circunstancias individuales; en última instancia, es lo que hace confluir a los ricos y a los pobres, a la ciencia y la religión, a las personas corruptas y honestas, a los animales y humanos o a cualquier otra polaridad o división aparente; representa el concepto de unidad porque se refiere *a los denominadores comunes que todos compartimos.* Si bien podemos tener diferentes cualidades y vivir diferentes estilos de vida, todos necesitamos agua, oxígeno, alimento y luz solar. Todos queremos buena salud, felicidad y seguridad. Piscis captura el hecho de que, si bien nuestra forma es diferente, nuestra esencia es la misma. En esta unidad original, *la propiedad o la individualidad no tienen relevancia inmediata.*

En consecuencia, Piscis representa lo que es público y aquello que no pertenece a nadie y es de todos, como el aire que respiramos y el Sol. En lo mundano, representa lugares comunes como las carreteras, los parques públicos o la estación de bomberos que sirven a todos en general.

Definiciones generales del arquetipo de Piscis:
- *Las grandes fuerzas de la Creación que operan más allá de nuestro control, con o sin nuestra comprensión.*
- *El designio superior de las cosas.*
- *Lo que es desconocido, velado y sigue siendo un misterio.*
- *La fuente de todo; lo que une a todos los seres vivos.*
- *Nuestro denominador común, la homogeneidad; lo que está más allá de la separación.*
- *Lo que es de todos y de nadie en particular; lo que es público.*

El desarrollo dinámico del ego está representado por la tríada de agua: Cáncer, Escorpio y Piscis.

Cáncer representa la necesidad del ego de desarrollar una identidad personal a través de la identificación emocional y apego a elementos específicos de la vida. Es lo conocido.

Escorpio representa la necesidad evolutiva de nuestro ego de expandir su capacidad, formando conexiones íntimas con nuevos elementos y personas, permitiéndonos cambiar y experimentar una completa metamorfosis. Escorpio expande la conciencia, al establecer un puente entre lo desconocido y lo conocido.

Piscis representa todas las fuerzas naturales primordiales y subyacentes de la vida, que siguen siendo un misterio; es lo que queda por aprender y lo que está más allá del control de nuestro ego: lo desconocido.

La integración de nuestro ego dentro del principio holístico de la vida se manifiesta a través de la cruz mutable que incluye Piscis, Géminis, Virgo y Sagitario.

Piscis representa la unidad inicial de la vida, como un solo organismo que incluye **todos** los aspectos de la Creación, lo conocido o desconocido para nuestro ego; la fuerza primordial de la vida que operaba antes de la existencia humana. Ante fuerzas tan grandes, permanecemos en un estado pasivo, fluyendo, habitando lo "que es", sin necesariamente conocer de dónde ha venido o hacia dónde va todo.

Géminis se relaciona con el esfuerzo de nuestro ego para hacer conocido lo desconocido a través de la observación y aprendizaje del mecanismo de la vida. Este proceso implica recopilar información actualizada y familiarizarse con los hechos presentes. A medida que el ego descifra la vida, asigna nombres a las cosas, de modo de relacionarse mentalmente con la existencia y, de ese modo, organizarla. Este proceso proporciona las habilidades para leer el "mapa" de la existencia, orientarse y navegar. Ya que la vida puede ser aprendida, nos damos cuenta de que, a través de la lógica, se pueden conectar todas las diferentes piezas; la vida es coherente y no aleatoria.

Virgo representa la capacidad de controlar lo que es conocido en la vida y utiliza la información recopilada a través de la fase de Géminis para garantizar el funcionamiento, salud y productividad adecuados. A medida que aumenta el aprendizaje, el ego refina aún más sus habilidades para utilizar los recursos de la vida de manera más eficiente. La función y las habilidades de una persona sirven y dependen de la función y habilidades de otra; así, todos los servicios son interdependientes y permiten que el sistema completo funcione.

Sagitario representa la necesidad de nuestro ego de aventurarse más allá de los límites de lo conocido o de lo que ya funciona, a fin de comprender mejor el "panorama general" y navegar por la vida con más éxito. Esta necesidad de ir *más allá* fomenta la intuición, el riesgo y la especulación sobre nuevas posibilidades o sobre un mayor potencial. Existe en este signo el anhelo de encontrar un significado general de la vida, que sirva como guía para que todos prosperen.

Cerrando este ciclo, *Piscis* representa la necesidad del ego de darse cuenta de las limitaciones de nuestro poder individual cuando enfrentamos la inmensidad de la existencia con sus fuerzas y significados superiores. Nos percatamos de que, a pesar de nuestra capacidad para aprender, crecer y progresar, el misterio de igual modo nos supera. La vida comprende capas cada vez más profundas de la Verdad. Caemos en cuenta de nuestra incapacidad de comprenderlo todo; aprendemos por tanto a **aceptar** que no podemos conocerlo todo y que debemos confiar en una Verdad suprema y en su misterio; así, aprendemos a congeniar con la vida y a confiar en que es buena.

Lo que es desconocido y está fuera de control (Piscis) se opone a la necesidad de gestionar y controlar (Virgo). Se configura naturalmente la cuadratura del eje Piscis/Virgo al eje Géminis/Sagitario que a su vez representa el proceso de aprendizaje que transforma lo desconocido en conocido.

Sin embargo, no importa cuánto uno aprenda, lo desconocido, que es intrínseco a Piscis, es infinito, dejando para siempre al ego en la posición de aprender y de estar en humilde sumisión.

Bienestar Existencial

Ya que el arquetipo de Piscis se vincula a la relación entre nuestro yo separado y las fuerzas superiores de la vida, refleja por tanto nuestro encuentro con la existencia y la forma en que nos relacionamos *con la experiencia de vivir*. Realmente no sabemos de dónde venimos, cómo comenzó todo y hacia dónde vamos. Vivimos en el misterio, en aquello que no creamos pero que estamos hechos para abrazar y aceptar: la vida misma.

Como no podemos controlar completamente las grandes fuerzas universales, podemos elegir entre confiar en el orden cósmico o sentirnos amenazados por él. Confiamos en que el sol saldrá todas las mañanas y que el cielo no caerá sobre nuestras cabezas, aún cuando estos eventos estén fuera de nuestro control y no exista garantía alguna de que no sucedan. Piscis refleja el hecho de que vivimos inmersos en una variedad de fenómenos naturales, la mayoría de los cuales no comprendemos. Así y todo, algo en nosotros confía en que si eso se da, es porque hay algo *bueno* en ello.

¿Cómo podemos saber que todo es bueno si sólo vislumbramos una parte? Esta es una cuestión existencial importante, que se ha debatido desde los principios de la humanidad, pero, aún, permanece sin respuesta. Si la vida continúa, más allá de todos los problemas y los desafíos, eso quiere decir que algo debe estar funcionando bien. Además, aunque la vida siga siendo un misterio, se puede aprender de ella y captar la inteligencia que en ella opera. Por lo tanto, es posible concluir que la vida es coherente, útil y cognoscible.

A través de las influencias de Neptuno, la casa 12 y Piscis en la carta, podemos examinar nuestra experiencia existencial y evaluar cómo nos relacionamos con todos estos factores. No se trata simplemente de nuestras preocupaciones diarias, como reparar un neumático pinchado o sanar las lágrimas de un corazón roto, sino de cómo experimentamos el "paquete completo", *cómo nos va con la vida*.

Vivimos la vida, somos la vida, pero la vida es más grande que lo que somos. ¿Nos gusta? Algunos se sienten afortunados porque experimentan buena suerte; la vida funciona para ellos, al menos, por el momento. Otros están ansiosos, en un continuo estado de malestar, quizás porque alguna vez experimentaron dolor o una pérdida inesperada que puso a prueba su confianza en la vida. La mayoría de nosotros fluctuamos entre momentos de alegría y gratitud y momentos de desesperación y ansiedad. Al final del día, cuando hacemos la sumatoria de todo, lo que más importa, desde el punto de vista de Piscis, es si somos felices. *¿Nos gusta vivir?*

A través de Neptuno, la casa 12 y Piscis, medimos nuestro bienestar existencial; ése es nuestro "barómetro de felicidad". Los detalles de quiénes somos, qué hacemos, cómo vivimos y en qué creemos son secundarios. Lo que importa es la pregunta fundamental: con todo lo que tenemos y no tenemos, lo que sabemos y no sabemos, con los placeres y los dolores, ¿amamos la vida, solamente la toleramos o, quizás, incluso, la detestamos? Algunas personas se sienten bendecidas, otras malditas y otras, tal vez, consideran el suicidio. Muchos fingen ser felices y se mienten a sí mismos, negando sus disfuncionalidades. La verdadera felicidad es un trabajo en construcción.

Una de las lecciones evolutivas importantes de Piscis es establecer *una relación saludable con la vida*, para sostener nuestro bienestar existencial. En los próximos capítulos exploraremos cómo la existencia nos conduce a través de una amplia gama de experiencias y la mayoría de nosotros probaremos un poco de todo ese espectro, desde el dolor a la dicha. Sin embargo, el propósito principal de la influencia de Piscis es hacernos partícipes de su lección evolutiva fundamental: la maestría en *felicidad*.

Definiciones generales del arquetipo de Piscis:
- *La naturaleza de nuestra relación con la vida y nuestras inquietudes existenciales.*
- *El interrogante para saber si la vida funciona para nosotros. Preguntarnos si estamos experimentando bienestar, independientemente de las decisiones que tomamos y las circunstancias de nuestra vida.*
- *El dominio gradual de la felicidad.*

Atemporalidad, tiempo y espacio
La vida en dos dimensiones paralelas.

El arquetipo de Piscis representa la fuente de todo y en esta unidad original, representa la dimensión de *la atemporalidad*, en la que la separación no existe. En su esencia más profunda, Piscis es la Verdad eterna que gobierna la vida, *lo que es cierto para todos, en todas partes y por siempre*. El amor, la justicia y la paz son ejemplos de estos valores universales, atemporales, que subyacen a las motivaciones del alma en todo momento y lugar. Si bien la Verdad en su totalidad puede ser demasiado amplia para ser captada, es, en última instancia, lo único que funciona y, por eso, todos la buscamos. Como el arquetipo de Piscis refleja la Verdad atemporal, comprende lo que está fuera de la rueda del tiempo, lo que está más allá de la muerte y del renacimiento, *aquello que permanece sin ser afectado por la evolución*.

La dimensión atemporal no es accesible en lo inmediato y la Verdad es en gran parte un misterio que sólo podemos comprender parcialmente; sin embargo, tenemos *un recuerdo inconsciente de la dimensión atemporal*, que proviene del núcleo de nuestro origen, que podríamos denominar *el útero cósmico*, ese lugar previo al nacimiento e identidad, donde todo era una sola gran unidad. Si bien, en gran medida permanece inconsciente, una parte de nosotros está conectada a ese útero cósmico. Incluso, mientras atendemos asuntos cotidianos y tratamos temas superficiales, la memoria del reino atemporal nos guía. Por ejemplo, las veces que elegimos una casa para comprar o establecemos metas personales, a pesar de que puedan parecer cuestiones simplemente prácticas, de hecho, son decisiones impulsadas por nuestro ideal de encontrar paz, amor y bienestar definitivos, que provienen de nuestra memoria de lo atemporal.

Atemporalidad, tiempo y espacio

A medida que evolucionamos espiritualmente, nos volvemos más conscientes de la dimensión atemporal de la Verdad, que todo lo abarca y todo lo une y nos esforzamos para alinear nuestros valores personales con ella.

Tiempo y espacio es una dimensión paralela donde dejamos el útero cósmico y nacemos para ser individuos separados. En la dimensión de tiempo y espacio, la totalidad de la vida es dividida en fragmentos, similar al universo después del "Big Bang" cuando el núcleo de todas las cosas explotó en una miríada de partículas y elementos separados. Cada uno de estos fragmentos desarrolla una conciencia propia. Aquí es donde venimos a existir como individuos.

El tiempo y el espacio tienen que ver con *la individualidad, la conciencia separada y el desarrollo de un ego personal*; cada tiempo y espacio logran capturar una experiencia aislada, una forma particular. La función de tiempo y espacio es separar y definir. Por ejemplo, cuando estamos en el Ártico, experimentamos frío, en contraste a lo que experimentamos en el desierto –calor–; son diferentes lugares, diferentes momentos y diferentes experiencias. La individualidad y la separación resaltan cualidades y características únicas.

A pesar de sus diferencias, estos contextos aislados están en realidad completamente interconectados y forman parte de un sistema climático más amplio. Cada experiencia está separada en tiempo y espacio, cada una es válida en sí misma, pero todas ellas reflejan un *fragmento* de la Verdad más amplia.

Como una película que comprende varias imágenes que crean un continuo, nuestras vidas son una colección secuencial de muchas experiencias temporo- espaciales. Pasamos de un fragmento al siguiente con el fin de experimentar la vida en su totalidad de manera gradual.

Una posible forma de nacer dentro del tiempo y espacio es romper la Verdad atemporal en varios fragmentos, con el fin de poder experimentar la totalidad de la Verdad, de a un paso a la vez. Nuestra conciencia no está equipada para captar la totalidad de la Verdad al mismo tiempo, así como demasiada electricidad haría quemar la resistencia de un foco. En consecuencia, el propósito del tiempo y espacio es asimilar la Verdad progresivamente, de a un fragmento.

Dado que solo podemos experimentar algunos recortes de la Verdad simultáneamente, *la dimensión del tiempo y espacio es estrecha en comparación con la atemporalidad*. Como resultado, dentro del tiempo y espacio, todo es *relativo*.

Una verdad relativa (dimensión temporal y espacial): el Ártico es más frío que el desierto del Sahara.

La Verdad absoluta (dimensión atemporal): el Ártico y el Sahara están interrelacionados y forman parte del mismo ecosistema global u organismo vivo, a pesar de sus aparentes diferencias y variaciones.

En consecuencia, en el tiempo y espacio experimentamos la *dualidad*, porque cada fragmento, al ser único, debe equilibrarse con su opuesto para encontrar el núcleo, aquello que los une a todos. La dualidad es necesaria para mantener el equilibrio entre los fragmentos, dentro del tiempo y espacio. Por ejemplo, una persona que vive en un fragmento del siglo XXI (tiempo) en la ciudad de Nueva York (espacio), vive un estilo de vida relativamente más rápido en comparación con alguien que vivió durante la época colonial (tiempo) en la zona rural de Bangladesh (espacio). Sin embargo, la dualidad de estas realidades (ritmos urbanos versus rurales, modernos versus coloniales) es necesaria para el equilibrio, porque una no puede existir sin la otra. Cada fragmento es una pieza del rompecabezas de la Verdad y sólo *cuando todos se juntan* podemos comprender el significado total de la vida.

A medida que la dimensión tiempo y espacio rompe la totalidad de la Verdad en fragmentos relativos, que engendra dualidad, el movimiento en espiral de evolución servirá como un puente entre todas las piezas. A través de la Evolución, podemos gradualmente sincronizar entre sí todos los fragmentos del tiempo y espacio para crear el todo nuevamente.

La evolución es el resultado del trabajo, ya sea físico, emocional, mental o espiritual. Nada se sostiene en tiempo y espacio sin evolución y, por tanto, sin trabajo. Por ejemplo, una relación se mantiene sana y el amor crece sólo cuando la pareja trabaja en ella. Apenas una relación se da por sentada, la química que la sostiene se debilita.

Dado que el tiempo y espacio solo puede aprehender, simultáneamente, partes separadas de la Verdad, en esta dimensión nunca nos sentiremos enteramente completos; y como resultado de esta limitación, experimentamos *dolor*. Dado que el espacio-tiempo es estrecho y limitado en comparación con la inmensidad, la unidad y la atemporalidad, desde el punto de vista de Piscis, *vivir en el espacio-tiempo es un shock para el sistema*, ya que Piscis está asociado con lo atemporal. En el tiempo y espacio experimentamos finales y nuevos comienzos de modo recurrente; el desierto debe terminar para que comience el océano, por lo que cada experiencia que tenemos es sólo transitoria. Placer o dificultad, lluvia o sol, todo acaba eventualmente en el siguiente fragmento. Dado que ningún fragmento es entero y completo y toda experiencia es temporal, el tiempo y espacio inevitablemente genera carencias y, debido a esta limitación, finalmente experimentamos dolor. En el desierto carecemos de agua, en el Ártico carecemos de calor, por lo que cada fragmento captura tanto una cualidad como una limitación —porque nunca nada está completo en sí mismo, el resultado es dolor— en este caso, deshidratación o congelamiento, respectivamente. Al enfrentar nuestras carencias y limitaciones, nos vemos obligados a desarrollar nuestra conciencia para intentar recuperar el todo: aquello que es atemporal. Sintetizando, *el dolor es la ausencia de la Verdad atemporal*

Desde el punto de vista de Piscis, todos preferiríamos permanecer en la dimensión atemporal, porque es lo que realmente somos: uno. El acto de separación necesario para desarrollar un ego en el tiempo y espacio es tanto una carga como un viaje traicionero; está marcado por limitaciones recurrentes, experiencias temporales y confrontaciones con el dolor. Sin embargo, la evolución exige que formemos un ego para que podamos desarrollar nuestra conciencia separada y llegar a la Verdad como individuos. Dado que la influencia de Piscis nos recuerda la Verdad eterna, tendemos a resistirnos a las demandas de la evolución y anhelamos un atajo de regreso al útero cósmico de la atemporalidad; sin embargo, tratar de escapar del tiempo y espacio solo exacerba la lucha y aumenta el dolor. El espacio-tiempo no se puede omitir y *debemos aceptar nuestro nacimiento, nuestra separación y nuestro ego para hacer la labor*. La lección evolutiva a través del arquetipo de Piscis, es decir, de Neptuno, la casa 12 y el signo de Piscis, es aprender a armonizar la dimensión de la atemporalidad con la dimensión del tiempo y espacio.

Vivimos simultáneamente tanto en la dimensión atemporal como en la dimensión del tiempo y espacio y transitamos entre ellas, ya que cada una cumple un propósito necesario. *La atemporalidad es la Verdad eterna de la vida, mientras que el espacio-*

tiempo es donde transcurre el aprendizaje de la Verdad. Paradójicamente, necesitamos los fragmentos del tiempo y espacio para aprender y darnos cuenta de lo que es atemporal.

A medida que evolucionamos a través del tiempo y espacio, cada fragmento adquiere mayor significado y profundidad y se vuelve menos estrecho y más completo en sí mismo. Por ejemplo, la persona que vive en la ciudad de Nueva York puede aprender conscientemente a serenarse e incluir actividades al aire libre en el marco de su vida urbana ocupada y, de esa manera, integrar y salir gradualmente de la dualidad.

Las diferencias entre las dimensiones atemporal y espacio-tiempo, se enumeran en la siguiente tabla.

Tabla Uno: Atemporalidad versus Tiempo y Espacio	
Atemporalidad	**Tiempo y Espacio**
Verdad Absoluta	Verdad Relativa
Completo	Fragmentos
Unidad	Dualidad
Unificación	Separación
Totalidad	Individualidad
Idéntico	Singular
Concepto	Detalle
Quietud	Movimiento
Constante	Impermanente
Inmutable	Evolución y Cambio
Paz	Incertidumbre
Lo que viene dado	Mi creatividad
Ser y tener	Hacer y participar
Instantáneo	Gradual (proceso)
Impersonal	Personal
Trascendencia	Apego
Neutral	Emocional
Espiritual	Mente y Materia
Abrumador	Accesible
Voluntad Superior	Voluntad personal
Esencia	Manifestación
Vida	Muerte y renacimiento
Completo	Limitado
Sí	No

Atemporalidad, tiempo y espacio

Mientras más alineados estemos espiritualmente, podremos ir más allá de la realidad fragmentada del espacio-tiempo y comprender conscientemente la dimensión atemporal. Con el tiempo, lograremos navegar armoniosamente por ambas realidades. Sin embargo, la mayoría de nosotros ignora que *estas dos dimensiones existen simultáneamente y deben ser integradas*. O bien rechazamos el tiempo y espacio, porque son limitados o rechazamos la atemporalidad porque la vemos como una fantasía poco práctica o inaccesible. Mientras no seamos capaces de distinguir entre estas dos dimensiones y comprender la función que cumple cada una, nos será difícil comprender cómo integrarlas y, con mayor probabilidad y recurrencia, nos confundiremos naturalmente sin tener claro dónde termina una realidad y dónde comienza la otra.

Neptuno, la casa 12 y Piscis representan *el anhelo instintivo de abandonar el tiempo y espacio por la atemporalidad*. El alma busca recuperar su identidad y su liberación suprema, quedar libre de las experiencias que conllevan finales, nuevos comienzos y demás limitaciones. Sin embargo, debido a que no se puede escapar a la necesidad de evolución a través del tiempo y espacio, el alma se ve obligada a aceptar esta dimensión y cooperar con su propósito. Hasta que no se establezca tal aceptación, el alma que recibe fuertes influencias de Piscis en la carta, puede tender una y otra vez a escabullirse. Por ejemplo, una persona puede experimentar ansiedad existencial debido al dolor propio de la dimensión de tiempo y espacio y puede intentar escapar de esas limitaciones negando sus problemas, anestesiando el dolor y abusando de sustancias. Cuando el alma finalmente acepta su encarnación en el tiempo y espacio, con el desafío que significa la separación, es cuando deja de intentar escapar y puede encontrar la paz legítima.

En la siguiente sección, exploramos las fases del desarrollo del arquetipo de Piscis y su proceso evolutivo intrínseco. Exploramos cómo, bajo estas influencias instintivas, pasamos de un lado a otro entre las dos dimensiones hasta que logramos sincronizarlas con maestría.

Definiciones generales del arquetipo de Piscis:
- *El reino de la Verdad atemporal que gobierna la vida.*
- *Nuestro origen espiritual; el útero cósmico del que todos nacimos.*
- *Anhelo de volver e intentar escapar del tiempo y espacio.*

Las fases de desarrollo del arquetipo de Piscis

Fase I: Inocencia en el milagro de la vida

Vivir la vida en completa inocencia, como si todavía estuviera dentro de la atemporalidad del útero cósmico.

Nacimos en un mundo que existía antes de nuestro nacimiento y que continuará existiendo después de nuestra muerte. Las diversas leyes que gobiernan la vida no son producto de nuestra creación. Las aceptamos o damos por sentado, sin comprenderlas enteramente o sin que seamos capaces de cambiarlas. Oponernos a estas leyes puede conducirnos a la incapacidad o eventualmente a la muerte, por lo que estamos destinados a someternos a ellas para subsistir.

No obstante, a pesar del hecho de que vivir según las leyes de la vida no es una cuestión de elección, eventualmente nos damos cuenta de que nos conviene alinearnos con estos principios. Desde el momento del nacimiento, se nos provee todo lo necesario para sostener nuestra existencia en la Tierra. Un bebé nace en brazos tiernos, donde la luz, la tierra, el aire y el agua son provistos sin esfuerzo de nuestra parte; la naturaleza otorga lo necesario en abundancia. A pesar de que el origen de la existencia es un enigma, la vida nos acoge y permite que disfrutemos del privilegio de tan solo ser. Algo más grande que nosotros generó las condiciones favorables para la existencia y, entonces, desarrollamos *un sentimiento esencial de confianza hacia la vida,* puesto que todo parece estar bien. En esta fase, no nos molestamos en preguntarnos por qué la vida es como es, sino que la vivimos *en toda inocencia.* Como individuos, nos sentimos apoyados por la divina providencia en este útero universal, como si estuviésemos caminando totalmente desnudos en el Jardín del Edén.

En esta fase de desarrollo, las influencias combinadas de Neptuno, la casa 12 y el signo de Piscis representan la inocencia primaria. Nacemos dentro del milagro de la vida, con todas las maravillas y riquezas que incluye, sin que debamos hacer nada. La fruta espera en cada árbol, el agua cae del cielo y el sol proporciona la cantidad adecuada de luz y temperatura. No se cuestiona nada; somos inocentes y disfrutamos pasivamente de la libertad de ser, como si viviéramos en un útero universal, en la sencillez, la confianza pero, también dentro de una confianza ciega. En esta primera fase, el miedo, la vergüenza, la deuda, el juicio, el pensamiento crítico, la dificultad y el fracaso son completamente ajenos. Refugiados en el útero del universo, *no reconocemos el peligro,* por lo que nuestro sistema inmunológico no se desarrolla. Vagamos por la existencia despreocupados, desnudos y confiados y vivimos la vida *en completa inocencia como en el paraíso del útero de Dios.*

Alimentándonos de la pureza del útero universal, el alma puede exhibir cualidades que reflejan el divino esplendor, como la transparencia, la positividad y la bondad. Sin embargo, la sencillez y la confianza ciega pueden volvernos completamente pasivos e incluso insípidos. Este estado de inocencia se manifiesta como una confianza indiscriminada y una simplicidad absoluta, convirtiéndose en simplismo, complacencia e ignorancia, dado que el impulso del pensamiento crítico y el cuestionamiento quedan latentes.

Dentro del estado de conciencia que representa la inocencia, todo parece bueno, fácil y útil tal como es. Esperamos que la vida siempre fluya y nos provea de buena fortuna de forma fácil, fortuita y sencilla. *Todo es gratis* y está a la espera de ser utilizado. El estado de inocencia refleja la ilusión de que *todavía estamos en la dimensión de la atemporalidad*, donde todo está en unidad. No hay conciencia aún de la imperfección o de la negatividad, ni comprensión de lo que es la lucha, el dolor, el peligro o el mal. En consecuencia, las necesidades de refinamiento, evolución y cambio son enteramente ajenas.

Cuando en algún momento atravesamos por experiencias desafiantes y dolorosas, inmediatamente las racionalizamos y las enmarcamos dentro de un halo de luz positiva. No se han desarrollado los mecanismos para procesar o lidiar con el dolor; por lo tanto, la mejor estrategia de defensa es la negación.

Asumimos que la vida solamente nos apoya y nos apoyará para siempre y damos por sentado los privilegios existentes; porque al parecer, de hecho, todo es eterno, fácil y gratuito. En esta fase, uno experimenta la vida como un estado pasivo de ser y de tener.

En esta fase, Neptuno, la casa 12 y Piscis representan en nuestras cartas áreas en las que podemos ser ingenuos e ignorantes y esperar, con toda inocencia, que sin esfuerzo de nuestra parte, el universo satisfaga libremente nuestras necesidades, haciendo que la vida funcione de manera positiva. Tendemos a confiar fácilmente y carecemos de pensamiento crítico. Estas son áreas de nuestra carta en las que aún no hemos adquirido conciencia sobre las condiciones del tiempo y espacio, como si todavía viviéramos en el útero universal donde todo es bueno y nada llega a su fin.

Fase II: Pérdida de la inocencia

Nacer del útero cósmico en los confines del tiempo y espacio, precipitando la aparición del ego (conciencia individual).

Si bien vivir en la inocencia se basa en la impresión de que uno está amparado por la providencia universal, al poco tiempo, la persona se ve enfrentada a las limitaciones y condiciones propias de la dimensión del tiempo y el espacio. Ahora, la libertad, la seguridad y la abundancia eternas serán contrastadas con el lado riguroso de la naturaleza; dentro del tiempo y espacio, vivir requiere *esfuerzo,* porque lo que era un todo, ahora, está fragmentado. En su forma más básica, la naturaleza pondrá a prueba nuestra inocencia y pasividad a través de la necesidad de encontrar cobijo y alimento. Ya no será una opción viable permanecer sin preocupaciones en la absoluta desnudez: literalmente, la exposición prolongada a cualquier tipo de condición climática puede resultar rápidamente dañina.

En este proceso, surge la comprensión de que la vida se nos da como un regalo milagroso, *pero su continuación no lo es*. Cuando no somos proactivos y no nos esforzamos, experimentamos malestar, lesiones, derrotas, enfermedades y finalmente la muerte. La fricción y la dificultad pasan a ser una sorpresa total, ya que no las esperamos.

Aquellos que no puedan manejar los desafíos de la vida se verán obligados a depender de la buena voluntad y del apoyo de otros seres más fuertes; o, de lo contrario, deberán resignarse a las limitaciones, el sufrimiento y la muerte. En esta fase, la vida emerge no solo como medio de ser y tener, sino, también, como medio de trabajo. Tendremos que renunciar al paraíso y a la inocencia mientras las presiones de la supervivencia exijan esfuerzo. Instigados a aprender de las necesidades de subsistencia y a descubrir cómo hacer para que la vida funcione, terminamos desarrollando nuestra conciencia personal.

El tiempo y el espacio lo han separado todo: el norte del sur, lo alto de lo bajo, el día de la noche, el agua de la tierra, el negro del blanco, etc. Todo está ahora fragmentado y cada componente nunca podrá ser completo en sí mismo; por lo tanto, todo tiene limitaciones y, como resultado, está sujeto a decadencia, término y muerte. Urgidos a superar estas limitaciones, somos llamados a desarrollar mayor comprensión y habilidades para disminuir la incomodidad, la enfermedad y retrasar la muerte. Cuando comenzamos a esforzarnos por cuidar de nosotros mismos y dejamos de esperar que los problemas desaparezcan por sí solos, es señal de que reconocemos nuestra separación y de que estamos comenzando a integrarnos en el tiempo y el espacio. En otras palabras, aceptamos la necesidad de desarrollar un ego.

Convertirnos en un individuo con un ego es un proceso de nacimiento, que retrata nuestra transición desde la atemporalidad hacia la dimensión del tiempo y espacio. Una vez que salimos del útero, el alma se enfrenta al desafío de pasar de *la receptividad pasiva a la participación activa*. Pensar de forma independiente, aprender sobre la vida, medir, discriminar, planificar y acumular. En otras palabras, desarrollar la individualidad y el ego significa que ahora *debemos asumir la responsabilidad personal de nuestras vidas* y no depender únicamente de la divina providencia.

A pesar de ser necesaria, la realidad de la dimensión temporal y espacial es estrecha y estresante. El alma ya no se siente completa, libre y despreocupada porque la sensación de plenitud se divide en múltiples componentes, cada uno de los cuales tiene un valor limitado. Todo ahora requiere atención, esfuerzo y adaptación constantes. Sin esfuerzo, la chispa de la vida se apaga. *La vida en el tiempo y espacio es una batalla continua de supervivencia y desarrollo.* Nos vemos obligados a ser activos en nuestra supervivencia, en lugar de receptores pasivos. Al cortar leña y utilizar recursos, alteramos el diseño original de la naturaleza. Nos damos cuenta de que la naturaleza tiene que ser manejada y domesticada hasta cierto punto porque, de lo contrario, se vuelve abrumadora y nos consume. Si no tomamos el control y hacemos un esfuerzo por atender nuestras necesidades, el caos se apodera de nosotros.

El caos surge cuando los parásitos invaden organismos pasivos con sistemas inmunológicos debilitados, de la misma manera que el polvo invade un espacio desatendido o el viento y el agua erosionan la materia. Permanecer inconscientes y pasivos engendra *abandono* y el abandono intensifica el declive. El caos atrapa al individuo que se abstiene de esforzarse. Cuanto más tiempo pasa sin una reacción, más profundo es el declive y el caos.

El arquetipo de Piscis representa la naturaleza en su forma más cruda y primaria, donde todo es abundante pero en estado salvaje y no fácilmente accesible. Representa lo crudo, salvaje e indómito, desde la vida salvaje hasta la jungla o cualquier entorno inhóspito. Sin esfuerzo, no es posible utilizar los recursos disponibles. Por ejemplo, Piscis representa la disponibilidad de alimentos en la naturaleza; pero sin ser identificados, recolectados, pelados y manipulados adecuadamente, los alimentos no serán comestibles ni digeribles. Para empezar, necesitamos desarrollar el pensamiento crítico en orden de descubrir qué es comestible y qué no. Piscis representa el diamante en bruto: es precioso, pero sin valor sustancial hasta que se elabora y pule. De la misma manera, representa el petróleo subterráneo, rico pero inútil para nosotros si no se extrae y refina.

Dondequiera que Neptuno, la casa 12 y Piscis incidan en una carta, podemos experimentar abandono, disfunción o caos si no aprendemos sobre cómo invertir y mantener los esfuerzos necesarios. En estas áreas de la carta, podemos ser distraídos, ligeros, confiar ciegamente y permanecer inocentes e inconscientes y, en consecuencia, pagamos un precio por la ingenuidad y la negligencia.

Estas áreas de nuestras vidas pueden permanecer estériles, menos desarrolladas o desperdiciadas hasta que aprendamos a tomar el asunto en nuestras manos y dejemos de esperar que otros nos proporcionen o arreglen las cosas. En esta fase del desarrollo, estas áreas requieren una adaptación al tiempo y espacio y una aceptación del trabajo requerido.

Una de las razones espirituales por las que el tiempo y espacio nos desafían a sobrevivir es el impulso para aprender a participar en la vida y desarrollar habilidades, en lugar de permanecer inconscientes y pasivos dejándonos llevar por las circunstancias externas. Como individuos, aprendemos a trabajar para encontrarnos a medio camino con lo divino; *a medida que disminuye la inocencia, aumenta la conciencia individual.*

Nada en la naturaleza y en la vida es realmente gratis; puede parecer que lo es, pero todo requiere algún tipo de esfuerzo. Incluso el amor, la justicia y la paz requieren trabajo. Estas aspiraciones fundamentales están profundamente arraigadas en nuestra psique colectiva ya que, en general, todos anhelan el amor, la justicia y la paz. Sin embargo, sólo unos pocos se dan cuenta del esfuerzo necesario para alcanzar y mantener estos estados. Una y otra vez, las personas se desilusionan cuando sienten que tenían amor o habían encontrado la justicia, sólo para ver nuevamente cómo se les van de las manos. Apenas el amor, la justicia y la paz se dan por sentados, comienzan a disolverse.

A lo largo de la historia (tiempo) y en diferentes lugares (espacio), cada especie y grupo de personas han encontrado su propia y única forma de lidiar con los desafíos existenciales. La necesidad de proteger el sistema y la salud dan lugar a la cultura y la civilización, a medida que desarrollamos habilidades y conocimientos, empujados por la necesidad de la supervivencia. Cada cultura tiene un sabor único, porque su obra está condicionada por el espacio y el tiempo en el que se desarrolla.

Podríamos llegar a pensar que, una vez hecho nuestro trabajo, es posible dejar nuestras herramientas de lado y volver a la inocencia; pero la naturaleza siempre trae nuevos desafíos, por lo que el mantenimiento y el aprendizaje deben continuar. El esfuerzo por desarrollar y hacer avanzar nuestra evolución, junto con la cultura y la civilización, deben permanecer como una constante.

Volviendo al simbolismo de la cruz mutable, notamos que los cuatro arquetipos de la cruz se interrelacionan constantemente. Piscis, principal representante de las misteriosas fuerzas de la vida, forma una cuadratura con

Géminis y Sagitario, que representan el eje del aprendizaje, el que, a su vez, hace una cuadratura con Virgo, el arquetipo que representa el trabajo y el esfuerzo.

Depredador y presa

La inocencia enfrenta un nuevo desafío cuando las exigencias de la existencia superan las lecciones iniciales (del esfuerzo y del trabajo) y agregan lecciones sobre el uso eficaz de los recursos. En el tiempo y el espacio, todo es limitado, incluso los recursos, por lo que la amenaza del desgaste o la muerte siempre acechan. Si bien la naturaleza es abundante, lo que necesitamos de ella no siempre está disponible en un momento determinado. El trabajo requiere de energía y tiempo, los que a su vez son finitos y preciosos. Al competir por los recursos y oportunidades disponibles, surgen rivalidades. Todos se ven presionados por ser más competitivos si es que quieren adquirir la tajada que necesitan para sobrevivir.

Es más, dado que los recursos son limitados, no se puede desperdiciar nada, por lo que cada ser puede convertirse en un recurso potencial o suministro de alimento para otro. Si uno no invierte el esfuerzo necesario para usar y preservar su propia energía, capacidad y recursos, alguien más los tomará y hará uso de ellos. En este contexto, nadie se libra de un depredador o de un competidor.

La realidad del *depredador y la presa* constituyen la cadena alimenticia necesaria, en la que cada ser o especie desafía a la otra, incluso, al punto de la indigencia o la muerte. La muerte y el declive, intrínsecos al tiempo y espacio, elevan el valor de lo que está disponible para que pueda usarse con eficacia. Bajo la realidad del depredador y la presa, ya no se da nada por sentado. Todos debemos estar alertas y conscientes, apreciando cada momento que estamos vivos y de lo que sea necesario para estarlo.

La amenaza de convertirse en presas o indigentes es una grosera llamada de atención, ya que la confianza y la dependencia están ahora completamente amenazadas. La presión para separarse e individualizarse se intensifica considerablemente en esta fase del desarrollo; todos deben aprender a ser autosuficientes y estar capacitados e informados porque no hay ayuda del exterior. Los recursos son escasos y todos son un objetivo potencial. Cada ser debe aprender a sobrevivir de forma completamente autónoma. En esta terrible soledad, la única opción del individuo es hacer el esfuerzo necesario para volverse más sabio y fuerte, lo más rápido posible y desarrollar estrategias defensivas y ofensivas para acceder y proteger los recursos personales. Las plantas desarrollan espinas y veneno, los animales desarrollan estrategias de caza y camuflaje y la humanidad crea herramientas y armas. Más temprano que tarde, todos aquellos que permanecen pasivos, ingenuos, excesivamente confiados, indulgentes o perezosos son aniquilados, presos o abandonados hasta morir de hambre. Las leyes de la naturaleza, dentro del tiempo y espacio, no permiten tregua porque, en esta etapa del desarrollo, la ingenuidad es fatal y *la naturaleza no tolera la ingenuidad.*

En esta fase del desarrollo, **Neptuno, la casa 12 y Piscis reflejan áreas en la carta** donde podemos experimentar episodios de *victimización* y otros pueden tomar ventaja o acosarnos, si no logramos protegernos y no estamos preparados para la competencia o potencial peligro. En la realidad del depredador y la presa, cada uno está por su cuenta. La pérdida de la inocencia nos traumatiza y es un shock para el sistema. Las experiencias de derrota, humillación, abuso y dolor pueden desencadenar ira; no obstante, el enfado es un indicio de que estamos empezando a reaccionar y a tomar medidas para evitar que se repitan los fracasos. Este es el momento en el que *desarrollamos nuestro sistema inmune* y estrategias de defensa.

Junto con el aprendizaje para evitar ser víctimas, hay áreas en la carta que tienen que ver con garantizar nuestros suministros y actuar de manera más asertiva con el fin de protegernos, tanto a nosotros como a nuestra especie, de la inminente amenaza de la indigencia y la muerte.

Esta fase del desarrollo es la más difícil de soportar y presenciar, porque los más vulnerables son los que más sufren. Los primeros en la fila son los indefensos, confiados, sensibles y confusos. Estas víctimas no son castigadas por haber lastimado o abusado a otros: *su único crimen es su ingenuidad y sus debilidades supervivenciales.*

Como consecuencia del sufrimiento y las experiencias de derrota, la conciencia de peligro da un fuerte impulso al sistema inmune, tanto a nivel físico como psicológico. Aunque la muerte prematura puede ocurrir antes de que el individuo logre fortalecerse, cada ser se reencarna una y otra vez, cada vez con más experiencia y mejores habilidades, hasta lograr enfrentar y superar el reto de depredadores y presas y, así, prolongar su vida. *Las presiones de la supervivencia impulsan el desarrollo de la conciencia.*

En esta fase, la compasión y el perdón pierden relevancia, porque el aprendizaje es la autonomía y la responsabilidad de la propia existencia, con el fin de evitar ser una víctima. La cooperación solo existe si hay un beneficio mutuo. Las relaciones se forman principalmente sobre la base de la necesidad y ganancia individual. Por ejemplo, los matrimonios concertados en algunas culturas tienen el objetivo de concentrar los recursos de dos familias para optimizar la capacidad de supervivencia de la descendencia de ambas familias. En la naturaleza, los machos y las hembras de algunas especies se juntan sólo con fines reproductivos y de supervivencia de la especie de tal modo que los animales más débiles de los rebaños son ahuyentados; las madres nutren y cuidan a las crías para asegurar la supervivencia de la especie, pero cortan el vínculo tan pronto los críos pueden valerse por sí mismos.

Con recursos limitados, cada esfuerzo es medido en forma práctica. Aprendemos a luchar y apreciar cada momento que estamos vivos. *Morir es fácil, el desafío es vivir.*

El plan divino está diseñado para obligar a todos a atravesar esta fase para separarse e individualizarse completamente; *desarrollar nuestro ego se transforma en un imperativo* ya que el ego sirve como un recipiente para la conciencia individual. A través del ego, podemos hacernos cargo, involucrarnos, aprender sobre la vida y desarrollar nuestra inteligencia para superar el fracaso, la enfermedad y la muerte.

Irónicamente, aunque **Neptuno, la casa 12 y Piscis representan** el concepto de unidad original, estas inscripciones también ilustran las consecuencias perjudiciales de carecer de un ego o ser víctima. La presión de separación enseña una lección importante: *sentirse personalmente responsable de la vida,* comenzando por la propia.

La verdad de la realidad de los depredadores y las presas es que, a pesar de ser extremadamente dura, intransigente e impersonal, es, a fin de cuentas, un juego constructivo que tiene como objetivo promover las habilidades e inteligencia personales, a través de los desafíos de supervivencia. Cada ser se beneficia de los frutos de su propio esfuerzo y se ve obligado a mejorar constantemente. Cuanto más trabajamos para mejorar nuestras posibilidades de supervivencia y calidad de vida, más conscientes e inteligentes nos volvemos.

Ninguna especie se libra del desafío: las especies carnívoras que se encuentran en la cima de la cadena alimentaria están relativamente libres de depredaciones, pero tienen que sudar durante la caza y su comida nunca está garantizada. Las especies herbívoras tienen comida a disposición, pero también tienen que esforzarse para defenderse de los depredadores. En la vida moderna, competimos por trabajos y tenemos que exigirnos para mejorar nuestras habilidades y obtener alguna ventaja para ser contratados. Se mantiene el equilibrio natural de la realidad del depredador y la presa, debido a que *cada depredador depende de la supervivencia de su presa* para no morir de hambre. Del mismo modo, en la vida moderna, eliminar la competencia puede anular la creatividad.

Estas leyes naturales eliminan el incentivo del exceso y el abuso; el juego debe ser justo a pesar de su severidad. Hasta ahora, la humanidad ha logrado situarse en la cima de la pirámide de la cadena alimentaria; sin embargo, hoy son evidentes las consecuencias de nuestro consumo abusivo y falta de respeto por el medio ambiente. Las enfermedades, la contaminación y la baja calidad de los recursos son solo algunos ejemplos que sugieren que el depredador más fuerte no está libre de autocuestionamiento y debe actuar responsablemente por su propio bien.

Dilema existencial

Es desgarrador caer desde la dimensión de la atemporalidad, donde la libertad y el bienestar incondicional se dan por sentados. El nacimiento en el tiempo y espacio es un proceso traumático. Al perder la inocencia, el individuo se encuentra a la defensiva y abrumado, obligado a sobrevivir dentro de la dinámica de depredadores y presas, a desarrollar un mecanismo de defensa y aprender a discriminar. Los momentos felices y despreocupados son más bien un recuerdo lejano.

Dado que la dimensión del tiempo y espacio separa la vida en fragmentos, cada experiencia ofrece solo una parte de la verdad. Por lo tanto, en esta dimensión, las respuestas a los problemas nunca son completas y las soluciones son solo temporales. Incluso cuando se gana una persecución o se encuentran soluciones a los problemas, tarde o temprano vuelven a surgir las limitaciones, los desafíos y el dolor. Este estrés recurrente genera un profundo malestar existencial. Como se mencionó anteriormente, perder la inocencia es un shock fundamental para el sistema.

En este estado de conmoción, se disuelven la confianza y los ideales. No podemos permitirnos el lujo de grandes planes, ideales o valores nobles. La atención se centra en las ganancias a corto plazo, *ya que nada es gratis o puede darse por sentado.*

En este caso, la precaución le gana al riesgo. Al tener mayores limitaciones, uno está dispuesto a conformarse con la mediocridad; por ejemplo, conformarse con relaciones insatisfactorias, salarios escasos o alimentos poco saludables. Simplemente, sobrevivir y mantener el status quo pueden considerarse una ganancia. La mentalidad fatalista, a veces con una dosis de cinismo, puede colorear la propia psicología. La vida puede convertirse en una carrera por la supervivencia, perdiéndose los ideales iniciales y las nociones románticas. Para algunos, el uso de drogas, alcohol y otras sustancias que embotan la lucidez, sirven para hacer frente a estos sentimientos de impotencia y limitación, proporcionándoles un escape, un regreso temporal a la inocencia.

Con esta mentalidad, las personas con una inscripción pisciana pronunciada en su carta, pueden realizar trabajos que los expongan al aspecto más fatídico de la existencia. Estas funciones pueden resultar incómodas, pero se realizan con una actitud impersonal, que no implica ningún vínculo emocional. Por ejemplo, estas labores pueden incluir carniceros y trabajadores de mataderos, comerciantes de pieles, verdugos, funerarios, trabajadores de alcantarillado, recolectores de basura o mineros. Estas tareas se abordan con un espíritu fatalista, haciendo lo que se "debe" hacer, adormeciendo el disgusto y las emociones, porque en el mundo del depredador y la presa, la necesidad prevalece por sobre el malestar personal.

Las personas, en esta fase, se ven presionadas a desensibilizarse, endurecerse, acorazarse y ser precavidas y pueden llegar a percibir a aquellos que muestran bondad y compasión como "tontos" y "perdedores", porque ahora la bondad está asociada con la ingenuidad y la debilidad. Ser percibido como un perdedor o una víctima tiene implicaciones sociales y hay que evitar la humillación pública. Ver a otra persona fracasando, siendo utilizada, engañada o victimizada puede incluso ser un alivio, porque significa que, por esta vez, se han librado de lo mismo. De igual modo, ver las debilidades en los demás puede proporcionar una sensación personal de poder.

Las presiones por la supervivencia también pueden impulsarnos a apoderarnos de todo lo posible para nosotros mismos, mientras damos lo menos posible a cambio. En un sentido positivo, esta dinámica nos enseña a negociar sanamente. En un sentido negativo genera oportunismo. En el peor de los casos, el oportunismo genera un comportamiento contraído, tacaño y egoísta. **Las personas con una fuerte**

inscripción pisciana en su carta pueden acabar ahogándose en la amargura, el cinismo y la autocompasión y ver a todos los demás como depredadores. La culpa se proyecta continuamente sobre los demás, mientras se consideran a sí mismos como las únicas almas verdaderamente buenas y sinceras. Los diferentes chivos expiatorios se turnan: "los políticos son todos corruptos", "las mujeres solo quieren tu dinero", "los hombres son todos tramposos", "los ricos viven del sudor de los pobres" o "los inmigrantes son la causa del desempleo". Demonizar a los demás, en particular a los que tienen éxito y tienen recursos, puede legitimar el propio comportamiento abusivo. Habiendo sido victimizados, estos individuos pueden sentirse con derecho a abusar de otros.

En esta fase del desarrollo, Neptuno, la casa 12 y Piscis muestran en la carta dónde se halla el impulso por dejar de sufrir y salir de la victimización. Estas son las áreas de nuestras vidas en las que debemos actuar para evitar que se aprovechen de nosotros o nos ataquen. No obstante, si bien podemos aprender a tomar medidas para protegernos y refinar nuestras habilidades, el arquetipo de Piscis refleja el trauma existencial subyacente y persistente. Bajo un comportamiento aparentemente informal, puede haber una tremenda confusión, dolor y a veces, enojo, debido a experiencias anteriores de desilusión y sufrimiento. Nos sentimos desconcertados al ver el dolor, la dificultad e injusticia y, a menudo, en primer lugar, somos incapaces de entender por qué ocurren estas experiencias negativas. Las personas atraviesan lo negativo y se adaptan a las necesidades de supervivencia, pero, en el fondo, no tienen una referencia que les ayude a procesar el shock, por lo que la vida puede parecer absurda. **La ubicación de Neptuno, la casa 12 y**

Piscis muestran en qué parte de la carta subyace esta confusión existencial.

Es importante darse cuenta de que esta secuencia de la evolución en tiempo y espacio, se impone al alma y no es una cuestión de elección. La realidad del depredador y la presa presiona a cada ser para que desarrolle su individualidad y ego. La necesidad evolutiva de desarrollar un ego y de separarse, puede considerarse de los mayores pesos que hay que cargar en la existencia. Si dependiera de nosotros, *hubiera sido mucho más fácil permanecer sin ego, pasivos, receptivos a la providencia universal* y, sin embargo, inconscientes.

La presión por la supervivencia, que es intrínseca a la dinámica de depredadores y presas, puede inducir a una variedad de potenciales patrones de comportamiento. En el peor de los casos, puede generar un desprecio total por la moralidad y convertir al individuo en un parásito, dispuesto a perder la ética y el respeto, motivado por una ganancia y gratificación inmediatas. En vez de vivir de la providencia universal, como en el útero cósmico, ahora la persona vive del trabajo de otras personas.

Durante el curso de la historia, este comportamiento corrupto a menudo ocurre en momentos de extrema anarquía, como la depresión económica severa, las plagas y las guerras. Los tiempos caóticos pueden estimular todo tipo de comportamiento deshumanizado, tales como violaciones colectivas, traición, trata de personas, prostitución infantil y comercio de órganos. Estas circunstancias representan algunas de las expresiones más bajas de separación: la explotación de otros en su peor versión.

En formas más moderadas, las presiones de supervivencia pueden conducir a un comportamiento manipulador para satisfacer las necesidades personales. Permitirse el lujo de ser totalmente honesto y jugar según las reglas puede no ser realista ni práctico. Algunos ejemplos comunes de esta dinámica incluyen fraude fiscal, participación en el mercado negro o trabajo ilegal en países extranjeros. Estas manipulaciones no son necesariamente malévolas, pero a menudo son el recurso elegido, porque en muchos casos las normas institucionalizadas solo sirven a las necesidades de quienes están en el poder y no son necesariamente justas. Para sobrevivir y romper los ciclos de victimización y limitación, uno aprende a saltarse las reglas.

En otro aspecto, el trauma existencial intrínseco al tiempo y espacio se manifiesta en un dolor y una confusión subyacente, latente y constante. Las personas pueden aprender a seguir el ritmo y hacer lo que deben hacer para competir y sobrevivir, pero se sienten internamente ansiosas, deprimidas o insensibles. Divididas en su interior, juegan el juego de la competencia, sacando para sí todo lo que puedan del pastel, al mismo tiempo que anhelan una realidad en la que nadie sufra.

En otras situaciones extremas, el arquetipo de Piscis puede reflejar un rechazo al desafío evolutivo. La persona puede sentirse abrumada y confundida por el sufrimiento y contemplar el suicidio, pues considera que morir es más fácil que vivir. El suicidio también puede ser una manifestación de ira hacia Dios y la vida, dado que se ha debido nacer y salir del útero universal.

Con la ubicación de Neptuno, Piscis y la casa 12 en la carta, podemos identificar la *rabia profundamente arraigada* causada por el trauma existencial, la confusión y la sensación de injusticia. Esta rabia refleja *la resistencia existencial a haber nacido, un rechazo al tiempo y al espacio.*

Dado que estar en el tiempo y espacio causa sufrimiento y es traumático para el alma, podemos cuestionarnos si realmente ha valido la pena. Bajo la influencia del arquetipo de Piscis, reflexionamos sobre estas inquietudes existenciales: la separación del útero y la individualización imperativa, ¿son realmente soportables, significativas y verdaderamente necesarias? Este dilema engendra debates eternos pero, en última instancia, lo que nos queda es confiar en el proceso.

Fase III: Fortalecimiento de la inmunidad

Adaptación al tiempo y espacio, desarrollo de un mecanismo de defensa, formación y solidificación del ego y reconocimiento del valor del trabajo.

A medida que aprendemos de la experiencia y dejamos atrás la inocencia, nos equipamos mejor para navegar por la vida. Los desafíos existenciales han reforzado el sistema inmunológico en todos los niveles. El alma, antes despreocupada, es ahora consciente de las amenazas y puede ocuparse mejor de los imperativos de supervivencia. Es importante destacar que, en esta fase, la persona ha aprendido a reducir la victimización, identificando los peligros con antelación y disminuyendo las experiencias dolorosas. El miedo y la precaución son ahora componentes integrales de la estrategia inmunológica, evitando en lo sucesivo la exposición innecesaria a las amenazas. El hecho de separarnos y cuidar de nuestra propia supervivencia, dentro de la dimensión del tiempo y espacio, nos hace responsables de nuestras vidas y nos impulsa a desarrollar las estrategias y habilidades para funcionar más eficazmente.

La estrategia de autoconservación más inmediata es *la evasión y el retiro*. Cuando somos inocentes, estamos completamente desnudos y expuestos, porque confiamos ciegamente. Pero ahora la intención es reducir la exposición y el nivel de implicancia: cuanto menor sea la exposición y el compromiso, menor será la posibilidad de encontrar amenazas y problemas. En consecuencia, durante esta fase, podemos establecer metas más modestas y, de ser necesario, nos volvemos más solitarios, discretos, tímidos o desconfiados. Tendemos a rechazar ofertas, huir de los compromisos y evitar el riesgo, buscando excusas para eludir obligaciones estresantes. Ya no estamos indiscriminadamente abiertos a todo, *aprendemos la lección de decir "no"*.

Para algunos, la religión o la superstición proporcionan una forma de abordar las inseguridades existenciales porque ofrecen directrices y guías para enfrentar este tipo de problemas. Así, aunque no se puedan encontrar soluciones a los problemas, tener fe en un significado superior, a menudo, proporciona alivio y dirección.

La religión puede proporcionar un marco de referencia y orden cuando la vida parece aleatoria y caótica. Podemos esperar dirigir las corrientes de la vida a nuestro favor complaciendo a las fuerzas superiores. Esta mirada despierta el anhelo de ser bendecidos por Dios y de recibir su apoyo, especialmente cuando nos vemos dentro de las trincheras, abrumados por la lucha de depredadores y presas. Se realizan rituales con el fin de comunicarse con lo divino y encontrar su protección, guía y favores. Es importante señalar que las aspiraciones religiosas no son meras compensaciones ilusorias para los tormentos privados. La oración y el ritual son eficaces para fortalecer el sistema inmunológico espiritual. Los que se quedan sin conexión alguna con las fuerzas superiores, pueden ser más débiles y más propensos a la contaminación y la victimización, mientras que la fe y los rituales pueden filtrar los parásitos emocionales y mantener alejada la negatividad.

Además, podemos fortalecer la inmunidad al pertenecer a una comunidad. Las personas que se enfrentan a retos o a enemigos comunes, cuando unen sus fuerzas, tendrán mayores posibilidades de éxito. Sin embargo, en esta etapa de separación, la cooperación y la unificación sólo tienen el objetivo de enfrentar amenazas comunes. De hecho, la comunidad puede llegar a ser tan vital para la supervivencia que, irónicamente, puede volverse más importante que el individuo. En tiempos de amenaza, las personas pueden ser sacrificadas para salvar a la comunidad o a la manada, de la misma manera que se sacrifican los soldados en la batalla. Detrás de la aceptación de estas pérdidas está la noción subyacente de que la supervivencia del conjunto es más importante que la de cualquier persona.

En esta fase, **Neptuno, la casa 12 y Piscis describen las áreas de la carta** donde la persona aprende el aspecto saludable y protector de ser precavido. Las estrategias para mantenerse a salvo incluyen aprender a decir que "no", comprender el precio de la victimización y discriminar antes de otorgar confianza. Simplificar objetivos y compromisos conduce a un enfoque en general más austero.

Además, estas áreas de la carta describen la necesidad de desarrollar una orientación más comunitaria para sentirse más seguros: el bienestar social, las comunidades y las instituciones religiosas pueden brindar protección cuando se unen fuerzas a la hora de combatir amenazas comunes.

Solidificar el ego: el ascenso a la decencia y a la fortaleza

La evasión y el miedo sirven para mantenerse a salvo. Sin embargo, no pueden seguir siendo el único recurso para sobrevivir. Dado que todo en la vida es potencialmente peligroso, la necesidad de seguridad puede volverse excesiva y debilitante, perdiendo la vida así su velocidad evolutiva. Por lo tanto, resulta esencial, en este momento, generar habilidades que puedan aumentar la independencia y la fortaleza: el ego, necesita seguir creciendo y solidificarse.

Como un diamante en bruto que necesita ser pulido para aumentar su valor, llega el momento en que nuestras capacidades deben ser cultivadas y refinadas para tomar un mejor control de nuestro destino en la dimensión del tiempo y espacio. Con más conocimiento y mejores herramientas, nos afianzamos y adquirimos nuevas habilidades. Como resultado, *se desarrolla la creatividad*.

A medida que aprendemos sobre la vida y dejamos de confiar en el azar, comprendemos mejor el mecanismo de la vida y comenzamos a descifrar su lógica. La autosuficiencia y la creatividad estimulan el desarrollo de la ciencia y la tecnología, lo que confirma que los seres humanos son capaces de gobernarse y cuidarse a sí mismos. *La ciencia y la tecnología reflejan la liberación del estado de impotencia, sumisión y vulnerabilidad*.

Dondequiera que Neptuno, la casa 12 y Piscis influyan en una carta, se está llamando al empoderamiento. Después de la victimización, el caos y el abandono, ésta es un área que se necesita navegar y controlar mejor. Los arquetipos de Cáncer, Virgo y Escorpio representan el proceso de potenciación del yo, porque estos tres signos están asociados con el desarrollo del ego: seguridad e identidad (Cáncer), función (Virgo) y crecimiento (Escorpio). A través de Cáncer, se personaliza la existencia y se crea un punto de referencia personal; a través de Virgo, las habilidades se refinan y las estrategias de supervivencia mejoran. A través de Escorpio, se aprenden lecciones de los fracasos, lo que permite regenerarse y volverse más consciente. Conceptualmente, podemos decir que *es necesaria una infusión de energía de Cáncer, Virgo y Escorpio dondequiera que exista el arquetipo de Piscis, a fin de mejorar la función del ego y fortalecer la inmunidad.* Estos tres arquetipos apoyan la navegación dentro de la dimensión del tiempo y espacio, porque proporcionan control donde en principio es la fuerza que puede hacerle falta al arquetipo de Piscis.

La superación personal y el empoderamiento aumentan cuando nuestra conciencia se expande. A medida que se establece mejor un sentido de separación dentro del tiempo y espacio, comenzamos a invertir en nosotros mismos, adquirimos educación y somos capaces de obtener un trabajo mejor remunerado; nuestra higiene mejora. Nos volvemos sobrios y más sanos y establecemos relaciones más saludables. Los esfuerzos producen resultados.

La creatividad es uno de los procesos de desarrollo más importantes, porque así es como podemos elevarnos por encima de la realidad del depredador y la presa. A través de la creatividad, nos volvemos más útiles y, como resultado, también más atractivos para otros que necesitan de nuestras habilidades. Así que en lugar de perder la competencia o transformarnos en presas, nuestra creatividad aumenta nuestro valor y podemos cambiar nuestras habilidades por otro tipo de servicio. *El intercambio sustituye la adversidad.* No obstante, para que nuestro talento siga siendo valioso, tenemos que seguir perfeccionando nuestra capacidad creativa, porque apenas dejamos de invertir en nuestro desarrollo, perdemos nuestro atractivo y la competencia nos supera de nuevo.

En general, a medida que fortalecemos nuestra inmunidad y desarrollamos un ego más saludable, establecemos una existencia más estable. El trauma y la conmoción de la pérdida de la inocencia desaparecen gradualmente y podemos contar con una vida relativamente más segura. A medida que desarrollamos un mejor control sobre ésta, aumentamos nuestro estándar de vida: el ego es más productivo y se adapta mejor al tiempo y al espacio.

Esperanzas e ideales

Lograr un mejor control de las circunstancias de la vida estimula una actitud optimista. Con el esfuerzo adecuado, se pueden superar los obstáculos y se encuentran soluciones para las crisis y los problemas. Hay esperanza, las cosas pueden mejorar, hay formas de disminuir la victimización y hacer que la vida funcione.

Tanto los íconos, como los modelos de conducta a seguir, sirven como fuerzas inspiradoras que encarnan estas expectativas. En un sentido clásico, el arquetipo de Acuario simboliza las esperanzas, ya que representa la aspiración de un futuro mejor. Sin embargo, el arquetipo de Piscis también influye en este ámbito, pues representa la esperanza de encontrar paz, un lugar donde las luchas y el dolor ya no existan.

Neptuno, la casa 12 y Piscis describen en la carta *nuestras esperanzas e ideales personales* que sirven como fuerzas motivadoras de nuestras acciones. Las esperanzas y los ideales provienen, de hecho, de *nuestro anhelo personal por el paraíso perdido*. Expulsados del útero cósmico, echamos de menos la inocencia que solíamos tener y esta añoranza se traduce en esperanzas y sueños de vivir una vida mejor, sin luchas ni dolor. Este anhelo estimula nuestra creatividad para hacer del tiempo y el espacio una mejor experiencia para cada uno. Como somos más creativos en esta fase del desarrollo, con el suficiente esfuerzo, nuestros sueños pueden hacerse realidad.

Cada persona tiene una idea privada del paraíso, una idea de la "solución perfecta" para resolver las limitaciones y el dolor que experimentamos en el tiempo y el espacio. Para algunos, esta visión ideal está asociada a la riqueza; para otros, a la popularidad, la libertad, la libertad sexual, el poder infinito, la justicia o la paz, por nombrar algunos. Este anhelo del paraíso según nuestra interpretación personal es lo que impulsa nuestra creatividad. Sin embargo, la ilusión intrínseca a estas esperanzas es pensar que, una vez alcanzado el sueño, ya no habrá más desafíos ni problemas, como si el trabajo hubiese finalizado. Algunos, de hecho, consiguen crear vidas que son vacaciones eternas; consiguen recrear el efecto del útero y aislarse de los retos. En algún momento, sin embargo, se dan cuenta de que sus actitudes indulgentes debilitan su sistema inmunológico y los exponen de nuevo a parásitos y depredadores invasores.

El anhelo de recrear el paraíso también puede manifestarse como un *profundo deseo de salvar a las personas y animales que sufren*. En este caso, el paraíso no guarda relación con el privilegio personal o el confort, sino con *el deseo de eliminar por completo el dolor y el sufrimiento*. Esta mentalidad se manifiesta en una fuerte empatía hacia las víctimas y una profunda ira hacia los depredadores: refleja naturalmente una fuerte identificación con los que perdieron su inocencia.

En consecuencia, los individuos con una fuerte influencia de Piscis, tienden a menudo a culpar a los humanos por ser los depredadores más eficientes, los que causan estragos y dominan "egoístamente" otras formas de vida. Pueden percibir a los humanos como la causa de la pérdida de la inocencia. Sin embargo, al presenciar los dramas crueles de la naturaleza como, por ejemplo, cuando un león mata a los cachorros de su competidor, uno suele quedarse sin explicación. La naturaleza incluye la crueldad y el sufrimiento, *pero olvidamos que las realidades del depredador y la presa no son una elección, sino una fase evolutiva necesaria*. Observar dolor, violencia, agresión o injusticia pueden ser insoportablemente dolorosos y, a veces, nos recuerda nuestra resistencia y repulsión hacia nuestro propio nacimiento en el tiempo y espacio.

Sin embargo, en esta fase existe la esperanza de que sea posible acabar con el sufrimiento, erradicar el dolor, restablecer la seguridad y la tranquilidad, alcanzar la paz duradera, salvar a todas las víctimas y hacer que la gente se lleve bien. Estas esperanzas se convierten en verdaderas ideologías, que motivan a las personas a actuar y luchar por diversas causas. El arquetipo de Piscis no representa el activismo en sí mismo, que corresponde a las influencias de Aries y Escorpio, pero sirve de inspiración para el activismo. De ahí que estas esperanzas e ideales motiven a las personas y potencien la creatividad y, al desear restaurar el paraíso en el tiempo y espacio, cada persona participa efectivamente en hacer del mundo un lugar mejor. Ya sea motivado por aspiraciones autocomplacientes, donde todo sea fácil o por el deseo de salvar al mundo del dolor, el ego tiene ahora más control sobre su curso y más confianza para realizar los cambios que busca.

Aunque el arquetipo de Piscis refleja la inevitabilidad del dolor y la probabilidad de victimización, que son intrínsecos a la dinámica del depredador y la presa, así también, representa la inspiración que potencia las habilidades creativas para disminuir el dolor y la posibilidad de encontrar una forma de liberarse de él por completo, de modo que cada persona puede tener un papel en elevar la vida hacia un nivel superior. El tiempo y espacio implican finales, separación y verdades a medias pero, al sentirnos empoderados, cada individuo es capaz de percibir que puede marcar una diferencia, que algo se puede hacer para mejorar la existencia.

Fase IV: función pública, vocación y fama potencial: convertirse en el instrumento de la vida

Conectarse con la conciencia colectiva; participar en intercambios colectivos y dinámicas de las masas.

Anteriormente, describimos el arquetipo de Piscis como la fuerza unificadora que conecta a todos los seres, más allá de sus diferencias. La influencia de Piscis representa lo que es verdadero para todos y en todo momento: la Verdad atemporal y universal. Se refiere a la unidad original, a esos denominadores comunes que constituyen la identidad colectiva y asuntos que nos atañen a todos, como la necesidad del amor, la incomodidad del dolor o el deseo de libertad. En consecuencia, el arquetipo de Piscis representa nuestra capacidad natural para beneficiarnos de *la conciencia e inconsciente colectivo* y tener un magnetismo a nivel de masas o inspirar un movimiento colectivo de gran escala.

El término "colectivo" es relativo; puede aplicarse a un grupo regional o étnico, a una nación, a toda la raza humana, a toda la vida en la Tierra o incluso a toda la Creación. La conciencia colectiva representa lo que es conocido por todos.

Hitler, por ejemplo, es una figura arraigada en la conciencia colectiva de la mayor parte de la humanidad; sólo unos pocos no han oído hablar de él. Representa un símbolo colectivo de destrucción y abominación y desencadena fuertes respuestas emocionales a nivel masivo.

El inconsciente colectivo representa lo que caracteriza a la psique y la herencia ancestral de un grupo; es la raíz desde donde se originan las respuestas colectivas. Por ejemplo, la experiencia de la esclavitud está arraigada en el inconsciente colectivo de los afroamericanos. Todos los que forman parte de ese grupo étnico, independientemente de su estatus económico o género, están inconscientemente influidos por los recuerdos de humillación, desarraigo e injusticia originados en los tiempos de esclavitud. A pesar de que ya no se toleran las violaciones y los abusos extremos de la esclavitud, los miedos, las emociones y las reacciones relacionadas con ese trauma colectivo siguen activos en uno u otro grado en el inconsciente de los afroamericanos. Subconscientemente, estos recuerdos influyen en sus elecciones, ambiciones e interacciones sociales.

A través de la influencia de Neptuno, la casa 12 y Piscis en la carta, podemos identificar dónde nos conectamos con un todo mayor y cómo nos relacionamos con los temas que atañen al colectivo. En la Astrología Mundana, se considera que esto puede afectar, por ejemplo, nuestra respuesta a las tendencias existentes, a la influencia de los medios de comunicación o a *cómo compartimos los recursos que son colectivos y no pueden ser de propiedad privada.* También describe cómo nos beneficiamos individualmente de lo que es público y cómo nos mezclamos impersonalmente con las masas: desde compartir un viaje con pasajeros anónimos en el transporte público, hasta disfrutar del tiempo en un parque entre una multitud de visitantes. Abarca cualquier interacción con personas que no conocemos pero, con las que terminamos compartiendo momentos: personas con las que podemos conversar espontáneamente, pero a quienes probablemente no volvamos a ver más. Puede que nos encontremos entre extraños en las multitudes, pero podemos relacionarnos con ellos en algún nivel, porque compartimos una identidad fundamental.

La dimensión inconsciente de nuestra identidad colectiva está relacionada con las formas en que la historia ancestral, la herencia genética, los estados de ánimo colectivos y los factores ambientales impregnan las capas subliminales de nuestra realidad personal y condicionan nuestras identidades y elecciones.

En esta misma línea, Piscis representa las instituciones y administraciones públicas, las grandes empresas, lo global o internacional (lo que está más allá de la identidad nacional), las marcas populares y las marcas comerciales que definen las tendencias y los recursos públicos que no pueden o no deben ser de propiedad privada, como el oxígeno, la lluvia, la luz del sol, los océanos, las carreteras, las aceras o cualquier espacio público.

Atender las necesidades públicas a través de una función: orientación profesional

El arquetipo de Piscis no solo describe las influencias colectivas y el uso de los recursos públicos, sino también el potencial para *afectar personalmente al colectivo*. A través de este arquetipo, una persona puede conectarse con la conciencia y el inconsciente colectivos y tocar la vida del público en general, a veces a nivel masivo.

Por consiguiente, podemos abordar las necesidades colectivas y hacer que el público responda a algo que creamos o expresamos. *Piscis es un canal entre el yo y el todo o las masas.* A través de este arquetipo, podemos identificar las funciones que puede desempeñar un individuo a gran escala o, en términos más sencillos, los tipos de servicios que puede ofrecer alguien que responda a una necesidad masiva. *El arquetipo de Piscis refleja nuestras orientaciones profesionales,* mostrándonos el lugar en el que el público responderá a nuestras habilidades, tanto si se trata de un servicio modesto que responde a necesidades prácticas como si conlleva el glamour de la fama. El punto esencial es que, a través de Piscis, nuestras habilidades están disponibles para el público de forma impersonal y no discriminatoria.

En una carta, Neptuno, la casa 12 y Piscis describen la forma personal de responder a las necesidades del público y de ofrecer servicios de forma impersonal. Este arquetipo describe *nuestra orientación vocacional y nuestra trayectoria profesional, los servicios que ofrecemos al público,* tanto si esta profesión es algo que elegimos conscientemente, por ejemplo, a través de la formación académica, o si es algo que encontramos inesperadamente a través de diversas circunstancias de la vida.

Mientras que el arquetipo de Piscis representa la interacción y el intercambio entre una persona y el público en general, el arquetipo de Virgo, opuesto a Piscis, representa el esfuerzo por cultivar las habilidades y perfeccionarlas. Virgo hace referencia al mantenimiento, la logística y el trabajo necesario para prestar un servicio. Sin embargo, la naturaleza del servicio en sí mismo, la orientación vocacional y el canal a través del cual se interactúa con el público son captados por Piscis. *Los ejes Piscis/Virgo y casa 12/6, junto con sus regentes naturales Neptuno y Mercurio, proporcionan los bloques de construcción, la naturaleza y la orientación de cada profesión.*

Las asociaciones profesionales: diferencias entre la casa 10 y la casa 12, Piscis y Neptuno

La casa 10 (y el Medio Cielo) es comúnmente referida como la Casa de la carrera y la influencia pública en la literatura astrológica; sin embargo, esto puede ser sólo parcialmente cierto. A través de la casa 10, aprendemos a alinear nuestro ego dentro de un marco más amplio de la sociedad y damos los primeros pasos en el ámbito de lo colectivo, donde construimos autoridad y estatus, a veces de forma profesional. Sin embargo, como la casa 10 es una casa Cardinal, sólo capta las etapas iniciales de la participación colectiva. De hecho, a través de la casa 10, *podemos identificar cómo una persona aborda los asuntos de la carrera* y qué tipo de acciones y actitudes se emplean para promover los objetivos de esta última; sin embargo, el verdadero indicador de una carrera puede ser retratado con mayor precisión por el arquetipo de Piscis, a través de la casa 12, la ubicación y los aspectos de Neptuno o cualquier otra cosa asociada con el signo de Piscis.

Las personas que ocupan puestos públicos importantes, de influencia o de fama, suelen tener un énfasis en la casa 12 o una influencia prominente de Piscis en sus cartas, en lugar de un énfasis relacionado con la casa 10 o Capricornio. Se puede afirmar con seguridad que es a través del arquetipo de Piscis que se puede rastrear con mayor eficacia la naturaleza del papel público de una persona, su influencia social y su contribución a lo colectivo; *Piscis parece ser el verdadero arquetipo de la carrera.*

Al conectarse con la conciencia y el inconsciente colectivos, podemos responder a las necesidades de las masas. Si bien esta dinámica se aplica a la oferta de servicios públicos o a la respuesta a las necesidades de los consumidores, también se aplica a circunstancias que van más allá del contexto profesional.

Por ejemplo, una persona puede protestar contra una injusticia y, al hacerlo, puede captar la atención de los medios de comunicación, con el resultado de una respuesta pública más amplia. Por tanto, lo que inicialmente era un asunto personal se convierte en una cuestión colectiva.

Mientras que **Neptuno, la casa 12 y Piscis describen** nuestra orientación profesional y los servicios que ofrecemos al público, la casa 10 describe cómo nos desarrollamos y expresamos profesionalmente. Por ejemplo, si una persona tiene el signo de Capricornio en la casa 12, es posible que se dedique a la política y se ocupe de las necesidades públicas a través del gobierno y de la aplicación de las leyes. Sin embargo, tener Escorpio en la casa 10 puede describir que el estilo de gobierno y la dirección que tome esta práctica, estará teñida por temas escorpianos, tales como crear cambios, exponer las limitaciones del sistema, desafiar el statu quo y, posiblemente, formar parte de intensos juegos de poder tras bastidores.

Fama potencial, notoriedad y simbolismo icónico

Debido a la asociación con la conciencia y el inconsciente colectivo, el arquetipo de Piscis representa el potencial de crear un impacto a gran escala y llegar a ser extremadamente popular y posiblemente acaudalado como resultado de esa respuesta de las masas. Bajo estas influencias, podemos ascender a la fama o incluso a un estatus icónico cuando las cosas que hacemos, pensamos o escribimos acaban afectando la vida de las masas. Una persona puede convertirse en un político, un símbolo sexual, una estrella del mundo del espectáculo, un escritor, un artista, un atleta o cualquier figura que atraiga el interés y la identificación de las masas. Piscis no sólo simboliza soñar el sueño, sino también convertirse en el sueño.

Del mismo modo, una persona puede convertirse en un símbolo público de infamia y suscitar reacciones masivas de antagonismo, temor u hostilidad. Por ejemplo, el corredor de bolsa estadounidense Bernie Madoff, que fue expuesto en 2008 como el autor del mayor fraude piramidal de la historia, refleja esa notoriedad. En ese momento, Saturno y Marte en tránsito hacían aspecto directo a su Neptuno natal, exponiéndolo públicamente (Neptuno) por fraude (Saturno) y provocando una reacción colectiva de ira (Marte). Del mismo modo, uno puede atraer una respuesta colectiva a través de la victimización, como aparecer en los titulares de las noticias como la última víctima de una violación y convertirse en un símbolo que desencadena la indignación pública a través de la tragedia. La identificación masiva con la víctima puede estimular la conciencia de lo que debe cambiar en la sociedad para evitar futuras tragedias.

En las circunstancias más extraordinarias, **Neptuno, Piscis y la casa 12** pueden simbolizar las áreas de una carta en las que una persona puede trascender el tiempo y espacio y ser inmortalizada, convirtiéndose en mito y símbolo para las generaciones venideras. Tanto en la carta natal como en los tránsitos, estas ubicaciones describen la orientación y el modo en que pueden manifestarse la fama, la notoriedad y la resonancia pública.

Es interesante observar que las masas se identifican especialmente con las figuras que reflejan la inocencia, el heroísmo y la maldad. Estos tres papeles principales de los "cuentos de hadas" invariablemente despiertan las emociones del público: *el inocente, el salvador de la inocencia y el depredador de la inocencia*. El inocente (la víctima) suele ser una figura que encarna un elemento de pureza; el héroe simboliza la esperanza y la salvación del dolor y el villano desafía a todos a permanecer alertas y a no dar nada por sentado. Si nos fijamos en los ejemplos históricos, encontramos a Diana, la Princesa de Gales, en el papel de la pura e inocente, a Mahatma Gandhi claramente como un salvador y a Osama Bin Laden como el villano o el salvador, dependiendo del contexto. Estos papeles míticos, profundamente arraigados en nuestra psique, representan arquetipos existenciales fundamentales que están enraizados en nuestro inconsciente, ya que representan los temas del "paraíso perdido", contrastando con la inevitabilidad de los desafíos evolutivos y el dolor, propios del tiempo y el espacio.

Las exigencias de la participación pública

Cuando realizamos un servicio público, ya sea funcional o de alto nivel o bien notorio, en cierto modo, estamos entregando nuestro ego a la causa. Esta dinámica puede aplicarse a las circunstancias más corrientes. Por ejemplo, un vendedor de zapatos entrega su ego a la causa de la venta de zapatos, ya que en esta función no tiene ningún control sobre quién puede comprar finalmente sus zapatos. El servicio se ofrece indistintamente a cualquiera que entre en la tienda y acepte pagar el precio. Al abrir una tienda, el propietario invita al público a recorrer los pasillos y, eventualmente, a comprar. El dueño de la tienda se muestra pasivo, esperando que el público decida si quiere utilizar el servicio o no. Piscis representa esta postura pasiva: la entrega del yo a la respuesta del público.

El mismo concepto se aplica cuando alguien aparece en los titulares de las noticias y se vuelve públicamente reconocido o famoso. Al perder el anonimato, la persona renuncia a su privacidad y en cierto modo, deja de ser un simple mortal a los ojos del público. Se convierte en un producto o un símbolo. En esta situación, la exigencia de satisfacer al insaciable público puede llegar a ser abrumadora. Por un lado, el ego puede sentirse glorificado por el resplandor de la fama; y por otro lado, debe renunciar al control, ya que la vida privada de uno es ahora un asunto de interés público.

La exposición pública nos coloca en una posición en la que las expectativas, las reacciones emocionales y las opiniones del colectivo se proyectan sobre nosotros, como si nuestra psique fuera ahora accesible a cualquiera. Los límites se difuminan o se disuelven por completo y la privacidad queda anulada. Esta dinámica puede provocar crisis nerviosas u otras formas de estrés.

A través de Piscis, nuestro ego puede pasar a formar parte del dominio público. Esto puede convertirse en un reto cuando nos sentimos completamente expuestos e invadidos, perdiendo nuestra privacidad y nuestro yo. La inmensidad y la falta de fronteras de la influencia de Piscis se enfrentan a la necesidad de establecer límites que sirvan a la dimensión del tiempo y espacio. Permanecer en nuestro centro, mientras al mismo tiempo se asume la continua exposición pública, requiere de parte del individuo tanto de un carácter fuerte como de humildad.

La función pública puede llegar a agobiarnos, porque conlleva una inmensa responsabilidad. Tal como una personalidad destacada tiene el poder de inspirar un cambio positivo a gran escala, también se arriesga a causar un daño en igual proporción. Cada movimiento y palabra de la persona tiene mayor peso y efecto, por lo que el miedo a hacer daño puede ser paralizante. La opinión pública nos presiona a ser ejemplares e intachables y a representar "la causa" con honor. Las debilidades apenas se toleran, porque las masas proyectan grandes expectativas en las figuras públicas. Por ello, es habitual que las figuras admiradas decepcionen a su público antes o después, cuando su mortalidad queda al descubierto y se empaña la expectativa pública de una perfección casi mítica. Los famosos están obligados a inspirar y solo en raras ocasiones se les "permite" cometer errores; finalmente, solo se los perdona si son capaces de sobrevivir a estas faltas con elegancia. De lo contrario, el rechazo se produce sin piedad.

Delirios de Grandeza

Otra consecuencia potencial de un cargo o posición de alto perfil es quedar vulnerables ante la megalomanía. Cuando se atrae la atención de las masas y se disfruta de la aclamación generalizada, es fácil dejarse llevar por sentimientos de grandeza y una sensación de inmortalidad e invencibilidad. La influencia de Piscis puede crear una sensación de que somos divinos y que estamos más allá de las trivialidades del tiempo y del espacio. Este estado delirante suele generar indulgencia excesiva, despilfarro, corrupción y falta de atención a las necesidades de supervivencia. La fama puede parecer una respuesta al profundo anhelo de inocencia, ya que a menudo proporciona un fácil acceso a recursos y a privilegios, como si se hubiera regresado al paraíso.

Del mismo modo, una persona puede desarrollar un complejo mesiánico y pretender salvar al mundo del dolor. En una carta, **Neptuno, la casa 12 y Piscis** pueden representar la sensación de haber sido elegido por el destino para el papel de un salvador supremo. En principio, no hay nada de malo en responder a una llamada superior y aportar algo positivo al mundo, a menos que el sentimiento de autoimportancia anule la causa real. Los signos de esa intoxicación se manifiestan cuando la persona se siente invencible y abusa de esa posición. Tarde o temprano, pierden el contacto con lo intencionado y con la mantención de las necesidades asociadas a dicho servicio. Los cimientos psicológicos se erosionan gradualmente y conducen a la fragmentación interna.

La fama no suele ser algo que pueda planificarse. Muchos de los que han conseguido el reconocimiento público, lo hicieron sin querer. Por ejemplo, la pasión y el talento para pintar son lo que acaban por dar reconocimiento al pintor. Cuando la fama se convierte en algo más importante que lo que la impulsó, puede volverse esquiva o desvanecerse rápidamente. Esto ocurre cuando el ego se infla y el individuo pierde la perspectiva. Tratar de adueñarse de la fama puede hacer decaer el éxito y la popularidad, porque la causa esencial que llevó a la persona a destacase por sobre los demás, debe permanecer auténtica. La vida pone bajo el foco a los que son aptos para inspirar; es un proceso que es natural, orgánico y no puede ser controlado totalmente por el ego. Por ejemplo, Nelson Mandela no buscaba la fama cuando desafió al régimen del apartheid sudafricano, pero su lucha genuina por estimular un cambio inspiró en forma natural a la gente. Fue la gente la que lo convirtió en un símbolo de su causa: algo que ocurrió más allá de cualquier control desde el ego.

Fase V: Desafiar el miedo

Cuestionar las limitaciones existentes, vivir con más autenticidad, elegir la Verdad en lugar de la seguridad, liberar el espíritu.

En el curso de la evolución, llegamos a un punto en el que nos damos cuenta de que es muy limitante vivir una vida consumida por el miedo y por la necesidad de seguridad. En un principio, al perder la inocencia, el imperativo era conocer el peligro; y por tanto, volverse más precavido y alerta era un paso saludable hacia la autopreservación. El miedo desempeña un papel importante para "curarnos" de la ingenuidad y nos hace aceptar con humildad nuestras vulnerabilidades, para poder desarrollar nuestro sistema inmunitario. Sin embargo, una vez que nuestra vida es más segura y funcional, surge el impulso de crecer y explorar un mayor potencial, que se encuentra más allá de la seguridad y de nuestra zona de confort. Aunque el miedo sirve a la necesidad de protección, limita la expansión y reduce nuestro alcance, provocando el estancamiento y, en algún momento, el declive.

Desafiar el miedo es una experiencia liberadora que puede mejorar nuestra vida. Se trata de una fase de autoafirmación en la que cambiamos nuestras prioridades y la necesidad de autenticidad y Verdad, se vuelven más importantes que la seguridad. Sentimos la necesidad de cuestionar los límites, las limitaciones y las inseguridades, porque nos damos cuenta de que obstaculizan la Verdad. De este modo, los pensamientos, personas o experiencias, que alguna vez se percibieron como intimidantes, pueden ser desmitificados y vistos bajo una nueva perspectiva. Lo que antes se temía puede volverse accesible y manejable. Por ejemplo, el miedo a cambiar de trabajo puede desaparecer, una vez que llegamos al punto en que el trabajo actual se vuelve insoportable. La necesidad de autoafirmarse impulsa nuevos enfoques de circunstancias que antes se consideraban inviables. De igual modo, irse de viaje solo o enfrentarse a una figura de autoridad puede haber sido algo que no nos atreviéramos a hacer, hasta que la necesidad de libertad y de Verdad superan la precaución. La seguridad se vuelve asfixiante, porque inhibe el crecimiento y se convierte en una falta de empoderamiento.

Aunque el miedo es humillante y nos recuerda necesariamente nuestra mortalidad, a través de nuestra conciencia nos damos cuenta de que algunas de estas debilidades son a menudo simplemente el resultado de la falta de experiencia. Por ejemplo, podemos temer a ciertos animales o culturas extranjeras porque nunca hemos tenido la oportunidad de interactuar con ellos. La necesidad de crecer nos obliga a salir de lo que nos es familiar y conocer nuevas situaciones que nos permitan trascender prejuicios y proyecciones basadas en el miedo. Asumir riesgos nos permite ampliar nuestro alcance y mejorar nuestras circunstancias.

Nuestro condicionamiento suele ser el origen de nuestro temor. Se nos educa para confiar en ciertas cosas y dudar de otras y muchas inseguridades están arraigadas en los conceptos de lo que es correcto y lo que no, asunto que se nos inculcó tempranamente a través de nuestros padres o de códigos culturales. Esto puede incluir los dogmas religiosos a los que estuvimos expuestos en nuestra educación temprana, que crean una referencia de lo bueno (seguro) y de lo malo (peligroso). Por ejemplo, estar acostumbrados a temer al castigo de Dios o el miedo a no tener un salario regular marca la pauta de nuestro enfoque de la vida, ya que estos conceptos aprendidos condicionan nuestra mente. Sin embargo, a medida que crece nuestra conciencia, nos damos cuenta de que ir en contra de las expectativas y hacer algo considerado arriesgado o prohibido no es necesariamente malo. Esto empieza por desafiar el miedo a la vergüenza, la crítica o el rechazo y cruzar los límites para explorar los tabúes. Salir con alguien de otro clan o cultura, hablar para expresar opiniones impopulares o incluso simplemente llevar un tipo de ropa diferente puede desafiar el miedo a las reacciones del público.

Neptuno, la casa 12 y Piscis representan áreas de nuestra carta en las que podemos sentir el impulso de desafiar el miedo a lo desconocido, a ser más aventureros y a navegar por mares abiertos sin una promesa clara del resultado. El impulso de asumir un riesgo surge de la convicción de que es lo correcto. La disposición a desafiar el miedo es el resultado de tener un sistema inmunológico más fuerte. En esta fase, somos más conscientes y solemos estar mejor educados y, por tanto, mejor equipados para asumir esos riesgos. Al atrevernos a ir más allá de las normas conocidas, nos convertimos en versiones más evolucionadas de nosotros mismos y vivimos vidas más auténticas y completas, *liberando nuestro espíritu*.

La inspiración para desafiar nuestros miedos se origina en un recuerdo inconsciente de atemporalidad; un lugar donde vivimos más allá de las limitaciones. Algo dentro de nosotros recuerda que hay más para nosotros, o más para la vida, que la realidad actual del tiempo y espacio. En estas zonas de nuestra carta, podemos recordar lo liberador que es estar en el reino atemporal.

En el proceso de superación de los miedos, una renovada sensación de confianza lleva a veces a las personas a ir a los extremos. Algunos pueden tener la tentación de elevarse completamente por encima de su miedo, intentando recuperar la experiencia de la atemporalidad en la que tenían total libertad. Comienzan a vivir la vida al límite y buscan a propósito los extremos y los peligros. Es entonces cuando vemos a personas que practican deportes extremos, como enfrentarse a una expedición en solitario a la Antártida o ingerir escorpiones vivos como un despliegue de destreza. Estas hazañas proporcionan una sensación de supremacía y omnipotencia y, al superar el miedo, estas personas se elevan por encima de las limitaciones y la trivialidad, como si lograran la inmortalidad y, por unos instantes, sentirse divinos. Sin embargo, sólo se pueden superar estos retos con éxito con los medios del arquetipo opuesto, Virgo, en el que el entrenamiento y la logística se gestionan adecuadamente.

De todos los miedos, el más fundamental es el miedo a la muerte. Temer a la muerte es esencial para la autopreservación y nos recuerda que la vida es valiosa y debe ser protegida. Sin embargo, la muerte es una limitación desalentadora porque nos quita todo; es inevitable, desconocida y definitiva. La muerte nos recuerda que estamos en la dimensión del tiempo y espacio, donde nada puede perdurar.

En algunos casos, el impulso de desafiar el miedo a la muerte surge cuando las personas llegan a un punto en el que creen que ya no hay nada que perder; por ejemplo, cuando se está bajo un régimen severamente opresivo o experimentando un dolor crónico debilitante o enfrentando a la propia muerte a través de una enfermedad terminal. *Al renunciar a los instintos de autoconservación, todo es posible.* Pueden producirse situaciones peligrosas, como abusar de las drogas y coquetear con la sobredosis; o bien, en un contexto de activismo social, participar en actos radicales de protesta, como la autoinmolación o el terrorismo. Al dejar de temer a la muerte, se puede vivir de forma imprudente, morir prematuramente o, incluso, matar.

En otros casos, desafiar el miedo a la muerte puede instigar a elegir una carrera que implique riesgos considerables para la vida, como por ejemplo, convertirse en corresponsal de guerra o en soldado que lucha en esas guerras. Puede ser inspirador convertirse en oficial de policía que se encuentra constantemente con criminales violentos, gente que tampoco tiene nada que perder. En estos casos, desafiar el miedo a la muerte es para servir a la vida a través del heroísmo.

Neptuno, la casa 12 y Piscis describen áreas de nuestra carta en las que podemos encontrar un profundo anhelo de *liberar completamente el espíritu*. Es posible que nos sintamos impulsados a desafiarnos a nosotros mismos en esas áreas y a asumir más riesgos, sabiendo que más allá del velo del miedo se encuentran experiencias vitales mayores y capas más profundas de la Verdad.

La influencia de Piscis siempre nos recuerda que somos más que nuestra identidad espacio-temporal y que hay algo más grande y significativo en la vida que nuestra seguridad y preocupaciones prácticas. De este modo, nos sentimos inspirados a desafiar las definiciones estrechas de lo que somos y lo que podemos hacer. A medida que ampliamos nuestras capacidades y nos damos cuenta de que tenemos un mayor potencial, adquirimos nuevas habilidades y mejores actitudes hacia la vida. El beneficio fundamental de desafiar nuestros miedos es volvernos más valerosos para aceptar la Verdad y vivir de acuerdo con ella. Buscamos la libertad cuando desafiamos el miedo, pero ¿qué es la verdadera libertad? ¿Es la libertad de la muerte, la libertad del dolor? O bien, ¿la libertad consiste en superar el miedo a existir? *Es cuando dejamos de temer a la Verdad, que podemos encontrar la verdadera libertad.*

Algunas personas pueden, en esta fase, tratar de recuperar la sensación de invulnerabilidad, recordando de modo inconsciente el estado atemporal de inmortalidad. Este fervor es a menudo una compensación por experiencias anteriores de abuso, derrota e impotencia. Tras experimentar traumas profundamente humillantes, pasan a un estado maníaco de intrepidez para compensar su herida de impotencia. Esta dinámica puede desatar trastornos o episodios *bipolares*.

Si bien desafiar el miedo empodera, no podemos ignorar el instinto de autoconservación, que requiere una conciencia del peligro y de las limitaciones personales. Definitivamente, uno debe aspirar a disminuir las limitaciones basadas en el miedo, pero sin tener que compensarlas en exceso mediante un complejo de invencibilidad. La dimensión del tiempo y del espacio tiene su lugar y la muerte forma parte de ella. Para reiterar la lección esencial, el propósito de desafiar el miedo no consiste en alcanzar la intrepidez absoluta, sino en expandir los parámetros de la autopreservación.

Fase VI: Humildad y ego

Darse cuenta de las limitaciones egocéntricas cuando se adquiere la perspectiva de los ciclos y fuerzas más grandes de la vida.

A medida que navegamos por la vida en el tiempo y el espacio, las presiones por la supervivencia requieren que cada uno de nosotros sea autónomo y desarrolle su individualidad: formamos un ego que sirve de plataforma para forjar habilidades, obtener mayor control y permitir que nuestra conciencia evolucione. Podemos superar las experiencias de pérdida y victimización a medida que nos esforzamos por fortalecer nuestro sistema inmune y, como resultado, convertirnos en seres más fuertes y sabios. Construir un ego es una tarea monumental, porque implica tomar decisiones, asumir el control de nuestro destino, ser responsables de nuestras vidas y pagar las consecuencias de nuestros errores: es un trabajo duro. Sin embargo, cuando el trabajo del día esté hecho, podremos saborear los frutos de nuestra labor. Logramos mayor seguridad, capacidad y logros y podemos tener mayores oportunidades de dirigir el curso de nuestro destino. Obtenemos un mayor control sobre nuestras vidas y alcanzamos mayores niveles de rendimiento. A nivel colectivo, el desarrollo egocéntrico engendra el desarrollo de la ciencia, la tecnología, la cultura y la civilización. Con un ego, no nos limitamos a existir, sino que nos convertimos en fuerzas creativas que participan, tienen un impacto y pueden liderar.

No obstante, aunque el ego adquiere más seguridad e incluso dominio, también debe darse cuenta de que forma parte del gran esquema de las cosas y de que hay más asuntos en la vida que las ambiciones personales y la seguridad. En esta fase, se nos pide que salgamos de nuestra zona de confort y veamos más allá de nuestras necesidades personales, para contemplar los grandes mecanismos y la inteligencia que hay detrás de la vida.

Podemos haber alcanzado logros significativos y una vida más segura y satisfactoria, pero nos damos cuenta de que nada es duradero. Cada momento se acaba porque no está completo y, en consecuencia, a pesar de nuestras muchas capacidades, no podemos evitar por completo los desafíos, las crisis y el dolor. El dolor nos recuerda que hay más cosas que descubrir y que nuestro trabajo no ha terminado. Aunque consigamos un mayor control y manejemos nuestra existencia de forma cada vez más eficaz, *el misterio de la vida sigue sin comprenderse del todo* y la vida sigue trayendo nuevas sorpresas: justo cuando creemos que lo tenemos todo resuelto, surge un nuevo reto que nos demuestra que teníamos un punto ciego.

Neptuno, la casa 12 y Piscis reflejan aquellas áreas de la carta en las que el ego, con toda su fuerza, debe enfrentarse finalmente a su propia mortalidad. Son áreas en las que lo que parece establecido, verdadero, seguro o valioso hoy, puede disolverse al día siguiente. La rueda del tiempo pone fin a todo, tarde o temprano, y el ego se da cuenta de que no puede controlar estos grandes ciclos vitales. A merced de corrientes y circunstancias más amplias, aprendemos a entregarnos y a aceptar lo que la marea trae a la orilla, no como un acto de derrota, sino como una forma de seguir aprendiendo. Cuando perdemos el control y nos enfrentamos a lo desconocido, nos encontramos con la limitación de nuestro conocimiento y control. Tanto en las victorias como en las derrotas, *llegamos a reconocer nuestra propia ignorancia* y es de esperar que lo veamos con sentido del humor.

El control es el resultado del conocimiento y la experiencia; pero a través de esta fase de ajuste egocéntrico, llegamos a un punto en el que nuestro conocimiento no nos proporciona las respuestas que buscamos y no tenemos más remedio que enfrentarnos a lo desconocido. Puede que perdamos nuestro trabajo, que tengamos una crisis de salud, que nos demos cuenta de que nuestro hijo tiene un problema con las drogas o que, simplemente, tengamos que cancelar planes porque circunstancias superiores nos imponen estos ajustes. Estas circunstancias nos obligan a pensar de forma diferente y a salir de nuestra zona de confort. Con humildad, *debemos improvisar para sortear los desvíos que nos impone la vida* y encontrar soluciones.

A veces, dejamos ir lo que habíamos conseguido, porque ya perdió su relevancia. La fórmula que teníamos para ser felices ya no aporta sentido ni soluciones y perdemos la fe en lo que antes era firme y fiable. Vemos las grietas en los valores, ideas, expectativas de relación o elecciones vocacionales que antes sentíamos sólidas. *Dejamos atrás aquello que quedó en el vacío y ahora nos enfrentamos al vacío de lo desconocido.*

A medida que la impermanencia se hace evidente y perdemos el control sobre la dirección de los acontecimientos, se impone la lección que es *soltar los apegos*. Podemos sentirnos desorientados al principio, pero este proceso puede abrir nuevas puertas; y una vez que aceptamos el cambio, puede revelarse como una bendición disfrazada. Vemos que la vida es una aventura y que hay más cosas que nos quedan por aprender. Ahora escuchamos a la vida en lugar de intentar imponer nuestra voluntad.

Podemos construir imperios con nuestra creatividad; pero si no seguimos caminando cuando es necesario hacerlo, estos logros nos aprisionan. Soltar el apego no significa ser indiferente, pues estamos agradecidos por lo que hemos conseguido concretar; sin embargo, no les asignamos un valor absoluto. Desde la perspectiva del arquetipo de Piscis, nada es permanente y no podemos ser verdaderamente dueños de nada; no somos dueños de nuestro éxito, ni de nuestra tierra, ni de nuestros hijos, ni siquiera de nuestra propia vida. Desde un punto de vista universal, la propiedad es un concepto artificial que solo tiene un valor relativo.

A través de esta fase de humildad, empezamos a dudar de todo lo que alguna vez atesoramos: ya sea nuestra educación, las normas establecidas o las convicciones arraigadas por nuestra cultura. Las referencias morales e intelectuales pueden desmoronarse en este punto y podemos sentir que ya nada es plenamente fiable; casarse con alguien exitoso, los privilegios materiales, el cuerpo perfecto, la educación exclusiva y otras fórmulas de éxito solo proporcionan una sensación temporal de esperanza o bienestar. Llegamos a una fase de vacío existencial porque ahora vemos que los valores del tiempo y el espacio son efímeros.

Cuando perdemos la dirección y la seguridad, nos damos cuenta de que hay que adoptar un enfoque totalmente diferente: hay que renunciar a la competencia, a los sentimientos de propiedad, al materialismo o a las creencias estrechas para adoptar valores más holísticos que tengan en cuenta el hecho de que todo está realmente interconectado. Hay que dejar de lado la mentalidad de "nosotros contra ellos", de devaluar a los demás para elevarnos a nosotros mismos o los prejuicios hacia las diferentes culturas. En esta fase, nos damos cuenta de que *el dolor del otro es nuestro dolor*. La ilusión de la separación debe disolverse si queremos seguir hacia el siguiente paso evolutivo y tener éxito. No se trata de un idealismo romántico, sino de encontrar soluciones más completas.

Neptuno, la casa 12 y Piscis en la carta describen áreas de nuestra vida en las que debemos adoptar un enfoque más holístico; áreas en las que la rigidez, el control excesivo y los complejos de superioridad y los derechos que me dan mis credenciales ya no funcionarán. Aprendemos a adoptar una visión más amplia, en la que servir a un bien mayor nos beneficia inmediatamente a nivel personal. Aunque durante la fase de depredador y presa nos vimos obligados a ser más competitivos, ahora estamos ya más maduros y preparados para avanzar.

Humildes, nos volvemos más flexibles y abiertos y con una mayor perspectiva; aprendemos a abrirnos de nuevo, a mostrar compasión y una mentalidad más positiva.

Podemos sentirnos inspirados para promover estos principios holísticos y convertirnos en activistas que se esfuerzan por lograr un cambio social. A medida que cambiamos internamente, queremos afectar lo que nos rodea. Se hace más evidente que nuestro bienestar y felicidad dependen de la salud del conjunto.

Fase VII: Inocencia, desilusión y madurez en la espiritualidad

Realizar y alinearse conscientemente con los principios atemporales de la Verdad

La Verdad Absoluta

La conciencia espiritual comienza a través de un creciente anhelo de buscar la más amplia Verdad, más allá de los confines del tiempo y espacio, aquello que será siempre verdadero indistintamente del lugar. En esta fase del desarrollo, comprendemos que *somos parte de la trama de un diseño inteligente que lo abarca todo y que gobierna todas las formas de vida*. Estamos obligados a comprender mejor este diseño inteligente y a seguirlo, porque lo representa todo.

Solo podemos acceder a la gran Verdad trascendiendo el tiempo y espacio hacia la dimensión atemporal. Aunque la inmensidad de todo está más allá de nuestro alcance, podemos reconocer que la vida no es aleatoria; si lo fuera, carecería de coherencia y no podríamos aprender a acumular experiencia ni conocimiento. *Cuanto más nos dedicamos a la Verdad y nos alineamos con ella, ésta más se nos revela.*

A medida que nuestra conciencia se vuelve más espiritual, entramos en sintonía con la Verdad, independientemente de si, en lo inmediato, se siente cómoda o beneficiosa para nosotros. *La Verdad se convierte en nuestro punto de referencia,* porque es lo único que realmente funciona; por lo tanto, ahora nos esforzamos por renunciar a toda ilusión. Vivir para la Verdad significa que nuestro enfoque y esfuerzos están orientados a un bien mayor y no a la búsqueda de un beneficio personal inmediato; así y todo, los beneficios son tremendos.

Profundizar en el reino atemporal a través de Piscis nos lleva naturalmente a trascender los fragmentos de la dualidad. Las dicotomías como hombre y mujer, frío y calor, día y noche, agitación y desesperanza o riqueza y pobreza, están todas ligadas a la rueda del tiempo. Una persona puede creer en el trabajo duro y otra en un enfoque más relajado. Ambas estarán ferozmente apegadas a sus opiniones al respecto; y sin embargo, podemos entender que ambos enfoques son relevantes. Pero, si nos centramos sólo en uno de ellos -el trabajo duro o relajado- crearemos un desequilibrio. A través de la conciencia espiritual somos capaces de unir los extremos y seguir el *camino del medio.* Nos convertimos en lo masculino y en lo femenino, podemos generar riqueza y vivir con medios mínimos, expresar emociones intensas pero permanecer centrados dentro de una perspectiva neutral. A través del camino del medio nos vemos reflejados en nuestros enemigos, el tiempo se disuelve y con él, también lo hacen todas las barreras y separaciones.

No podemos existir completamente fuera del tiempo y espacio, pues vivir en este plano depende de eso, pero podemos trascenderlos conceptualmente. *Esta es nuestra manera de acceder a la atemporalidad*. Vivir en el tiempo y espacio significa que *no podemos liberarnos completamente de nuestra ignorancia y dolor* y la evolución debe continuar. Por lo tanto, para continuar con nuestro proceso espiritual, debemos renunciar al control y aceptar lo que no sabemos. Cuando nos entregamos a la vida, la Verdad se nos revela.

La ubicación de Neptuno, la casa 12 y Piscis en nuestra carta describen las áreas de nuestra vida en las que podemos experimentar un despertar espiritual y responder a una llamada desde lo superior. Podemos ver claramente lo que es auténtico y verdadero y no dejar que las necesidades prácticas y de seguridad nos sigan limitando. Renunciamos al miedo, la mentira, pretensión, arrogancia, competencia, avaricia o a cualquier compromiso que nos separe de lo que la vida realmente es. Estamos maduros y podemos ver más allá de los velos del tiempo. Estas áreas de la carta pueden reflejar una realización más elevada, que puede ocurrir espontánea o progresivamente. Tener una experiencia directa con la Verdad abre nuestros corazones y trae estados de felicidad.

Ser más conscientes espiritualmente, en forma natural, fomenta que nos *centremos en el corazón*, ya que nuestro corazón es el punto de convergencia de todas las direcciones: la cabeza y el perineo, los hemisferios izquierdo y derecho. En todas las direcciones, todo está vivo, todo es consciente, todo es vida. Amar la Verdad es amar la vida y *la simplicidad del amor por la vida* es amar todo lo que vive.

Esperanza en la Verdad

Las nuevas realizaciones espirituales expanden nuestra conciencia, de manera que traen mayor armonía, salud y claridad. La Verdad nos libera de la negatividad y nuestros corazones se abren naturalmente.

Nos sincronizamos con las corrientes más amplias de la vida y podemos conectar con esa fuerza que es mayor que nosotros mismos, un flujo cósmico que puede recargarnos en forma natural. En algunos casos, las personas experimentan estados embriagadores de felicidad que mejoran tanto su conciencia como su química biológica, porque en esta fase, nos convertimos en canales de energía universal y nuestro ser mortal se fusiona con la fuente eterna de luz: la Verdad. Hay innumerables maneras de crecer espiritualmente, pero lo que logra unificar los muchos y diversos caminos es el equilibrio, centrarse en el corazón, mantener una visión unificada y también la neutralidad.

Neptuno, la casa 12 y Piscis pueden describir las áreas en nuestras cartas en las que nuestro desarrollo y capacidades espirituales se potencian y en las que nos volvemos más sensibles y receptivos a frecuencias cada vez más finas. Nuestra conexión con el reino atemporal nos ayuda a superar nuestras limitaciones mundanas: ahora comprendemos mejor el panorama general. A veces, esta corriente universal toma la forma de un poderoso estado de amor divino en plena efervescencia, que nos embriaga con la bondad y la luz que cura las huellas negativas. Otras veces, llega a través de epifanías y realizaciones espontáneas que proporcionan una visión clara sobre nuestra existencia, iluminando los rincones oscuros de nuestra psique. Las nuevas percepciones pueden surgir a veces a través de la escritura o de los estados de sueño, como si el conocimiento se descargara solo, sin aprenderlo de manera lineal.

Estas son también zonas de nuestra carta natal en las que podemos guiar y proporcionar apoyo espiritual a aquellos que sufren o están desorientados. **Neptuno, la casa 12 y Piscis** describen los canales a través de los cuales estamos equipados para ayudar a aliviar el sufrimiento, curar las heridas y resolver problemas existenciales. Incorporamos herramientas para superar la negatividad y podemos utilizarlas en forma beneficiosa, ya sea encontrando una dirección, endulzando lo amargo, volviendo a potenciar lo débil y llenando el vacío con nuevos significados. En circunstancias excepcionales, una persona puede desarrollar capacidades que desafían el sentido común establecido; capacidades que se consideran milagrosas desde la perspectiva del tiempo y el espacio. Estos supuestos milagros reflejan un nivel de dominio sobre las leyes de la vida, que provienen de la sinceridad del corazón y la devoción a la Verdad.

Estar despierto espiritualmente inspira naturalmente la fe y la esperanza de que el desarrollo espiritual trae consigo la promesa de una vida y un futuro mejor. La esperanza refleja esa confianza final que adquirimos, en que la vida es buena y que el bien vencerá al dolor y al mal.

Purificación y masoquismo espiritual - División de espíritu y materia

A medida que evoluciona nuestra conciencia espiritual, la brecha entre el reino divino de la atemporalidad y la dimensión mundana del tiempo y espacio, se hace más grande y a veces, insoportable. Ahora comprendemos plenamente que el reino atemporal, donde la Verdad lo abarca todo, es el fundamento de la existencia, mientras que, en contraste, el espacio-tiempo trae limitación, sufrimiento y decepción repetitiva. El ego puede evolucionar en conciencia pero, su mejor logro es acercarse a la Verdad atemporal y aceptarla sin pretender dominarla completamente.

El ego nunca puede estar completamente libre de limitaciones, ya que está atado a la rueda del tiempo y al estado de separación; por lo tanto, nunca se libera del dolor. A pesar de todas las buenas intenciones, miramos hacia atrás y vemos que, por cada uno de nuestros éxitos ocasionales, hay un rastro de daño o merma causada por un sinfín de errores y malentendidos. Este es el drama inevitable de la existencia y desearíamos poder evitarlo pero es parte intrínseca de la fragmentación. En esta fase de desarrollo, la influencia de Piscis inspira un profundo deseo de *purificarnos* de todas las motivaciones egocéntricas con la esperanza de *reducir cualquier nuevo daño, sufrimiento y karma negativo.*

El anhelo de la Verdad nos inspira a renunciar a lo que es personal, ya sean nuestras ambiciones, convicciones, deseos o apegos emocionales. *Al querer liberarnos de nuestro ego,* perdemos el interés en buscar emociones, sensaciones o placeres, ya que estos son solo fragmentos, con un valor temporal y por lo tanto fugaces. La humildad puede parecer necesaria para fomentar la disolución de nuestra experiencia egocéntrica y allanar el camino para salir de los errores, la limitación y el dolor. *Solo en el vacío completo y en la meditación, la Verdad puede permanecer inalterada.*

Trascender los reinos del ego y del tiempo y espacio implica adoptar un estado neutral, libre de prejuicios, condicionamientos o apegos que velan la Verdad. Solo la neutralidad aporta claridad.

Esta purificación egocéntrica induce a la autonegación y engendra lo que puede interpretarse como un enfoque más

Las Fases de Desarrollo Del Arquetipo de Piscis

austero de la vida. Esto permite al alma liberarse del tiempo y del espacio y alcanzar la liberación espiritual. La austeridad provoca naturalmente malestar e incluso dolor; sin embargo, se trata de un dolor diferente, porque representa la agonía del ego. Este dolor puede considerarse como la disolución del tiempo y el espacio; tiene una cualidad purificadora. Desde este punto de vista, *cuanto más se sufre la privación sensorial, más se puede sentir lo trascendente, puro y realizado.*

Vivir una vida de renuncia, lejos de los altibajos de apegos emocionales y estimulación externa, elimina nuestros velos, limitaciones y ataduras al tiempo y a la muerte. Si sentimos incomodidad y dolor, confiamos en que sirva para la realización espiritual venidera. Irónicamente, con la influencia de Piscis no es raro que *se forme un apego a la necesidad de trascendencia y, en consecuencia, se desarrolle un complejo de pureza*. La aspiración por liberarnos de la densidad de nuestro ego y alcanzar una realización espiritual más elevada puede incitarnos a superar los límites del sufrimiento para acelerar la liberación espiritual. Sin embargo, esta orientación engendra un masoquismo espiritual.

Neptuno, la casa 12 y Piscis representan áreas de la carta natal en las que puede haber un profundo impulso por purificar la conciencia de los apegos egocéntricos y liberarnos de las ilusiones de la satisfacción temporal. La capacidad de "soportar el dolor" puede percibirse como necesaria para este proceso de purga, similar a la de un drogadicto que necesita someterse a un proceso de desintoxicación, por lo que la privación y la austeridad pueden comenzar a ser glorificadas. Esta mentalidad puede, a veces, invitar al abuso y al daño, porque soportar el dolor puede ser interiorizado como una forma de purificar el espíritu. En otras palabras, el dolor se convierte en un medio para poner a prueba nuestra capacidad de superación.

Los masoquistas espirituales empujan sus límites de resistencia al dolor y pueden tomar, a propósito, grandes cargas sobre sí mismos. Por ejemplo, no es raro que intenten "salvar" a las personas de sus tendencias autodestructivas, sin su aprobación o cooperación. Cuando estas personas no aprovechan la ayuda ofrecida y, a cambio, responden de forma abusiva, los masoquistas pueden ver esto como una prueba de su propia fortaleza y trascendencia. Darlo todo y no recibir nada positivo a cambio puede generar un sentimiento de ser puro, santo y de estar aportando un mayor servicio. El masoquista espera recibir un regalo de liberación espiritual de los reinos divinos como muestra de trascendencia y virtud espiritual, pero no espera nada del reino del tiempo y espacio. En última instancia, este afán por desvincularse del tiempo y espacio crea una división *entre el espíritu y la materia*.

En algún momento, este enfoque induce una ruptura o crisis. Hay una gran virtud en la humildad, el servicio y la devoción, pero cuando se asocia el sufrimiento con la liberación, es posible que perdamos el camino. Este enfoque puede engendrar una falsa modestia y servir para encubrir la vanidad espiritual. Irónicamente, *hay orgullo en el martirio*, tanto si se busca el sufrimiento consciente como inconscientemente.

Cuando existe una división entre la materia y el espíritu, todo placer se puede interpretar como corrupto o pecaminoso. Muchas religiones transmiten estos principios, ya sea predicando que hay que ofrecer la otra mejilla para obtener una recompensa en el reino de los cielos, muriendo por la Yihad para encontrar consuelo en el paraíso o adoptando el camino del Sadhu, que puede considerar virtuoso caminar en una pierna durante el resto de su vida en nombre de la purificación espiritual.

El masoquismo espiritual suele tener su origen en el deseo de ser una buena hija o hijo de Dios. Hay un anhelo fundamental de amor y aceptación. Sin embargo, como los masoquistas siempre luchan contra las imperfecciones personales, su culpa nunca se desvanece y, como resultado, su sufrimiento se recicla continuamente. *Uno nunca se siente digno de amor o lo suficientemente puro,* ya que el ego permanecerá a pesar de los mejores intentos por trascenderlo.

A medida que nuestra conciencia es más espiritual, es importante reconocer que purificar el ego no consiste tanto en negarlo como en *alinearlo*. Podemos darnos cuenta de que nuestro deseo de renunciar al ego y vivir solo en la atemporalidad es en sí mismo un deseo egocéntrico.

Aceptar la Verdad implica aceptar que el tiempo y espacio tienen su lugar. Si no lo hacemos, perpetuamos la división entre el espíritu y la materia, lo que inevitablemente conduce a una eventual caída.

La influencia de Piscis puede intensificar esa división y provocar crisis emocionales y físicas. Por ejemplo, la persona puede hablar de elevadas virtudes espirituales, pero verse atrapada en cantidad de luchas de poder en el día a día. Del mismo modo, puede alabar las virtudes del amor incondicional, pero ser incapaz de comprometerse emocionalmente con nadie. Estas lagunas reflejan una falta de integración. Nos damos cuenta de que intentar ir más allá del ego a menudo conduce a la fragmentación interna, en vez de a la verdadera liberación. El ego es una responsabilidad que debemos aceptar; forma parte del "paquete de la existencia".

Para ilustrar esta dinámica, he aquí la historia de un asceta que pasaba la mayor parte de su tiempo en profunda meditación sintonizando con lo divino, sin apegarse en ningún momento a la gratificación material. Decía que no sabía por qué los demás se referían a él como un asceta. Desde su punto de vista, era el resto del mundo el que había renunciado a los verdaderos placeres de la vida, pues creía que había alcanzado lo mejor a través de su práctica espiritual, glorificando la vida y el momento. No sentía culpa ni dolor y su estilo de vida no requería ninguna disciplina. Era consciente y, de hecho, leal a su deseo egocéntrico: a aquel placer que encontraba dedicándose a la Verdad. En otras palabras, a pesar de su estilo de vida aparentemente austero, esta persona no estaba luchando contra su ego, sino que su ego estaba alineándose con principios espirituales más elevados que le daban sentido y placer.

El fin de la esperanza, la libertad de la paz

La conciencia espiritual significa que estamos más alineados con la voluntad divina. Experimentamos las recompensas de estos esfuerzos cuando la vida nos funciona mejor. Sin embargo, cada vez que creemos haber resuelto los profundos dilemas existenciales, aparece una nueva curva en el camino, la que nos expone de nuevo a lo desconocido. Nuestra mayor conciencia no garantiza la paz y la devoción no garantiza la protección divina contra el daño: nuestro amor no nos salva del daño. Y aunque aprendemos a enfrentar mejor el dolor, cuando se nos presenta, no lo hemos trascendido.

Neptuno, la casa 12 y Piscis muestran las áreas de la carta en las que buscamos salvarnos del sufrimiento a través del desarrollo espiritual. El anhelo de ser salvado y de salvar al mundo es el resultado de tener confianza en que la conciencia espiritual y la trascendencia pueden proporcionar verdaderas respuestas al sufrimiento universal y personal. Cuando vemos que la práctica espiritual y la sabiduría nos funcionan, naturalmente queremos compartir esta bendición con los que nos rodean. Nuestra naturaleza compasiva busca espontáneamente llevar consuelo y bienestar a nuestro alrededor.

No obstante, esta dinámica puede, a veces, escalar hacia un *complejo mesiánico*, en el que nos sentimos elegidos por lo divino para liberar a la existencia del sufrimiento. Sin embargo, aunque las influencias de Neptuno, la casa 12 y Piscis pueden describir auténticas capacidades trascendentales, estamos expuestos a una profunda desilusión, al darnos cuenta de que la sabiduría espiritual no elimina el sufrimiento por completo.

Cuando nos enfrentamos a una crisis, es posible que nuestra mayor dificultad no sea la crisis en sí misma, sino el hecho de darnos cuenta de que no estamos libres de esos desafíos y seguimos siendo vulnerables al dolor. Podemos sentirnos abandonados por Dios cuando nos encontramos con nuevos contratiempos, a pesar de nuestra aparente devoción más pura hacia la vida y nuestro servicio otorgado incondicionalmente, como si la voluntad divina no apoyara nuestra intención de sanar el mundo.

Sin embargo, al sintonizar con la Verdad en lugar de con la esperanza, reconocemos que quizás nuestra desilusión revela nuestro propio error, no los errores universales. La aparición del dolor refleja nuestras limitaciones personales, no una incapacidad divina. Nuestro apego por ser librados del dolor y nuestra esperanza de poner fin al sufrimiento, pueden velar nuestra percepción de la Verdad. Con la mejor de las intenciones, imponemos nuestros deseos. Así, nuestra esperanza de resolver el sufrimiento interfiere con nuestra aceptación de lo que es.

Nuestra esperanza se convierte en un obstáculo para nuestro desarrollo; es una proyección que crea un sesgo y nos impide ser plenamente receptivos a la guía superior. La esperanza interfiere con nuestra percepción y experiencia directa con la Verdad.

Cuando estamos genuinamente centrados en la Verdad, nuestras esperanzas, proyecciones y deseos personales ya no interfieren con lo que es. La Verdad no necesita nuestras esperanzas. Desde el momento en que nos liberamos de nuestras esperanzas y expectativas y entramos en la aceptación incondicional de la Verdad, ahí es cuando *finalmente aceptamos nuestro nacimiento en el tiempo y espacio y dejamos de luchar contra la vida.*

Desde la perspectiva de Piscis, nunca hicimos verdaderamente las paces con nuestro nacimiento y nunca aceptamos verdaderamente nuestra separación, ni tener un ego, ni cargar con un trabajo que implique atravesar pruebas de evolución. Todo el tiempo, anhelamos volver al vientre del universo, incluso si se dieron saltos evolutivos en el curso de nuestro viaje, fue con la esperanza de volver al paraíso perdido.

Tener un ego (y su dimensión superior, representada por el alma) es una de las cargas más pesadas, pues significa que estamos atados al espiral de la evolución, nacimiento y muerte y a una existencia de responsabilidad y esfuerzo. Hubiera sido mucho más sencillo y fácil no haber nacido, eternamente unidos al útero cósmico.

La verdadera liberación se produce cuando ya no nos resistimos a la separación del nacimiento, ni esperamos escapar del tiempo y espacio, con todas sus exigencias. En cambio, aceptamos el llamado de la Verdad, dondequiera que ésta nos lleve, con toda neutralidad; hasta la eternidad si es necesario. La Verdad es la vida, nunca puede fallar, así que no tiene sentido esperar otra cosa. La libertad de la Verdad es la libertad de la esperanza. Nos damos cuenta de que no hay nada de que salvarse, ya que la vida es la Verdad.

Con una aceptación genuina de lo que es la Verdad, una persona puede finalmente perdonar a Dios por haber nacido y tener que soportar la carga del tiempo y espacio y el paraíso perdido. Nos damos cuenta de que el vientre materno no es un lugar al que haya que volver.

La fuerza del amor aumenta cuando nuestra resistencia a la Verdad se disuelve y nuestra lucha con ésta disminuye. Gracias a la fuerza del amor, podemos cumplir la intención de nuestro nacimiento: transformar la oscuridad en luz.

Neptuno, la casa 12 y el signo de Piscis representan el potencial para liberarnos de nuestras ilusiones, ideales y esperanzas y vivir la vida basándonos en la Verdad y la realidad. La Verdad supone un reto porque, naturalmente, arroja luz sobre nuestra ignorancia; sin embargo, es lo único que realmente existe y lo único que verdaderamente funciona. Una vez que nos damos cuenta de esto, estamos listos para empezar a vivir.

Resumen

A través de este estudio hemos aprendido sobre las fases de desarrollo progresivo del arquetipo de Piscis. En términos más sencillos, la influencia general de Piscis tiene que ver con nuestra relación directa con la vida y el arte de vivir bien: el dominio de la felicidad.

Nuestra felicidad se ve constantemente desafiada porque nacemos en el tiempo y espacio y entramos en *shock* con la realidad de separación, la dinámica del depredador y la presa y la fragmentación, sin un manual que nos guíe. Pagamos el precio de nuestra ignorancia cada vez que cometemos errores y, a menudo, se nos hace aprender a través de la negatividad. Sin embargo, en los momentos difíciles, el recuerdo del vientre materno se convierte en una brújula que apunta hacia donde el amor, la armonía, la salud y la Verdad son absolutos; este recuerdo nos sirve de referencia cuando nuestra visión se ve nublada por la dificultad y el dolor.

Nuestros esfuerzos egocéntricos dan sus frutos y, poco a poco, superamos la ignorancia y las limitaciones. Sin embargo, a pesar de nuestros logros, anhelamos, con fuerza, escapar del tiempo, del espacio y de sus dificultades.

No obstante, con la madurez espiritual, nos damos cuenta de que *tratar de escapar del tiempo y espacio es lo que, en última instancia, trae la infelicidad.* Lo intentamos de muchas maneras. Una vez que nos armonizamos con la dimensión de la Verdad y dejamos de intentar escapar del desafío del tiempo y espacio (incluso del sufrimiento), podemos encontrar la paz. *Elegimos existir y servir a la vida sin condiciones ni reservas.* Nuestra felicidad deriva, en última instancia, en nuestro compromiso con la Verdad.

A través de diferentes épocas y entornos, los individuos y civilizaciones han buscado el equilibrio perfecto entre la separación y la unión, intentando tender un puente entre el reino de la divinidad y el reino del yo para comprender la fina línea que separa el libre albedrío y destino. Al buscar respuestas a los dilemas existenciales, no debemos temer a la Verdad; y para aquellos que buscan respuestas reales, la vida es la maestra suprema de la Verdad. Neptuno, la casa 12 y Piscis representan el organismo de la vida en su totalidad y su Verdad. El reto es escucharla y sintonizar con ella.

Capítulo dos

El Arquetipo de Piscis En síntesis

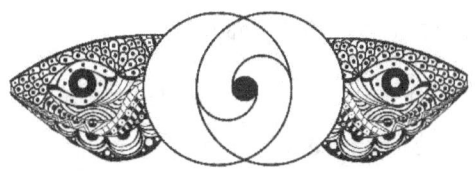

Este capítulo describe en síntesis el arquetipo de Piscis con los doce signos, a través de las siete fases evolutivas del desarrollo:

1. La inocencia en el milagro de la vida
2. Pérdida de la inocencia
3. Fortalecimiento de la inmunidad
4. Función pública, vocación y fama potencial; convertirse en el instrumento de la vida
5. Desafiar el miedo
6. Humildad y ego
7. Inocencia, desilusión y madurez en la espiritualidad

Las siete fases evolutivas del arquetipo de Piscis

Fase 1. La inocencia en el milagro de la vida

Vivir la vida con total inocencia, como si todavía se estuviera en la atemporalidad del vientre cósmico.

- Fluir con facilidad; vivir una existencia sin esfuerzo, con una mente ligera.

- Confiar plenamente; carecer de juicios de discriminación; no tener noción del peligro; ausencia de dudas o cuestionamientos; tomar riesgos sin conciencia.

- Vivir en estado de pureza, ingenuidad e ignorancia.

- Decir sí a todo; ausencia de pensamiento crítico.

- Aceptación pasiva e inconsciente; descuido de las cosas; dar por sentado lo que está disponible sin pensar en sus implicaciones.

- Ausencia de esfuerzo para desarrollarse y crecer; vivir con las cosas tal y como son; destino por sobre el libre albedrío.

Fase 2. Pérdida de la inocencia

Nacer del útero cósmico en los confines del tiempo y espacio, precipitando la aparición del ego (conciencia individual).

- Descender a la realidad del tiempo y espacio, donde el esfuerzo individual es crucial para la supervivencia; el impacto del deterioro, fracaso, sufrimiento y la muerte, nos obliga a salir del estado de inocencia.

- Experimentar las consecuencias de la negligencia y la falta de cuidado que conducen hacia al deterioro y el daño, complicaciones, caos o desperdicio del potencial.

- Enfrentar las consecuencias de sostener una actitud inocente e ingenua ante la hostilidad y la amenaza de depredación; sufrimiento por victimización, estado de shock y desorientación.

- Padecer un sistema inmunológico no desarrollado, falta de pensamiento crítico, que resulta en contaminación y polución: parásitos (biológicos, emocionales y espirituales).

- Pérdida de confianza, situación de aislamiento, limitaciones, agotamiento de recursos; experiencia de shock en el sistema y estado de estrés postraumático; verse obligado a depender de los recursos propios.

Fase 3. Fortalecimiento de la inmunidad (incorporando la polaridad del arquetipo de Virgo)

Adaptarse al tiempo y espacio, desarrollando un mecanismo de defensa, formando y solidificando el ego y reconociendo el valor del trabajo.

- Desprenderse de la inocencia; reconocer el peligro, aprender a tener miedo y a tomar precauciones; reaccionar ante la crisis en función de resolver cada problema; volverse más alerta, atento y desconfiado.

- Aprender a decir "no"; desarrollar pensamiento crítico y aprender a discriminar.

- Definir el propio ego y establecer límites; enfocarse en el autocontrol y en el desarrollo de mecanismos de defensa;

retraerse y evitar exposición excesiva; desarrollo del egocentrismo necesario; aprender de la separación.

- Encontrar protección en una identidad colectiva; como, por ejemplo, a través del servicio social, la religión o la superstición.

- Integrarse a la realidad del tiempo y espacio y lo que ello implica para satisfacer las necesidades existenciales y el sustento material; reconocer el valor del esfuerzo y trabajo; descubrir la capacidad para mejorar las propias condiciones.

- Mejorar el control de la vida propia; encontrar recursos para superar la debilidad y la vulnerabilidad; instruirse; elevar la conciencia; mejorar la gestión y el manejo de los recursos; obtener una estabilidad relativa; **el individuo domina la vida.**

- Renovar la confianza en la vida; acrecentar la confianza en la capacidad propia; participar en la vida, progresar y prosperar.

Fase 4. Función pública, vocación y potencial fama; convertirse en un instrumento de la vida

Conectarse con la conciencia colectiva; participar en el intercambio y en las dinámicas colectivas.

- Atender las necesidades colectivas a través de una función pública y una carrera; integrarse e interactuar dentro de un sistema más amplio; prestar un servicio a través de una labor.

- Tratar con el público en general y las masas; interacciones impersonales.

- Influenciar y trabajar con el público; exposición pública; incidir en temas de carácter social.

- Responder a un llamado superior y seguir el propio destino.

- Suscitar la identificación o el rechazo del público; alcanzar la fama o notoriedad; convertirse potencialmente en un símbolo o en un mito.

- Sacrificar las necesidades personales para atender las necesidades colectivas.

- Vulnerabilidad a la megalomanía y paranoia como resultado de la exposición pública excesiva.

Fase 5. Desafiar el miedo

Cuestionar las limitaciones existentes, vivir con mayor autenticidad, optar por la Verdad por sobre la seguridad, liberar el espíritu.

- Sentir una profunda necesidad de confrontar las limitaciones existentes y vivir con mayor autenticidad; aspirar a una vida sensata; anhelar liberar el espíritu.

- Cuestionar temas intimidantes; poner al descubierto los miedos infundados; adoptar un enfoque más confiado y atrevido; encontrar el valor para probar y arriesgarse en aras de la libertad y la verdad.

- Ir en contra de las expectativas y trascender los condicionamientos; dejar de lado la vergüenza y la preocupación por la opinión social y pública.

- Abrazar la libertad de espíritu, empoderarse y crecer.
- Tentar al destino; complejos de invencibilidad; temeridad potencial.

Fase 6. Humildad y ego

Darse cuenta de las limitaciones del ego; tomar perspectiva sobre los ciclos y fuerzas más amplios de la vida.

- Perder el control; experimentar cambios imprevistos e interrupción de planes.

- Darse cuenta de los límites del control y poder personal; verse obligado a abandonar la certeza y la seguridad.

- **La vida doma al ego**; potencialmente puede haber ira, amargura o sensación de inutilidad por la pérdida de cosas que se daban por sentadas, como posiciones, conexiones, salud, éxito o recursos materiales.

- Ser capaz de soltar los apegos; abrirse y adaptarse al flujo de la vida; aceptar lo desconocido.

- Ser testigo de la disolución y del colapso de las referencias sociales, religiosas y psicológicas que constituían la base de la propia seguridad; enfrentarse al vacío, depurar el ego, dejar espacio para nuevas realizaciones.

- Realinear el ego con los principios holísticos; abordar la vida con más humildad; apreciar lo sencillo y los privilegios existentes en lugar de darlos por sentado.

- Darse cuenta de la relatividad y de la impermanencia de la realidad temporal y espacial.

- Desarrollar conciencia de unidad colectiva y mayor sentido de unidad; comprometerse con el activismo para promover un mundo más unido; adoptar un enfoque holístico.

Fase 7. Inocencia espiritual, desilusión y madurez

Reconocerse y alinearse conscientemente con los principios atemporales de la Verdad.

- Comprometerse a vivir en la Verdad; alinear el ego con las fuerzas superiores de la creación, la voluntad personal y la voluntad superior.

- Procesar de manera consciente el paso del tiempo y espacio hacia la Verdad atemporal; ver el panorama general; elegir la Verdad por encima de la seguridad; dejar ir gradualmente los apegos a zonas de confort y patrones rígidos; ir más allá de la gratificación inmediata e incorporar valores más profundos.

- Integrar los valores atemporales que lo abarcan todo; disolver las diferencias y abrazar la unidad; darse cuenta de aquellos principios de la vida que permiten la curación, el perdón y la purificación; experimentar despertares espirituales, epifanías y realizaciones más elevadas; mayor alegría, estados de felicidad, gratitud, enfoque en el corazón y amor.

- Entender que el dolor es resultado de las limitaciones impuestas por el tiempo y espacio; intentar trascender totalmente el tiempo y el espacio para erradicar el dolor, conservar la existencia, dejarse llevar por ideales positivos y esperanzas de salvación, complacer complejos mesiánicos.

- Perder la inocencia espiritual tras descubrir que no hay perfección ni salvación definitiva en la espiritualidad; tener que aceptar que el tiempo y el espacio permanecen.

- Depurar el ego espiritual; dejar de lado las proyecciones, ilusiones y expectativas; ver lo que "es" con relativa neutralidad.

- Aceptar la realidad del tiempo y espacio como parte de la Verdad y como un vehículo necesario para encarnar valores atemporales; aceptar el reto del dolor; aceptar el propio nacimiento y el reto de tener un ego; afinar el uso correcto del ego; hacer las paces con la vida.

- Armonizarse con la existencia, sintonizar con la pureza divina, adentrarse en capas más profundas de conexión con en el corazón, amor por la vida y por todos los seres vivos, experimentar la percepción y la inspiración divina directa, aumentar la sabiduría y los estados naturales de dicha.

- Alcanzar el dominio superior de las leyes naturales, desarrollar poderes espirituales que trasciendan las condiciones de tiempo y espacio y capacidad sensorial superior considerada como sobrenatural.

- Experimentar la fusión completa con la Verdad.

Notas acerca de las siete fases evolutivas

- La progresión a través de estas fases describe el desarrollo evolutivo del alma a través de las influencias de Neptuno, la casa 12 y Piscis.

- Un individuo puede procesar algunas fases más rápido que otras, dependiendo de la cantidad de esfuerzo invertido. Algunas personas pueden estar en la fase espiritual y, sin embargo, verse obligadas a volver a experimentar fases anteriores de desarrollo para fortalecer sus cimientos.

- Durante el transcurso de la vida, la mayoría de las personas se centran en dos fases de desarrollo. Puede que también experimenten otras fases, pero no como foco central.

Por ejemplo, el foco principal puede estar relacionado con la pérdida de la inocencia y fortalecimiento de la inmunidad, pero pueden tocar (como experiencias periféricas) las fases: desafiar los miedos y humildad y ego. En circunstancias evolutivas aceleradas, algunos individuos pueden lograr procesar más allá de las dos fases principales, pero esto no es lo común.

- Con solo mirar la carta, no es posible determinar en qué fase está enfocada el alma. Un astrólogo solo puede determinar las fases que serán el foco principal, a través del contacto directo e intercambio con el individuo.

- Es importante darse cuenta de que un individuo que experimenta una fase específica tiene recuerdos almacenados (posiblemente inconscientes) de fases anteriores que afectan directamente a su estado de ánimo. Por ejemplo, una persona puede estar experimentando en profundidad la fase de fortalecimiento de la inmunidad, pero tener aún recuerdos inconscientes de victimización, como residuos o huellas mnémicas de la fase anterior y pérdida de la inocencia. Estos recuerdos influyen en la experiencia de la fase actual.

- La secuencia de las siete fases de desarrollo no es invariablemente lineal. Por ejemplo, una persona puede estar en la fase *espiritual* mientras sigue procesando la fase desafío del *miedo*. Aunque la progresión de las fases que se presenta aquí es la más común, está fuera del alcance de este libro incluir todas las diferentes variables y combinaciones.

- Cuando Neptuno, un planeta en Piscis o un planeta en la casa 12 presentan aspectos cardinales (0°, 90° o 180°) con otros planetas de la carta, la intensidad de los desafíos evolutivos aumenta considerablemente y el individuo tiende a experimentar los procesos evolutivos asociados con los dos planetas de forma más dramática.

Notas acerca de la forma en que cada configuración se define a través de un tema arquetípico.

La perspectiva evolutiva de este estudio combina varias inscripciones astrológicas que se refieren al mismo tema arquetípico. Por ejemplo, al referirnos a los temas de Aries y Piscis, incluimos a Neptuno en el *signo* de Aries y a Neptuno en la *casa* de Aries; es decir, la primera casa. Luego, con Marte, el *regente* de Aries, en el signo de Piscis y, así, sucesivamente. Aunque hay matices y diferencias entre todo este listado de inscripciones, todas reflejan el mismo tema y cada una puede estimular experiencias y lecciones relacionadas, a menudo con el mismo grado de intensidad.

Está fuera del alcance de este libro analizar las diferencias sutiles entre las distintas configuraciones por casa, signo o aspecto. Puede consultar el libro de Maurice Fernández, *La astrología y la evolución de la conciencia, volumen uno*, para comprender mejor las diferencias entre signos, casas y aspectos.

Al observar una carta, descubrirá que una persona tiene inscripciones que se asocian con más de un tema. Por ejemplo, tener a Neptuno en la casa 3 se referirá a temas de Géminis y Piscis, mientras que tener a Neptuno en Libra se referirá a temas de Libra y Piscis; entonces, si Neptuno hace una cuadratura a

Marte, se referirá a temas de Aries y Piscis; entonces, tener a Cáncer en la cúspide de la casa 12 se referirá al tema de Cáncer y Piscis. **¿Es uno de estos temas más importante que otro?** La respuesta es que todos pueden ser igualmente importantes en la vida de la persona, pero la idea es que deben formar una síntesis coherente con el resto de la carta para identificar cómo se aplican en cada momento. Además, los tránsitos pueden activar cada tema en diferentes períodos de la vida de la persona. **Naturalmente, un tema cobrará más importancia si está representado por más de una inscripción astrológica.** Por ejemplo, una persona con Marte en la casa 12 y una cuadratura entre Marte y Neptuno, tendrá una influencia amplificada de los temas de Aries y Piscis en su vida.

Esto puede parecer confuso al principio, pero con algo de estudio y práctica, la síntesis de estas diferentes configuraciones de la carta puede integrarse más fácilmente. Este estudio describe la influencia del arquetipo de Piscis mediante un enfoque que contempla múltiples capas de significado. Aunque a menudo deseamos poder analizar una carta siguiendo "diez pasos fáciles", nuestra psique y la vida misma, son más complejas que eso y requieren un enfoque más profundo y holístico. Esta es la razón por la que el material se presenta de esta manera.

El viaje de crecimiento a través de

LOS TEMAS DE ARIES Y PISCIS

Neptuno en Aries
o Neptuno en la casa 1

o

Neptuno en aspecto a Marte,
a los planetas en Aries
y a los planetas en la primera casa

Marte en Piscis o Marte en la casa 12
Aries en la casa 12 o Piscis en la primera casa

LECCIONES EVOLUTIVAS

Cuando sintetizamos los arquetipos de Aries y Piscis, la intención evolutiva es dirigir nuestra capacidad personal hacia un propósito superior y sentido de justicia. Al principio, el reto es aceptar nuestro propio nacimiento y la separación de la fuente de la creación para convertirnos en un ser individual. A nivel del alma, al principio podemos resistirnos a encarnar e incluso resentir nuestra vida, porque el proceso de separación puede ser angustiante; al nacer, nos vemos obligados a hacer la transición desde la inmensidad de la atemporalidad a los confines del tiempo y espacio. No obstante, el nacimiento de nuestra conciencia individual es lo que nos permitirá servir al todo.

Una vez que el sentido del yo está definido, el siguiente paso será dirigir voluntariamente el esfuerzo personal hacia causas que resulten ser más elevadas o más relevantes que la propia identidad.

Desarrollar un sentido del yo independiente requiere que superemos nuestro enfoque pasivo, que aprendamos a ser proactivos y que gestionemos con nuestros propios recursos los retos y adversidades de supervivencia. Aprendemos a fortalecer gradualmente nuestras habilidades de adaptación, estrategias defensivas y nuestro sistema inmunológico. Al enfrentarnos a las presiones de la supervivencia, nos vemos forzados a desarrollar nuestra conciencia personal. Durante este proceso de conversión, surgirán gradualmente objetivos y deseos personales que darán forma a nuestra identidad.

Una vez que el sentido del yo está relativamente definido y activo, surgen las limitaciones de este mismo estado de separación: el yo separado debe ahora reconocer que forma parte de un todo mayor y debe dejar de actuar con fines egoístas. Existe en este momento una presión para alinear las acciones personales con la inspiración superior y dirigir las propias energías hacia empresas o causas creativas que trasciendan al yo.

Cuando las inscripciones de Aries y Piscis se combinan, la lección evolutiva es aprender a utilizar nuestras habilidades y fuerzas con humildad; es el viaje del héroe en el que la capacidad y la potencia personales aumentan cuando los esfuerzos se dirigen hacia un bien mayor. Al responder a una llamada superior, nos llenamos de inspiración y fuerza, tanto en el espíritu como en el cuerpo. Se pueden alcanzar logros y victorias importantes e inesperadas, aún cuando parecieran algo imposible al principio. De igual modo, actuar con motivos egoístas o dejarse llevar por la sensación de invencibilidad acaba trayendo la derrota y agota la vitalidad. La humildad aumenta la fuerza física y mental.

Lecciones evolutivas esenciales
- Aceptar el reto de nacer, hacerse fuerte y afrontar las batallas de la vida.
- Utilizar la fuerza personal para un bien mayor.
- Aumentar la inspiración, la creatividad y la potencia a través de la acción correcta.
- Proteger y luchar por la Verdad y la justicia, sin tratar de ser su dueño.
- Discernir entre el momento de luchar y el momento de soltar.

REALIDAD ATEMPORAL

Con Neptuno en la casa 1 y configuraciones afines, la realidad atemporal es conceptualizada como la perfecta resonancia entre la expresión individual y las grandes corrientes universales. Bajo esta luz, los deseos y acciones personales se armonizan con la vida y no encuentran resistencia. Todo es posible y no hay límites para lo que es posible crear y realizar; los deseos personales no encuentran oposición y las acciones traen resultados fructíferos. En consecuencia, la fuerza personal aumenta, al darnos cuenta de todo lo que somos capaces de hacer. Esto genera una sensación de omnipotencia y un afán por experimentar y fundirse con la grandeza de la vida.

Como la vida surge en diferentes formas, cada una de ellas posee cualidades distintas; sin embargo, a pesar de las diferencias, todas las especies e individuos se armonizan, al compartir los mismos objetivos y la inspiración de la Verdad. Todos están comprometidos por alcanzar el bien mayor, por lo que la adversidad y la lucha no tienen relevancia. Un mayor sentido de justicia permite que el bien mayor prevalezca. La vida apoya a todos y todos apoyan la vida, a través de la participación que es compartida en el proceso del devenir.

REALIDAD DE TIEMPO Y ESPACIO

Con las inscripciones de Aries-Piscis, la realidad del tiempo y espacio va presionando a cada individuo para que enfrente desafíos y valide su existencia mediante el esfuerzo y la oposición. La supervivencia se pone a prueba constantemente y el éxito no está garantizado. El poder, la vitalidad y la fuerza son efímeros y deben trabajarse continuamente para evitar la derrota, el sufrimiento y la muerte. Es la supervivencia del más fuerte.

Las iniciativas y acciones personales no siempre producen resultados e, incluso, cuando tenemos éxito, es temporal, porque en el tiempo y espacio las motivaciones de nuestros esfuerzos provienen de la estrechez de la perspectiva individual. Estas intenciones personales no coinciden con lo que es atemporal y general, sino que se limitan a las circunstancias inmediatas y específicas. Nos damos cuenta de que nuestro poder de manifestación tiene limitaciones. Además, los conflictos con los demás surgen cuando las motivaciones personales chocan y cuando todas las partes compiten por los mismos recursos; los más débiles se ven superados y se debilitan aún más. A partir de esta tensión, se negocia un equilibrio de poder y cada individuo se ve presionado para encontrar su lugar y permanecer alerta para mantenerlo.

Como resultado de estas luchas existenciales, puede reaparecer la tentación de rendirse, abandonar los compromisos e incluso resentir la propia vida. Se requiere de esfuerzo intencionado para decidir salir adelante.

La justicia es algo que se halla en constante evolución dentro del tiempo y espacio. Cada persona debe hacer valer su derecho a ser y tener derechos individuales; de lo contrario, éstos pueden ser ignorados o anulados. En la realidad del tiempo y espacio, no podemos dar por sentados la justicia, el equilibrio y la Verdad, sino que debemos luchar para asegurarnos de que prevalezcan.

Las siete fases evolutivas

Fase 1. La inocencia en el milagro de la vida

Vivir la vida con total inocencia, como si todavía se estuviera en la atemporalidad del vientre cósmico.

Con Neptuno en la casa 1 y las configuraciones afines, la inocencia puede manifestarse como una sensación de libertad absoluta, como si se caminara desnudo por el Jardín del Edén, ajeno a la vergüenza, las consideraciones externas o los peligros. Estos individuos esperan que sus deseos instintivos se cumplan sin ninguna oposición o resistencia.

En algunos casos, la inocencia se manifiesta como una completa falta de esfuerzo o toma de acción de su parte y no se sienten llamados a emprender ninguna iniciativa que los comprometa de alguna manera. No tienen voluntad propia y van a la deriva de forma pasiva, pensando que la vida se ocupará de sí misma.

Al sentirse protegidos y fundidos con la vida, carecen de un sentido de individualidad y de una definición clara de deseos personales, pensando ingenuamente que los deseos de los demás son los mismos. Inicialmente no tienen conciencia de las diferencias, la competencia o la rebeldía y no entienden que deben actuar y defender personalmente lo que es importante para ellos. Sin la suficiente concentración o voluntad propia, puede que se adapten pasivamente a las circunstancias de la vida sin cuestionarlas ni plantear con claridad su propia posición.

Como esperan que todo fluya sin problemas, estas personas pueden abandonar los compromisos y esfuerzos ante la menor señal de resistencia o dificultad. Cuando las cosas no les resultan fáciles, pueden optar por otra dirección y dejar los proyectos a medias sin comprender del todo las consecuencias del cambio de opinión.

En otros casos, estos individuos pueden sentirse omnipotentes y creer que pueden conseguir lo que desean en cualquier momento. Su expresión es desenfrenada y no tienen un concepto claro de límites o de peligro. Es posible que inicialmente no entiendan el fracaso, la lucha o la adversidad, por lo que pueden ser indefensos e intrépidos al mismo tiempo.

Fase 2. Pérdida de la inocencia

Nacer del útero cósmico en los confines del tiempo y espacio, precipitando la aparición del ego (conciencia individual).

En el transcurso de la vida, las personas con inscripciones Aries-Piscis en su carta natal pueden perder la inocencia cuando su libertad, fuerza y legitimidad se ven amenazadas y arrebatadas. Se dan cuenta de que la ley de selección natural le exige a todo ser existente un enorme esfuerzo para sobrevivir y competir por los recursos. Estos esfuerzos agudizan las habilidades personales. Si no están a la altura del desafío, se quedan atrás o son superados por personas más fuertes. Sin un mecanismo de defensa, son presas fáciles.

En esta fase, los deseos personales y sentido de individualidad no están aún definidos ni correctamente formulados y mucho menos llevados a la práctica. Puede que no tengan un sentido claro de dirección ni sepan lo que quieren hacer y puede que no actúen ni siquiera cuando es necesario, esperando pasivamente que las cosas se arreglen solas. Como resultado, puede que no desarrollen su potencial y se conformen con una situación poco favorable.

Para algunos, los escasos límites se manifiestan en forma de una actividad dispersa, como iniciar proyectos sin seguirlos o abandonarlos tan pronto como surgen los obstáculos. Es posible que renuncien con facilidad y rompan el compromiso sin tener en cuenta lo que ello implica, ya sea porque quieren resultados sin estrés o simplemente porque no están preparados para superar los retos. La pérdida de la inocencia surge cuando se dan cuenta de que no han conseguido nada significativo en sus vidas y que, sin embargo, han desperdiciado mucha energía. Además, con un historial de compromisos rotos y evasiones, es posible que la gente ya no confíe en ellos.

Sin un propósito personal definido, los individuos con Neptuno en la casa 1 o inscripciones astrológicas afines pueden ser fácilmente manipulados y terminar siendo controlados por otros, que posean una voluntad más fuerte. Sin ser conscientes de las propias limitaciones personales, pueden acceder a todas las exigencias y seguir servilmente los dictados de los demás, creyendo que pueden manejar todas las demandas u órdenes. La gente puede aprovecharse de su complacencia, simplemente porque, en esta fase, les cuesta decir que no. Después de utilizar la energía para apoyar los objetivos de otros, acaban agotando su energía y, entonces, se dan cuenta de que tienen que gestionar mejor sus vidas. Para no perderse, deben aprender lecciones cruciales sobre la elección y la discriminación. Esto implica establecer mejores límites, con el fin de ahorrar, mantener y canalizar sus esfuerzos de forma más eficaz.

Mientras no aprendan lecciones importantes sobre la autoconservación e inmunidad, están expuestos a ser dominados en su voluntad y a que sus límites sean transgredidos, en diversos grados de intensidad. Esto puede dar lugar a maltratos, acoso, humillación, intimidación y, en casos extremos, a formas más graves de violencia como agresión, violación, esclavización e incluso, asesinato.

Otras formas de victimización pueden incluir exposición a violencia aleatoria en diversos grados de intensidad, como estar en el lugar y momento equivocados y convertirse en blanco de ira y proyecciones negativas de su entorno.

A lo largo de esta fase, estas personas pueden luchar para expresar su propia ira de forma constructiva. Algunos nunca se enfadan, a pesar de tener muchos motivos para estarlo. La ira surge de forma natural cuando sentimos que se ha hecho algo malo. Puede estimular una confrontación necesaria para restablecer la justicia. Sin embargo, en esta fase, el deseo de mantenerse libre o distante de cualquier negatividad puede impedir que estas personas reconozcan su propia ira. Negar los problemas es una forma de adormecer la ira y de intentar asumir que no hay problema alguno. Sin embargo, a pesar de sus mejores esfuerzos, las experiencias de derrota, injusticia o abuso acaban por acumular frustración y encender la ira; pueden sentirse sorprendidos al enfadarse y darse cuenta de que la injusticia sí ocurre.

Dado que estas emociones intensas no siempre se gestionan de forma eficaz, es posible que la ira no se exprese inicialmente de forma saludable. Dicha ira puede fácilmente estallar en el lugar equivocado, en el momento erróneo y de forma desproporcionada. Puede acumularse hasta el punto de desencadenar reacciones extremas, como en el ejemplo de una esposa maltratada que permanece sumisa durante años de abusos, hasta que un día, al no poder soportarlo más, pasa a una acción radical y apuñala a su marido. La persona compensa una sensación continua de impotencia mediante una reacción repentina y excesiva.

En otros casos, la ira mal canalizada puede llevar al suicidio. El alma puede estar tan conmocionada y abrumada por la presión existencial, sin encontrar medios para superar la adversidad y la injusticia, que percibe que el único recurso es morir, escapando así del tiempo y espacio. Con estas configuraciones, las personas pueden experimentar también esta dinámica de forma indirecta, cuando alguien cercano se suicida, exponiéndose de esta forma a ser testigos de los sentimientos de impotencia y huida.

En algunos casos, estas configuraciones reflejan la negación de la autoexpresión a nivel colectivo. Por ejemplo, una persona puede encarnar la opresión de toda una cultura a través de la guerra, el genocidio o la esclavitud. Estos contextos más amplios influyen en su realidad e identidad personal.

Desde el punto de vista de los demás, la pasividad de estos individuos en esta fase puede resultar irritante y provocar respuestas airadas. Otros pueden sentir que no pueden razonar con ellos, porque siguen siendo ingenuos, negadores, se rehúsan a actuar, tomar decisiones o responder a los problemas. Los demás pueden tener dificultades para entender la lógica privada de estos individuos cuando permanecen despreocupados y confiados, incluso cuando todas las señales indican que deberían responder de otra manera.

La ingenuidad y la torpeza en la expresión de uno mismo también pueden afectar a la sexualidad. Estas personas suelen expresarse demasiado o poco. En este último grupo, la falta de asertividad puede manifestarse como una virginidad prolongada y sexualidad subdesarrollada. El sexo puede parecer ajeno, intimidante y extraño y dar lugar a un enfoque infantil.

Otros se van al extremo opuesto, expresando la sexualidad de forma ingenuamente indiscriminada, sin referencias ni medidas adecuadas. Esto puede incluir promiscuidad, exhibicionismo ingenuo -cuando no se leen las señales de lo que debe permanecer en privado- u otras formas de abandono de sí, donde todo vale, ya sean la participación en orgías, prostitución o incluso zoofilia. La persona puede ser omnisexual y no saber de límites. En situaciones aún más extremas, estas configuraciones pueden indicar una inclinación hacia la pedofilia. Esta patología tiene su origen en dos motivaciones distintas: la primera refleja una atracción por la inocencia de los niños y la segunda es el resultado de la percepción de que los niños son objetivos fáciles para liberar la energía sexual, sin tener necesariamente una atracción específica por ellos.

Las personas pueden perder la inocencia cuando la exposición excesiva al sexo se vuelve abrumadora y se sienten contaminadas a nivel físico y psicológico. Con el tiempo, se dan cuenta de la necesidad de una mayor discriminación, tras atraer experiencias negativas o de abuso, como contraer enfermedades de transmisión sexual, ser violadas o sentirse psicológicamente agotadas y fragmentadas.

Los problemas de identidad de género también pueden surgir en este punto, a través de un enfoque ingenuo de la sexualidad, manifestándose en dos extremos u opuestos: en un caso, los roles de género pueden estar exagerados y excesivamente definidos y, en otro caso, pueden estar desdibujados.

En el primer polo vemos a las personas que se identifican compulsivamente con los estereotipos masculinos y femeninos tradicionales: *el vaquero* y *la muñeca Barbie*. Al carecer de perspectiva y madurez, pueden estar consumidos por sus propias respuestas hormonales, sin tener idea de por qué el otro género podría tener necesidades diferentes. Esto despierta problemas de comunicación en la relación e incluso sentimientos de hostilidad hacia el otro sexo. Estas inscripciones astrológicas pueden reflejar una historia de guerra entre los sexos, en la que las personas se sienten intimidadas o maltratadas por el sexo opuesto. Los hombres con estos símbolos pueden tener una historia de haber sido dominados o humillados por las mujeres y viceversa, lo que da lugar a profundas inseguridades, que se proyectan en el otro sexo.

En el segundo polo se encuentran los individuos que no entienden por qué existe una separación entre los roles de género. Pueden sentir que son de ambos sexos al mismo tiempo, sin entender por qué las personas actúan de forma diferente en función de los roles de género o de la apariencia física, lo que conduce a una personalidad andrógina. Curiosamente, el primer tipo de persona puede transformarse en el segundo cuando, por ejemplo, un chico machista experimenta el deseo de travestirse. En otras circunstancias, estas polaridades pueden expresarse generacionalmente; por ejemplo, cuando una madre es una esposa doméstica estereotipada, apegada a su papel femenino tradicional, pero tiene una hija que, por el contrario, se presenta más masculina.

Fase 3. Fortalecimiento de la inmunidad

Adaptarse al tiempo y espacio, desarrollando un mecanismo de defensa, formando y solidificando el ego y reconociendo el valor del trabajo.

Al entrar en la fase de fortalecimiento de la inmunidad, los individuos con Neptuno en la casa 1 y configuraciones afines arrastran cicatrices emocionales y existenciales derivadas de la pérdida de su inocencia, las que a menudo se manifiestan como un trastorno de estrés postraumático. Es posible que no se sientan seguros en ningún sitio y estos traumas del pasado pueden aflorar en sueños o en inseguridades existenciales y fobias. Con un sistema inmunológico deficiente, son extremadamente sensibles y se agobian con facilidad, por lo que ahora son más precavidos y retraídos. Para evitar la atención no deseada, algunos prefieren trabajar tras bambalinas y evitar la exposición. Pueden tener dificultades para hacer frente a la presión y se acobardan fácilmente en el momento en que se sienten intimidados o estresados, huyendo de los compromisos, sin advertir cuando tienen inseguridades repentinas o ataques de pánico.

En las fases anteriores, negaban el peligro, pero ahora lo ven en todas partes y no se fían de nada. Mantenerse alerta es un paso importante en el fortalecimiento de la inmunidad, porque ahora la atención se centra en evitar nuevos episodios de victimización. El instinto de huida demuestra que estos individuos por fin se han vuelto conscientes de su separación y de la necesidad de protegerse. En algunos casos, el miedo a la victimización puede ser excesivo e incluso conducir a falsas acusaciones. Tener una mentalidad de víctima puede llevar a veces al narcisismo, porque la necesidad de protegerse disminuye su capacidad de empatizar con los demás; todo el mundo es visto como un depredador potencial, que parece buscar una forma de aprovecharse de ellos. Esta perspectiva les permite justificar su propio comportamiento egoísta.

Atrapados entre los sentimientos de ansiedad y la necesidad de autoafirmación, las personas con estos rasgos tienden a tener un comportamiento pasivo-agresivo; afirman abiertamente una cosa, pero luego de manera pasiva hacen lo contrario. Por ejemplo, pueden insistir en que no quieren estar con alguien, pero luego coquetean con esa persona todo el tiempo. Tienen miedo de tomar decisiones y quedar por ende atrapados, por lo que se mantienen en la ambigüedad. Pueden ser demasiado inseguros para expresarse de modo asertivo. Cuando la confianza en sí mismos mejora, descubren lo que quieren y pueden comunicarlo más directamente.

El miedo también puede proyectarse en los asuntos sexuales. Los recuerdos de sobreexposición, contaminación y abuso pueden llevar a estas personas a rehuir el contacto sexual en esta fase. El acto de la penetración o, incluso, la desnudez, pueden resultar intimidantes por el temor a la invasión. Para curar estas ansiedades, pueden considerar apropiado abstenerse de las relaciones sexuales durante un largo período de tiempo, para purificar el sistema tanto física como psicológicamente. La vuelta a la participación en las relaciones sexuales completas puede requerir una aproximación gradual, que se inicie con el simple contacto físico.

Para desarrollar una inmunidad más fuerte, algunos individuos anhelan afiliarse a sistemas o grupos más grandes. Por ejemplo, pueden involucrarse en organizaciones religiosas o recibir prestaciones sociales de sus comunidades. Formar parte de un organismo mayor les ofrece protección y una mayor posibilidad de defensa. Algunos pueden volverse supersticiosos y realizar rituales y oraciones o llevar un talismán para influir en el destino y obtener protección. Estos rituales pueden ayudar realmente a ahuyentar la negatividad y los parásitos de tipo espiritual.

Con el tiempo, la necesidad de reforzar la inmunidad presiona a estos individuos a adquirir un mayor control sobre sus vidas, pues la evasión y la cautela permanente no son soluciones a largo plazo. Llegan a un punto en el que la necesidad de fortalecerse a sí mismos y reclamar sus vidas no puede seguir postergándose. Se produce un importante proceso de autodescubrimiento cuando empiezan a descubrir quiénes son y qué quieren realmente. Aprenden a ponerse en contacto con su propia separación y asumen la responsabilidad de ser, querer y elegir. Una vez que se encuentran a sí mismos, pueden ser más resolutivos y renunciar a su estrategia indecisa y ambigua.

Otro paso que lleva al empoderamiento incluye unirse a grupos de apoyo y aprender sobre asertividad o sobre el control de la ira, comenzar una terapia para procesar y sanar abusos del pasado o aprender alguna forma de autodefensa. La práctica de un arte marcial puede ser especialmente útil, porque puede fortalecerlos tanto física como espiritualmente.

Al principio, los intentos por empoderarse pueden resultar torpes o inapropiados; por ejemplo, cuando un individuo decide hacer justicia por mano propia o se convierte, a su vez, en un abusador que intimida a personas más débiles como forma de compensar sus propios sentimientos de impotencia. La sanación se produce cuando se dan cuenta de que ser poderosos no significa necesariamente ser depredadores; pueden seguir siendo cariñosos y sensibles al tiempo que se sienten fuertes y respetados.

Con un esfuerzo más focalizado, las personas con estas configuraciones astrológicas pueden recuperar la fe en la propia capacidad de tomar la vida con sus propias manos y superar las experiencias de derrota e impotencia. Se dan cuenta de que el cambio es posible y que se puede hacer justicia, pero para ello deben ser parte de la solución. Tomar el control más firme de sus vidas y definir mejor sus objetivos conlleva a aprender del compromiso. Ahora depende enteramente de ellos marcar la diferencia y modificar sus circunstancias.

Para avanzar en esta dirección, es esencial que comprendan que el mundo no es totalmente puro ni totalmente corrupto. El tiempo y el espacio están llenos de imperfecciones y matices y, una vez que lo acepten, podrán recuperar la confianza, pero ya no a ciegas.

Cuando el sentido del yo se define mejor, expresan su creatividad interior con más naturalidad y encuentran inspiración. Están preparados para asumir riesgos y seguir sus ambiciones. Muchas de estas personas se sienten inspiradas para apoyar a otras en situación de vulnerabilidad y ayudarlas a curarse de la sensación de impotencia, a superar adicciones o a capacitarlas para superar actitudes autodestructivas.

Fase 4. Función pública, vocación y fama potencial; convertirse en un instrumento de la vida

Conectarse con la conciencia colectiva; participar en el intercambio colectivo y en las dinámicas de las masas.

Con los temas de Aries-Piscis, la capacidad de afectar al colectivo y de servir a un todo mayor puede venir a través de la expresión creativa y del talento artístico, incluyendo una amplia gama de plataformas artísticas, como la música, la interpretación escénica o las bellas artes. El grado de éxito como artista no puede determinarse solo por la carta astral y puede ir desde un modesto reconocimiento hasta una fama considerable.

En términos más generales, estas inscripciones astrológicas también nos hablan del potencial de atracción natural y del magnetismo que suscitan la identificación del público, que los ve como símbolos sexuales. Con estas cualidades carismáticas, pueden desarrollar carreras en la industria del entretenimiento o cumplir funciones públicas como presentadores, actores, intérpretes y modelos.

En otros contextos, estas configuraciones describen una vocación de lucha por la justicia y estimulan adoptar un rol activista, intenso y comprometido. Estas personas pueden suscitar la identificación del público cuando promueven causas más amplias a nivel social, ecológico o político; se convierten en instrumentos de cambio y pueden convocar a las masas o simplemente inspirarse para desempeñar papeles importantes en dichos movimientos.

En casos excepcionales, estos individuos se convierten en figuras heroicas o salvadoras que inspiran a las masas a rechazar situaciones de opresión o corrupción, ayudando a revivir la esperanza en la justicia. Si son perseguidos durante este proceso, se convierten en símbolos que representan la lucha colectiva por la justicia y se convierten en mártires de una causa.

En casos extremos, estas influencias también se aplican a quienes se radicalizan contra el sistema y realizan actos de terrorismo, encendidos por una mezcla tóxica de ideologías fanáticas y sentimientos de victimización. En estas circunstancias, pueden convertirse en figuras temidas por las masas, asociadas a la violencia, abuso y hostilidad.

Es más frecuente que los ideales de victoria y de defensa inspiren a estos individuos a convertirse en luchadores dedicados y asumir diferentes roles en la industria de las armas o la defensa. Por ejemplo, pueden alistarse en el ejército para luchar por su país y convertirse a veces en líderes militares. En otros casos, pueden involucrarse en las fuerzas policiales, en el cuartel de bomberos o equipos de rescate.

Desde otro punto de vista, los temas vinculados a la fuerza y a la victoria pueden estar asociados a los deportes y a otras áreas de competición. Las personas con estas configuraciones pueden ser reconocidas como atletas que participan en competencias importantes o como instructores de artes marciales que enseñan a otros a defenderse.

Así también, pueden desempeñar funciones que ayuden a las personas a recuperar su poder, por ejemplo trabajadores sociales o terapeutas que trabajan con discapacitados, refugiados o personas que están en desventaja, o bien, que se sienten indefensas.

En circunstancias extremas, algunos de estos individuos se convierten en mártires al ser víctimas de agresiones de otros y, a través de sus tragedias personales, ayudan a la colectividad a tomar conciencia sobre la necesidad de proteger la justicia. Por ejemplo, cuando una persona se convierte en víctima de la violencia doméstica, su drama puede sensibilizar la opinión pública respecto a la violencia existente y la necesidad de cambiar estas circunstancias en la sociedad.

Orientación vocacional o símbolo en lo público:

- *Artistas de diversa índole.*
- *Símbolos sexuales y miembros de la industria del entretenimiento.*
- *Empresarios y empresas creativas.*
- *Luchadores y activistas por la justicia.*
- *Soldados y miembros de la industria de las armas.*
- *Policías, bomberos y equipos de rescate.*
- *Atletas y miembros de la industria del deporte (en combinación con la influencia de Virgo).*
- *Exponentes de las artes marciales o bien, profesiones que empoderan a otros, como terapeutas y trabajadores sociales.*
- *Víctimas de la agresión y la violencia, como blancos intencionales o debido al azar.*

Fase 5: Desafiar el miedo

Cuestionar las limitaciones existentes, vivir con mayor autenticidad, elegir la Verdad en lugar de la seguridad, liberar el espíritu.

Con Neptuno en la casa 1 y las influencias vinculadas a esta posición, las personas pueden desafiar sus miedos impulsándose a superar la victimización y atreverse a luchar cuando son intimidadas o abusadas. Encuentran el valor para abandonar las situaciones opresivas y se hacen cargo de sus derechos. Puede que se defiendan físicamente y se hagan valer o que encuentren la fortaleza para abandonar situaciones o relaciones poco sanas. En este sentido, defenderse también puede significar acudir a los tribunales para pedir justicia. En cualquier caso, llegan a un punto en el que se comprometen de forma tan total en la lucha que el riesgo de pelear para defenderse se asume como algo que vale la pena, a pesar de los retos, el riesgo y la incertidumbre que implica.

Desafiar los miedos también puede manifestar límites desafiantes que previamente definían la capacidad y rango de acción personales. La necesidad de descubrir un mayor potencial los anima a arriesgarse y a seguir sus convicciones y deseos, aunque esto resulte en que los demás los consideren controvertidos o seres poco prácticos: por ejemplo, dejar un trabajo que es seguro para convertirse en artista o dedicarse a causas humanitarias. Pueden experimentar una profunda sensación de libertad al poder vivir de forma más auténtica y lograr lo que antes parecía imposible, irracional o poco práctico.

Estas influencias pueden estimular un deseo profundo de mayor libertad y eso los lleva a buscar la aventura. Ponen a prueba su fuerza y resistencia al enfrentarse a desafíos y a los elementos naturales, donde existe además una especial atracción por interactuar con los entornos más salvajes y puros. En este caso, también existe el deseo de despojarse de los condicionamientos sociales, con el fin de vivir de manera más sencilla y auténtica; por ejemplo, optando por dejar la vida urbana para irse a vivir en medio de la naturaleza, cercano a la fauna silvestre o fuera del entramado social.

Desafiar los miedos personales puede aplicarse también al área de la expresión sexual, manifestándose esencialmente como el deseo de liberarse de la posible vergüenza asociada a sus necesidades. Es posible que experimenten un fuerte impulso de soltar el control, desatar el "cinturón de castidad" y liberarse de las inhibiciones para descubrir su sexualidad de forma más plena y auténtica. La dirección que tomen estos esfuerzos depende a menudo del contexto de su educación y condicionamiento cultural. Para algunos, tener relaciones sexuales antes del matrimonio o declararse homosexual será un paso significativamente desafiante. Para otros, este impulso puede manifestarse experimentando con el fetichismo y permitiéndose fantasías. Puede haber un profundo anhelo de entregarse al poder del sexo y acceder a los deseos más primarios. Con la disolución total de los límites, la persona puede volverse promiscua y tener encuentros espontáneos con extraños, incluso en lugares públicos. Puede haber una atracción particular por los roles de dominancia y sumisión, debido a su anhelo de entrega. En casos extremos, puede haber una atracción por tabúes como la zoofilia, debido a su atracción por las fuerzas naturales primarias.

Con el fin de adquirir una mayor sensación de libertad, estos sujetos pueden arriesgar sus vidas al límite del peligro; algunos de ellos pueden querer conocer su máximo de vulnerabilidad y coquetear con su propia mortalidad, con la fuerza de gravedad y con otras limitaciones de tiempo y espacio. Pueden convertirse en temerarios buscadores de emociones que buscan la siguiente proeza. El deseo de no tener miedo y ser invulnerable puede llegar a ser embriagador, llevando a estos individuos a un lugar donde sienten que no tienen nada que perder. Algunos de ellos pueden convertirse en entusiastas de los deportes extremos, emprender una expedición en solitario para conquistar la Antártida o asumir otros retos que desafíen a la muerte. Sin embargo, el reto consiste en desafiar los miedos sin dejar de tener los pies puestos en la tierra y poder aceptar la propia mortalidad. De lo contrario, la ilusión de ser invulnerable será contraproducente y posiblemente se manifieste como una muerte prematura o en algún tipo de lesión invalidante.

Otros superan el miedo participando en deportes de combate (como boxeo o artes marciales) o alistándose en el ejército. El hecho de aprender a luchar les proporciona fuerza física y psicológica y los ayuda a superar el miedo a ser intimidados y a curar los recuerdos del pasado donde se sintieron intimidados. Sin embargo, si se lleva al extremo, esta orientación puede traducirse en la superación del miedo provocando miedo y convirtiéndose ellos mismos en una amenaza para los demás. Estas personas pueden sentir la necesidad de ser abusivos, de ser temidos y por ello comienzan a mostrarse intimidantes, para compensar sus propias experiencias de humillación.

En contrapartida, superar el miedo a la muerte puede motivar a los individuos a convertirse en guerreros de la justicia y arriesgar sus vidas por el bien mayor. En este caso, se enfrentan al peligro luchando contra los criminales u ofreciendo ayuda humanitaria en zonas de guerra; así trascienden la preocupación por su seguridad y comodidad personal rescatando, apoyando o creando un cambio positivo para los demás.

Fase 6. Humildad y ego
Darse cuenta de las limitaciones del ego; tomar perspectiva sobre los ciclos y fuerzas más amplios de la vida.

Cuando unimos esta fase de humildad del ego junto a las inscripciones en la carta de Aries-Piscis, las personas pueden encontrarse en situaciones donde tienen que decidir seguir luchando o no. Se enfrentan a retos o adversidades que no parecen tener un final, pueden cuestionarse si es necesario continuar de manera decidida y empujar con fuerza o bien, abandonar la lucha y ahorrar sus recursos. Durante la fase del fortalecimiento de la inmunidad, aprendieron a enfrentar los desafíos y no rendirse. Sin embargo, la lección sobre humildad puede enseñar que la batalla ya no está bajo control y que es necesario dejar ir la motivación inicial. En esta fase de adaptación para el ego, es importante comprender que la lucha no puede estar motivada por la sola búsqueda del beneficio personal. Por ello, se hace necesario reflexionar sobre las motivaciones y evaluar si esa batalla sirve realmente al bien mayor. De ser así, no tendrán –de igual modo- garantía alguna respecto de su éxito y aún así puede que deban seguir adelante, a pesar de la incertidumbre, hasta obtener mayor claridad sobre cuál es el mejor curso de acción.

Si imponen a otros sus prioridades o están motivados por consideraciones egoístas, pueden sufrir fracasos una y otra vez y agotar sus propios recursos. Cuanto más intransigente sea su actitud, mayor será la resistencia y los contratiempos a los que se enfrentarán, ya que la lección evolutiva consiste en alinear las acciones personales influidas por Aries con los objetivos más holísticos de la influencia de Piscis. Hasta este momento, las lecciones evolutivas consistían en darse cuenta de las necesidades y aserción. Ahora, se debe aprender a ver la propia vida como parte de un todo más grande, tomando consciencia de que las motivaciones no podrán ser únicamente egoístas o estar dirigidas a la propia conservación.

En ciertas circunstancias, se puede acabar experimentando un fracaso repetido y con ello desalentarse. Sin embargo, esta experiencia de vacío y aparente impotencia puede ser un punto de inflexión cuando, humillados por las circunstancias, las personas aprenden a aceptar compromisos con más facilidad. En este contexto, las derrotas pueden ser una oportunidad para desprenderse de cualquier vestigio de justificación, arrogancia, compulsión o rigidez. Se debe madurar y ablandarse para darse cuenta de que es necesario trascender la mentalidad de depredador y presa, de un "yo" contra "ellos" y luchar por soluciones y objetivos en los que todos salgan ganando.

Cuando estos individuos rechazan las limitaciones, las obligaciones u otras consideraciones externas para seguir los deseos personales en honor a la libertad, puede que sí sean necesarios los ajustes al ego. Irónicamente, esta libertad puede volverse en su contra, si la persona no está alineada con una Verdad superior. Por ejemplo, alguien puede rechazar sistemáticamente cualquier autoridad o consejo externo, negando cualquier modificación a sus planes; puede buscar soluciones fáciles y gratificación inmediata y acabar sin trabajo o dinero. Del mismo modo, pueden dar rienda suelta a todas sus fantasías sexuales y contraer enfermedades venéreas. Estas circunstancias reflejan la importante lección de que la vida no consiste en caprichos privados y que la verdadera libertad no consiste en eliminar toda limitante o evitar los compromisos; la libertad está depositada en la Verdad. Para descubrir lo que es verdadero, hay que estar atentos y escuchar cómo la vida nos proporciona situaciones y claves que pueden servirnos como referencia.

Con un espíritu más humilde, los individuos con estas inscripciones astrológicas pueden trascender su espíritu combativo y encontrar fortaleza en la serenidad y sencillez interior. El temor a volver a ser víctimas o a que se aprovechen de ellos, puede generar actitudes defensivas, intransigencia o un sentido más claro de sus derechos. Sin embargo, tarde o temprano se dan cuenta de que tienen que elegir sus batallas y superar algunas de sus aflicciones. Tomarse a sí mismos y a la vida menos en serio aligera la experiencia y les abre puertas. Aprenden a estar más en paz con el hecho de que no ganarán todas las batallas, sin por eso rendirse de manera prematura o perder las ganas de intentarlo.

Con un enfoque más holístico de la vida, muchos de ellos pueden convertirse en activistas que defienden la justicia a nivel colectivo, asumiendo las causas de los desvalidos. Puede que se involucren enérgicamente en causas contra la guerra, la no violencia o el acoso y que denuncien el uso innecesario de la fuerza. La lucha por la justicia deja de estar centrada en lo personal y la evolución deriva en lo colectivo.

No obstante, no es raro que estos individuos se identifiquen con las personas que son víctimas y se apresuren a condenar a cualquiera que utilice la fuerza. Aprenden otra lección importante de humildad al darse cuenta de que las aparentes víctimas no están necesariamente libres de culpa y que las categorizaciones apresuradas entre personas buenas y malas pueden ser simplistas. Aprenden que la justicia debe, en última instancia, trascender los conceptos dualistas para aportar paz a los conflictos y soluciones duraderas.

Fase 7: Inocencia, desilusión y madurez en la espiritualidad

Reconocerse y alinearse conscientemente con los principios atemporales de la Verdad.

En la fase del desarrollo espiritual, los individuos con Neptuno en la casa 1 e inscripciones astrológicas afines pueden encontrar consuelo en el ámbito espiritual, cuando se dan cuenta de que la sensación de separación en el tiempo y espacio es solo temporal y que, más allá de ésta, todo está unido. Con esta comprensión, se refuerzan los valores de solidaridad; la lucha es en beneficio de todos, no en contra de los demás.

A medida que se disuelve la sensación de separación, comprenden su papel y contribución al bien mayor, reafirmando los valores del pacifismo, compromiso e inclusión, donde la justicia y la Verdad existen para todos. Sin embargo, esta perspectiva más amplia puede engendrar un dilema espiritual, cuando se encuentran en su entorno con emociones negativas, como el egoísmo o la agresión. No siempre tienen claro cómo responder -si luchar, perdonar, trascender la situación o dejar que las cosas sigan su curso- y, entonces, se ven obligados a aceptar el hecho de que la gran mayoría de las personas seguirán expresando estas emociones primarias, creando conflictos a su alrededor. Es posible que quieran desvincularse de lo mundano para evitar estos dramas cotidianos, pero una lección importante es darse cuenta de que la espiritualidad no debe servir como una vía de escape, sino como una perspectiva más elevada para enfrentar mejor esas dificultades cotidianas.

Guiados por un ideal espiritual que refuerza la unidad y fomenta la devoción, deberán darse cuenta de que no es posible librarse de las situaciones que requieran confrontación, cambio o, incluso, expresión de la ira cuando sea necesario. Para evitar las emociones negativas, es posible que inicialmente perdonen incondicionalmente cualquier acción negativa y se abstengan de confrontar comportamientos desajustados, con la intención de seguir siendo positivos e inclusivos; sin embargo, esta forma de aceptación pasiva a veces refleja orgullo espiritual, como si estuvieran por encima de la ira o no les afectara el abuso. Por ejemplo, en la historia reciente, el pueblo tibetano no luchó contra la invasión china hasta que fue demasiado tarde y, como resultado, ahora corre el riesgo de extinguirse. El alineamiento espiritual consiste en servir a la Verdad, no en apegos personales a los ideales de paz. Por tanto, hay que proceder y hacer lo que es debido. La verdad y la justicia no pueden darse por sentadas, sino que hay que luchar por ellas y protegerlas de la corrupción.

Con estas configuraciones, el desafío es encontrar el equilibrio adecuado entre los valores espirituales del perdón y la resistencia no violenta versus la confrontación más directa. Un modelo a seguir en este caso puede ser Mahatma Gandhi, quien tenía Neptuno en Aries y no se abstuvo de enfrentarse a la injusticia, pero lo hizo de forma no violenta.

En otras palabras, no hay que subestimar el poder de la negatividad. Este tema se ejemplifica en la historia bíblica de Lot, quien creyó poder permanecer puro incluso cuando se infiltró en las ciudades pecadoras de Sodoma y Gomorra con la intención de curar sus vicios. Confiaba en poder cambiar e iluminar a los pecadores, pero subestimó el poder de la negatividad y los pecadores acabaron corrompiéndolo; era superior.

El dilema de cuál es la acción correcta, la lucha o la aceptación, también se ilustra en el clásico Hindú, el Bhagavad Gita. En esta historia, un ejército malvado se había apoderado del reino de la Verdad. Arjuna, el valiente y todopoderoso guerrero, estaba dispuesto a luchar contra los invasores, quienes habían rechazado todos los intentos de acuerdo y reconciliación. La batalla parecía inevitable. Sin embargo, momentos antes de que comenzara la lucha, Arjuna se llenó de compasión, pues vio, más allá del velo de la separación, que sus enemigos no eran realmente enemigos, sino sus hermanos divinos en el reino de lo atemporal: todos hijos de Dios. Al darse cuenta de que la batalla por el reino era tal vez una mera percepción espacio-temporal errada, que les imponía división y adversidad, decidió, por amor, deponer las armas y conceder el reino al ejército contrario. El avatar Krishna leyó la mente de Arjuna e intervino, haciéndole ver que su compasión procedía de su propio apego a la alegría y al dolor. Krishna le inculcó la comprensión de que, en nombre de la Verdad, la batalla debía continuar. Arjuna comprendió entonces que no debía apegarse a sus esperanzas de paz, sino que debía hacer lo que era correcto a la luz de las circunstancias y permanecer neutral. La batalla no tenía que ver con él, sino que servía a una causa mayor proveniente de la Verdad y, luchar en la batalla, no socavaba su amor por sus adversarios.

Comprender la acción correcta no siempre es sencillo ni obvio bajo estas influencias. Cuando se lucha por una causa superior, es fácil confundir los ideales personales con las motivaciones más puras. La persona puede sentirse inspirada para promover causas justas, pero en el proceso se deja llevar por complejos mesiánicos o celo excesivo. Incluso con las mejores intenciones, es necesario realizar una autoevaluación continua para asegurarse de que las intenciones y las acciones estén alineadas. De lo contrario, uno puede amargarse frente a una derrota, pensando que Dios no apoyó la búsqueda que era "justa".

Por el contrario, cuando las acciones están motivadas por un espíritu humilde y por una devoción sincera, la persona puede experimentar el apoyo espiritual en su búsqueda e, incluso, la victoria contra grandes adversidades, como en la historia bíblica del joven rey David que derrota al gigante Goliat. Cuando la persona se encuentra alineada con la Verdad, el individuo puede convertirse en un salvador y, al mismo tiempo, permanecer desapegado de la gloria, el glamour o el resultado final. Con la paz interior y la devoción amorosa, una persona puede lograr victorias improbables y superar desafíos contra todo pronóstico.

Las lecciones a través del proceso espiritual también pueden implicar la necesidad de purificar la expresión sexual, para que el sexo se convierta en una vía de desarrollo espiritual. Es un proceso gradual que puede incluir períodos de celibato y cuestionamiento como parte del proceso de purificación, a través del cual, se disuelven gradualmente los viejos patrones. La confusión es frecuente, porque la persona fluctúa entre el impulso natural de expresión sexual y la pérdida de interés por la sexualidad profana. Sin embargo, a medida que se produce el crecimiento espiritual, la expresión sexual puede conducir a una apertura del corazón y de los canales espirituales.

El progreso espiritual acaba por elevar a los que se encuentran en esta fase a un nivel de conciencia en el que las proyecciones personales de esperanza y ambición son abandonadas y sustituidas por la devoción y la unión con la vida. Estas personas se convierten en soldados de la Verdad o guerreros espirituales; sin embargo, no existe apego o un sentimiento de superioridad moral. A medida que se disuelven los apegos por el pacifismo o por la lucha, surge la capacidad de responder adecuadamente a lo que sea que exija el momento. Por lo tanto, la aparente distinción entre víctima y opresor se disuelve, a medida que se hace evidente que cada uno de nosotros desempeña sucesivamente estos dos papeles: la dedicación a la Verdad supera toda dualidad. Con claridad, amor, reflexión y humilde dedicación a la Verdad, el individuo se inspira para actuar con poder, neutralidad y valor.

LIBERACIÓN DE LA PAZ

Perdona a dios por el hecho de haber nacido y sufrido la separación de la unidad divina con el fin de formar una conciencia individual. Acepta que debes desarrollar un ego y proceder solo en el transcurso de la vida, forjando un camino mediante tus propios esfuerzos. Acepta que la vida es una batalla, donde enfrentarás desafíos, adversidades y errores y que día a día deberás actuar para conquistar tu existencia.

Afirmación: Existo para la vida.
Desafío: Acepta tu nacimiento.
Regalo: Poder de salvar.
Felicidad: Encontrar la fuerza en el servicio.

Figuras públicas con las configuraciones Aries-Piscis:

- **Marilyn Monroe** *(Neptuno en casa 1 y Marte en Piscis)*
- **Nicholas Vujicic** *(Neptuno en casa 1 en conjunción a Marte)*
- **Josef Mengele** *(Neptuno en casa 1)*
- **Mohandas Gandhi** *(Neptuno en Aries en quincuncio a Marte)*
- **Vladimir Ilyich Lenin** *(Neptuno en Aries en conjunción a Marte)*
- **Che Guevara** *(Marte en Piscis en la casa 12)*
- **Simone de Beauvoir** *(Marte en Piscis)*

Marilyn Monroe

Inscripción astrológica de relevancia: *Neptuno en casa 1 en quincuncio a Marte en Piscis*

Actriz icónica, modelo y símbolo sexual que tuvo una infancia disruptiva al crecer en hogares de acogida y sufrir abusos sexuales. Al principio, las productoras de cine se aprovecharon de ella y le pagaron mal, pero finalmente se defendió y creó su propia empresa: Marilyn Monroe Productions. Murió a los 36 años por una sobredosis de barbitúricos en circunstancias misteriosas.

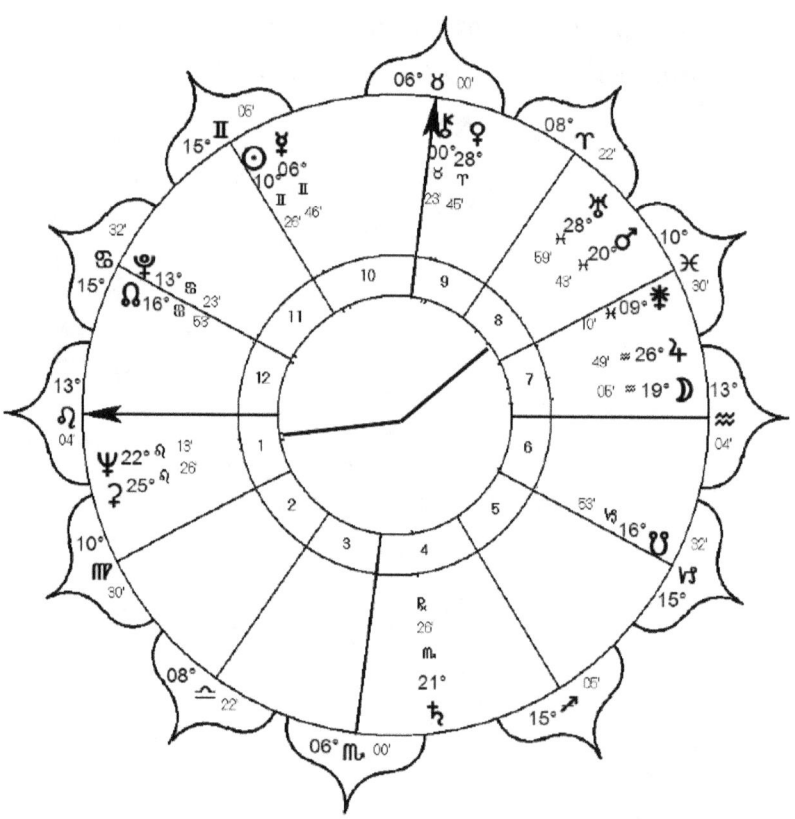

Mohandas Gandhi

Inscripción astrológica de relevancia: *Neptuno en Aries en quincuncio a Marte.*

Abogado y activista emblemático que lideró el movimiento de independencia de la India del dominio británico, esencialmente mediante la desobediencia civil y la no violencia. Practicaba la abstinencia sexual y supuestamente ponía a prueba sus impulsos durmiendo en la misma cama con mujeres, a veces desnudas.

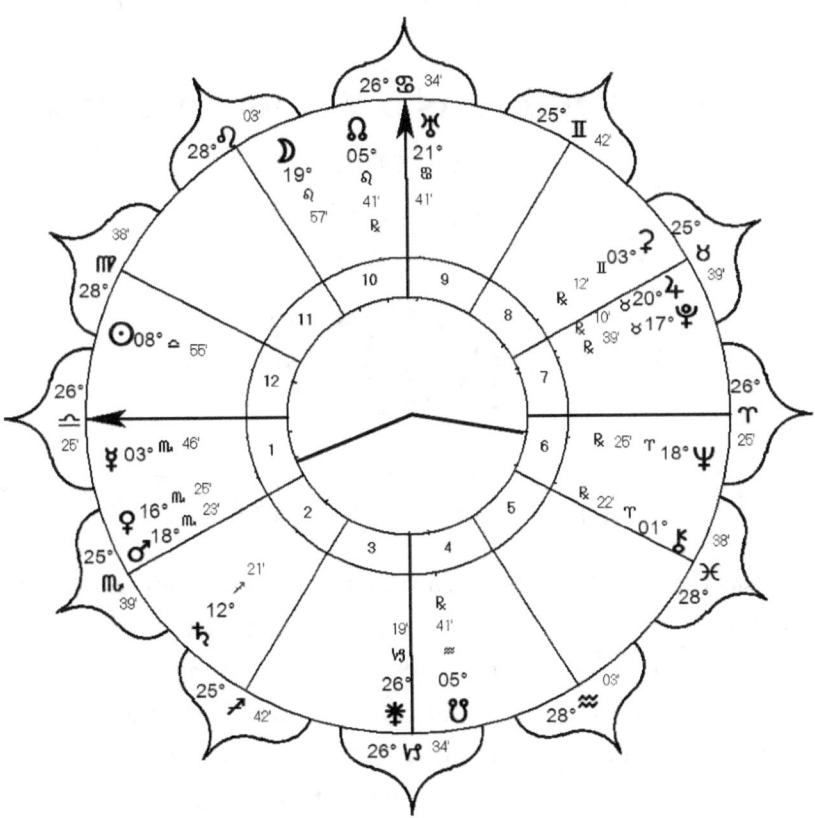

El viaje de crecimiento a través de
Los temas de Tauro y Piscis

Neptuno en Tauro
o Neptuno en la casa 2

o

Neptuno en aspecto a Venus,
planetas en Tauro, planetas en casa 2

Venus en Piscis o Venus en la casa 12
Tauro en la casa 12
o Piscis en la casa 2

Lecciones evolutivas

Cuando los arquetipos de Tauro y Piscis convergen, la intención evolutiva es lograr integrar el espíritu en la materia y comprender el papel que desempeña la dimensión material puesta al servicio de significados espirituales superiores. La energía toma forma y trabaja a través de vehículos físicos como el cuerpo, la tierra y todas las cosas físicas. Con las influencias de Tauro-Piscis, existe la necesidad de armonizar la materia con el espíritu, para que los principios espirituales se sostengan e integren en la realidad tangible de la materia.

La naturaleza es la encarnación física del espíritu, ya sea en la composición de una hoja, en el rico sabor de una fruta o en las proporciones de un árbol que echa raíces hacia abajo y se ramifica hacia arriba. Cuando la forma física encarna la esencia espiritual, nuestros sentidos lo reconocen al ver la belleza, oír las armonías o degustar sabores suculentos. Aunque nuestros sentidos son subjetivos, sirven para ayudarnos a identificar lo que es verdadero en el mundo físico: cuanto más cerca está la forma del espíritu, más se adhiere a los principios de la geometría y las proporciones sagradas. La forma física está destinada a servir de templo al espíritu y la lección evolutiva es honrar, cuidar y sostener los recursos materiales para que puedan servir eficazmente al propósito del espíritu.

Sin embargo, debido a que la dimensión física pertenece al reino del tiempo y espacio, incluso cuando parece hermosa y perfecta, no le es posible igualarse enteramente a la divinidad y tendrá que desvanecerse, morir y pudrirse eventualmente para ser reciclada. La lección evolutiva es utilizar la forma física para captar y realzar la esencia del espíritu, pero involucra también renunciar a la forma cuando el tiempo así lo requiera.

Una lección evolutiva intrínseca es reconocer que la dimensión material es solo un medio para un fin, no un fin en sí mismo. Si nos centramos excesivamente en la forma física, al punto que pasamos por alto el espíritu, nuestros sentidos se distorsionan y dejan de ser una referencia precisa de lo que es valioso y verdadero.

Lecciones evolutivas esenciales
- Integrar el espíritu en la materia y ver la materia como un reflejo físico del espíritu.
- Utilizar la dimensión material y nuestros sentidos para contener y evaluar lo que es valioso y verdadero.
- Reconocer que la verdadera belleza es lo que capta la Verdad atemporal; en el mundo físico, esto se capta en las proporciones equilibradas de la geometría sagrada.
- Comprender la relación entre las necesidades físicas y el desarrollo espiritual y aprender a tender un puente entre sexualidad y espiritualidad.
- Superar la dualidad entre la codicia y la renuncia a las posesiones o las obsesiones sexuales frente al celibato austero, que muestran una división entre el espíritu y la materia.
- Hacer que la materia sirva a la causa del espíritu y como tal, que el espíritu apoye a la materia. La materia no es un fin en sí misma.

REALIDAD ATEMPORAL

Con Neptuno en la casa 2 y configuraciones afines, la realidad atemporal se conceptualiza como una dimensión en la que la materia encarna indefectiblemente la sacralidad del espíritu de las formas más auténticas: el espíritu mora en la forma, como un templo que alberga la esencia divina sagrada y emana belleza y potencia naturales. Las formas están diseñadas según los principios de la Geometría Sagrada, donde las proporciones están perfectamente equilibradas y emanan una armonía duradera, ya sea en lo que respecta a la belleza visual, el sonido, sabor o aroma. Todo es bello, suena armonioso y sabe bien, el cuerpo es fuerte y vigoroso, sostenido y equilibrado por la fuerza del espíritu que lo habita.

La naturaleza es fértil, exuberante y hermosa, con abundantes recursos que se suministran de forma sostenida. La constante disponibilidad de recursos permite perseguir objetivos superiores sin interferencia. Dado que la forma física está al servicio de los valores espirituales, los recursos materiales y la potencia física nunca faltan ni disminuyen; lo que se necesita está disponible, puesto que se utiliza en alineación con la Verdad.

Realidad de tiempo y espacio

La realidad del tiempo y espacio exige mantenimiento continuo y gestión eficaz de recursos físicos, para que estén disponibles cuando sean necesarios y valorados. Descuidar esto lleva a la decadencia, la pérdida de valor o la pobreza.

Adaptarse a la realidad física requiere del uso de los sentidos para discernir lo que es bueno de lo que no lo es, como distinguir el alimento del veneno. Junto con la belleza y la armonía, encontramos la fealdad y la disonancia. Incluso lo que es bello y fuerte no permanece así para siempre en el tiempo y espacio. Puesto que todo se erosiona, acaba muriendo y se pudre, la materia nunca logra captar plenamente la esencia del espíritu; por tanto, a pesar de los mejores esfuerzos de mantenimiento, la decadencia es inevitable.

Además, debido a las condiciones cambiantes en el tiempo y espacio, el valor de las cosas es relativo y fluctúa constantemente; lo que hoy se aprecia puede descartarse fácilmente mañana, por lo que es difícil establecer referencias fiables constantes.

Las siete fases evolutivas

Fase 1. La inocencia en el milagro de la vida

Vivir la vida con total inocencia, como si todavía se estuviera en la atemporalidad del vientre cósmico.

Con Neptuno en la casa 2 e inscripciones astrológicas afines, la inocencia se manifiesta en la expectativa de un fácil acceso a los recursos para sostener y disfrutar de la existencia. La abundancia de recursos puede encontrarse en la riqueza que la naturaleza proporciona libremente o, simplemente, en el privilegio de nacer en familias prósperas, con todas las necesidades materiales cubiertas, sin esfuerzo ni límites aparentes. Al disponer de infinitos medios o de ninguno, estos individuos suelen esperar que se les conceda todo gratis. Algunos pueden vivir de préstamos de otros o de reciclar la basura, mientras que los ricos nunca se molestan en contar sus bienes; pero en ambos casos, la inocencia se encuentra en permanecer ajenos a la necesidad de cuidar los recursos.

La inocencia también puede manifestarse en la expectativa de que todo sea pacífico y sin estrés. En esta fase hay poca conciencia acerca de la carencia, fealdad o muerte y la disponibilidad de recursos se da por sentada. No existe el concepto de propiedad y, por tanto, no hay inhibiciones para compartir libremente los recursos personales con los demás. No obstante, sin una conciencia sobre la carencia, la persona puede no darse cuenta de que otras personas viven en la escasez y la necesidad y que, por tanto, pueden no estar dispuestos a compartir los recursos.

Algunas de estas personas se hallan naturalmente sintonizadas con las leyes de la armonía que se encuentran en la naturaleza y pueden poseer talentos musicales u otros talentos artísticos.

En esta fase encontramos dos actitudes diferentes respecto del cuerpo físico. En la primera versión, muestran una tremenda sensualidad y sexualidad, cuerpos vigorosos y un profundo aprecio por las experiencias físicas. Se entregan a los sentidos y rechazan todo lo que se percibe como feo o sucio, refugiándose en un capullo de belleza y placer, ajenos a la lucha por la supervivencia.

En la segunda versión, la conexión con el ámbito físico y la materia se descuidan y estas personas no cuidan su cuerpo ni sus recursos. Pueden ser descuidados y negligentes, desatendiendo su dieta, higiene, recursos y finanzas, como si su espíritu aún no hubiera descendido a la materia.

Fase 2. Pérdida de la inocencia

Nacer del útero cósmico en los confines del tiempo y espacio, precipitando la aparición del ego (conciencia individual).

Con Neptuno en la casa 2 y configuraciones afines, las personas pueden perder su inocencia cuando se exponen a la incertidumbre de la supervivencia material. Pueden experimentar situaciones en las que los recursos parecen disolverse antes de que puedan utilizarlos productivamente. Pasan apuros económicos y se les dificulta experimentar momentos de estabilidad o seguridad. El dinero parece escabullirse sin ningún control; viven atormentados por deudas y por la disminución o pérdida de posesiones.

Del mismo modo, algunas personas pueden nacer en clases socioeconómicas bajas, donde la injusticia social, a través de la distribución desigual de la riqueza, los mantiene en una posición de esclavitud económica. Se ven obligados a realizar trabajos pesados y mal pagados y, en circunstancias extremas, pueden recurrir a la prostitución o a la mendicidad y soportar las continuas condiciones restrictivas de la vida que padece la clase baja.

De un modo u otro, son esclavos del sistema económico establecido y se les exige trabajar duro, pero aparentemente nunca logran recibir una compensación justa para llegar a fin de mes. Puede que al principio sean optimistas en cuanto a la gestión de sus vidas, sin pedir mucho y viviendo de forma sencilla, pero rápidamente ven que el costo de vida y los gastos inesperados los abruman. Se ven atrapados en la pobreza, la que, a su vez, engendra un nivel de vida, educación y salud deficientes. Esta privación sirve para despertar el alma de un estado de inocencia para caer en cuenta de la necesidad material y la importancia de ser más asertivo a la hora de exigir una remuneración justa.

A pesar de las presiones de la supervivencia, algunos intentan mantener su espíritu libre y siguen negando las preocupaciones materiales. Pueden tener una actitud despreocupada y desdeñosa hacia el dinero y las posesiones, eligiendo vivir al día, incluso glorificando la pobreza como un estilo de vida que permite libertad. Por lo general, desconfían o incluso detestan a las personas ricas y no les gusta el concepto de propiedad, absteniéndose de la ambición material y negándose a que las preocupaciones monetarias condicionen su libertad. Pueden hacer trueques por sus habilidades y confían en la buena voluntad y generosidad de los demás, disfrutando de todo aquello que se distribuye gratuitamente cada vez que esté disponible. Quieren vivir con libertad económica y se resisten a aceptar la necesidad de los valores materiales, porque para ellos no solo representa la pérdida de su libertad, sino también les implica vender su alma. Sin embargo, cuando surgen mayores necesidades financieras, como una crisis de salud o la necesidad de avanzar en objetivos más ambiciosos, los límites de su "apreciada" mentalidad de pobreza se hacen más evidentes. Pueden enfadarse porque las cosas no son baratas -o incluso gratuitas- y se sienten frustrados por tener que entrar en el ciclo del intercambio económico.

La dimensión temporo-espacial los obliga a conocer la importancia del trabajo necesario para generar prosperidad y establecer un comercio justo. Con el tiempo, pueden llegar a darse cuenta de que poseer activos sirve de base para el desarrollo financiero y una mayor estabilidad. Puede empoderarlos cuando se dan cuenta de que aún cuando el sistema no es perfecto, la seguridad financiera puede servirles. Podemos apreciar la abundancia financiera, sin ser codiciosos.

La incapacidad de generar ingresos puede tener su origen en una ingenuidad en materia financiera. Pueden ser descuidados con los recursos disponibles, hacer malas inversiones o desperdiciar lo que tienen a disposición. Incluso cuando no son económicamente privilegiados, algunos se niegan a aceptar los límites de su situación financiera y viven como si estuvieran por encima de cualquier necesidad o preocupación, con una gran diferencia entre los gastos y los ingresos.

Del mismo modo, estas configuraciones astrológicas pueden describir a personas que son perezosas a la hora de ocuparse de las necesidades materiales, pero que no tienen límite a la hora de darse lujos. Se convierten en parásitos expertos en obtener apoyo financiero, ya sea fingiendo ser necesitados o utilizando su encanto y atractivo sexual para obtener favores y hacer que otros paguen por ellos. Incluso cuando tienen la intención de devolver sus préstamos, suelen ser demasiado perezosos para efectivamente hacerlo. Este enfoque oportunista puede llevar también a abusar de las ayudas económicas y de los servicios sociales. Pueden vivir con vales de comida, pero vestirse con ropa nueva de marca, perdiendo finalmente la inocencia cuando el suministro de dinero se termina y se ven cara a cara con su endeudamiento y las malas condiciones de vida que llevan.

En otros casos, las personas con estas características pueden nacer en la riqueza y sufrir abusos por ello. Al crecer en el privilegio financiero, pueden ser inocentemente demasiado generosos y atraer falsas amistades con personas oportunistas que se aprovechan de su ingenuidad, a veces hasta el punto del robo y vandalismo. Al principio, pueden negar que los utilizan y, sin embargo, acaban pagando por los demás porque anhelan la aceptación social. En otras circunstancias, pueden acabar siendo abusados económicamente por sus amantes o por sus propios hijos, que no consiguen ganarse la vida y esperan que se los mantenga plenamente hasta bien entrada su vida adulta.

Del mismo modo, estas personas pueden ser engañadas o manipuladas a través de empresas y asociaciones. Al carecer de inmunidad y ser fácilmente seducidos por tratos prometedores, son propensos a atraer a socios poco prácticos o deshonestos, que huyen con las ganancias o desaparecen con la primera señal de dificultad. También pueden perder la inocencia por compras defectuosas, como la adquisición de un coche que necesita constantes reparaciones o la adquisición de una propiedad que pierde su valor poco después de la compra. La pérdida de la inocencia presiona a estas personas para que se vuelvan más prácticas y precavidas a la hora de evaluar el valor y la calidad de los bienes.

Bajo estas influencias, las personas pueden perder la inocencia por la expectativa ingenua de que la vida debe ser siempre bella, suave y cómoda. Son muy sensibles a cualquier forma de negatividad y necesitan armonía y belleza a su alrededor para sentirse seguros y confiados, evitando así cualquier cosa que resulte perturbadora, desagradable o poco placentera. Los problemas, los desafíos, la fealdad, el dolor y las reacciones emocionales perturban su equilibrio psicológico y los impulsan a retirarse a un entorno privado que los proteja de estas vibraciones negativas. En casos extremos, esta actitud los lleva a aislarse, ya que con el tiempo encuentran una razón para que casi cualquiera acabe en su lista negra; los demás son demasiado charlatanes, negativos o problemáticos para su gusto, lo que hace que se retiren a una burbuja de paz y tranquilidad que se vuelve cada vez más restrictiva.

Del mismo modo, estas personas pueden valorar a los demás en función de su belleza y magnetismo y ver cuestionada su inocencia cuando descubren que la belleza por sí sola no tiene nada que ver con el carácter y la lealtad. Por ejemplo, pueden enamorarse de parejas hermosas que luego se muestran deshonestas. También pueden perder la inocencia cuando sus propios hijos se vuelven obesos o presentan intensos problemas emocionales y rabietas que ponen en jaque su necesidad de paz, belleza y armonía. La vida los enfrenta a estas circunstancias para disolver el excesivo idealismo sobre la estética. Como es de esperar, pierden la inocencia cuando ellos mismos envejecen y ven que su belleza se pierde con el tiempo, dándose cuenta entonces de que sus apegos superficiales terminaron dejándolos solos en una realidad desprovista de cuidado sincero por el otro.

Al igual que con Neptuno en la casa 1, Neptuno en la casa 2 y en las inscripciones astrológicas relacionadas, también se puede perder la inocencia a través de la sexualidad. En este contexto encontramos dos tipos diferentes de respuestas: aquellos que son muy ingenuos, inexpertos y torpes y los que son promiscuos y se ven consumidos por su apetito sexual. En el primer caso, estas personas pueden simplemente pasar por alto sus necesidades físicas, estar desconectadas de sus cuerpos y no estar plenamente comprometidas con su naturaleza sexual. Por ejemplo, pueden sorprenderse al darse cuenta de que alguien los corteja, sin haber considerado nunca la posibilidad de que la gente se sienta atraída por ellos sexualmente. Pueden tender al puritanismo, lo que les impide comprometerse plenamente con la sexualidad o, incluso, no tener relaciones sexuales en lo absoluto. En algún momento, estas personas desadaptadas se ven presionadas a integrarse a la realidad del tiempo y espacio, romper el sello de pureza y explorar su sexualidad. En la segunda alternativa, nos encontramos con individuos que son ingenuos, que no se preocupan por discernir y muestran una completa falta de discriminación sexual. Los sentidos pueden estar tan activos y tóxicos que cualquier cosa que se mueva les resulta sexualmente estimulante. Pueden convertirse en adictos al sexo y, tarde o temprano, sufrir las consecuencias de su promiscuidad, experimentando abusos psicológicos o enfermedades de transmisión sexual. Ambas polaridades reflejan una escisión entre el cuerpo y el espíritu, ya que no responden a su naturaleza sexual o bien se consumen en ella sin ninguna referencia espiritual.

También pueden perder su inocencia porque son objetivos fáciles y atraen a compañeros sexuales que los dan por sentado y los tratan sin respeto. Estas configuraciones pueden describirnos a veces la violación de los límites personales y el abuso sexual. Pueden carecer de mecanismos de defensa adecuados y por lo mismo, convertirse en víctimas. Otra posibilidad es que sean quienes invaden ingenuamente los límites de los demás, que dan por sentado a la gente y se convierten en los abusadores. En este caso, se ven consumidos por su apetito sexual y pierden el sentido de lo que es apropiado.

Fase 3. Fortalecimiento de la inmunidad

Adaptarse al tiempo y espacio, desarrollando un mecanismo de defensa, formando y solidificando el ego y reconociendo el valor del trabajo.

En la fase de fortalecimiento de la inmunidad, los individuos con inscripciones astrológicas de Tauro-Piscis en su carta aprenden a ser cautelosos y más conservadores en el uso de los recursos materiales. Tras la pérdida de la inocencia, el miedo a la carencia puede dar lugar a una tendencia por acaparar bienes, almacenando latas de comida como si se prepararan para tiempos de guerra o simplemente siendo reacios a tirar cosas. Del mismo modo, se vuelven escépticos ante los planes para hacerse ricos rápidamente y evitan por completo los riesgos financieros, centrándose en valorar lo que ya tienen y en mantener las cosas lo más sencillas posible.

Pueden sentirse intimidados por las personas que viven de forma demasiado extravagante y generosa, ya que este estilo de vida amenaza sus valores más sencillos. Pueden sentirse enfadados con los ricos y culparlos de la corrupción y la desigualdad. Incluso cuando ellos mismos son ricos, es posible que mantengan intencionalmente un estilo de vida sencillo para evitar presumir y atraer la atención no deseada; camuflando su estatus financiero, se alejan de posibles depredadores.

Ricas o no, las personas que se encuentran en esta fase de desarrollo suelen ser muy reservadas con respecto a sus finanzas y rara vez conceden confianza. Por temor a ser víctimas de engaños o robos, pueden comprobar los detalles de cada compra para asegurarse de que todas las facturas sean correctas y de que no estén pagando más de lo que deberían. El temor a ser estafados puede llevarlos a evitar las asociaciones comerciales. De igual modo, pueden ser reacios a prestar cualquiera de sus posesiones, temerosos de que se dañen o no se las devuelvan. Pueden atravesar la ciudad para encontrar las ofertas más baratas, sintiéndose triunfantes por haber evitado ser "tontos" y pagar de más por un producto. La necesidad de control y prudencia es lo que les permite romper los ciclos de victimización, pero cuando esto se lleva al extremo, pueden caer en la tacañería, la mezquindad e incluso el egoísmo y oportunismo.

En esta fase, existe la necesidad de ser más independientes económicamente. Algunas mujeres, por ejemplo, pueden verse atrapadas en matrimonios infelices porque al principio apoyaron la carrera de sus cónyuges permaneciendo como madres en casa y, como resultado, no obtuvieron una educación para mantenerse profesionalmente. El reto de romper el círculo vicioso de la sumisión y la privación comienza con la obtención de una educación y así aumentar las probabilidades de conseguir trabajos mejor pagados y aliviar la vulnerabilidad financiera. Al comprender mejor la gestión del dinero, las personas que se hallan en estas circunstancias pueden tomar el control de sus vidas.

Cuando se intenta salir de la victimización, otra lección importante es aprender a pedir una remuneración adecuada. Dado que en esta fase la autoestima suele ser baja, a las personas les suele resultar difícil pedir una remuneración adecuada y tienden a ofrecer sus servicios gratis o a precios muy bajos y, entonces, sus esfuerzos se dan por sentados. Pedir más dinero o un aumento puede ser una verdadera lucha; sin embargo, esto les enseña a no dar el dinero por sentado. Del mismo modo, aprenden a buscar oportunidades de ayuda financiera y becas, para mejorar sus circunstancias.

Más allá de las cuestiones financieras, es importante que estas personas aprendan a definir los límites, a identificar dónde empieza y termina el yo. Estas lecciones se aplican a la sexualidad, cuando el cuerpo necesita ser protegido como territorio propio. El miedo a ser invadido, contaminado y a que se aprovechen de ellos sexualmente puede incitarlos a protegerse, por lo que se abstienen por completo de los encuentros sexuales. Después de haberse expuesto en demasía y actuado en forma promiscua, pueden pasar al otro extremo y cerrarse sexualmente. Con el tiempo, aprenden el equilibrio adecuado entre la retirada y el compromiso, de forma segura y saludable.

Tras establecer una mayor sensación de seguridad, los individuos con temas Tauro-Piscis pueden sentirse más seguros a la hora de compartir recursos y ayudar a las personas necesitadas, sin ser atormentados por el temor de que se aprovechen de ellos. A medida que van controlando mejor sus recursos y reforzando su inmunidad al superar la pobreza y los abusos, aprenden a abrirse y a asumir más riesgos financieros. Algunos pueden abrazar los ideales socialistas que promueven una distribución más equitativa de los recursos o involucrarse en la formación de sindicatos que protejan los derechos de los trabajadores. Sin embargo, los ideales capitalistas también pueden resultar atractivos, porque tras probar la libertad que proporciona el dinero, estas personas aprenden a valorar su capacidad creativa para generar mayor comodidad, desarrollo y seguridad en sus vidas.

Fase 4. Función pública, vocación y fama potencial; convertirse en el instrumento de la vida

Conectarse con la conciencia colectiva; participar en el intercambio colectivo y en la dinámica de las masas.

Con Neptuno en la casa 2 y configuraciones afines, las personas pueden ofrecer servicios y trabajar en vocaciones asociadas a la belleza y la ornamentación, como diseñadores, estilistas, modelos o cualquier función asociada a la industria de la joyería o los cosméticos.

Con firmas de Tauro-Piscis, las artes -especialmente la música- son otra posible área de influencia pública. Pueden tener un talento natural e inspirar al público como músicos, compositores o cantantes y sus productos musicales conmueven a la gente, a veces, a escala masiva. Pueden ser destacados intérpretes en el escenario o actuar tras bambalinas, como productores, ingenieros de sonido o escritores. Otras vocaciones artísticas pueden ser diseño gráfico, diseño de interiores, cerámica y escultura.

Al igual que los que tienen Neptuno en la casa 1, algunos pueden convertirse en símbolos sexuales por su carisma y belleza física. Sin embargo, además de disfrutar del éxito fácil, algunos pueden darlo por sentado y no desarrollar valores más profundos. Estos signos pueden reflejar el estereotipo de la "belleza vana" y el potencial de ser percibidos como una mercancía dentro del "comercio de carne", convirtiéndose en presa fácil en los negocios o en los asuntos sexuales.

Estas inscripciones astrológicas reflejan una posible asociación, por un lado, con la industria del sexo, incluyendo la prostitución y la pornografía, o bien, por otro lado, con el asesoramiento en terapia sexual.

Los talentos culinarios y las vocaciones dentro de la industria alimentaria son otra opción vocacional bajo estas configuraciones, las que van de la agricultura y ganadería hasta la venta de productos, trabajo como chef o gestión de un restaurante.

En otros casos, estas inscripciones astrológicas describen servicios en el campo del trabajo corporal, que van desde formación en relajación y terapia de masaje, hasta otras prácticas terapéuticas asociadas directamente con el tacto.

Los servicios públicos también se aplican al campo de las finanzas y al mundo de los negocios en general, como los puestos que tratan con fondos y préstamos públicos o que implican trabajar en bancos, bolsas o ministerios de finanzas.

Estar involucrado con los fondos públicos también puede incluir distribución de ayudas sociales, pensiones o seguros de vida. En otros casos, puede significar la recaudación de fondos para causas educativas y benéficas o la participación en programas de ayuda humanitaria para transferir recursos de los ricos a los pobres.

Orientación vocacional o símbolo público:
- *Modelos, símbolos sexuales, maquilladores y la industria de la belleza y los cosméticos.*
- *Fabricación de joyas, gemas y piedras preciosas.*
- *Artistas que trabajan en los campos de la música, diseño, cerámica y escultura.*
- *Industria del sexo.*

- *Industria alimentaria, agricultura y ganadería, dueños de restaurantes y cocineros.*
- *Trabajo corporal.*
- *Industria financiera, banqueros, agentes de bolsa, trabajadores sociales (asistencia social), recaudadores de fondos.*

Fase 5. Desafiar el miedo
Cuestionar las limitaciones existentes, vivir con mayor autenticidad, elegir la Verdad en lugar de la seguridad, liberar el espíritu.

En la fase: desafiar los miedos, las personas con Neptuno en Tauro y los signos afines pueden querer desafiar los miedos asociados a la seguridad y gestión financiera. Por ejemplo, pueden decidir gastar sus ahorros y asumir riesgos para vivir más plenamente y ampliar sus oportunidades. Encuentran la libertad cuando superan el miedo a la carencia y se dan cuenta de que el dinero, como la energía, debe circular y reinvertirse. También pueden liberarse al trascender la asociación del estatus social con la riqueza y dejar de lado la necesidad de aprobación en sus elecciones de estilo de vida. Por ejemplo, pueden sentir la necesidad de liberar su espíritu y renunciar a trabajos altamente remunerados para vivir de forma más auténtica y sencilla. Pueden volverse más conscientes del consumismo excesivo y decidir, en consecuencia, cambiar su estilo de vida.

Por otro lado, pueden sentir la necesidad de liberarse del miedo a la vergüenza o críticas sobre su expresión sexual. Puede que busquen ser más auténticos y encontrar mayor plenitud, renunciando a enfoques más conservadores y críticos en materia sexual. La necesidad de una mayor libertad puede incitarlos a cruzar los límites del condicionamiento social y religioso y validar sus necesidades y atracciones naturales, a veces a costa de exponerse a ser perseguidos. Por ejemplo, puede tratarse de alguien que elige tener relaciones sexuales antes del matrimonio en sociedades en las que es un tabú y está severamente reprimido. En otros casos, una persona puede querer explorar los extremos de la experiencia sexual, legitimando los fetiches y superando sus propios límites en este contexto.

En otros casos, el deseo de liberarse del miedo se manifiesta preocupándose menos por la belleza y las apariencias. Esta persona puede haberse sentido atrapada por lo que la sociedad considera atractivo y ahora adopta un aspecto más sencillo y natural. Puede que se libere de su dependencia del maquillaje o de otros accesorios o zapatos incómodos y que ya no sienta pánico al subir algo de peso. Para algunos, este cambio se produce debido a una crisis o a circunstancias que cambian la vida y que están fuera de su control como, por ejemplo, la pérdida del cabello o de un pecho debido a tratamientos contra el cáncer. Dejar de lado el ideal de belleza proporciona una enorme sensación de libertad, porque es una declaración deliberada de aceptación.

En casos más extremos, una persona puede descuidar a propósito su apariencia personal, para rebelarse contra la presión de ser bella o contra los estereotipos asociados a las opiniones culturales sobre la belleza. Del mismo modo, pueden sentirse atraídos por personas que son comúnmente consideradas poco atractivas físicamente e, incluso, repulsivas. Desafían su apego cultural a la belleza física.

Fase 6. Humildad y ego

Darse cuenta de las limitaciones del ego; tomar perspectiva sobre los ciclos y fuerzas más amplios de la vida.

Con las configuraciones de Tauro-Piscis en la carta, las personas pueden enfrentarse a experiencias de modestia cuando dan por sentada su seguridad financiera. Es posible que se sientan protegidas por un estilo de vida privilegiado y se sientan seguras de que controlan sus circunstancias. Sin embargo, pueden experimentar un revés de la fortuna y darse cuenta de que nada está garantizado; una catástrofe natural, un desplome de la bolsa de valores u otros acontecimientos inesperados pueden provocar crisis financieras y romper la ilusión de permanencia y control, llevándolos de nuevo a las trincheras de las luchas económicas existenciales.

De la riqueza a los harapos, la pérdida de privilegios y libertad financiera puede hacer que la persona se amargue y sea incapaz de desprenderse del recuerdo de cómo era la vida antes. Pueden llegar a sentir envidia de quienes tienen la libertad financiera para perseguir sus objetivos y crear oportunidades. Su experiencia de pérdida crea la impresión de que la vida es injusta, cuando otros parecen disfrutar de un éxito fácil en comparación con su lucha por llegar a fin de mes.

Las dificultades financieras también pueden surgir cuando la persona no se esfuerza por satisfacer las demandas siempre cambiantes del mercado. Cómodamente confiado en la permanencia de su estabilidad, puede verse incapaz de competir con mentes más jóvenes y ambiciosas que aportan nuevas ideas y otorgan otros servicios en su área. Ven cómo su negocio, antaño fiable, se derrumba gradualmente, sin ser capaces de realizar los cambios necesarios.

Con Neptuno en la casa 2 y las configuraciones afines, la lección evolutiva es darse cuenta de que la seguridad financiera no es algo que se pueda poseer. Tal comprensión vuelve humilde al ego y aporta la aceptación de la naturaleza cíclica de la vida, ayudando a estos individuos a darse cuenta de que la vida es más que la riqueza material. Con humildad y valores más profundos, se inspiran para apreciar las cosas más simples de la vida y superan la idea de que la felicidad está ligada al estatus financiero. Aprenden a ser más flexibles y creativos con los flujos y reflujos de la disponibilidad financiera, sabiendo arreglárselas con poco cuando es necesario, pero disfrutando de la abundancia cuando está disponible. Es importante que estos sujetos dejen circular el dinero y lo reinviertan.

Del mismo modo, pueden aprender sobre las limitaciones de la riqueza cuando se dan cuenta de que el dinero no puede evitarles mala salud o pérdidas afectivas. En general, estas personas aprenderán a desarrollar una actitud más desprendida respecto a la comodidad material. Una actitud más flexible y confiada fomenta mayor generosidad, solidaridad y ayuda a destinar el dinero a causas nobles y no solo a la comodidad personal.

Con mayor conciencia, aprenden a encontrar el equilibrio adecuado entre la autopreservación y el desapego a los valores materiales, comprendiendo el valor de éstos pero viéndolos como un medio y no como un fin. Algunos de ellos también pueden tomar conciencia de que perder dinero puede reflejar a veces el pago de una deuda kármica que los libera de esa atadura. El dinero puede circular con más fluidez una vez que logran renunciar a la compulsión de poseer dinero, percibiendo el yo esencialmente como un conducto a través del cual fluyen los recursos. Es probable que en ese punto de conciencia -quizás y sin expectativas-, las oportunidades financieras puedan emanar de forma natural.

Con una visión más holística e inclusiva, estas personas pueden llegar a preocuparse por la injusticia económica en el mundo y reconocer el daño causado por las grandes brechas socioeconómicas, los sistemas educativos que hacen demasiado hincapié en los valores materiales y los medios de comunicación que promueven el consumo excesivo. En esta etapa, estas influencias también pueden reflejar una fuerte preocupación por los desequilibrios ecológicos e inspirar a las personas con estas inscripciones astrológicas a convertirse en activistas que se dediquen a proteger los recursos naturales de la Tierra.

Fase 7. Inocencia, desilusión y madurez en la espiritualidad

Reconocerse y alinearse conscientemente con los principios atemporales de la Verdad.

Cuando se ven expuestos a los valores espirituales, los individuos con inscripciones de Tauro-Piscis en su carta adquieren la perspectiva en la cual sus posesiones personales pertenecen, de hecho, a un todo mayor y deben servir al bien común. Honrar la disponibilidad de los recursos y utilizarlos conscientemente para promover objetivos dignos proporciona un enfoque holístico de las finanzas y los bienes materiales.

El llamado hacia un estilo de vida con una orientación espiritual puede inspirar a las personas que se encuentran en esta fase a dejar atrás un estilo de vida materialista, simplificar sus vidas y dedicarse al servicio o bien, a prácticas sagradas. A medida que sus prioridades cambian, pueden sentir que las posesiones son engorrosas y les impiden alcanzar sus anhelos espirituales. Algunos de ellos pueden llevar esto al extremo, saliendo enteramente del círculo del consumo, deshaciéndose de las tarjetas de crédito y viviendo en total sobriedad, contentos con lo mínimo. La vida de renuncia está bien ilustrada por los

Sadhus de la India, que practican a cabalidad este camino; vestidos con un taparrabos, sin poseer más que un cuenco de mendigo, concentrados sólo en la devoción a su práctica espiritual.

El alejamiento del mundo material abre la aspiración de ser más autosuficientes y vivir más cerca de la naturaleza. A menudo estas personas se identifican con prácticas espirituales que santifican la tierra, los árboles y la naturaleza en general, entendiendo que la tierra y la naturaleza son organismos conscientes que participan igualmente en la dinámica evolutiva. Los árboles, las plantas y las rocas dejan de percibirse solo como recursos naturales o como proveedores de oxígeno, sino como entidades conscientes con un propósito intrínseco.

Sin embargo, incorporar los valores espirituales también puede provocar un sentimiento de desprecio hacia la materia y las posesiones e intensificar nuevamente la escisión entre el espíritu y la materia. Percibir la realidad física temporal como inferior en comparación con la atemporalidad del espíritu, puede llevar al deseo de cortar con los apegos y las ocupaciones asociadas a la realidad material. Puede que rechacen sus propios sentidos, porque temen caer en alguna forma de tentación y seducción que los distraiga de lo que verdaderamente importa espiritualmente. El impulso de trascender la materia puede adoptar una forma de comer muy poco, hacer dietas de limpieza y trascender los apegos a la comida. Pero si esto no se equilibra adecuadamente, algunas de estas personas pueden enfrentarse a situaciones difíciles que los obliguen a reconocer y honrar el propósito de la realidad física, ya sea en forma de trastornos alimentarios que afecten a su salud o de apuros económicos que los limiten. En estos casos, puede ser una sorpresa y una decepción darse cuenta de que el universo no apoya necesariamente su dedicación a vivir vidas tan puras de espíritu, viéndose obligados a volver al reino material para generar ingresos.

Desde una perspectiva espiritual, es importante darse cuenta de que el dinero es, ante todo, un intercambio de energía para equilibrar la vida, por lo que cada persona tiene que hacer un esfuerzo, en lugar de dar por sentado que estará disponible. Una de las razones por las que el universo no exime a las personas espirituales de sus preocupaciones materiales, es para evitar la arrogancia espiritual y asegurar que se mantenga el debido respeto por la dimensión material. Un mundo en el que todo es gratis invitaría a la indulgencia despreocupada y a la posible negligencia o abuso, incluso entre los puros de espíritu. Es comprensible que nos opongamos a los sistemas financieros existentes que sean injustos y desequilibrados, donde los ricos controlan los mercados y esclavizan a las masas. Desde una perspectiva espiritual, aprender a generar abundancia y utilizar la riqueza para servir propósitos más elevados demuestra que la materia puede servir al espíritu. Cuando logramos superar tanto los apegos a la riqueza como a los votos puritanos de pobreza, podemos encontrar que el universo nos proporciona apoyo financiero para los esfuerzos que sirven a la causa de la vida.

Otras expresiones de la división entre la materia y el espíritu pueden manifestarse al considerar lisa y llanamente al cuerpo y la materia como inferiores y antagónicos al espíritu y, en consecuencia, asociar la sexualidad, las posesiones materiales o las necesidades corporales con lo profano. En todo el mundo, muchas culturas y caminos espirituales incentivan dejar de lado las necesidades físicas para estimular la trascendencia espiritual, ya sea que esto se exprese poniendo la otra mejilla, fomentando el sufrimiento físico como una manera de elevar la conciencia espiritual, renunciando a todo apego a las posesiones, afeitarse la cabeza, ocultar el cuerpo y el pelo bajo capas de ropa, hacer voto de pobreza o realizar atentados suicidas y sacrificar la propia existencia física para servir a una ideología mediante el martirio. En esta mentalidad, cualquier forma de placer es pecado.

La idea de que la carne es antagónica al espíritu lleva a algunos individuos a intentar controlar sus deseos sexuales. En un sentido más amplio, existe una aspiración a trascender el propio apetito, sea cual fuere la forma que adopte, para evitar ser controlado o incluso esclavizado, por los sentidos. Los sentidos anhelan la gratificación inmediata y pueden llevarnos a tomar malas decisiones. Por ejemplo, el apetito sexual puede distraer a las personas de su compromiso espiritual y sus valores. A menudo, el miedo a la tentación se proyecta sobre las mujeres, que son vistas como la encarnación de la belleza física y el placer. Así, las mujeres se convierten en el símbolo del descenso del espíritu a la materia y se las hace sentir culpables por ser tentadoras, mientras que a los hombres se los hace sentir furiosos por verse atraídos. La división entre materia y espíritu engendra fragmentación y conflicto. Sin embargo, la lección sigue siendo darse cuenta de que el cuerpo es un templo y no una jaula para el espíritu.

Es cierto que el enfoque de la sexualidad y la gratificación sensual deben cambiar a medida que la conciencia espiritual evolucione, pues la indulgencia excesiva puede hacer perder perspectiva. Innumerables mitos e historias describen las consecuencias de traicionar nuestros votos y nuestra claridad mental a causa de nuestro apetito sensual. Sin embargo, el verdadero desarrollo espiritual se basa en renunciar a este enfoque dualista y fragmentado y se centra en armonizar el espíritu y la materia para que cada uno pueda servir al otro. Cuando se establece el equilibrio apropiado, los sentidos se someten al propósito mayor de la realización espiritual. El placer sexual puede ayudar al alma a encarnarse y a integrarse a la realidad física más densa del mundo. Estimular el cuerpo de forma consciente, sana y respetuosa facilita el ámbito espiritual. Las prácticas sexuales apropiadas, como también alimentos, aromas, sabores y otras experiencias sensuales pueden ayudar al sistema nervioso a sintonizarse con vibraciones más finas y colaborar con el crecimiento espiritual.

Quienes logran armonizar la materia con el espíritu suelen irradiar belleza y paz interior. En este estado de equilibrio, reside un gran poder en lo más profundo del ser y esa quietud tiene un efecto pacificador en el entorno. Estas personas pueden poseer poderes curativos y tener la capacidad de llevar unidad donde hay conflicto o caos. La armonía interior se alinea con la belleza, los sonidos y aromas presentes en la naturaleza y en la vida. En dicho estado, es posible percibir cómo lo divino se manifiesta en la naturaleza a través de las proporciones perfectas de la Geometría Sagrada, la armonía de la música y la solidez de la materia. Este tipo de presencia emana brillo, abundancia, salud y amor a todo lo que existe.

La libertad de la paz

Perdona a Dios por tener este cuerpo que te impone un trabajo continuo con el fin de alimentarlo y mantenerlo. Perdona a Dios por el hecho de que tu alma esté sujeta a la dimensión física y que deba navegar en la realidad material más densa. Acepta el hecho de que tus posesiones y bienes no sean tuyos y que lo que venga también deberá irse.

Afirmación: Puedo saborear y distinguir la verdad del veneno.
Desafío: Aceptar que estamos contenidos dentro de la forma.
Regalo: El poder de dar.
Felicidad: Ver la belleza en lo simple.

Figuras públicas con las configuraciones Tauro-Piscis:

- **Athina Roussel Onassis** *(Neptuno en casa 2 cuadratura Venus en Piscis)*

- **Elton John** *(Neptuno en la casa 2, regente de la casa 2 en Piscis)*

- **Donald Trump** *(Neptuno en la casa 2)*

- **Coco Chanel** *(Neptuno en Tauro cuadratura Venus)*

- **Bono Vox** *(Neptuno oposición Venus, Piscis en la casa 2)*

- **Ted Turner** *(Venus en la casa 12)*

- **Billie Holiday** *(Venus en Piscis, Piscis en la casa 2)*

Athina Roussel Onassis

Inscripción astrológica de relevancia: Neptuno en casa 2 en cuadratura a Venus en Piscis.

La única heredera superviviente del magnate naviero griego Aristóteles Onassis. Heredó una fortuna multimillonaria tras la muerte de su madre, Christina, cuando tenía tan sólo tres años. Es atleta ecuestre.

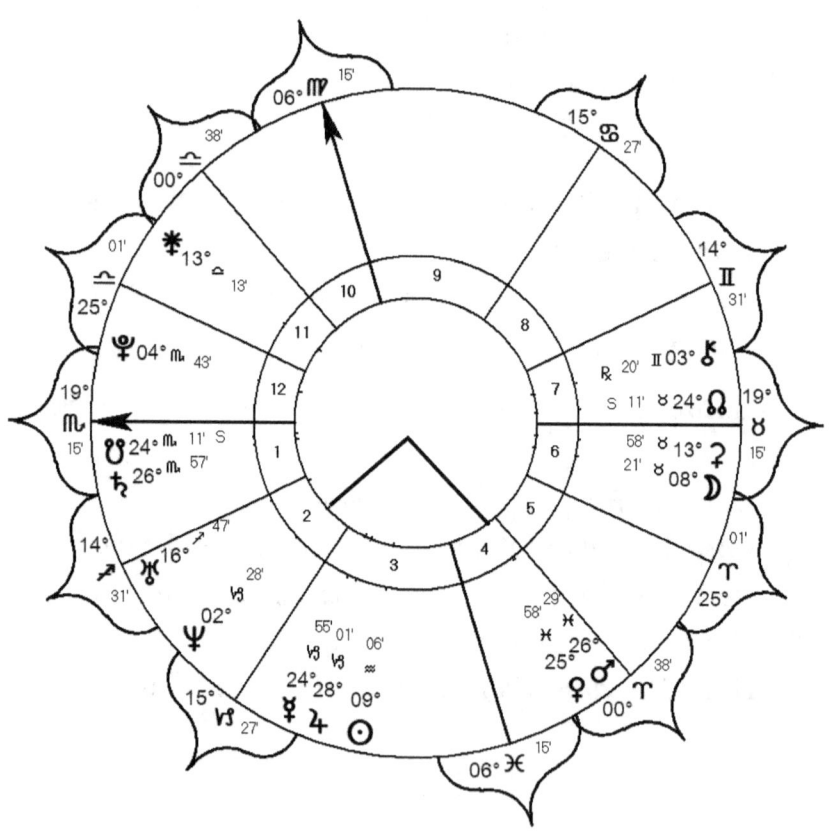

Elton John

Inscripción astrológica de relevancia: Neptuno en casa 2 en quincuncio al regente de la casa 2 (Mercurio) en Piscis.

Cantante, compositor y pianista inglés y uno de los artistas musicales más taquilleros del mundo.

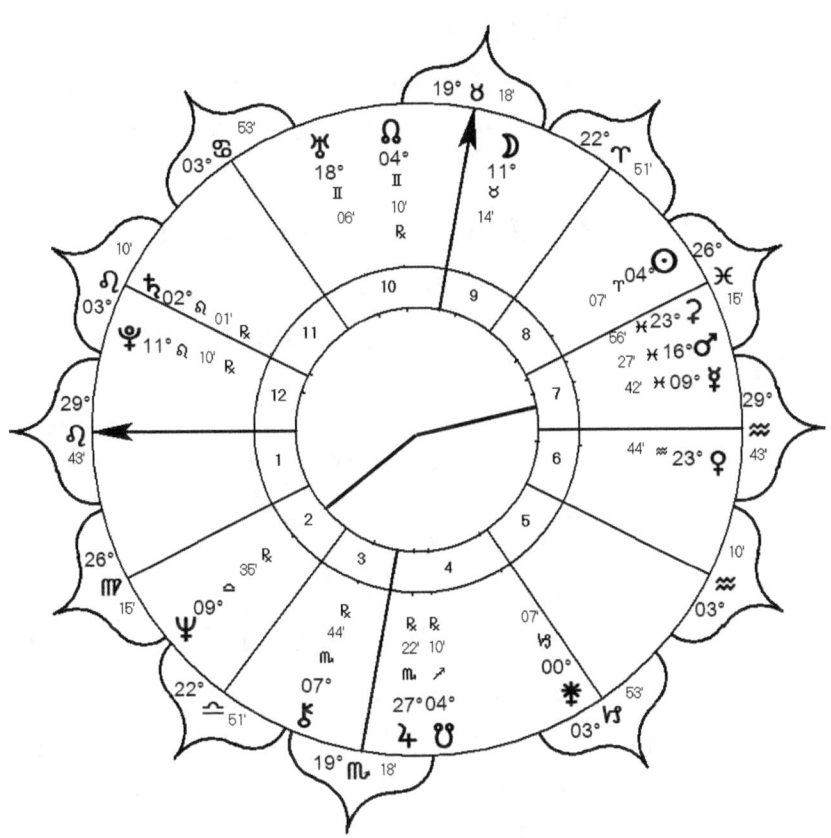

El viaje de crecimiento a través de
LOS TEMAS DE GÉMINIS Y PISCIS

Neptuno en Géminis, o Neptuno en la casa 3

o

en aspecto a Mercurio
Neptuno en aspecto a Mercurio,
a planetas en Géminis,
a planetas en la tercera casa

Mercurio en Piscis o en la casa 12
Géminis en la casa 12
O Piscis en la casa 3

LECCIONES EVOLUTIVAS

Cuando se integran los arquetipos de Géminis y Piscis, la intención evolutiva es darse cuenta de que más allá de la apariencia de caos, misterio y azar, la vida es un diseño inteligente y está fundada en premisas lógicas. Por tanto, a través de la observación y la experiencia, es posible aprender gradualmente acerca de la vida y superar la confusión, navegando de manera eficaz por sus corrientes.

Aprender sobre la totalidad de la vida y su Verdad requiere, necesariamente, movilizarse, porque la vida adopta diversas formas según el lugar y el tiempo que le sean específicos. Cada entorno (espacio), ya sea el desierto o la ciudad, ofrecen diferentes perspectivas y claves acerca de la vida. Cada momento (tiempo), ya sea del pasado lejano o del presente, proporciona un contexto específico y una historia de la cual aprender. La intención evolutiva es comprender que, aunque la vida se manifiesta a través de una amplia diversidad, como las muchas piezas de un rompecabezas, todas las formas deben ensamblarse para ver una sola Verdad. Solo cuando se unen todas estas piezas, el conjunto de la creación tiene sentido.

A medida que aprendemos, logramos identificar diferentes fenómenos. Lo que antes era misterioso y velado, se vuelve claro y evidente. Al comprender cosas nuevas, podemos nombrarlas y esto nos permite organizar nuestros pensamientos, comunicar nuestros hallazgos y construir conocimiento. Si bien surgen diferentes lenguajes a través del tiempo y el espacio, la intención evolutiva es ver que todos apuntan al mismo objetivo de describir la única Verdad.

Bajo la influencia de Géminis-Piscis, se suma el reto evolutivo de armonizar el hemisferio izquierdo y el derecho del cerebro, para adquirir una comprensión más holística del significado y la función de la vida. Es necesario desarrollar la capacidad del hemisferio izquierdo del cerebro para reconocer la función de todos los detalles de la vida y la capacidad del hemisferio derecho del cerebro para captar el significado unificador que hay detrás de la suma de esos detalles.

Lecciones evolutivas esenciales:
- *Reconocer el diseño inteligente que hay detrás de las diversas formas y expresiones de la vida.*
- *Juntar las piezas del rompecabezas de la vida a través de la exploración de diversas culturas, entornos y tiempos.*   - *Superar la desorientación. Encontrar la dirección y el sentido en el laberinto de la existencia, para navegar con éxito por la vida.*
- *Nombrar lo que se identifica. Comunicar verdades supremas mediante un lenguaje simple.*
- *Desarrollar el lenguaje para organizar y comunicar la Verdad.*
- *Darse cuenta de que no toda la información es verdadera y aprender a discernir entre conocimiento real y falso.*
- *Equilibrar los hemisferios del cerebro, izquierdo (función) y derecho (inspiración). Unir el panorama general sin dejar de lado los pequeños detalles.*

REALIDAD ATEMPORAL

Bajo las influencias de la configuración Géminis-Piscis, la realidad atemporal es conceptualizada como una dimensión en la que comprendemos y conocemos todo acerca de la vida, eliminando cualquier confusión. Los distintos componentes de la vida se conectan entre sí a través de una red de principios y proporciones lógicas.

La comunicación y el movimiento son prescindibles, ya que todo y cada parte, están en perfecta armonía y mutuo entendimiento. No hay necesidad de palabras, explicaciones, enseñanza o aprendizaje, ya que la Verdad es conocida por todos. La telepatía ocurre naturalmente como parte de la adaptación y la navegación a través de la vida es fluida.

Realidad de tiempo y espacio

En este contexto temporo-espacial, toma tiempo aprender sobre la vida porque sus formas son muy cambiantes y diversas y existen muchas perspectivas que integrar. Cada lugar geográfico aporta un clima y condiciones diferentes; y a su vez, da lugar a la emergencia de diferentes culturas, cada una de las cuales aporta una perspectiva completamente distinta de la vida y de la Verdad. De ahí que surjan diferentes lenguajes, responsables de brechas en la comunicación.

Además, no toda la información es necesariamente fiable, porque el tiempo y espacio no nos revelan la imagen completa y esto puede generar errores de interpretación e ideas equivocadas. Por lo tanto, dentro de la miríada de cosas, pensamientos y experiencias, se hace imperativo el esfuerzo de discernir lo que tiene sentido de lo que no lo tiene. De lo contrario, corremos el riesgo de ser engañados, desorientados y confundidos y de perder el rumbo de nuestras vidas.

A medida que aumentan las diferencias, la necesidad de comunicación se vuelve más exigente, ya que hay que dar más explicaciones. Hay que esforzarse constantemente para desarrollar el lenguaje y los medios que permitan seguir aprendiendo. Cuando experimentamos confusión, malentendidos o desorientación, nos damos cuenta de que no siempre estamos en sintonía con los demás. No es un hecho evidente que exista un hilo conductor entre todas las cosas y debemos, por lo tanto, investigarlo y recordarlo constantemente.

Las siete fases evolutivas

Fase 1. Inocencia en el milagro de la vida
Vivir la vida con total inocencia, como si todavía se estuviera en la atemporalidad del vientre cósmico.

Bajo la influencia de Neptuno en la casa 3 y las configuraciones afines, la inocencia se manifiesta como una apertura indiscriminada a la diversidad de la vida. Los individuos con estos signos confían fácilmente, sintiendo que lo comprenden todo y que son comprendidos por todos. Sin una noción clara de las diferencias entre diversas culturas, perciben el mundo como un pueblo en el que las personas se relacionan sin esfuerzo. Fluyendo con la vida sin un rumbo preestablecido, se adaptan fácilmente a lo que encuentran en su camino. Si se enfrentan a barreras lingüísticas, recurren a un lenguaje de signos improvisado y se aseguran de ser entendidos universalmente. Desde un lugar de inocencia, se sienten acogidos en todas partes y tienen la capacidad de encontrar puntos en común con todo el mundo, como si todas las personas desearan relacionarse simultáneamente con las mismas cosas.

Estos individuos pueden ser crédulos y confiar en toda la información disponible sin cuestionarla. Inicialmente, no comprenden la necesidad de discriminar u organizar los datos, por lo que absorben todo lo que les rodea, sin filtros.

Aprenden sobre la marcha y algunos de ellos pueden tener dificultades con el aprendizaje más formal o tradicional. Los conocimientos generales y el aprendizaje de asuntos que están fuera de su ámbito de interés pueden parecerles innecesarios cuando su atención está centrada en el flujo de la experiencia: puede que no comprendan la razón de aprender acerca de algo que no les es inmediatamente útil. En la inocencia, estas personas pueden carecer del impulso de refinar y desarrollar la curiosidad y algunas habilidades intelectuales, sintiendo que les basta para salir adelante una comprensión general y superficial de la vida.

Incluso cuando sobresalen en ciertos campos académicos, algunas personas eligen estudiar solo aquellos temas a los que pueden acceder con facilidad y pierden el interés por cualquier otra cosa fuera de ese ámbito. En un extremo, pueden perder completamente el interés por los nuevos desarrollos culturales y no molestarse siquiera en conocer lo nuevo que ocurre en el mundo. En estos casos, el impulso de exploración y curiosidad se encuentra latente; se quedan satisfechos con lo poco que saben y con lo que les es útil en lo inmediato.

Fase 2. Pérdida de la inocencia

Nacer del útero cósmico a los confines del tiempo y espacio, precipitando la aparición del ego (conciencia individual).

En relación a los temas de Géminis y Piscis, las personas pueden experimentar la pérdida de la inocencia a través de la desilusión, al darse cuenta de que el mundo es más complejo y tiene más capas de lo que creían inicialmente. Les cuesta encontrar la manera de integrarse a la vida y sincronizarse con su ritmo, les cuesta captar señales y el sentido de lo que ocurre a su alrededor. Como resultado, se sienten crónicamente desorientados y confusos, perciben la situación erróneamente y se mantienen desfasados con los eventos de sus vidas.

Pueden inocentemente tomar toda la información al pie de la letra y verse abrumados por la miríada de impresiones mentales dispersas, agravando la sensación de desorientación.

La mente se confunde por completo y los patrones de pensamiento se vuelven incoherentes. Ante la presencia de tantas ideas que se contradicen entre ellas, se congelan, como si estuviesen atrapados en un bloqueo del tránsito. Se ven demasiado expuestos y, entonces, pueden cerrarse mentalmente.

Su credulidad los expone al engaño y al lavado de cerebro. Pueden sentirse atraídos a actuar bajo las órdenes de otras personas o convencerse de ciertos hechos sin molestarse en verificar lo que se les dice. La persona también puede seguir a líderes sectarios carismáticos y tomar decisiones poco sanas y peligrosas, al seguir instrucciones sin cuestionarlas.

Con Neptuno en la casa 3 y los signos relacionados, la pérdida de la inocencia también puede reflejarse en desequilibrios entre el hemisferio del cerebro izquierdo y derecho, lo que puede provocar trastornos nerviosos sensoriales y motores, déficit de atención, bloqueos en la comunicación, dislexia o incluso sordera y mutismo. Llevadas al extremo, estas personas pueden tener discapacidades mentales de diverso grado. Estas discapacidades pueden ser el resultado de experiencias traumáticas de vidas actuales o pasadas, en las que la desorientación ha sido tan radical que desestabilizó la fluidez del procesamiento mental.

En este estado de inocencia, algunos descansan en conceptos vagos y generalizados acerca de la vida y no son lo suficientemente precisos o minuciosos. Es posible que simplifiquen en exceso y se aproximen a la vida de manera confusa, realizando afirmaciones dichas con toda certeza que, a fin de cuentas, son incorrectas o inventadas. Sin orientación o apoyo, algunas de estas personas pueden abandonar la escuela antes de graduarse y quedarse sin la instrucción necesaria, con un vocabulario pobre y conocimiento poco uniforme. Es posible que escriban con faltas de ortografía o que tengan dificultades para expresarse con claridad, pero sin inquietarse respecto a estas deficiencias.

Con los temas Piscis-Géminis en la carta, la comunicación puede resultar confusa. A pesar de no utilizar el lenguaje de forma adecuada, suelen asumir que los demás entenderán lo que intentan decir. En esta dinámica, se observa una falta de sentido de las proporciones en las conversaciones, siendo demasiado escuetos, evasivos e inarticulados. O bien, por el contrario, hablan demasiado, entran en numerosos detalles superfluos en forma dispersa y cansan a sus oyentes; asocian una idea con otra, siguiendo múltiples hilos mentales que los alejan completamente del tema inicial de la conversación. Los problemas del habla también pueden ser de naturaleza física, con tonos de voz inusuales, por ejemplo, voz ronca o volumen anormalmente alto o bajo. También, pueden sufrir impedimentos del habla, como ceceos o tartamudeo. Pierden así la inocencia cuando estas circunstancias generan crisis y malentendidos frecuentes.

Una variante en los temas de Géminis-Piscis, se vincula a individuos que pudieron carecer de motivación por cultivarse a sí mismos, estar al día con los acontecimientos y tendencias actuales o explorar nuevos temas de interés. Esta mentalidad puede conducir a una relativa ignorancia, pereza mental y aburrimiento crónico, a ser aburrido, estar falto de imaginación y presentar incoherencias en el razonamiento. Estas personas pierden la inocencia al no estar informados con precisión y estar fuera de plazo, saltarse avisos y oportunidades u otros hechos importantes que acaban afectando su calidad de vida.

En algunas circunstancias, pueden perder oportunidades educativas porque, sencillamente, no se las pueden permitir. Puede que vivan en un entorno en el que la educación no es accesible y que, en lugar de ello, se vean obligados a trabajar. Al carecer de la oportunidad de una escolarización adecuada o de viajar, la alfabetización, conocimientos generales y perspectivas de empleo se ven mermados. En estas circunstancias, pueden anhelar una educación determinada, pero se sienten impotentes para cambiar las circunstancias. Del mismo modo, el éxito en la escuela puede verse obstaculizado por problemas de aprendizaje que, al no ser diagnosticados, permanecen sin tratamiento. Estas situaciones generan un sentimiento de inferioridad intelectual que puede limitar las posibilidades de mejorar su posición en la sociedad.

En otros casos, estas personas pueden tener un gran interés en un campo intelectual muy específico y descuidar todo los demás. Por ejemplo, un niño que está completamente absorto en el estudio de las abejas y domina toda la información sobre este único interés, pero permanece indiferente a otros temas. Viven en una burbuja y pueden sufrir las consecuencias de no sentirse los suficientemente instruidos sobre una mayor variedad de temas. Estos niños pueden beneficiarse de los sistemas escolares que ofrecen la libertad de elegir asignaturas, porque tienden a bloquear mentalmente las que no les interesan. Más adelante en la vida, pueden llenar esas lagunas.

Ya sean niños o adultos, las personas con Neptuno en la tercera casa e inscripciones astrológicas afines, pueden perder fácilmente la noción del tiempo al estar tan completamente absortos en sus campos de interés, como profesores despistados inmersos en sus laboratorios. En estos casos, estos individuos pueden ser extremadamente brillantes y cultos, pero ineptos a la hora de integrarse a la vida cotidiana. Pueden manejar sin esfuerzo teorías y conocimientos superiores, pero pueden carecer de habilidades sociales y mostrarse torpes con otras personas; dan la impresión de ser poco hábiles, de no captar las claves sociales y de fluctuar entre mostrarse demasiado asertivos o ser totalmente tímidos. Al no estar en sintonía con su tiempo y espacio, pueden tener ciertos modales o estilos de vestir que son de una época completamente diferente, como si literalmente vivieran en otro siglo o en otro planeta. Por las mismas razones, también pueden cultivar lo que se consideran hábitos extravagantes.

En algunos casos, los individuos de signo Géminis-Piscis pueden tomar refugio en la calle, estar a la deriva, sujetos a quien se cruce en el camino, conectar con personajes inusuales y, de este modo, permanecer ajenos a las limitaciones del tiempo y estructura. Al principio, pueden estar entusiasmados por vivir encuentros y aventuras interesantes en la calle y disfrutar de la emoción de estar al margen de la sociedad, pero con el tiempo, los pequeños delitos, el tráfico de drogas, la prostitución o la participación en bandas delictivas los llevan cuesta abajo por la pendiente.

Desde otro punto de vista, es posible que vivan en barrios poco desarrollados, abandonados u hostiles, en los que prospera la vida en la calle y reina la delincuencia. En consecuencia, son vulnerables al acoso, la intimidación o las agresiones en la calle o en la escuela, en un entorno que simplemente no es seguro.

A veces, la pérdida de la inocencia, se produce a través de un hermano con estas configuraciones. Por ejemplo, un individuo puede verse enfrentado al desafío de que una hermana o hermano tenga problemas de comportamiento o una discapacidad. Uno de los hermanos puede ser un "niño problemático" y generar preocupaciones en la familia por su comportamiento disfuncional, como el consumo de drogas o un escaso dominio de su vida. En otras situaciones, estas inscripciones astrológicas pueden reflejar el abuso psicológico o físico de un hermano con diversos grados de intensidad.

Estas personas pueden experimentar problemas de integración al estar expuestos a múltiples entornos culturales y ser presionados para adaptarse a nuevos idiomas y costumbres. Pueden perder su agudeza mental debido a la necesidad de aprender idiomas e integrarse a nuevos entornos recurrentemente; aunque puede parecer que lo hacen bien en la superficie, en un nivel más profundo, pueden sentirse culturalmente alienados, desorientados y solos.

En ocasiones, pueden sentir que conocen superficialmente un puñado de idiomas, pero sin dominar ninguno de forma competente y, como resultado, carecen de vocabulario suficientemente amplio como para expresarse correctamente.

Las dificultades culturales también pueden producirse cuando caen en las trampas para turistas -siendo estafados-, o infringen involuntariamente las leyes o costumbres locales o, simplemente, se pierden en países extranjeros. La pérdida de la inocencia les hace ver que, aunque las personas compartan muchos rasgos comunes en todo el mundo, las diferencias culturales traen complejidad y exigen un esfuerzo continuo de adaptación.

Fase 3. Fortalecimiento de la inmunidad

Adaptarse al tiempo y espacio, desarrollando un mecanismo de defensa, formando y solidificando el ego y reconociendo el valor del trabajo.

Después de perder la inocencia, los individuos con configuraciones de Géminis-Piscis en sus cartas pueden limitar la interacción con el entorno debido a una necesidad de autoconservación. Algunos pueden considerar que los lugares concurridos, como los centros comerciales y las discotecas o, incluso, la propia calle, son intimidantes y estresantes. Otros deciden no conducir porque temen perderse o se sienten abrumados por el tráfico. Caminar, en lugar de conducir, los hace sentirse más tranquilos y en control de la situación.

Si los individuos con estas características tuvieron problemas académicos, pueden evitar estar cerca de personas intelectuales, por miedo a sentirse inferiores. Para fortalecer su inmunidad y romper el ciclo de victimización, deben mejorar su educación. Los pasos esenciales en el proceso de empoderamiento incluyen la inversión de tiempo y esfuerzo para ampliar el vocabulario, cultivar conocimientos generales y formarse en una profesión. Si la escolarización convencional ha resultado difícil, puede ser útil encontrar escuelas alternativas centradas en un enfoque más personal, creativo y visual del aprendizaje.

En esta fase, estas personas deben aprender a estimular y expandir aún más su mente y darse cuenta de que la vida ofrece muchas opciones y horizontes más amplios. Por ejemplo, es posible que algunos de ellos no se interesen por viajar, pero a medida que evolucionan en esta fase, su curiosidad se despierta tras darse cuenta de lo mucho que se han estado perdiendo. Con su mente ahora abierta y alerta, sienten el impulso de explorar, viajar, aprender y recuperar el tiempo perdido.

Para combatir la desorientación y falta de sintonía, algunas personas recurren a libros de instrucciones para conocer la forma de proceder en la vida. Buscan una orientación precisa y simple, llegando a confiar en guías populares como las series de "10 pasos" e instrucciones "para tontos". Este esfuerzo refleja la necesidad de estar más sincronizados con el tiempo y espacio, ya que muchos de estos manuales de instrucciones detallados les proporcionan claridad y mayor sensación de control. Suelen huir de la información demasiado abstracta, que requiere mucha intuición o imaginación; en esta fase, no pueden procesar información demasiado abierta o filosófica, sino que necesitan hechos que les aporten claridad. Anhelan directrices y respuestas prácticas para orientarse. Del mismo modo, pueden estudiar ciencias exactas para compensar los sentimientos de desorientación interna.

Para mejorar su funcionamiento y reforzar la inmunidad, algunas personas pueden desarrollar el hábito de observar a otros realizando tareas sencillas para aprender a manejar situaciones similares. Algunos, incluso, toman notas sobre cómo se viste la gente, qué compra, qué tipo de té se sirve, como si fueran extraterrestres que necesitan aprender cómo funcionan los habitantes del lugar. Cohibidos por la posibilidad de ser aburridos o verse torpes, pueden tratar de permanecer invisibles para lograr disminuir las probabilidades de que les hagan preguntas o se los integre en las conversaciones. Prefieren permanecer en el anonimato y pasar desapercibidos, mientras observan a los demás.

En otras versiones, algunas de estas personas pueden ser excesivamente intelectuales, con pensamientos tan elevados que tienen dificultades para gestionar los asuntos prácticos. El mundo del razonamiento abstracto, las ciencias y las teorías más elevadas pueden resultarles espacios muy cómodos y servirles de refugio frente a la incomodidad que experimentan en las interacciones cotidianas. Puede ser que perciban las interacciones del día a día como superficiales e innecesarias; del mismo modo, puede que descarten por completo los símbolos culturales modernos, como las tendencias de la moda, los juguetes electrónicos y los programas de televisión. Para reforzar su inmunidad, es importante que relajen sus expectativas y aprendan a disfrutar de los placeres sencillos sin tener que remitir todo a las teorías conceptuales. Al integrarse gradualmente en la sociedad, pueden aprender algo del lenguaje común y aprender a reservar el lenguaje más rebuscado para ocasiones más apropiadas.

En esta fase no es raro que encontremos dos tipos distintos: los que tienen mentes muy sofisticadas, pero que tienen dificultades con la comunicación más vulgar o, por el contrario, aquellos que prefieren lo sencillo y que encajan armónicamente, pero que tienen mala ortografía y carecen de cultura general. Estos extremos reflejan un desequilibrio entre las funciones del hemisferio cerebral izquierdo y el derecho. La lección necesaria es tender un puente entre el pensamiento conceptual y el lenguaje cotidiano y más informal, para integrar los aspectos abstractos con los prácticos de la vida. Cuando se consigue este equilibrio, entonces, puede surgir una inmensa creatividad que inspire ideas y perspectivas de vida únicas. Sus ritmos desordenados e inevitables rarezas se convierten en una ventaja y ya no en una desventaja.

Fase 4. Función pública, vocación y fama potencial; convertirse en el instrumento de la vida

Conectarse con la conciencia colectiva; participar en el intercambio colectivo y en la dinámica de las masas.

Cuando los arquetipos de Géminis y Piscis se logran integrar, la vocación pública puede estar relacionada con asuntos asociados al medio ambiente. El individuo puede, por ejemplo, ocupar un puesto en un ayuntamiento y participar en diferentes aspectos del gobierno de la ciudad. Del mismo modo, puede trabajar para apoyar a los barrios desfavorecidos o ayudar a recuperar entornos dañados o descuidados.

En otros escenarios, estas personas pueden ofrecer servicios públicos a través de la industria del transporte y las profesiones que impliquen conducir o volar, como taxistas, conductores de autobús, pilotos de avión o participar en la industria del automóvil en distintas áreas. También, pueden trabajar para empresas de mudanzas o servicios postales que conecten lugares y personas.

Asimismo, pueden participar en el rubro de viajes y servir de puente entre diferentes culturas. Por ejemplo, pueden ser guías turísticos, agentes de viajes o conductores de autobuses turísticos. En esta línea, pueden servir de traductores en diversos contextos y tender puentes de comunicación.

Desde otro punto de vista, estas personas pueden ser influyentes en los ámbitos que afecten tendencias culturales, como el trabajo en la industria de la moda o en los locales de moda en la ciudad. Esto incluye todos los aspectos de la participación en el diseño y cultura pop en sus diversas formas, así como el trabajo en cafeterías y clubes nocturnos que se convierten en los sitios de moda de la ciudad.

Los medios de comunicación audiovisuales son otras áreas de influencia creativa, como la fotografía, el cine, la ingeniería de sonido o la escritura de guiones. Todo el mundo de los medios de comunicación y el periodismo, desde la televisión a

Internet, pasando por la prensa escrita y la radio, puede servir de canal para su servicio. Pueden poseer la capacidad de conectar con la mentalidad de las masas y compartir globalmente noticias, información o ideas. Junto a estas áreas, otros pueden dirigir centros culturales o bibliotecas que fomenten el intercambio intercultural.

Asimismo, estas personas pueden ser autores cuyos libros, poesías, discursos o artículos se publiquen e inspiren a las masas. La fama puede llegar cuando escriben un éxito de ventas y sus ideas trascienden el entorno local. Algunos también pueden llegar a tener influencia cultural y política gracias a su capacidad, a través del discurso, para llegar a las masas e influir en la mente de las personas.

El lado negativo de Neptuno en la tercera casa y los signos vinculados a éste, es la posibilidad de influir la mente de las masas con fines destructivos. Por ejemplo, uno podría lavarles intencionadamente el cerebro a otros y manipularles las formas de pensar, además de difundir ideas engañosas que engendren realidades distorsionadas. Podría tratarse de un político racista que manipula la información, instalando el prejuicio de que "los nuevos inmigrantes son la causa de todos los problemas sociales y económicos" o utilizar técnicas de propaganda para la venta comercial.

El lado amable se encuentra en personas que podrían influir sobre el colectivo, como pueden ser los profesores, encarnando al clásico maestro de escuela primaria que educa a los niños pequeños sobre el conocimiento general o como alguien con habilidades especializadas que enseña a los niños con problemas de aprendizaje, con quienes comparte discapacidades similares. También es posible encontrarlos enseñando conocimientos superiores de carácter filosófico o espiritual.

En casos extraordinarios, los individuos con estas configuraciones pueden ser reconocidos por su genialidad. Los temas de Géminis-Piscis pueden describir una mente que desafía la lógica convencional, a veces sin siquiera proponérselo. Esta persona puede tener ideas "extrañas" que contradicen el sentido común cotidiano; estas ideas son inicialmente ridiculizadas antes de ser confirmadas y, en algunos casos, son incluso innovadoras. En estos casos, el individuo suele servir de canal para la información y el conocimiento que se intuye desde más allá de la realidad condicionada del presente.

Otra área de posible influencia es el campo de la antropología, que implica la investigación de la diversidad de las tradiciones y culturas humanas a través del tiempo y el espacio. Los estudios de los diferentes entornos y culturas pueden aportar nuevas respuestas acerca de los misterios de la vida y contradecir, por ejemplo, las teorías existentes sobre la naturaleza y la historia de la humanidad, al descubrir la inteligencia que hay detrás de tradiciones aparentemente primitivas.

Del mismo modo, estas personas pueden aumentar la conciencia colectiva respecto a la necesidad de la libertad cultural y la importancia de la educación y libertad de expresión. El individuo puede llegar a ser reconocido como portavoz de la denuncia del racismo y de la unidad entre grupos racial y culturalmente diversos.

Orientación profesional o símbolos públicos:
- *Mantenimiento y desarrollo del medio ambiente.*
- *Industrias del transporte y de los viajes.*
- *Cultura pop, moda y tendencias.*
- *Cultura, medios de comunicación y periodismo.*

- Escritores, profesores y traductores de idiomas.
- Educadores o instructores, educación y necesidades especiales.
- Inventores que aportan revelaciones intelectuales.
- Activistas de cultura y libertad de expresión.

Fase 5. Desafiar el miedo

Cuestionar las limitaciones existentes, vivir con mayor autenticidad, elegir la Verdad en lugar de la seguridad, liberar el espíritu.

Con la combinación de los signos Géminis-Piscis, las personas pueden desafiar el miedo dejando de lado las presiones sociales para adaptarse y adquirir la confianza necesaria para seguir su verdadera visión y estilo de vida. Las personas con estos signos pueden tener ritmos y percepciones de la realidad radicalmente diferentes, que los distinguen del común de la gente. Sus relojes internos no están necesariamente sincronizados con el resto del mundo y pueden tener intereses o fijarse en detalles de la vida que a otros les resultan totalmente insípidos o simplemente extraños. Por ejemplo, puede que les guste jugar con gusanos o que les guste leer libros en latín. En esta fase, aprenden a aceptarse a sí mismos y a legitimar sus opciones y orientaciones impopulares.

Otros pueden sentirse atraídos por el uso de drogas psicodélicas y experimentar estados alterados de conciencia para trascender el tiempo y espacio. Desafiar el miedo supondría dedicarse a esas exploraciones y cruzar el umbral de lo que la mente puede controlar. Estas experiencias pueden proporcionar una visión profunda de las dimensiones atemporales y, sin embargo, junto con ello, acarrear posibles dificultades para reintegrarse en el tiempo y espacio. Entrar en las dimensiones atemporales puede ser muy atractivo y liberador, pero si no se está preparado espiritualmente, la transición entre las dimensiones puede provocar cambios anímicos o, incluso, episodios psicóticos y fragmentación.

De otro modo, podrían sentirse atraídos por la gente de la calle e incorporar a su mundo privado a mendigos, gitanos y otros personajes marginales. Con frecuencia, se los puede ver despreocupados por las apariencias y pueden sentirse inspirados por la libertad y en la ausencia de pretensiones de estos estilos de vida, no dependen de horarios ni de obligaciones rutinarias. En consecuencia, algunos de estos individuos pueden salirse del marco de las rutinas más corrientes y adoptar un estilo de vida nómada, como el de los gitanos.

A veces, el aburrimiento estimula el desafío al miedo y lleva a estos individuos a experimentar y buscar experiencias fuera de lo común. Por ejemplo, pueden dejar atrás sus vidas establecidas para ir a una expedición o responder a un anuncio para unirse a un circo. Pueden interesarse por temas esotéricos como los ovnis, la ouija u otros fenómenos trascendentales. Su mente es un canal entre dimensiones y en esta fase, a medida que superan el miedo, no dudan en arriesgarse y seguir lo que los llama en el momento.

La necesidad de liberarse del miedo también puede llevar a una fascinación por los deportes extremos, como volar en ala delta o por profesiones como pilotaje de aviones y cohetes. Se sienten atraídos por la velocidad y el desafío a la gravedad, porque anhelan liberarse de las limitaciones del tiempo y el espacio. Navegar también puede ser una experiencia para vencer el miedo, ya que conecta a estos individuos con la misteriosa inmensidad del océano.

De otra manera, estos individuos pueden trascender sus miedos explorando culturas extranjeras con costumbres muy diferentes a las suyas. Por ejemplo, podría tratarse de un occidental que pasa mucho tiempo en Afganistán, Siberia u otros entornos remotos, poco visitados y a veces precarios. Es posible que se sientan atraídos por sabores, retos, ritmos y estilos de vida más primitivos o que abandonen por completo la civilización por la sencillez de los entornos naturales o salvajes.

A nivel psicológico, desafiar el miedo con Neptuno en la tercera casa y los signos relacionados, puede consistir en encontrar la confianza para hablar y participar en discusiones, en lugar de evadirlas. Esto implica dejar de lado el miedo a ser etiquetados como estúpidos o torpes. Con el aumento de la confianza, son capaces de estar más relajados ante la posibilidad de que otras personas los malinterpreten o critiquen; ahora pueden ver sus excentricidades como ventajas en lugar de como algo que hay que ajustar.

También pueden desafiar el miedo a la inadecuación intelectual volviendo a estudiar y completando sus estudios, a veces, incluso, a una edad más avanzada. Se dan cuenta de que los demás estudiantes no son necesariamente superiores intelectualmente y que el reto de obtener una educación está a su alcance. A la inversa, pueden abandonar programas académicos de prestigio para dedicarse a estudios alternativos acerca de temas poco populares, pero más cercanos a sus auténticos intereses personales. Por ejemplo, una persona puede dejar un bufete de abogados para estudiar permacultura.

Fase 6. Humildad y ego

Darse cuenta de las limitaciones del ego; tomar perspectiva sobre los ciclos y fuerzas más amplios de la vida.

En esta fase de humildad, con Neptuno en Géminis y configuraciones afines, las personas pueden enfrentarse a crisis de humildad porque su sistema nervioso está sobreestimulado. Tironeados por muchas direcciones al mismo tiempo, pueden verse abrumados, a veces hasta el punto de sufrir crisis nerviosas. Demasiadas actividades, personas, datos y desafíos superan la capacidad de procesamiento del cerebro y, en algunos casos, pueden provocar fragmentación interna. Con los temas Piscis-Géminis, el reto consiste en aceptar las limitaciones de tiempo y espacio y darse cuenta de que operar simultáneamente en múltiples dimensiones *todo el tiempo* sobrecargará su sistema.

Para algunos, la sobreestimulación se produce a través del consumo excesivo de drogas, que puede llegar a causar daños cerebrales. En el anhelo de ir mentalmente más allá del tiempo y espacio, estos individuos pueden entregarse a experiencias trascendentales inducidas artificialmente, pero las consecuencias del uso pernicioso o del exceso pueden ser física y emocionalmente dañinas. Aprenden que el paso entre las dimensiones del tiempo, espacio y la atemporalidad debe ser orgánico y gradual para evitar un cortocircuito en su sistema y, por lo tanto, reconsiderarán las dosis y la intención de estas prácticas.

La sobreexposición y la sobreestimulación pueden sobrecargar la mente y los sentidos, a veces, hasta el punto de inducir problemas médicos. Por ejemplo, algunas de estas personas pueden experimentar pérdida de memoria y problemas de concentración o, en otros casos, pérdida de audición. Con la edad, pueden ser vulnerables a condiciones médicas más agudas, como la enfermedad de Alzheimer o la demencia. Ser conscientes de estos riesgos con antelación puede ayudarlos a prevenir estas consecuencias mediante ejercicios mentales y complementos dietarios apropiados.

De forma diferente, las personas pueden sufrir una sobreexposición cuando se convierten en víctimas de chismes difamatorios. Los rumores, ya sean completamente falsos, basados en verdades parciales o bastante ciertos, se convierten en la comidilla de la ciudad y pueden tener un efecto humillante y devastador. Las palabras pueden difundirse rápidamente y sin mucho control, manchando su reputación. Dependiendo de la situación, las lecciones evolutivas pueden variar. Por un lado, estas circunstancias demuestran la necesidad de confiar en la propia integridad y hacer caso omiso a la opinión pública; por otro lado, si realmente hay cosas que ocultar, la persona debe darse cuenta de que la Verdad acabará saliendo a la luz.

También pueden surgir experiencias de humildad cuando el individuo, inmerso en un estilo de vida urbano y sofisticado, se ve expuesto a la sabiduría de personas más sencillas, aquellas que a menudo se consideran primitivas e incultas, pero que poseen una profunda sabiduría por su experiencia con la naturaleza. Por ejemplo, el individuo más "civilizado" puede enfermar y no encontrar alivio en la medicina occidental, pero beneficiarse de un tratamiento alternativo basado en el chamanismo. Al exponerse a estas diferentes fuentes de conocimiento, la persona puede verse impulsada a evaluar lo que es verdaderamente avanzado y sofisticado.

También, se pueden generar experiencias de modestia cuando estas personas, exitosas en su vida, pueden tener niños o adultos en su familia con problemas de aprendizaje y requerir de atención o guía. En casos extremos, un miembro de la familia podría sufrir un compromiso más agudo de la función cerebral y una discapacidad intelectual. Más allá de los sacrificios personales que pueden ser necesarios para apoyar a estos familiares, aprenden a aceptar con humildad estos compromisos y a relacionarse a un nivel más emocional que intelectual con ellos.

Otra versión son individuos que se sienten expuestos cuando tergiversan continuamente su historia, manipulan los hechos y mienten. Las intenciones detrás de su deshonestidad son variadas: pueden ir desde tratar de eludir responsabilidades, hasta una intención enteramente delictiva. Es posible que no esté delimitada claramente la línea que diferencie los deseos de la realidad, por lo que la persona puede alterar la Verdad de forma oportunista con fines egoístas. Cuando se los expone, caen en cuenta de que la Verdad acaba prevaleciendo.

A través del proceso evolutivo, los individuos con inscripciones astrológicas de Géminis-Piscis cambian sus prioridades para incorporar valores más holísticos y adherirse a virtudes como la tolerancia cultural, la libertad de expresión y el aprecio por la diversidad. Con mayor humildad, se disuelve la arrogancia intelectual y la mente se abre genuinamente a cualquier aprendizaje experimental; se hace evidente que en todos los aspectos de la vida hay maravilla y genialidad.

Aprecian la diversidad cultural y son capaces de percibir los factores humanos unificadores que se esconden tras las diferentes razas, tonos de piel y prácticas culturales; por ejemplo, superan barreras lingüísticas a través de otros tipos de comunicación más física, como abrazos, contacto visual o lenguaje de señas.

Además, estos individuos pueden convertirse en activistas que dejan al descubierto la manipulación del colectivo y el masivo lavado de cerebro que efectúan los medios de comunicación o la política. Del mismo modo, pueden denunciar el abuso religioso y cultural para mantener a la gente mentalmente adormecida, ignorante y sumisa. En otros casos, pueden sentirse alienados por la cultura occidental moderna y denunciar la superficialidad y el vacío de la cultura popular, por su excesivo consumismo y falta de sencillez.

Fase 7. Inocencia, desilusión y madurez en la espiritualidad

Reconocerse y alinearse conscientemente con los principios atemporales de la Verdad.

Al abrirse a valores espirituales, los individuos con Neptuno en la tercera casa y configuraciones afines pueden sumergirse en prácticas espirituales y culturas de diferentes épocas y reconocer cómo cada forma de conocimiento se complementa con otras. El punto común que conecta a estas distintas prácticas se hace ahora más evidente y claro. Con estas inscripciones astrológicas, la capacidad para integrar los diferentes enfoques espirituales proporciona una perspectiva más amplia de la vida y de sus significados subyacentes: todos los diferentes sistemas de pensamiento aluden a la misma Verdad.

Algunas personas pueden sentirse atraídas por el estudio de escrituras antiguas y desarrollar, a menudo, una fascinación por las lenguas antiguas como el arameo, latín o sánscrito, porque perciben que transmiten conceptos y temas espirituales con mayor precisión, matiz y sutileza.

En el proceso de desarrollo espiritual, algunos de ellos pueden dejarse llevar y olvidar la necesidad de discriminar entre las disciplinas e ideas existentes entonces, pueden terminar adhiriéndose ciegamente a teorías descabelladas sobre la naturaleza del universo. Pueden perder la perspectiva, desorientarse y sumergirse en teorías espirituales demasiado abstractas o incoherentes. La necesidad de cuestionar y validar las teorías, les enseña a estas personas a discernir y probar lo que es verdadero de lo que no lo es y a abstenerse de dar por sentada la Verdad.

Sin embargo, al abrirse a mayores revelaciones y a conocimientos de tipo cósmico, estos individuos son capaces de darse cuenta de que existe un diseño inteligente y universal. En contraste, pueden encontrar difícil prestar atención a las trivialidades de la supervivencia dentro del tiempo y espacio. Al apartarse tan fácilmente de los asuntos mundanos, puede que se centren exclusivamente en las dimensiones más abstractas de la espiritualidad y descuiden el cuerpo y las emociones. Se generan brechas intelectuales entre ellos y su entorno, por lo que pueden utilizar de manera inocente un lenguaje complicado o una jerga desconocida cuando se expresan. Pueden volverse puristas en sus opiniones y ver el mundo como algo insoportablemente superficial. Las brechas de comunicación agravan el aislamiento y abandono. Puede ser importante que aprendan que el desarrollo espiritual implica la integración y aplicación de la sabiduría suprema también en los asuntos cotidianos. La verdad no solo se absorbe de las sagradas escrituras, sino también de la experiencia directa en el mundo. El espíritu debe mantenerse fresco y joven.

A través del desarrollo espiritual, los individuos Géminis-Piscis se dan cuenta de que existen muchos bloqueos, porque la mente está condicionada por vidas enteras de impresiones; ahora son capaces de percibir las limitaciones de los propios y profundamente arraigados patrones mentales. En consecuencia, pueden sentirse empujados a liberarse de su propio tipo de mentalidad, para poder sintonizar mejor con la Verdad. Algunos de ellos pueden elegir el uso de psicodélicos para este propósito, como la ayahuasca o el peyote. Otros pueden descondicionar la mente sin usar sustancias externas, a través de una respuesta más gradual acorde a su crecimiento espiritual. Al vaciar lamente y limpiar el registro, están finalmente preparados para reconocer con asombro que no saben nada. Pueden llegar a experimentar la profundidad del silencio, tanto interna como externa y, en esta quietud, conectar con las fuerzas universales.

A medida que la práctica espiritual se profundiza, la experiencia de aprendizaje se vuelve más directa y se intensifican las revelaciones. Se vuelven más devotos y comprometidos con la Verdad y así la Verdad se les revela. Al volverse más sensibles, ven con mayor claridad a través de los velos y pueden acceder a depósitos de conocimiento más elevados. Es como si fueran capaces de "descargar" nuevos conocimientos que provienen de fuentes espirituales. Estas descargas pueden ocurrir a través de la escritura, el habla o los sueños, en los que de repente saben algo que antes desconocían; y la investigación posterior demuestra la exactitud de estas nuevas realizaciones.

En estados de conciencia más avanzados, los individuos Géminis-Piscis pueden desarrollar de forma natural diferentes formas de habilidades extrasensoriales, como la comunicación no verbal y telepática que trasciende la forma, el tiempo y el espacio. También pueden poseer la capacidad natural de comunicarse con animales y otras formas o dimensiones de vida. Asimismo, pueden experimentar premoniciones al conectarse con diferentes ámbitos de la realidad. En casos excepcionales, pueden desarrollar la capacidad de trascender el tiempo y espacio y experimentar viajes astrales o aparecer físicamente en diferentes lugares al mismo tiempo. Estas capacidades especiales suelen ser el resultado de la pureza de sus pensamientos y corazones.

Liberación de la paz

Perdona a Dios por tener que hablar y explicar lo que parece obvio y aprender cosas que en principio parecen innecesarias. Acepta que este universo es complejo y confuso, que puedes perderte y que nunca lo entenderás del todo. Acepta que eres parte de tu entorno, que estás involucrado y que no hay escapatoria ni descanso de vivir eso.

Afirmación: Encuentro la paz y el silencio dentro de la Verdad.
Reto: Navegar por corrientes multidireccionales con destreza.
Regalo: Poder de ver la conexión que subyace a la diversidad.
Felicidad: Perderse de vez en cuando.

Figuras públicas con inscripciones de Géminis-Piscis

- *Peter Gabriel* (Neptuno en la tercera casa)
- *Rey Jorge VI* (Neptuno en Géminis en oposición a Mercurio)
- *Venus Williams* (Neptuno en la tercera casa)
- *Richard Branson* (Neptuno en la tercera casa, Mercurio en la doceava casa)
- *Adolfo Hitler* (Neptuno en Géminis)
- *Jane Goodall* (Mercurio en Piscis en oposición a Neptuno)
- *Maya Angelou* (Mercurio en Piscis y regente de la 3ª casa en Piscis)

Rey Jorge VI de Inglaterra

Inscripción astrológica de relevancia: *Neptuno en Géminis en oposición a Mercurio.*

Ascendió inesperadamente al trono tras la abdicación de su hermano. Sufría de tartamudez y aborrecía hablar en público, pero aprendió a superar su discapacidad gracias a una terapia especializada de lenguaje. La película "El discurso del rey" ilustra la historia de sus primeros años.

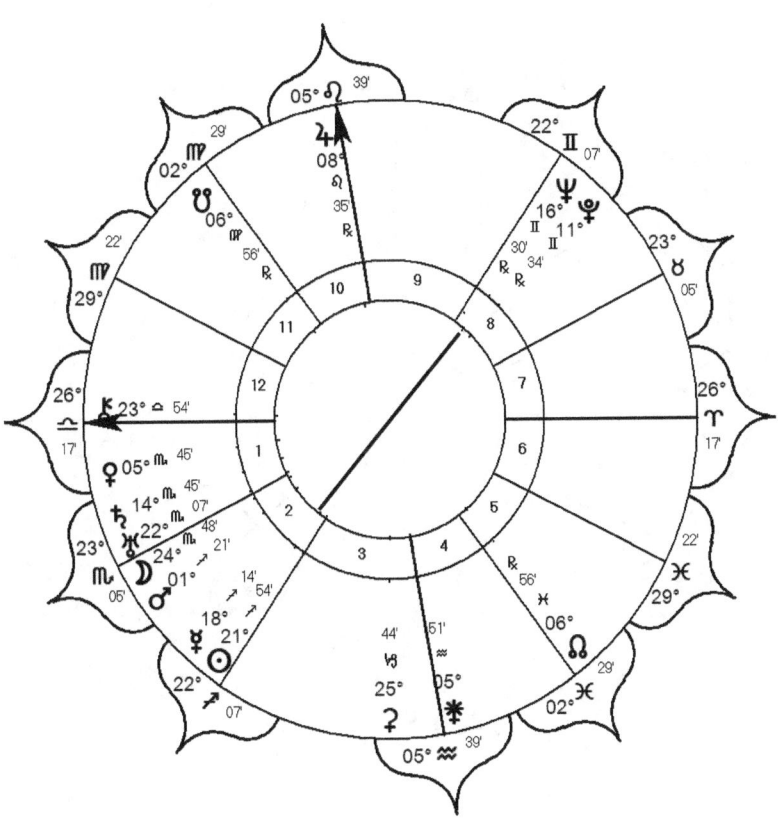

Jane Goodall

Inscripción astrológica de relevancia: *Mercurio en Piscis en oposición a Neptuno.*

Primatóloga británica, etnóloga, antropóloga y mensajera de la paz de la ONU, Jane Goodall dejó el estilo de vida convencional propio de la Gran Bretaña moderna para viajar sola a África y ser pionera en la investigación de los chimpancés, haciendo descubrimientos innovadores acerca de su comportamiento y habilidades de comunicación.

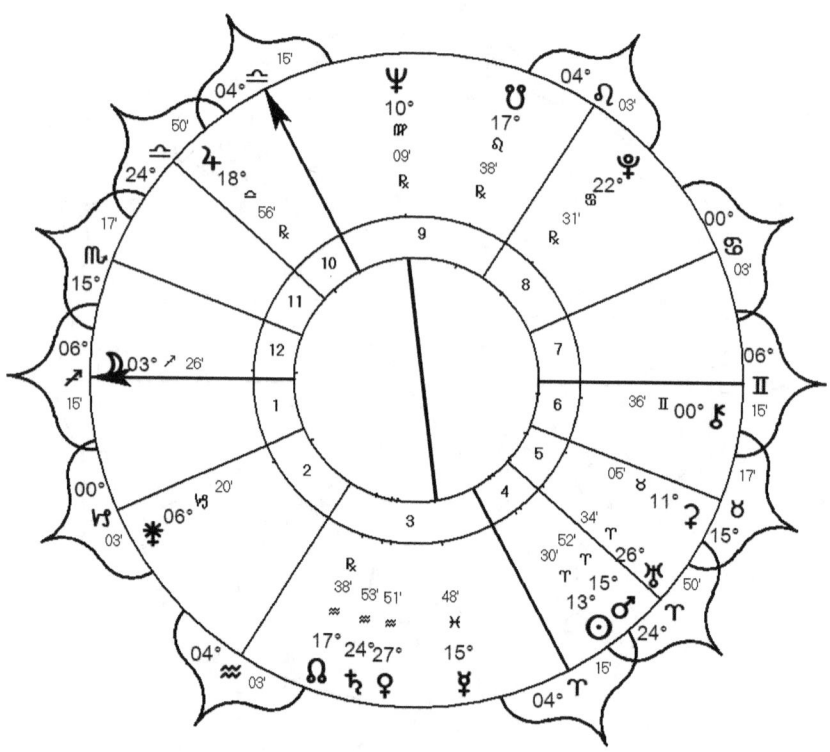

El viaje de crecimiento a través de los temas de

CÁNCER Y PISCIS

Neptuno en Cáncer
o Neptuno en la Casa 4

o

Neptuno en aspecto a la Luna,
a planetas en Cáncer
a planetas en la cuarta casa

La Luna en Piscis o la Luna en la casa 12
Cáncer en la casa 12 o Piscis en la casa 4

LECCIONES EVOLUTIVAS

Cuando los arquetipos de Cáncer y Piscis se integran, la intención evolutiva es establecer un equilibrio entre la realidad íntima, que es personal y el todo mayor, que es impersonal. Inicialmente, existe una capacidad natural de identificarse emocionalmente con todo ser vivo y de sentirse conectado con toda la humanidad, más allá del linaje hereditario, las diferencias raciales o incluso la asociación con otras especies. El concepto de familia no se limita únicamente a los parientes inmediatos, sino a una tribu universal y a un sentido de pertenencia. Una consecuencia potencial de esta universalidad es que las necesidades personales pueden verse eclipsadas por las mayores exigencias del colectivo. El yo no está separado del colectivo, por lo que no es raro identificarse de forma natural con las emociones de otras personas y perderse a sí mismo como resultado. La pérdida de identidad y la falta de límites pueden provocar sentimientos recurrentes de agobio. Como resultado, podemos esperar cambios de humor, desde una completa apertura emocional y empatía por los demás, hasta el retraimiento, el aislamiento y la autocompasión. Estas fluctuaciones describen la lucha por equilibrar las necesidades personales frente a las colectivas.

Con las configuraciones de Cáncer-Piscis, la sensibilidad aguda puede generar la sensación de que el mundo es demasiado duro e inseguro. El anhelo de simplicidad e inocencia es tan profundo que puede causar grandes dificultades para afrontar las pruebas emocionales. Como medio de protección, la negación y el adormecimiento del dolor pueden convertirse en un recurso recurrente como forma de intentar mantener la situación con un tinte positivo. En otros casos, la necesidad de eliminar el dolor puede llevar a un complejo de salvador y asumir el papel de protector de los inocentes en un mundo cruel. La lección evolutiva es comprender mejor las razones de los desafíos emocionales existentes y aprender a lidiar con el dolor potencial, aceptando el desafío de la evolución en lugar de intentar escapar de las dificultades que el mundo nos presenta. Solo entonces podrá prevalecer la sanación y los esfuerzos individuales por hacer un mundo más seguro y unido serán más eficaces.

Lecciones evolutivas **esenciales:**
- *Equilibrar las necesidades colectivas con las personales: aprender a crear vínculos emocionales saludables.*
- *Identificar el hilo emocional común que unifica toda la vida y las especies como una familia universal.*
- *Superar la negación, el escapismo y adormecimiento del dolor, como recursos para crear una falsa sensación de paz y seguridad.*
- *Comprender que la manera de mejorar el mundo no es intentando salvar a todos del dolor.*
- *Fortalecer la inmunidad para procesar las emociones difíciles de forma más honesta y trabajar para que la vida sea más segura y solidaria de forma sostenible.*
- *Superar el sentimiento de martirio y la mentalidad de víctima.*

REALIDAD ATEMPORAL

Bajo la influencia de Cáncer-Piscis, la realidad atemporal se conceptualiza como una dimensión en la que todos son incondicionalmente acogedores y nutritivos: un sentido de unidad hacia todos los seres vivos -humanos, animales y vegetales-, bajo la providencia divina como hijos conscientes del universo. Las variaciones de cultura, raza, especie u otros rasgos diferenciadores son solo superficiales porque todos los seres están conectados y comparten la misma esencia de la Verdad; todos provenimos del mismo vientre y cada ser vivo responde al amor, la alegría, el dolor y la paz de la misma manera. La capacidad de disolver las barreras y conectar íntimamente con los demás engendra generosidad y compasión.

La unidad universal hace que la vida sea naturalmente segura y nutritiva, eliminando la necesidad de protegerse o desconfiar. Independientemente de la edad, el origen o la especie, todos son hijos del Creador, cobijados bajo el mismo cielo. Por lo tanto, el estrés, la desconfianza y el peligro son conceptos completamente ajenos.

Realidad de tiempo y espacio

La dimensión del tiempo y espacio revela que el mundo no siempre es seguro debido a las presiones de supervivencia, lo que hace vulnerable a los seres inocentes. En un mundo en el que se compite por los recursos, la solidaridad, la compasión y el apoyo mutuo no pueden darse por sentados. Las personas pueden incluso volverse hostiles y amenazarse mutuamente cuando sus necesidades entran en conflicto. Cada ser debe esforzarse por establecer su seguridad y defenderse de los peligros. La naturaleza es poco tolerante con los inocentes y puede dejarlos más expuestos al daño. Los inocentes pueden perecer fácilmente sin alguien que los proteja continuamente. El cielo protector puede volverse desalentador cuando no se construye un techo.

Con los temas Cáncer-Piscis, la familia es un recurso importante de cuidado y protección en un mundo que puede ser fácilmente amenazante; sin embargo, incluso dentro de la intimidad de la familia, la seguridad puede verse comprometida por el abuso o la negligencia. La creación de un sistema de apoyo que pueda proporcionar condiciones positivas para el propio desarrollo es un trabajo que requiere cuidado y esfuerzo continuos.

Las siete fases evolutivas

Fase 1. La inocencia en el milagro de la vida

Vivir la vida con total inocencia, como si todavía se estuviera en la atemporalidad del vientre cósmico.

Con Neptuno en la cuarta casa y configuraciones afines, la inocencia se manifiesta a través de la percepción de que el mundo es invariablemente seguro y solidario. Los individuos con estos signos pueden aventurarse en la vida de forma despreocupada, confiando en la providencia y en la buena voluntad de los demás. Con entusiasmo y confianza infantiles, ven el lado positivo de cada situación y no invierten mucho en medidas de protección. Como todo parece estar disponible y el mundo es amable, todo se da por sentado. Esta mentalidad reduce radicalmente el interés en compromisos a largo plazo y en las necesidades de cuidado propio, por lo que los vínculos emocionales no tienen raíces profundas.

Dado que estos individuos se relacionan fácilmente con todo el mundo de forma confiada, pueden hacer que las personas se sientan inmediatamente acogidas, seguras e importantes, pero luego pasan fácilmente a nuevas experiencias sin demasiado apego. Pertenecen a todas partes y a ninguna en particular, quieren y se llevan bien con todo el mundo, pero con nadie en particular. Cuando surgen dificultades e incomodidades, encuentran la manera de salir del drama y conservar su espíritu libre y positivo.

Es posible que estos individuos no tengan un sistema inmunológico lo suficientemente adecuado para hacer frente al estrés y al dolor, por lo que, en los momentos difíciles, suelen intentar ignorar o negar los problemas. Para algunos, la falta de habilidades de afrontamiento emocional los hace incapaces de identificar el origen de posibles disfunciones, incluso cuando es evidente para los demás. Por ejemplo, pueden permanecer en relaciones o entornos abusivos porque realmente no creen que haya nada malo; en lugar de marcharse, optan por ver solo el lado positivo de la situación y centrarse en el potencial que ella tiene.

En otros casos, la inocencia puede aparecer cuando la persona desea mantener el ideal de una existencia paradisíaca, amparando a toda persona o criatura que experimente dificultades o dolor. No pueden tolerar el sufrimiento y sienten instintivamente la necesidad de intervenir cuando alguien está en crisis. Se convierten en salvadores, asumiendo las cargas de todos, como si ellos mismos fueran invulnerables.

Fase 2. Pérdida de la inocencia

Nacer del útero cósmico en los confines del tiempo y espacio, precipitando la aparición del ego (conciencia individual).

Con Neptuno en la cuarta casa e inscripciones astrológicas afines, la pérdida de la inocencia puede producirse cuando la seguridad, la protección y la nutrición se disuelven o no se materializan. Por ejemplo, un niño con estos signos puede perder a su madre en la primera infancia y acabar en una casa de acogida o en un orfanato, perdiéndose el amor y la atención personales. En otros ejemplos, el niño puede nacer de padres que no están preparados para cumplir esa tarea y no logran responder a las intensas necesidades emocionales y de crianza de un niño. Como sus necesidades personales están desatendidas, el niño se siente invisible.

Al carecer de atención personal, los niños pueden sentirse dejados de lado en diversos grados. Sus gritos no son escuchados y puede que no reciban una nutrición adecuada, cuidados higiénicos, amor y atención. Sus madres pueden estar completamente abrumadas por los desafíos de la vida y en continuo estado de caos. Agotados por la necesidad constante, los llantos y la falta de sueño, los padres pueden acabar cerrándose emocional o físicamente y dejar de estar disponibles. No es infrecuente que otro adulto, a menudo la abuela, asuma las tareas maternas y proporcione al niño algunos cuidados.

En situaciones extremas, el maltrato puede incluir negligencia grave, inanición o incluso violencia física. Por ejemplo, un padre puede llegar a ver al bebé como un adversario que le quita la vida e interpretar cada llanto y cambio de pañal como una afrenta intencional. A veces, la falta de claridad de juicio está causada por el abuso de sustancias o la intoxicación. En algunas circunstancias, uno de los progenitores es emocionalmente volátil, mientras el otro permanece pasivo o distante. Al sufrir estas privaciones, el niño suele desarrollar una intensa vida de fantasía para compensar la inseguridad, en un intento de encontrar consuelo y amor virtual fuera del ámbito físico.

En algunas familias, el maltrato no se dirige directamente hacia el niño, sino que va de un progenitor al otro. El maltratador suele creer que es la verdadera víctima, culpando a su pareja de todo, justificando así su comportamiento abusivo. El niño, al presenciar estas escenas de humillación, absorbe la dinámica sadomasoquista e interioriza la necesidad de sacrificar las necesidades de crianza para evitar una mayor carga para el progenitor maltratado, más comúnmente la madre e indirectamente acepta el descuido de que es objeto.

En el caso de las inscripciones astrológicas de Cáncer-Piscis, es posible que los padres no se preocupen de las necesidades del niño, aún cuando lo aprecien. Los padres están demasiado ocupados o bien son inmaduros, simplistas o están abrumados en su lucha por la supervivencia y pueden criar al niño de manera "remota", encontrando soluciones fáciles para cada demanda; por ejemplo, recurriendo a la comida rápida y a la presencia constante de la televisión. A pesar de una higiene deficiente, falta de límites, escasas medidas de seguridad y, por lo general, juguetes rotos para jugar, estos padres se convencen ingenuamente de que todo está cubierto y que todos son felices, negando las necesidades más profundas. La inocencia se pierde cuando el niño empieza a desarrollar alteraciones en el comportamiento; por ejemplo, agresividad desproporcionada o trastornos de ansiedad. Se hace evidente que la mirada superficial y las soluciones rápidas no han proporcionado una base suficientemente sólida para el desarrollo del niño.

El descuido de las necesidades personales también puede producirse cuando los padres están absortos en la actividad espiritual y dejan de lado las necesidades prácticas de la vida cotidiana. Los niños con estas configuraciones pueden sufrir abandono físico, material o emocional, ya que los padres dedican su tiempo a pensar positivo o abrir sus *chakras*. Del mismo modo, los padres pueden ser muy idealistas y dedicarse a causas más amplias, pero al mismo tiempo dejan de prestar atención a las necesidades emocionales de sus propios hijos, dando el bienestar por sentado. En estas familias, los hijos suelen acabar sintiéndose insignificantes en comparación con la inmensidad del sufrimiento del mundo.

En general, estas configuraciones pueden retratar un enfoque demasiado simplista de la vida. Las personas pueden creer que están protegidas por un cielo protector y no tomar medidas de cuidado que son de sentido común. Por ejemplo, puede que no se molesten en comprobar sus facturas, ponerse casco al conducir una moto o que dejen a sus hijos sin vigilancia. Los privilegios de la inocencia se disfrutan mientras todo funciona, hasta que deja de ser así. Cuando llega la desilusión, a menudo, la reacción inmediata es sentirse víctima, ya que en la superficie la crisis puede parecer una desafortunada coincidencia o bien, la culpa es de otra persona. El individuo puede vivir en un estado de infancia eterna, negándose a aceptar los desafíos del tiempo y espacio, en los que la seguridad y el bienestar requieren esfuerzo.

A pesar de atravesar por crisis emocionales difíciles, la necesidad de mantenerse livianos de espíritu y optimistas puede derivar en que algunas de estas personas eviten la introspección emocional. Desean evitar las complicaciones y el drama y optan por mirar hacia adelante y negar que estén haciendo algo mal. Puede que borren gran parte de los recuerdos de su infancia como forma de olvidar los traumas y el dolor de su pasado, prefiriendo centrarse en el presente o en su próximo paso. Sin embargo, su comportamiento puede delatar un cuerpo emocional herido, cuando no logran crear circunstancias saludables para ellos mismos. Por ejemplo, pueden tener fobia al compromiso, pasar de ataques de ansiedad a actitudes atrevidas o desarrollar adicciones. Su dolor no se ha procesado y provoca un patrón de comportamiento postraumático, lo que los lleva a tener episodios en los que se bloquean emocionalmente o evaden por completo la situación. En casos extremos, estas emociones no resueltas y los hábitos de negación pueden provocar incluso problemas de salud, como trastornos sanguíneos o autoinmunes.

Otra posibilidad es que la dificultad para afrontar el dolor genere el complejo de salvador. La persona intenta suprimir el dolor y mantener el ideal del paraíso, interviniendo en todas y cada una de las situaciones en las que vea angustia; por ejemplo, sus propios hogares pueden llegar a convertirse en un improvisado y superpoblado refugio de animales. Se exceden y se ven abrumados al intentar salvar a todo el mundo. Aunque la compasión y el apoyo a los demás son virtudes importantes, el miedo al dolor hace que se vuelvan sobreprotectores, de un modo que, en última instancia, no sirve a aquellos que pretenden ayudar. Estos individuos compensan la pérdida de inocencia tratando de proteger la inocencia de todos los demás y crean, de ese modo, una sensación artificial de bienestar y seguridad. No aceptan el reto del tiempo y espacio en el que las dificultades y el dolor sirven para fortalecer el sistema inmunológico, por lo que mantienen una posición dependiente con aquellos que buscan ayudar. Como resultado, corren el riesgo de agotarse física, emocional y financieramente.

Del mismo modo, un niño con signos de Cáncer-Piscis puede ser criado por los padres -para preservar su pureza- en un mundo hermético y protegido lleno de bondad y felicidad. Este escenario recuerda a la historia del Buda, cuyo padre le prohibió salir del palacio, para que nunca viera el sufrimiento y la vejez. Cuando se lleva al extremo, el niño puede convertirse en un adulto ingenuo e infantil y, en consecuencia, en una presa fácil para aquellos que sean menos amistosos.

Un individuo con la inscripción astrológica de los signos de Cáncer-Piscis también puede crecer dentro de una familia muy solidaria, en la que los padres son excepcionalmente amables y lo apoyan incondicionalmente. Esa amabilidad luego contrasta con el mundo exterior, lleno de depredadores u otras trampas. Por lo general, el niño idealiza intensamente a uno de los padres o a ambos, a menudo a la madre, pensando en ella como una santa. Sin embargo, a pesar de toda su bondad, los mismos padres pueden ser relativamente ingenuos, presas fáciles o frágiles. El niño puede intentar instintivamente protegerlos y educarlos para que sean más precavidos y conscientes del peligro. La criatura puede convertirse en la figura de autoridad de la casa e introducir los límites prácticos en ella. En estas circunstancias, la pérdida de inocencia se manifiesta cuando el niño se da cuenta de lo poco preparados que están los miembros de la familia para enfrentarse a los problemas del mundo y de la ineficacia para manejar la dinámica impersonal e intransigente de la sociedad.

Fase 3. Fortalecimiento de la inmunidad

Adaptarse al tiempo y espacio, desarrollando un mecanismo de defensa, formando y solidificando el ego y reconociendo el valor del trabajo.

Tras experimentar la pérdida de la inocencia en la que se disolvió la sensación de seguridad, los individuos con las inscripciones de Cáncer-Piscis pueden desarrollar inseguridades existenciales crónicas y trastornos de ansiedad. Al sentirse desprotegidos en el mundo, pueden desarrollar miedo a los extraños, a las autoridades o a cualquier cosa que pueda estar fuera de su contexto familiar, incluso tener falta de previsibilidad del tiempo. Algunos protegen sus vulnerabilidades replegándose emocionalmente, mientras que otros pueden encontrar refugio en la religión y espiritualidad. Identificarse con los santos o con la presencia divina reconforta a estas almas heridas y sienten seguridad ante un mundo cruel e implacable. Encuentran inocencia y pureza en los reinos espirituales.

Si estas inseguridades existenciales no se resuelven, pueden sentirse desalentados para apostar por la vida. Por ejemplo, algunos individuos pueden decidir no tener hijos, ya que no ven el sentido de traer una nueva vida dentro de lo que se percibe como un mundo cruel.

Debido a sus expectativas inconscientes más tempranas, donde esperaban que la vida fuera segura y armoniosa, estos individuos pueden proyectar la culpa hacia el exterior, hacia los demás, como al villano de turno a quien culparán por cada conflicto, desafío o problema que les surja; el mundo es malo, la gente es egoísta, mientras que ellos son buenos y puros. Es posible que se identifiquen en exceso con el hecho de ser buenos hasta el punto de pasar por alto sus propios defectos; no obstante, el hecho de que empiecen a establecer límites a su alrededor es una señal positiva de que están trabajando para fortalecer su inmunidad.

Cuando surgen los conflictos, esta forma de ver las cosas suele llevarlos a dejar de lado las responsabilidades existentes en lugar de trabajar para resolver los problemas. Es posible que se trasladen, dejen sus relaciones o cambien de trabajo, intentando dejar atrás los problemas, esperanzados de empezar todo de nuevo y lograr la tranquilidad anhelada dentro de un paraíso seguro. Cuando las crisis se repiten, se dan cuenta de que los problemas deben afrontarse y no evadirse. Deben analizar las emociones y comprender por qué se repiten los patrones o, en otras palabras, deben asumir la responsabilidad de su dolor.

Las cicatrices de las injusticias del pasado son reales, pero en lugar de culpar a todos los villanos, necesitan fortalecer su inmunidad y trabajar para crear una vida emocional más sana. Algunos pueden necesitar distanciarse de su familia de origen si hubo abusos en la infancia. Una separación radical puede ser una forma de reagruparse y recuperar el control de sus vidas.

Otros pueden decidir aislarse del entorno y limitar su disponibilidad en lo emocional. Los ideales iniciales de compasión y unidad en el colectivo pueden sentirse demasiado exigentes en esta fase de desarrollo. Antes de abrir las puertas a los demás, necesitan más tiempo para centrarse primero en sí mismos y crear un entorno íntimo en el que vuelvan a sentirse seguros. Esta actitud puede hacer que se encierren en sí mismos, a veces incluso pueden tener actitudes egoístas, pero es un paso necesario para la preservación y la sanación.

En casos extremos, los abusos y humillaciones del pasado evocan un fuerte sentimiento de amargura y desconfianza en la bondad de la vida. Su niño interior puede estar tan herido por la negligencia y el trauma del pasado que cualquier expresión de empatía se considera ahora sospechosa. Pueden interpretar la amabilidad como una debilidad, creyendo que solo los "tontos" son amables y generosos. En este caso, los consume el miedo de que se aprovechen de ellos, hasta el punto de ver a los demás solo como potenciales depredadores o presas, cuando están decididos a convertirse en la raza más fuerte de depredadores. Al endurecerse, intentan reforzar su inmunidad asumiendo el papel de depredador, proyectando así el papel de víctima en los demás. Puede que de esta manera se fortalezcan, pero no podrán curar verdaderamente las heridas emocionales, porque la desconfianza está tan arraigada que los ciclos de abuso están destinados a repetirse. Solo cuando asuman su responsabilidad podrá producirse un cambio en la dirección correcta.

En la versión más saludable, las personas con la configuración Cáncer-Piscis logran superar los sentimientos de victimización y reconstruir la confianza, gestionando adecuadamente las emociones. El primer paso es establecer límites adecuados, equilibrar el dar y recibir, sin por ello sentirse agotados o usados. La sanación viene cuando aprenden a dar y recibir atención. Esto implica, por ejemplo, crear un sistema de apoyo que refuerce los lazos familiares, biológicos o no y estar disponibles para los demás por igual. Estos individuos aprenden a cuidar mejor de sí mismos, desechando los harapos, consiguiendo un coche que no se estropee y literalmente nutriéndose, comiendo adecuadamente y con más regularidad. Esto también implica dar y recibir en el contacto físico y aceptar emociones difíciles. Cuidar un animal también puede servir como un paso hacia la sanación: la lección consiste en volver a aprender a formar vínculos emocionales y comprometerse a construir un sistema de apoyo y confianza nuevamente. A pesar del riesgo de sufrir producto de una separación, se aprende a que el apego es necesario si se ha de reconstruir una forma saludable de procesar emociones.

Una vez que se sienten más cuidados y estables, estas personas pueden estar más disponibles para ocuparse de las necesidades colectivas más amplias, ya sea alimentar a los hambrientos o acoger a quienes les falta techo. Ahora son lo suficientemente fuertes como para volver a comprometerse con causas más globales y con el voluntariado, sin perderse a sí mismos. Desarrollan una fe más realista en la bondad de la vida. En lugar de intentar salvar a todo el mundo, aprenden que ayudar a los demás no consiste en evitar el desafío, sino en prestar apoyo cuando sea necesario.

Fase 4. Función pública, vocación y fama potencial; convertirse en el instrumento de la vida

Conectarse con la conciencia colectiva; participar en el intercambio colectivo y en la dinámica de las masas.

Con Neptuno en Cáncer y configuraciones afines, los individuos pueden mostrar un intenso magnetismo en la vida pública y despertar emociones dentro del colectivo, proporcionando una sensación de familiaridad y seguridad a las masas. Como son capaces de llegar emocionalmente a la gente, el público general puede sentirse incluido e identificado con lo que representan. Este atractivo puede impulsarlos a la fama en cualquier ámbito, ya sea político, social, artístico o espiritual. El público puede sentirse íntimo y seguro con ellos, ya que son capaces de abordar anhelos y necesidades comunes o, incluso, universales.

Sin embargo, cuando existe tal atractivo, es posible que estos individuos se sientan compelidos a usar mensajes simplistas, para así llegar a todo el mundo. Por ejemplo, los políticos pueden utilizar eslóganes sencillos como: "por el futuro de tus hijos", porque saben que la mayoría de la gente podrá fácilmente identificarse con ese mensaje. Este mismo enfoque puede verse dentro de la música armada en línea de montaje para preadolescentes o en los guiones predecibles de las películas de Hollywood con finales felices que agradan al público. Estos individuos pueden saber instintivamente cómo responder a las motivaciones internas del colectivo, sobre todo haciendo alusión a la inocencia. En casos excepcionales, en su campo artístico pueden crear clásicos populares que traspasan el tiempo.

Estas influencias astrológicas también son indicadoras de talentos políticos, ya que el individuo es capaz de asumir el papel de un padre que responde a las necesidades de seguridad del conjunto de su sociedad. También es posible que se traduzca en una política o tendencia de derecha, en la que se enfatizan valores como la protección, seguridad y el parentesco étnico. Este enfoque podría tener un efecto sanador en un país que necesita unificarse frente a amenazas externas. Sin embargo, si estas políticas se extreman, también pueden generar una actitud de victimización y estimular la paranoia y temor respecto a los extranjeros. Desde un punto de vista más enaltecedor, son capaces de promover una visión universal que trasciende las barreras nacionalistas y sirven de puente entre las diferentes culturas y naciones, generando así un sentimiento de pertenencia donde todos forman una gran familia.

Otra versión de las configuraciones Cáncer-Piscis en lo público, se da con individuos capaces de responder a las dinámicas familiares o emocionales del colectivo, a través de labores de tipo social o de servicio, trabajando con los necesitados, desfavorecidos o marginados. Con una inclinación natural por resolver los problemas de los demás, pueden elegir como trabajo una profesión de ayuda.

Bajo estas inscripciones astrológicas, la capacidad de identificarse emocionalmente con los demás puede ir más allá del ámbito humano e incluir la capacidad de comunicarse con los animales. Este tipo de vínculo se basa en el apego emocional básico que compartimos con todas las especies y una inclinación natural por nutrir a otros. Mostrar dicha capacidad puede sensibilizar a otros respecto de la estrecha cooperación que puede existir entre diferentes especies. Estos individuos pueden cuidar animales huérfanos, especies en peligro de extinción o convertirse en zoólogos que estudian el comportamiento y la inteligencia de los animales.

Otras vías de manifestación son el trabajo en el sector de la alimentación y hotelería, como la gestión de restaurantes u hoteles. En el campo de la vivienda, pueden participar en el negocio inmobiliario y ayudar a la gente a encontrar su hogar.

Las configuraciones Cáncer-Piscis también pueden describir a personas que sirven como símbolos de abnegación al renunciar a sus necesidades personales a favor de causas más amplias. Pueden también suscitar la identificación del público, al ser los representantes de este tipo de renuncia, debido a que las masas anhelan inspirarse en héroes valientes y figuras sagradas. La abnegación, como virtud, simboliza el ideal de que la esperanza y la bondad prevalecerán en el mundo. Sin embargo, la virtud del sacrificio puede a menudo conducir al martirio, donde se santifica el sufrimiento y la abnegación, perpetuando así la idea de que las personas buenas deben ser mártires.

Estas configuraciones también pueden reflejar la posibilidad de convertirse involuntariamente en mártires y sensibilizar así a la opinión pública sobre los abusos y la tragedia a través de la propia victimización. Elevan la conciencia colectiva a través del sufrimiento, recordándonos que no podemos dar por sentado el amor y la seguridad y que tenemos que invertir más en promover la bondad en el mundo.

Orientación profesional o símbolos públicos:
- *Política y seguridad nacional.*
- *Industria asociada a la seguridad.*
- *Entretenimiento y hacer pública la vida privada.*
- *Trabajo social y cuidados asociados.*
- *Industria de la hotelería y gastronomía.*
- *Industria inmobiliaria.*
- *Heroísmo y martirio.*

Fase 5. Desafiar el miedo

Cuestionar las limitaciones existentes, vivir con mayor autenticidad, elegir la Verdad en lugar de la seguridad, liberar el espíritu.

En la fase desafiar el miedo, los individuos con Neptuno en la cuarta casa y configuraciones afines pueden sentir la imperiosa necesidad de trascender el estado de vulnerabilidad y optar por enfrentarse a los riesgos. En lugar de permanecer en su zona de confort y rehuir las posibles amenazas, ahora hacen el esfuerzo de superar sus miedos y enfrentarse a lo que los intimida. Una vez superados los retos iniciales, la sensación de empoderamiento puede inspirarlos a enfrentarse a mayores riesgos. A través de esta actitud, puede que quieran superar sus límites y ser más audaces, montando una moto, alistándose en el ejército, practicando deportes extremos o sumergiéndose en la selva. La atracción por el peligro y el riesgo surge de la necesidad de demostrarse a sí mismos que la vida no los sobrepasa y que son lo suficientemente fuertes como para enfrentarse a la inmensidad de la existencia.

Algunos pueden sentirse atraídos por animales peligrosos, criando serpientes u otros animales venenosos o a grandes felinos, por su fascinación hacia las destrezas de los depredadores y sus instintos asesinos. Sin embargo, al mismo tiempo, se relacionan con el lado vulnerable de estas peligrosas bestias, captando que más allá de su intimidante presencia son seres afables.

Los padres de signo Cáncer-Piscis pueden cultivar la valentía dejando de proteger a sus hijos ante cualquier amenaza, aceptando el hecho de que la vida no ofrece ninguna garantía de seguridad. La mirada se desplaza desde una actitud sobreprotectora hacia la promoción de la autonomía, la

Neptuno en Cancer/Casa 4

adaptabilidad y la fortaleza del niño. Esto debe hacerse sin negar la ternura y los estímulos, porque el niño puede acabar traumatizado si el cambio de actitud se produce de forma demasiado brusca. Es importante recordar que la necesidad personal de los padres de trascender el miedo no debe imponerse al niño; por ejemplo, presionándolo para que realice acrobacias o a que se enfrente a los retos sin apoyo.

Otros, pueden enfrentarse al miedo de ser impuros y la necesidad de ser buenos a toda costa. Las personas con estas inscripciones astrológicas suelen exagerar respecto de la propia compasión y devoción. Por lo mismo, en esta fase, pueden sentirse atrapados dentro de esta identidad tan virtuosa y sentir la necesidad de liberarse de este complejo de pureza que los mantiene siempre disponibles y amables. Con el fin de seguir su propia verdad, por primera vez se pueden permitir a sí mismos despreocuparse, cometer errores, romper promesas o arriesgarse a tener mala fama.

Estas tendencias pueden ser más pronunciadas en aquellos que se han criado en familias con un fuerte condicionamiento religioso, donde las creencias religiosas estaban fuertemente arraigadas. A estas personas les puede significar un gran desafío abandonar los ritos tradicionales o expresar emociones que antes percibían como negativas o prohibidas, como ira, rebeldía o intensidad sexual. Las mujeres aquí pueden rechazar la posición sumisa, de esposa e hija dócil y expresar su espíritu libre que pone a prueba los roles de género estereotipados.

Fase 6. Humildad y ego

Darse cuenta de las limitaciones del ego; tomar perspectiva sobre los ciclos y fuerzas más amplios de la vida.

En la fase de humildad y ego, los individuos con las inscripciones astrológicas de Cáncer-Piscis, son puestos a prueba cuando su deseo de permanecer libres y ligeros se encuentra inesperadamente con problemas personales o familiares, que los arrastran hacia circunstancias complicadas y difíciles. La enfermedad, los accidentes, la bancarrota, los problemas de salud mental u otras crisis les recuerdan la importancia del cuidado y la disponibilidad en lo emocional. Al enfrentarse a estos problemas, aprenden a reconocer y apreciar el valor de la solidaridad y el apoyo incondicional, en situaciones en que se encuentran inesperadamente dependientes de la misericordia y la buena voluntad de los demás. Son momentos para renunciar a su orgullo, perdonar, admitir haber herido a personas en el pasado, trascender los caprichos egocéntricos, renunciando también al cinismo.

El ego puede volverse modesto cuando los individuos que inicialmente se percibían a sí mismos por encima de la maldad o la corrupción son expuestos bajo una luz poco halagadora. Pueden estar totalmente convencidos de su bondad y compasión cuando la comparan con la codicia y la dureza del mundo exterior. Sin embargo, a través de varias circunstancias, debajo de la fachada de virtud va emergiendo un lado más oscuro, que les permite a estos individuos darse cuenta de que no están más allá de la crítica o incluso de la corrupción. El propósito de estas experiencias es comprender que la mayoría de las personas no son ni completamente buenas ni completamente malas; todos necesitamos tomarnos menos en serio, aceptar nuestros defectos y superar la actitud de víctima. En cierto modo, cada uno de nosotros puede encontrarse alternadamente y en distinto grado, en el lugar de víctima o en la de victimario.

Del mismo modo, la desilusión puede producirse cuando los mitos sobre la maternidad quedan al descubierto. Las mujeres pueden darse cuenta de que la experiencia del embarazo y la maternidad distan mucho de ser maravillosa, como suele difundirse culturalmente. Por ejemplo, una madre joven puede darse cuenta de que no se relaciona fácilmente con su bebé y que sus instintos maternales no son tan innatos como esperaba. La vergüenza y la confusión que pueden surgir ante estos sentimientos pueden llevar a la depresión. Sin embargo, cuando el mito se derrumba, la maternidad puede experimentarse de forma más realista, como un proceso gradual que no es automático. La nueva madre necesita darse un tiempo para lograr acostumbrarse a su nuevo rol y permitir que su amor crezca.

A medida que se disuelven los complejos de pureza y se abandona la mentalidad de víctima, las personas de la configuración Cáncer-Piscis pueden desarrollar un sentido más profundo de la compasión. Con mayor humildad, se dan cuenta de que el mundo no está dividido de forma tajante entre villanos e inocentes y que, a fin de cuentas, todo el mundo sufre y también necesita apoyo. Desarrollan así una visión más madura respecto de los problemas existenciales de la vida, brindando apoyo cuando les es posible, pero también comprendiendo la responsabilidad de todos en la materia.

Fase 7. Inocencia, desilusión y madurez en la espiritualidad

Reconocerse y alinearse conscientemente con los principios atemporales de la Verdad.

La espiritualidad puede ofrecer un hogar a las personas con Neptuno en Cáncer e inscripciones afines. Encuentran una seguridad genuina y un sentido de pertenencia dentro de una fuerza divina más amplia, que no sería posible encontrar en el mundo material. En esta fase, la identidad universal se desarrolla de manera más plena, pudiendo ir más allá de la nacionalidad o etnia e identificarse con todo lo que vive en una multiplicidad de formas. Son capaces de sintonizar con el espíritu y sentir la presencia de la madre divina, una suerte de vientre cósmico lleno de compasión y amor incondicional del cual proceden todos los seres vivos.

Por lo general, estos individuos tienden a identificarse mejor con los sistemas espirituales que se basan en los conceptos de perdón y compasión, en contraposición a los enfoques espirituales sentenciosos y temerosos que hacen hincapié en la culpa y penitencia. Esta inclinación los vincula a una esencia espiritual maternal y liderazgo espiritual matrilineal.

Durante siglos, los sistemas religiosos de todo el mundo han promovido la visión de que debemos trascender la condición humana y nuestros apegos a la materia (tiempo y espacio), para alcanzar la virtud espiritual, la iluminación, la liberación y la salvación. Desde esta perspectiva, la condición humana se considera torpe y débil y, por tanto, fácilmente corruptible. En el mundo material, las personas tienden a olvidar la suprema Verdad, al estar distraídas por sus apegos, apetitos y sentidos o la necesidad de gratificación inmediata. Aspirar hacia una conciencia espiritual más elevada, puede llevarlos a sentirse culpables debido a sus defectos y limitaciones, buscando ser más justos y virtuosos para no sucumbir a tentaciones fugaces. Pueden renunciar a apegos emocionales para sintonizar mejor con los valores espirituales del desprendimiento de sí mismo. Sin embargo, bajo esta influencia, la lección evolutiva es integrar una naturaleza amorosa y nutritiva proveniente de la esencia divina, donde la debilidad no es signo de pecado, sino de un trabajo en desarrollo. Aceptar la condición humana permite la aceptación del niño interior, la parte del ser que siempre aprenderá de los errores.

No obstante, aunque estos individuos acepten generosamente los defectos de los demás y tengan compasión, es posible verlos adoptar una actitud austera hacia sí mismos, como una forma de purificar las debilidades del ego. Pueden ver a otras personas como niños que merecen el perdón, pero se ven a sí mismos como padres espirituales que deben estar a la altura, sin fallas. En algunos casos, aceptarán ser maltratados con el objetivo de ayudar al maltratador a cambiar su forma de ser y, así, realizar un mayor potencial. Esta última es otra versión del complejo de salvador y negación de las vulnerabilidades personales, que deben ser superadas.

Hay una diferencia entre el sacrificio y el martirio, que surgen del complejo de salvador y el amor genuino por servir y dar. Estos individuos pueden preocuparse profundamente por todos, no dudan en ayudar y dar de su tiempo cuando la causa lo merece. En esta etapa de conciencia, su devoción es genuina y no consideran que dar más de sí mismos sea un sacrificio, ya que esto les da alegría.

Con mayor desarrollo espiritual y realización de la Verdad, se experimenta la unidad de manera más directa. Aumenta el amor y se manifiesta de forma natural como una mayor devoción. La experiencia de unidad es muy gratificante: se ven a sí mismos en todo y cualquier expresión temporal de separación se disuelve. Pueden desarrollar paciencia sobrenatural y lidiar con seres desequilibrados. Esa actitud los puede ayudar a disolver las amarguras más duras, incluso, de la gente corrupta. Este enfoque puede estimular la apertura del corazón en los demás y fomentar eventualmente su despertar. La pureza de su amor se vuelve contagiosa.

Debido a la pureza del alma y corazón, pueden ser bendecidos con la capacidad de percibir directamente la presencia de la madre divina. Al ser nutridos desde esta fuente universal, se llenan de un intenso amor incondicional y esto los inspira a convertirse en una fuente nutricia de la vida en el plano terrestre.

LIBERACIÓN DE LA PAZ

Perdona a Dios por los peligros del mundo y por no estar siempre protegido. Perdona a Dios por ser hijo del universo y por tener padres invisibles. Acepta que este mundo no es absolutamente seguro, que puedes ser frágil, indefenso y estar expuesto a la hostilidad o a la crueldad. Acepta que necesites depender de otras personas para apoyarte y que la gente necesitará a su vez de tu apoyo. Acepta que tienes emociones y que todo lo que ocurre en este mundo te afecta profundamente.

Afirmación: Mi vida es tuya para que confíes en ella.
Desafío: Defiéndete cuando sea necesario, sin perder la compasión.
Regalo: Poder de sanar.
Felicidad: Hermandad con todos los seres vivos.

Figuras públicas con inscripciones de Cáncer-Piscis

Rey Carlos III, *(Neptuno en la cuarta casa, Cáncer en la casa 12)*

Julia Roberts *(Neptuno en la casa 4 en cuadratura a la Luna)*

Dalai Lama XIV *(conjunción Luna-Neptuno)*

Anne Frank *(conjunción Luna-Neptuno, Cáncer en la casa 12)*

Brigitte Bardot *(Neptuno en cuadratura a la Luna)*

Elvis Presley *(Luna en Piscis y Piscis en la cúspide de la casa 4)*

Che Guevara *(Luna en Piscis en la casa 12)*

Rey Carlos III

Inscripción astrológica de relevancia: Neptuno en la cuarta casa.

Miembro de la realeza británica, primer hijo de la reina Isabel II. Su madre fue coronada cuando él tenía 5 años y en virtud de su estatus, su vida personal e infancia estuvieron fundamentalmente condicionadas por el papel público de su familia.

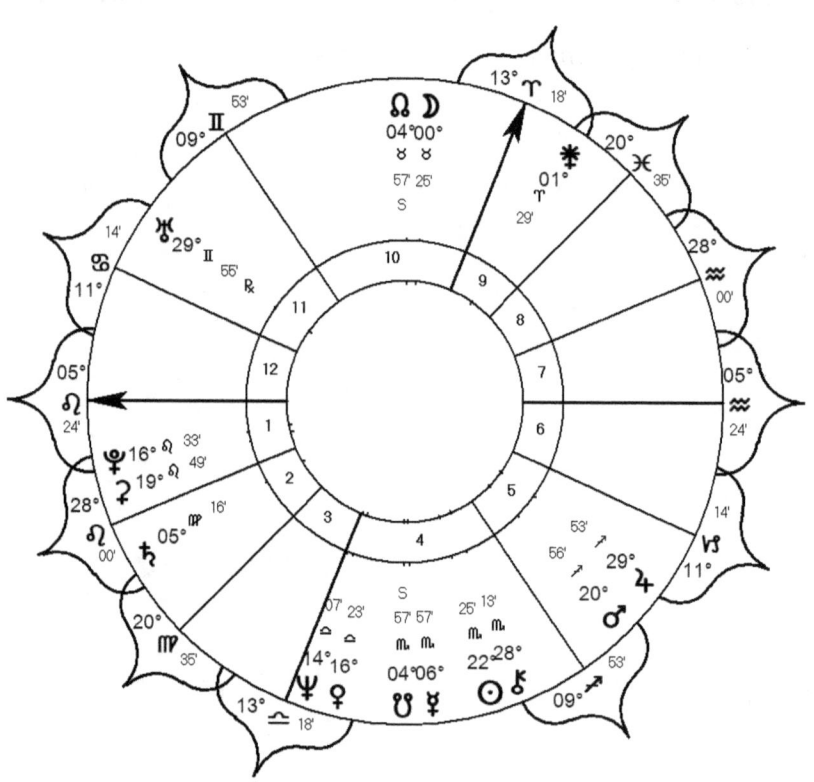

Che Guevara

Inscripción astrológica de relevancia: *Luna en Piscis en la casa 12 (regente de la casa cuatro).*

Revolucionario argentino que participó en la revolución cubana en un intento por derrocar lo que percibía como explotación y abuso capitalista de América Latina. Se radicalizó como estudiante de medicina al ser testigo de la pobreza, el hambre y las enfermedades.

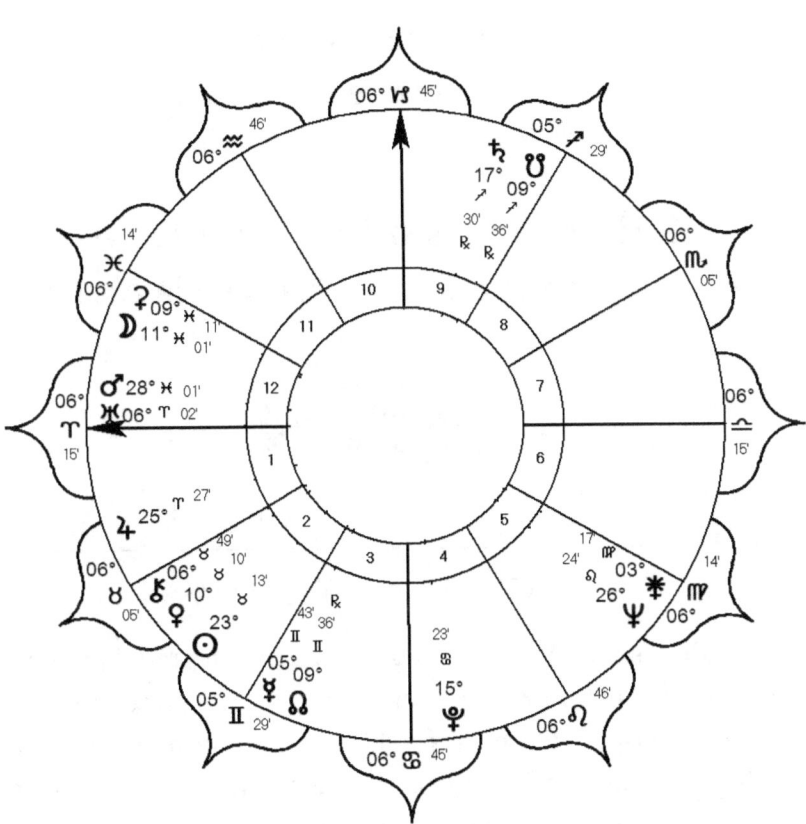

El viaje de crecimiento a través de los temas de
LEO Y PISCIS

Neptuno en Leo
o Neptuno en la casa 5

o

Neptuno en aspecto al Sol,
a planetas en Leo,
planetas en la casa 5

Sol en Piscis o Piscis en la casa 5
Leo en la casa 12 o Piscis en la casa 5

LECCIONES EVOLUTIVAS

Cuando los arquetipos de Leo y Piscis se integran, la intención evolutiva toma forma de compromiso activo para que la vida ocurra, prospere y prevalezca. El escenario de la vida es amplio y hay muchos roles que pueden desempeñarse con el fin de que continúe y se expanda la existencia. Encontrar un llamado superior, lograr responder a éste y poder desempeñar un papel acorde, sin importar lo grande o modesto que sea, dependerá del amor y cuidado que se tenga por la vida. Cuando uno está destinado a servir a la existencia más que a sí mismo, entonces aumentan de forma natural la inspiración, el sentido de la vida y el poder de manifestación.

El llamado a llevar a cabo un propósito puede llegar de forma totalmente inesperada. Las circunstancias pueden empujarlo a uno a tomar un rol, sin estar preparado. Si nos aferramos rígidamente a las metas personales, puede que no haya frutos y ello desemboque en un estancamiento vital. Este llamado se halla más allá de las preferencias personales. Tratar de controlar o imponer las propias ambiciones solo puede conducirnos a la decepción. Es necesario tener una mirada abierta y flexible y la suficiente confianza para permitir que el plan de la existencia se nos revele de forma espontánea. Navegar adecuadamente por el imprevisible camino del destino depende de que exista la intención fundamental de servir a la causa de la vida con humildad, devoción, generosidad y, a la vez, celebración. Si faltan estas cualidades, la inspiración puede agotarse y el llamado superior puede quedar desatendido.

La intención evolutiva esencial es participar de los esfuerzos creativos, de modo que la luz y la promesa de un mañana mejor se materialicen; sin embargo, una vez realizado el esfuerzo creativo, la persona no puede apropiarse de los frutos, pues son una ofrenda a la existencia. Ya sea a través de un hijo, una producción o un proyecto, la expresión creativa pertenece ahora al mundo entero, a la vida.

Lecciones evolutivas esenciales:
- Participar e invertir personalmente en la existencia para mantener la antorcha encendida, sin rehuir los roles creativos o de liderazgo que la vida nos presenta si es que éstos sirven al bien superior.

*- Desarrollar la humildad, la devoción, la generosidad y la celebración para sintonizar con el llamado del destino y responder a éste.
- Abordar la vida de forma receptiva para estimular la inspiración y la creatividad.
- Gestionar en forma cuidadosa los esfuerzos creativos; aquello que creamos no puede ser poseído, incluidos nuestros hijos: son una ofrenda a la existencia.*

Realidad atemporal

Bajo las inscripciones de Leo y Piscis, la realidad atemporal se conceptualiza como una dimensión en la que existe una inspiración continua para honrar, celebrar y llevar la existencia en general a su máxima expresión. El amor por la vida engendra devoción por todos los seres vivos; tal generosidad se manifiesta como potencia y fertilidad, es como si se bebiera de la fuente de la eterna vitalidad y juventud.

La antorcha de la vida arde como el sol resplandeciente; es interminable y abundante en su capacidad de inspirar lo creativo para un eterno mañana, haciendo que el proceso de creación sea simplemente orgásmico.

Realidad de tiempo y espacio

Con los temas de Leo y Piscis dentro de la realidad del tiempo y espacio, observamos que la vida se ve desafiada, enfrentada a contratiempos recurrentes, tanto en el desarrollo como en la continuidad; por lo que en este plano no existe la garantía de que la llama de la vida siga ardiendo. Las especies, las formas de vida e, incluso, el propio futuro pueden extinguirse. En cada giro que demos, existe el peligro de quedarnos sin recursos, de ser arrastrados por mareas en contra, de perder la chispa creativa y la fertilidad. Se necesita de un continuo esfuerzo y cuidado para mantener la llama de la vida encendida y permitir que se manifieste y mantenga la promesa del mañana.

Puede que el camino a seguir hacia la autorrealización creativa no resulte obvio. Por frustrante que sea, la verdadera vocación puede ser esquiva y tardar en revelarse. Los modelos que nos inspiran son escasos y la sensación de vacío puede llevarnos a dudar y estar dispuestos a buscar conciliación. Mientras no se aclare cuál sea la naturaleza y la dirección que debe tomar la propia vocación, puede que nuestra motivación sea escasa y que desperdiciemos esfuerzos. Es importante seguir siendo humildes, dedicados y centrados en el corazón a fin de lograr mantener la vitalidad y el flujo de la savia creativa.

En este sentido, el tema de la crianza de los hijos nos muestra que se requieren considerables ajustes y habilidades para navegar el tema. Los imprevistos pueden ser un reto para las expectativas personales y desviar al sujeto del rumbo fijado, tomando una dirección inesperada. Las crisis pueden servir, entonces, para enseñarles a los padres cuándo poner más energía y prestar más atención a la situación de sus hijos y cuándo soltar el control.

Las siete fases evolutivas

Fase 1. Inocencia en el milagro de la vida

Vivir la vida con total inocencia como si todavía se estuviera en la atemporalidad del vientre cósmico.

Con Neptuno en la casa 5 y configuraciones afines, la inocencia puede manifestarse como un sentimiento de omnipotencia. El milagro de la Creación se da por sentado, como si la fertilidad, la abundancia y la vitalidad fueran eternas. El éxito y el reconocimiento pueden llegar con facilidad y suscitar una sensación de poder incuestionable y validación, como si hubiese sido elegido por voluntad divina para dirigir un destino especial. A veces, estos individuos se sienten inspirados a encarnar un rol dramático en la vida, creyendo que es importante cumplir este papel en aras de un bien mayor. Ven oportunidades en cada momento y se involucran en cada empresa, como si el mundo dependiera de ellos para girar.

En la fase de inocencia, algunos de estos individuos esperan que los demás apoyen incondicionalmente sus causas personales y les dediquen todo su tiempo y recursos. Sin embargo, al dar por sentado el apoyo de los demás, es posible que no les correspondan los favores de vuelta, ni muestren ningún signo particular de gratitud. Por otra parte, existen otras personas con estas mismas inscripciones astrológicas que pueden estar en la otra cara de la moneda, cediendo el poder a las personas en posiciones de liderazgo sin cuestionar nada, asumiendo ingenuamente que sus causas son absolutamente legítimas y dignas. En consecuencia, siguen los mandatos de otros con una devoción ciega.

En una situación diametralmente opuesta, la inocencia puede manifestarse como una falta de motivación por vivir la vida, a veces hasta el punto de carecer de cualquier impulso creativo. Al no ser conscientes de la necesidad de contribuir y manifestarse, estas personas no ven la necesidad de emprender proyectos o iniciativas y llevan una rutina simple, sin sentido y, a menudo, desperdician totalmente sus talentos. Su sentido del yo puede ser absolutamente nebuloso, sin darse cuenta de que son capaces de aportar lo suyo.

En el otro extremo, sentirse insignificante es resultado de no sentir ninguna pasión o aprecio particular por la vida: nada ni ninguna persona tiene importancia, incluido uno mismo. Esta mentalidad puede generar abandono o ausencia de respeto. No se aprecia la vida y, por tanto, nada realmente importa.

Estas diferentes versiones pueden manifestarse también a través de visiones contrapuestas respecto a los niños. En el primer caso, pueden idealizar a los niños, viéndolos como intrínsecamente puros y portadores de buenas promesas; mientras que, en otro caso, la mirada hacia los niños es impersonal y negligente, donde no se hace ningún esfuerzo para ser un buen modelo o invertir en su desarrollo.

Fase 2. Pérdida de la inocencia

Nacer del útero cósmico en los confines del tiempo y espacio, precipitando la aparición del ego (conciencia individual).

Con las configuraciones de Leo-Piscis, las personas pueden perder su inocencia al sentirse insignificantes y, en consecuencia, tener dificultades para encontrar sentido o una dirección en sus vidas. Por ejemplo, los niños con estos signos pueden sentirse invisibles a los ojos de sus padres, ya que ellos no reconocen sus cualidades o potencial. A veces, la única atención que reciben es cuando les hacen sentir que son una carga económica o emocional. Al sentirse culpables por ocupar espacio y consumir recursos, estos niños aprenden a desaparecer de escena.

De igual modo, la falta de atención personal también puede ser producto de haber nacido dentro de una familia numerosa, con medios limitados, en la que todos los niños son criados de manera uniforme e impersonal. Los padres, a pesar de su buena voluntad, pueden no disponer del tiempo y dinero necesarios para atender las necesidades personales y fomentar el desarrollo creativo del niño. A menudo, estos niños tienen que sacrificar sus ambiciones personales con el fin de apoyar las grandes necesidades de la familia; y, aunque este ambiente comunitario puede generar sentimiento de pertenencia a una tribu, también puede que no le entregue un claro sentido de individualidad. La pérdida de la inocencia se produce de adultos, cuando se dan cuenta de que no tienen un propósito o una dirección. Al no saber lo que realmente quieren, acaban perdiendo oportunidades o siendo víctimas del aprovechamiento de otros.

Para algunos niños, la ausencia de sentido y propósito se produce porque no hay un modelo fiable en la familia. El padre puede no estar disponible física o emocionalmente o carecer de fuerza de carácter. Puede encontrarse ausente, ser poco cumplidor, pasivo o poco comunicativo. En algunos casos, el padre tiene un buen corazón, pero es demasiado simple e ingenuo como para ser un modelo a seguir. En otras circunstancias, el padre podría ser narcisista y no preocuparse por sus hijos; puede carecer de integridad y, en casos más extremos, vivir como parásitos disfuncionales, por ejemplo, abusando del alcohol o malgastando los recursos de la familia, sin dar mucho a cambio. Los niños, al crecer sin inspiración ni estímulo, pueden no ser conscientes de sus opciones en la vida y, por tanto, carecer de la confianza necesaria para manifestar su potencial.

Las personas con Neptuno en la casa 5 e inscripciones astrológicas afines, pueden perder la inocencia al no saber qué hacer con sus vidas y qué es lo que deben entregar. Puede que anhelen encontrar un sentido mayor y hacer un aporte, pero cuando llega el momento de elegir un camino, nada parece motivarlos. Puede que prueben diferentes empresas, pero que no consigan nada significativo. Puede que sus pares crezcan y encuentren satisfacción en lo que hagan y pueden, incluso, intentar igualarlos. No es raro que proyecten la insatisfacción hacia sus parejas o hacia una profesión que no logra contentarlos, porque ambos reflejan sus concesiones con la vida: las parejas y los trabajos no cumplen con sus expectativas, en comparación a "la gran vida que podrían haber tenido". Sin embargo, con la pérdida de la inocencia, aprenden una importante lección evolutiva: los grandes logros comienzan con gestos sencillos y con dedicación sincera. No pueden esperar el éxito y el reconocimiento inmediato, porque primero deben hacer su servicio con auténtica pasión y dedicación. Si realmente les interesa contribuir, entonces no les importará realizar las tareas aburridas pero necesarias para lograr objetivos superiores. Por otro lado, si están esencialmente motivados por el *glamour* del éxito, tendrán dificultades para alcanzarlo o mantenerlo.

Algunos individuos con estas configuraciones pueden experimentar el éxito instantáneo en la vida y obtener atención significativa debido a su talento o logros, pero pierden la inocencia cuando se dan cuenta de que no pueden mantener el éxito, que puede desaparecer tan rápido como llegó y crear un vacío interior. En otros casos, estos individuos pueden proceder de familias que tuvieron alguna vez prestigio, pero lo perdieron. Ahora los descendientes de "sangre azul" tienen que conformarse con una vida común y corriente; aquellos que fueron servidos hoy aprenden a servir. El recuerdo del prestigio previo se convierte en una maldición, porque todo palidece en comparación. A menudo se vuelven amargados y envidiosos de las oportunidades y del éxito de los demás, creyendo que estas personas no se lo merecen. En casos extremos, la decepción y la imposibilidad de volver a recrearse, puede llevarlos a la adicción y abuso de sustancias. Pierden la inocencia cuando se dan cuenta de que el éxito o el prestigio rápidos, no son permanentes y no pueden darse por sentados. La rueda del tiempo sigue girando y los que están en la cima pueden encontrarse inesperadamente en la base.

Esta dinámica de envidia también puede invertirse cuando los individuos con estas configuraciones son los que tienen éxito a través del esfuerzo, talento y actitud positiva, pero luego pierden su inocencia cuando se dan cuenta de que otras personas las envidian y tratan de sabotear su éxito. Se dan cuenta de que no pueden confiar fácilmente en las intenciones de la gente y aprenden a atenuar su luz para evitar atraer la atención indeseada.

En otros contextos, estos individuos pueden estar demasiado absortos en sí mismos, creyendo inocentemente que no necesitan tener en cuenta a los demás. Esperan ingenuamente que su entorno los apoye y satisfaga sus necesidades. Esta sensación de "merecimiento" puede manifestarse cuando esperan satisfacer todos sus caprichos a costa de los demás o que siempre se les perdonen sus defectos personales. Por ejemplo, un marido que se va de viaje de placer cuando su mujer está embarazada de nueve meses o una persona que abandona a su mascota para irse de vacaciones o una madre que decide dejar a su hijo para seguir a su nuevo novio. Estos individuos pierden la inocencia cuando tras comportarse en forma egoísta y desconsiderada, se encuentran con consecuencias negativas y finalmente solos en medio del fracaso.

En otras circunstancias, estos individuos pueden nacer en familias en las que los padres tienen mucho talento, éxito e incluso son aclamados públicamente y en comparación, sus propios logros parecen mediocres. Esta dinámica suele llevar a estos niños, a tratar de encontrar algún atajo que los lleve al éxito para estar a la altura de la familia. Sin embargo, tratar de imitar o complacer a los padres los desvía de su propia autenticidad y a menudo los conduce a resultados mediocres o simplemente al fracaso.

Ante los repetidos fracasos, algunos de estos individuos pueden intentar forzar o alabar a otros para obtener sus elogios y admiración; por ejemplo, exagerando los logros personales, yendo a reuniones especiales sin invitación o denigrando a los demás para elevarse. Estos comportamientos dramáticos pueden llegar a extremos ridículos cuando, por ejemplo, fingen una enfermedad o intentan suicidarse de vez en cuando para obtener atención. Sin embargo, en vez de ganarse un lugar de respeto, lo que cosechan es el ridículo o lástima.

En otro orden, la pérdida de la inocencia puede producirse por problemas de paternidad y fertilidad. A pesar del fuerte deseo de ser padres, estas personas pueden tener dificultades para concebir y lograr tener un hijo. Las razones pueden variar desde la infertilidad hasta simplemente el hecho de no tener pareja. Esto es especialmente cierto en el caso de las mujeres cuyo reloj biológico limita la fertilidad de forma más definitiva, lo que las hace darse cuenta de que no pueden dar por sentada la capacidad para ser madres. Pueden, sin embargo, superar los problemas de fertilidad mediante un tratamiento médico o haciendo ajustes en su estilo de vida, ya que los obstáculos no son necesariamente definitivos.

A la inversa, la pérdida de control con respecto a la fertilidad puede producirse cuando los hijos nacen tras embarazos no planificados u otras circunstancias inesperadas. Esta dinámica puede encajar en el escenario típico de un embarazo adolescente cuando hay poco conocimiento acerca del control de la natalidad. Un enfoque ingenuo también puede manifestarse en una actitud algo displicente respecto a tener hijos. Por ejemplo, una mujer con estas características puede dar a luz a un hijo tras otro y sentirse eufórica por su capacidad de producir hijos, pero verse, al poco tiempo, completamente abrumada por las responsabilidades de la maternidad. Si el padre o la madre no se preocupan por desarrollar el compromiso necesario para criar a un hijo desde un principio, pueden abandonar sus responsabilidades y descuidarlos.

Del mismo modo, un hombre con estas inscripciones astrológicas puede engendrar hijos en medio de romances fugaces, pero no cuidarlos ni reconocerlos económica o emocionalmente. Pierde la inocencia cuando las pruebas demuestran su paternidad y queda expuesto por haber abandonado su rol y por sus hábitos sexuales imprudentes. En otros casos, puede ocurrir que el padre quiera estar más cerca de su hijo, en contra de los deseos de la madre, quien sabotea la relación. En este caso, el padre, con esta configuración en la carta, experimenta una sensación de impotencia al intentar conseguir mayor contacto con su hijo. En otras situaciones, los niños con estas configuraciones pueden descubrir que la persona que pensaban era su padre no era su verdadero padre biológico. Este descubrimiento suele provocar una crisis de identidad y enorme confusión. Todas estas situaciones ponen de manifiesto relaciones nebulosas e inaccesibles entre padres e hijos.

Desde otro punto de vista, los padres con estas configuraciones pueden perder la inocencia al tener que enfrentarse a las preocupaciones propias del desarrollo de los hijos, como una crisis de salud o bien problemas de conducta o aprendizaje. Los hijos adolescentes pueden llegar a tener tendencias suicidas, ser víctimas de acoso escolar o ser adictos a las drogas, lo que hace que la vida de los padres se convierta en un caos. Estos problemas no solo causan una gran preocupación, sino que también provocan considerables gastos financieros y exigen sacrificios personales más radicales.

En otros casos, los padres con estas inscripciones, pueden ser excesivamente indulgentes y demasiado permisivos con la educación de sus hijos, careciendo de límites u orientación. El niño, perdido con tanta libertad y reconocimiento no ganado, puede mostrarse arrogante y volverse insolente, abusivo, dominante y, a veces, completamente fuera de control. Estas circunstancias suelen ser el resultado de una actitud ingenua en la crianza y de límites deficientes durante los primeros años de formación. Cuando la situación es extrema, los padres se ven abrumados por el comportamiento abusivo y pueden llegar a querer distanciarse del niño y generar pensamientos y acciones que naturalmente generan culpa. Aunque hay que hacer todo lo posible por mejorar la situación, la pérdida de inocencia de los padres con estas configuraciones revela que los niños no siempre son tan puros como creían en un principio, ya que tienen su propio karma personal que resolver y decisiones por delante. Lo más importante es que estas situaciones ponen de manifiesto que tener hijos no viene con un manual de instrucciones y que los padres pierden la inocencia cuando se dan cuenta de la complejidad de su papel. El niño no solo puede ser un problema para ellos, sino también una carga para la sociedad.

Fase 3. Fortalecimiento de la inmunidad

Adaptarse al tiempo y espacio, desarrollando un mecanismo de defensa, formando y solidificando el ego y reconociendo el valor del trabajo.

Después de sentirse abrumados o confundidos por las presiones internas o externas para rendir y alcanzar el éxito, los individuos con Neptuno en la casa 5 y configuraciones afines pueden anhelar simplificar sus vidas y disminuir las expectativas en esta fase. En un esfuerzo por reforzar su inmunidad, es posible que ahora busquen el anonimato para evitar ser controlados por actuaciones y elecciones. Renuncian a las ambiciones a gran escala y anhelan más anonimato para compensar la sobreexposición que sufrieron. En consecuencia, evitan el protagonismo o los papeles que los sitúan en posiciones de liderazgo. A otras personas puede costarles entender por qué rechazan las oportunidades y prefieren vivir una vida menos agitada; sin embargo, ésta es su manera de recuperar cierto control y con ello, una sensación de paz.

Lejos de las presiones del éxito, encuentran una renovada sensación de libertad. Simplificarse les permite centrarse mejor en sus verdaderos intereses y pasiones, en lugar de tratar de estar a la altura de los estándares de éxito externos. Tomarse el tiempo para sintonizar y explorar sus intereses personales puede conducirlos a su verdadera vocación, por modesta que sea. Lo más importante es que se tomen las cosas con calma y comiencen a confiar en que tienen algo significativo que ofrecer, ya que la vida tiene un propósito.

A través de este proceso de sanación, son mucho más conscientes de lo que implica el respeto. Después de haber sido humillados o tratados con indiferencia, hay una tendencia a ser susceptibles y a querer evitar que se los trate con desdén. El individuo puede ahora exigir respeto y los derechos que percibe adecuados. En una escala de mayor influencia, estas personas pueden abogar por los derechos civiles de quienes han sido oprimidos o discriminados. El esfuerzo por fortalecer la inmunidad puede aplicarse a nivel colectivo para personas, animales o cualquier entidad viva cuyos derechos y legitimidad hayan sido pasados por alto, abusados o arrebatados.

Estos individuos pueden tener recuerdos conscientes o inconscientes de sus padres pasando apuros económicos o teniendo que sacrificar sus ambiciones personales para criar a sus hijos. Como resultado, están condicionados a pensar que tener hijos es una carga y representa una dificultad. Los hijos pueden desencadenar sentimientos de impotencia, caos y preocupación. Para simplificar su vida como adultos, pueden decidir firmemente no tener hijos. Algunos pueden llegar al extremo de sentirse intimidados o desamparados ante el comportamiento y fuerte emotividad de los niños.

Después de adquirir más confianza y seguridad, puede que logren sanar la asociación negativa que tienen con los niños, validar la atención que requieren y dejar de ver esa dedicación de energía como una carga, sino como una forma de generosidad y cuidado. Algunos hasta pueden reconsiderar la posibilidad de tener o adoptar un hijo más adelante. A veces, a pesar de no querer tener niños, puede surgir un embarazo imprevisto y decidir tener al bebé. Este bebé inesperado puede aportar alegría y juego a la vida y, así, curar la ansiedad en torno a los niños. Celebrar los cumpleaños o ir a los parques de atracciones puede renovar la celebración de la vida a través de esos dulces momentos.

El fortalecimiento de la inmunidad también puede manifestarse al restablecer el papel del padre en la vida de uno. Para un hombre, esto puede traducirse en convertirse en un mejor padre, presente y atento para sus hijos; o para una mujer, encontrar una pareja que sea una figura paterna positiva para sus hijos. De este modo, también pueden sanar la relación con sus respectivos padres y relajar el resentimiento que pueda haber quedado al respecto.

Fase 4. Función pública, vocación, y fama potencial; convertirse en el instrumento de la vida

Conectarse con la conciencia colectiva; participar en el intercambio colectivo y en la dinámica de las masas.

Bajo las influencias de Neptuno en la casa 5 e inscripciones astrológicas afines, los individuos pueden desempeñar funciones públicas que son de servicio a la infancia, como maestros que ayudan a formar y mejorar el carácter de las generaciones futuras, trabajadores sociales que se dedican a mejorar las condiciones de los niños o pediatras que proporcionan atención médica. También, pueden trabajar en otro tipo de áreas que sirven a los niños, como industrias de juguetes y juegos.

Con las configuraciones de Leo-Piscis, el tema de apoyar la vida y cuidar a las generaciones futuras puede llevarlos a involucrarse en profesiones médicas, ya sea tratando a personas o animales. También es posible que un individuo salve una vida y se convierta en un héroe local, quizás rescatando a una persona que se ahoga o a través de la donación de órganos para salvar a un enfermo terminal.

Estas influencias también pueden manifestarse como un servicio público relacionado con los animales, desde servicios médicos veterinarios hasta la industria de mascotas, como peluquería o fabricación de productos. Es importante señalar que la influencia de Piscis-Leo es más específica para mascotas, mientras que Virgo se asocia más con los animales de granja o gestión de fauna.

Otra vía es la expresión creativa en cualquiera de sus formas, donde puede despertarse la identificación con un público, en áreas que van desde la actuación en industrias de cine y teatro, hasta las bellas artes y la escritura creativa. Pueden inspirar a los demás mediante la representación dramática de experiencias humanas vitales y hacerse relativamente famosos como artistas, actores, directores o intérpretes.

Otra expresión creativa puede incluir la participación en la industria del cabello, desde la peluquería, el peinado y tratamiento del pelo, como también la fabricación de productos capilares.

Las influencias de Leo-Piscis reflejan el potencial de impresionar a los demás a través de las causas personales o carácter individual, dejando una huella duradera en el público, que los elevan a posiciones de modelos o iconos culturales. Por ejemplo, algunos podrían convertirse en líderes famosos, filósofos, artistas o estrellas del espectáculo. Cualquier forma de liderazgo y expresión creativa puede impulsarlos a posiciones de gran consideración y reconocimiento masivo.

Estos individuos pueden convertirse en líderes de movimientos locales o nacionales. De este modo, se convierten en el símbolo de una ideología o de una forma de vida. Tienen la capacidad de conmover a la gente e inspirar esperanza e ideales de progreso y redención. El ascenso a la prominencia puede ocurrir de forma inesperada. Las manos del destino pueden desafiar toda la lógica y proyectar candidatos improbables a puestos de liderazgo político. En casos excepcionales, en la cima de la grandeza, la persona puede morir inesperadamente, convirtiéndose así en un mártir y, de manera póstuma, suscitar una identificación pública con su causa.

En algunos casos, el reconocimiento y la fama se saltan una generación y estos individuos terminan teniendo hijos o descendientes que se convierten en figuras públicas destacadas.

El tema del martirio también puede convertirse en un asunto público cuando los niños con estas configuraciones son víctimas de sus padres u otros adultos. En este caso, la situación de la víctima sensibiliza al público sobre estos temas. A la inversa, la persona puede obtener notoriedad porque es ella quien hace daño a los niños.

Orientación profesional o símbolos públicos:

- *Maestros de jardín de infantes y escuela.*
- *Pediatras.*
- *Industria de juegos y juguetes.*
- *Medicina (personas y animales).*
- *Industria de animales de compañía.*
- *Industria de las artes, el entretenimiento, la actuación y el espectáculo.*
- *Industria del cabello.*
- *Liderazgo en cualquier ámbito, incluido el político.*
- *Causas humanitarias.*
- *Martirio asociado a los niños.*

Fase 5. Desafiar el miedo

Cuestionar las limitaciones existentes, vivir con mayor autenticidad, elegir la Verdad en lugar de la seguridad, liberar el espíritu.

En la fase: desafiar el miedo, los individuos con Neptuno en Leo o configuraciones afines, pueden hacer a un lado las preocupaciones de seguridad, porque les han impedido seguir sus verdaderas pasiones y vocaciones más elevadas. Después de haber estado atrincherados en la rutina y seguridad de un trabajo poco inspirador, obtienen claridad y valor para dejar atrás ese estilo de vida y embarcarse en un nuevo viaje para buscar un destino con más sentido. Ahora están dispuestos a asumir el riesgo financiero, a perseguir un sueño personal, como convertirse en artista, astrólogo u otras vocaciones más significativas y emocionantes.

Los llamados inspiradores también pueden despertar vocaciones que impliquen riesgo de vida. Por ejemplo, algunas personas pueden sentirse inspiradas a trabajar en organizaciones de ayuda y rescate en países devastados por la guerra. En esta fase, los individuos eligen el sentido de vida por encima de la seguridad, aún sabiendo que las vidas pueden quedar truncadas; es el viaje del héroe.

Otros pueden desafiar los miedos con cuestiones relacionadas con los niños. Por ejemplo, algunos pueden elegir traer un hijo al mundo, sin pareja y asumir las presiones financieras y psicológicas que ello conlleva. O también pueden liberarse de las expectativas sociales o familiares y decidir no tener hijos. Esto es especialmente significativo en culturas en las que la mujer se identifica fuertemente con la maternidad. En estas culturas, puede ser vergonzoso o tabú no tener hijos, a menos que haya razones de salud. Así, al desafiar la tradición, estas mujeres deben superar el sentimiento de culpa y atreverse a afianzar su independencia.

Fase 6. Humildad y ego
Darse cuenta de las limitaciones del ego; tomar perspectiva sobre los ciclos y fuerzas más amplias de la vida.

En la fase de humildad y ego los individuos con Neptuno en Leo y configuraciones afines pueden enfrentar grandes desafíos si dan por sentado y por derecho el éxito y la fuente de inspiración. Estos sujetos pueden sentir que la inspiración y creatividad se agotan inesperadamente y que su desarrollo se frena. Lo que parecía un talento natural y regalado puede desaparecer de repente, lo que se traduce en un bajo rendimiento posterior y en la incapacidad de producir algo que resulte de calidad: un "bloqueo del escritor". Evolutivamente hablando, la experiencia del estancamiento demuestra que el ego no controla realmente su propia fuente de creatividad. En estas circunstancias, los individuos tienen que revisar sus intenciones personales y reavivar la pasión por el servicio. Estos periodos de escasez pueden prolongarse durante mucho tiempo, hasta que aprendan las lecciones de humildad y expresen gratitud en lugar de sentirse con derecho a recibir inspiración.

Por otra parte, los individuos con estas inscripciones astrológicas pueden, a través del proceso del envejecimiento, darse cuenta de los límites de su poder creativo. A pesar de tener un fuerte apetito por la vida, una rica imaginación y una creatividad fértil, ven que su vitalidad disminuye con el tiempo y pueden intentar cualquier cosa para evitar el destino normal del común de los mortales y seguir siendo relevantes. Los hombres mayores pueden intentar desafiar la mortalidad teniendo hijos con mujeres jóvenes, mientras que las mujeres pueden intentar aferrarse a su fugaz juventud recurriendo a la cirugía plástica o vistiendo extravagantes atuendos sensuales. Es importante mantener el espíritu juvenil y la creatividad, pero aceptar la naturaleza del envejecimiento forma parte del proceso de humildad.

En otros casos, la desilusión egocéntrica puede producirse cuando una figura adorada o muy respetada, como un padre, un profesor o una especie de ícono, queda expuesta por corrupción o abuso. El pedestal se desmorona y las limitaciones de idolatría se hacen evidentes. De hecho, la persona con Neptuno en la casa 5 y las inscripciones afines puede estar en ambos extremos de la ecuación, el que idolatra a otros o el que es idolatrado. La tendencia a esa adulación refleja un anhelo de encontrar un mayor sentido y heroísmo en la vida, de ahí la tendencia a proyectar esos elevados ideales en otros.

En esta fase de humildad, los padres con combinaciones Leo-Piscis pueden sentirse humillados cuando su hijo, posiblemente un niño a quien consintieron, genera una crisis o avergüenza a la familia. El hijo adorado puede desarrollar problemas de conducta, adicciones o simplemente desafiar a sus padres y vivir alienado. En casos extremos, el niño podría desarrollar problemas mentales u otras disfunciones. Los padres pueden haber asumido previamente que problemas así nunca ocurrirían en su familia y se sienten humillados cuando falló la fórmula de crianza perfecta. Estos acontecimientos también enseñan a los padres a trascender las expectativas superficiales sobre sus hijos y a comprender mejor la complejidad de la psique y las circunstancias.

La madurez enseña la lección de humildad: la verdadera grandeza tiene que ver con la nobleza de carácter y no necesariamente con los destinos fantásticos o la acumulación de trofeos. El individuo aprende a cultivar un enfoque más humilde respecto del éxito y de los logros y aprende a disfrutar de los elogios con modestia y humor. Hallándose así más relajado e integrado, sus capacidades de liderazgo se fortalecen e inspiran de forma natural a los demás; podemos ver que, a pesar de su relativa prominencia, el individuo no evitará las tareas menores cuando sea necesario.

Con una mayor conciencia y humildad, estas personas pueden demostrar una enorme generosidad y actuar desde el corazón. Pueden promover ideales de tolerancia e igualdad de derechos y condenar el favoritismo, el racismo, la esclavitud, el colonialismo o cualquier otra expresión corrupta de dominación. Pueden comprometerse con el activismo político, protestando contra aquellos líderes arrogantes o regímenes despóticos con un liderazgo fracasado y excesos de autoindulgencia.

Tanto si pueden como si no pueden biológicamente tener hijos, estos sujetos son capaces de sentirse universalmente conectados con los niños adoptar niños o dedicarse a causas para la infancia.

Los valores de respeto y dignidad con todas las formas de vida se pondrán en manifiesto en esta fase de desarrollo. Podemos encontrar a estos sujetos apoyando los derechos y el trato adecuado hacia todos los seres humanos, abogando por el trato ético de los animales y la Tierra, como organismo vivo.

Fase 7. Inocencia, desilusión y madurez en la espiritualidad

Reconocerse y alinearse conscientemente con los principios atemporales de la Verdad.

Al progresar en el reino espiritual, los individuos con Neptuno en la casa 5 y configuraciones afines, comprenden que su inspiración y sus capacidades creativas tienen su origen en la inteligencia divina dentro del reino atemporal. Sirven como canales de una reserva universal de sabiduría superior, que no poseen ni controlan, pero con la que sí logran alinearse.

Para convertirse en canales apropiados de esta fuerza creativa, el ego debe alinearse con la Verdad, que todo lo abarca y venir de un lugar de humildad, centrado en el corazón. A medida que purifican sus egos y demuestran devoción y cuidado, estos individuos se empapan naturalmente de la inspiración y fuerza que necesitan para concretar metas con sentido. Se sienten dirigidos a completar su destino de servir a la vida.

En el proceso de purificación del ego, pueden volverse muy sensibles al mal uso del poder egocéntrico, desarrollando una aversión hacia las personas que son demasiado egocéntricas, indulgentes o que buscan atención. Esta aversión suele reflejar su propia lucha personal con la alineación del ego. Este tipo de mentalidad puede generar confusión e incluso desequilibrios, ya que mientras predican la humildad y la devoción, pueden actuar como si tuvieran superioridad moral y demostrar una falsa modestia.

En algunos contextos, la aspiración por purificar el ego los lleva a tomar medidas austeras, como negarse a sí mismos el reconocimiento o la recompensa. Este enfoque ascético puede ser un intento de contrarrestar vidas pasadas de autoindulgencia y exceso. Sin embargo, a fin de cuentas, estos individuos no pueden negar su ego, porque la misma elección de vivir desinteresadamente se origina en él. Irónicamente, hay un orgullo egocéntrico en tratar de vivir más allá del ego.

Aprenden a ver su ego como un motor necesario en el proceso creativo, comprendiendo la distinción entre la necesidad de alinear el ego con la Verdad y el esfuerzo inútil que resulta intentar eliminar el ego por completo.

Cuando el ego está centrado en la Verdad, emanan espontáneamente bondad, generosidad y abundancia creativa. Irónicamente, aceptar el ego humilla el espíritu y baja al individuo del púlpito de la sabiduría. Cuando la dedicación a la vida y al valor del servicio son sinceros, el ego encuentra su rol adecuado en el proceso de la conciencia; se convierte en un canal saludable que aporta amor, valor y vitalidad.

Con las influencias de Leo-Piscis, los peligros de la autointoxicación están siempre presentes. Inicialmente, uno puede demostrar una profunda humildad, pero perder contacto con los valores más simples en el camino. Aunque potencialmente poseen una enorme sabiduría y capacidad de liderar y manifestar cosas importantes, el éxito puede engendrar delirios de grandeza espiritual. Estas influencias pueden generar sentimientos de ser los elegidos divinos que vienen a liderar o desempeñar funciones importantes. Si bien, en principio, esta vocación superior puede ser auténtica, también puede desviar al sujeto hacia complejos mesiánicos delirantes. Debido a esta vulnerabilidad, es crucial que la persona revise constantemente sus intenciones y acciones, para que sigan siendo constructivas y serviciales respecto al bien mayor.

Con una inspiración y creatividad superiores, estos individuos deben recordar que el fruto de todos sus esfuerzos pertenece a la vida misma y no puede ser de su propiedad. Es necesario renunciar al apego respecto a las creaciones personales, tal como una madre, que ha dedicado una inmensa cantidad de atención y recursos a sus hijos, debe entregarlos a la vida a su debido tiempo. Traer hijos al mundo y criarlos, es nuestro regalo más preciado a la vida, ya que sin esta inversión, la vida dejaría de existir. Este concepto se relaciona con la historia bíblica en la que Dios le dice a Abraham que sacrifique a su hijo más preciado, Isaac, como prueba de fe y humildad, simbolizando la noción de que nada nos pertenece, aunque provenga de nuestras propias entrañas. No obstante, todo el mundo merece respeto, gratitud y remuneración por cumplir con sus funciones creativas. A medida que damos amorosamente a la vida, nuestra gran recompensa pasa a ser la verdadera felicidad.

LIBERACIÓN DE LA PAZ

Perdona a Dios el hecho de que la vida pueda detenerse en cualquier momento y que debas involucrarte, actuar, liderar y crear para asegurarte de que la vida pueda continuar. Acepta el hecho de que tus enormes esfuerzos no sean de tu propiedad y que no seas poseedor de tu destino, ni de tus hijos o tus creaciones.

Afirmación: A medida que amo toda la vida, solo puedo ver la Verdad.
Desafío: Aceptar que el destino es como es.
Regalo: Poder de hacer algo a partir de la nada.
Felicidad: Simpleza de la entrega.

Figuras públicas con las configuraciones Leo-Piscis:

- *Angelina Jolie* (Neptuno en casa 5 en oposición al Sol)
- *Rudolph Steiner* (Neptuno en casa 5, Sol en Piscis. Piscis en la cúspide de la casa 5)
- *Mick Jagger* (Neptuno en la casa 5)
- *RuPaul* (Neptuno en la casa 5)
- *Madonna Ciccone* (Sol en Leo en la casa 12)
- *Frida Kahlo* (Sol en conjunción a Neptuno)
- *Elizabeth Taylor* (Sol en Piscis oposición a Neptuno)

Angelina Jolie

Inscripción astrológica de relevancia: Neptuno en casa 5 en oposición al Sol.

Actriz y cineasta estadounidense. Comenzó su carrera de niña y se convirtió en una de las mujeres mejor pagadas de la industria. Como activista humanitaria, lideró múltiples campañas y apoyó una gran cantidad de causas por los niños y santuarios de vida silvestre. Adoptó tres hijos y dio a luz a otros tres.

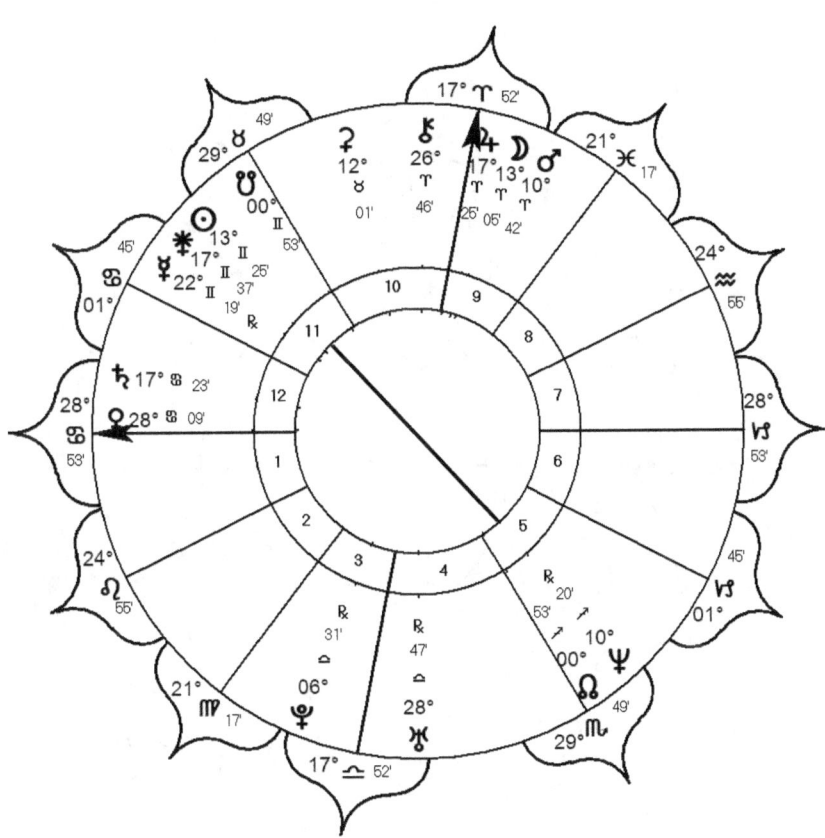

Rudolph Steiner

Inscripción astrológica de relevancia: *Neptuno en casa 5, Sol en Piscis, Piscis en la cúspide de la casa 5.*

Filósofo austriaco, reformista social y figura emblemática, fundador y líder de la sociedad antroposófica. Su amplio bagaje de conocimientos llevó a la creación de centros de arte y tecnologías, como la euritmia, la agricultura biodinámica y un sistema educativo para niños que integran hoy más de 1000 escuelas Waldorf en todo el mundo.

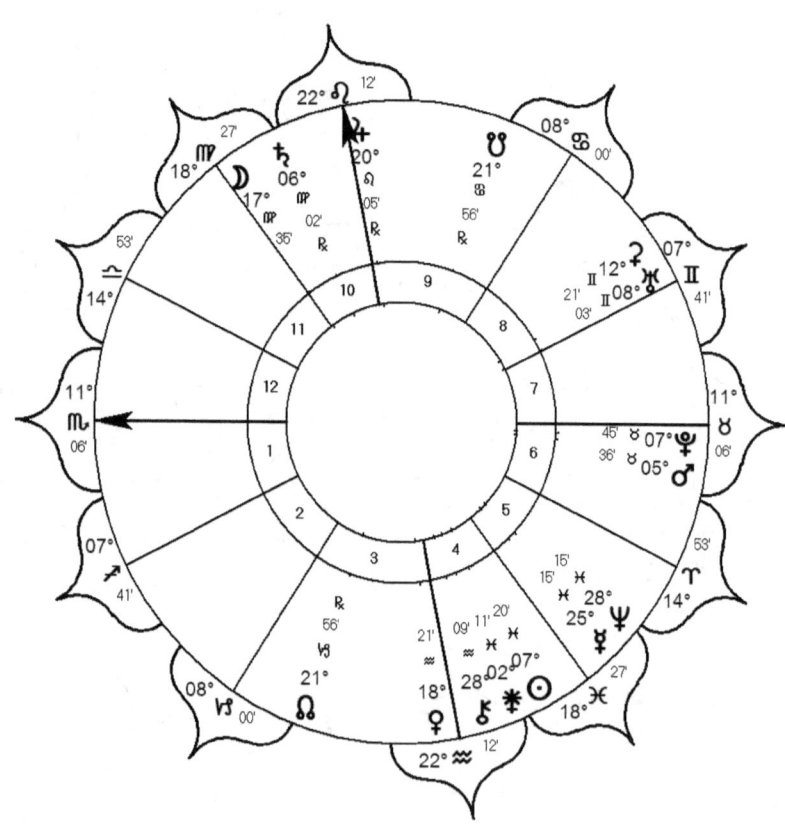

El viaje de crecimiento a través de los temas de
VIRGO Y PISCIS

Neptuno en Virgo
o Neptuno en la casa 6

o

Neptuno en aspecto a Mercurio,
a planetas en Virgo,
a planetas en la casa 6

Mercurio en Piscis o en la casa 12
Virgo en la casa 12
o Piscis en la casa 6

LECCIONES EVOLUTIVAS

Cuando se integran los arquetipos de Virgo y Piscis, la intención evolutiva es darse cuenta de que la vida no es solo para ser vivida, sino también para ser mantenida, gestionada y cuidada adecuadamente. Aunque nacemos en un mundo natural abundante que existía antes que nosotros, sin una gestión y habilidades adecuadas nos arriesgamos a la decadencia, la enfermedad y la muerte. Nos damos cuenta de que, aunque los recursos son abundantes, nada está libre de esfuerzo y trabajo en la vida. Hay que pelar las frutas, cortar las uñas y podar los árboles. Nuestra existencia es un trabajo.

Vivimos en un mundo que no comprendemos del todo; y sin embargo, debemos aprender a manejarlo eficazmente sin ningún manual de instrucciones. Cuanto más aprendamos sobre él, más eficazmente podremos utilizar los recursos y mejorar su función. Sin embargo, nos enfrentamos continuamente a fuerzas que nos superan dentro de la naturaleza y del universo y que pueden cambiar el curso de nuestras vidas de forma inesperada. Aunque nos tomen por sorpresa y sean abrumadoras, aprendemos a confiar en esas fuerzas y a comprender mejor su papel en el mecanismo de la vida. Para sobrevivir y hacer que las cosas funcionen, debemos intervenir en la configuración original de la naturaleza; sin embargo, tenemos que evaluar lo que depende y no depende de nosotros y que hay que aceptar. Un control excesivo o insuficiente en nuestra vida puede ser perjudicial. Entre el control y la entrega, aprendemos la lección de que el esfuerzo humano tiene que encontrarse a medio camino con el esfuerzo divino para que la vida funcione.

Nuestro trabajo no solo nos sirve a nosotros en lo personal, sino a toda la cadena de la actividad humana y a la propia creación, del mismo modo que un panadero debe contar con el trabajo de un agricultor que produce granos de buena calidad para poder alimentar a los clientes. Por lo tanto, una actuación y habilidades deficientes pueden tener consecuencias para nosotros mismos, para nuestros pares y entorno. Cuanto más aprendamos a perfeccionar nuestras habilidades y a mejorar nuestras prácticas de gestión, lograremos ser mejores guardianes de la vida.

Lecciones evolutivas esenciales

- *Entender que nada en la vida está libre de trabajo: todo requiere atención y trabajo.*
- *La vida no es solo para ser observada o experimentada pasivamente, sino que debemos intervenir en la configuración original de la naturaleza para utilizar adecuadamente los recursos y sobrevivir.*
- *Evitar el declive y los problemas sabiendo cuándo actuar y cuándo esperar.*
- *La salud se basa en fusionar lo espiritual con lo práctico.*
- *Encontrarse con lo divino a mitad de camino en todos y cada uno de los esfuerzos.*
- *Encontrar el equilibrio entre la necesidad de controlar y la necesidad de soltar, la necesidad de producir y la necesidad de descansar, la necesidad de intervenir y la necesidad de no interferir, la necesidad de pensamiento crítico y la necesidad de confiar.*
- *Comprender nuestra interdependencia; el trabajo de uno siempre depende a la vez de la calidad del trabajo de otro. Un desempeño defectuoso repercute en toda la cadena de servicios; por ello, es fundamental prestar un servicio de alta calidad.*
- *Entender que nuestro trabajo no solo sirve para mantener la vida, sino para desarrollarla y mejorarla.*
- *Encontrar el trabajo que nos proporciona tanto satisfacción espiritual como seguridad práctica.*

REALIDAD ATEMPORAL

Con los temas de la combinación Virgo-Piscis, la realidad atemporal se conceptualiza como una existencia perfectamente regulada en la que cada uno cumple óptimamente su función y sirve con eficiencia al conjunto. Cada componente está en su lugar correcto, en la cantidad adecuada, haciendo lo que se supone que debe hacer con eficacia. Los problemas, las disfunciones, los residuos o las enfermedades son conceptos extraños.

La interdependencia dentro de la naturaleza asegura que el trabajo de cada individuo contribuye al funcionamiento del organismo entero. En la realidad atemporal, cada uno es indefectiblemente hábil y realiza sus funciones en una coordinación eficaz con los demás y en armonía con la naturaleza. Este mecanismo de interdependencia aumenta naturalmente la potencia, belleza, abundancia y productividad de todos.

Existe un diálogo constante entre cada individuo y las fuerzas más poderosas de la naturaleza. El trabajo realizado da buenos resultados, lo suficiente para que todos vivan bien y en buena salud. La naturaleza y las fuerzas superiores de la existencia responden a nuestro esfuerzo y contribución.

Realidad de tiempo y espacio

La realidad de tiempo y espacio nos expone como humanos a la constante amenaza del caos, ya que las fuerzas superiores existentes en la naturaleza pueden ser abrumadoras y exigen un esfuerzo constante para aprender a gestionar adecuadamente los recursos naturales.

La distracción, negligencia, falta de habilidad y los errores tienen consecuencias inmediatas y pueden causar fallas, decadencia, desperdicio y quiebre de nuestra inmunidad. Nos enfrentamos diariamente a la preocupación de tener que encargarnos de nuestro cuerpo e higiene, producir y procesar alimentos o prevenir la decadencia. Cuando los recursos no se utilizan correctamente, los parásitos se abren paso, como los carroñeros que se alimentan de la carne en mal estado, que puede tener enfermedades. En otras palabras, si cuidamos adecuadamente nuestros recursos, no se malgastarán, debido a que la naturaleza sabrá recuperarlos a través de la descomposición.

En el tiempo y espacio, los recursos son limitados y siempre existe el riesgo de que se agoten. No hay descanso en lo que guarda relación con aprender a mejorar y pulir nuestras habilidades, porque las consecuencias de una mala gestión pueden ser nefastas para nuestra salud y sustentabilidad.

Además, el hecho de tener buenas habilidades no es garantía de que haya demanda para ellas. Debido a la mala gestión, las personas pueden quedarse sin trabajo y ver cómo sus habilidades se desperdician, lo que las lleva a su vez a problemas de autoestima y pobreza. Tener la oportunidad de formar parte de la cadena de empleo y ofrecer nuestros servicios es algo que no podemos dar por sentado.

LAS SIETE FASES EVOLUTIVAS

Fase 1. Inocencia en el milagro de la vida

Vivir la vida con total inocencia, como si todavía se estuviera en la atemporalidad del vientre cósmico.

Con Neptuno en la sexta casa y configuraciones afines, la inocencia se manifiesta asumiendo que la vida se regula de forma perfecta y siempre funcionará de forma fiable y productiva por sí misma, sin fallos. En esta fase, las personas pueden suponer que las cosas siempre funcionarán bien y que, si surgen problemas, se pueden solucionar fácilmente. No se comprenden las consecuencias de la negligencia, la falta de higiene o el despilfarro. Con esta mentalidad, no se hace ningún esfuerzo real para mantener o mejorar el funcionamiento, por lo que los esfuerzos de mantenimiento que se aplican son mínimos. Hay individuos que pueden disfrutar del privilegio de vivir sin preocupaciones cuando los recursos están siendo proporcionados por otros o gracias a la buena fortuna, posponiendo la búsqueda de empleo, perdiendo el tiempo en actividades de ocio o no haciendo nada en absoluto.

Esta suposición de que la existencia se regula perfectamente a sí misma puede llevar a generar grandes expectativas de excelencia e impecabilidad en todo y en todos, lo que dificulta que estos individuos soporten la aparición de peligros, accidentes o resultados mediocres. Pueden tener reacciones fuertes e irritación ante errores o estándares deficientes. El perfeccionismo también puede manifestarse glorificando la belleza física, la fuerza y la potencia como reflejo de la impecabilidad. Estas personas pueden no ser capaces de entender la enfermedad, la fealdad o la suciedad y considerarlas como errores que deben ser inmediatamente corregidos o eliminados de la vista.

A veces, estos dos enfoques opuestos existen de manera simultánea, con un perfeccionismo extremo en ciertas áreas, que contrasta con una negligencia flagrante en otras. Por ejemplo, una persona puede estar impecablemente arreglada, pero ser incapaz de levantarse a tiempo o viven con un desorden constante. El contraste entre la atención meticulosa a algunos detalles y el descuido de otros refleja la realidad interna del individuo, en la que el caos y el orden se entrelazan de forma extraña.

Desde otro punto de vista, la inocencia puede manifestarse cuando las personas asumen que sus habilidades siempre serán requeridas y que nada alterará la rutina de su empleo. De forma inocente, dan por sentado que su trabajo seguirá siendo el mismo y que el orden de la rutina establecida nunca cambiará. Esperan que todos conozcan su lugar y sigan haciendo lo que saben y hacen bien.

Fase 2. Pérdida de la inocencia

Nacer del útero cósmico en los confines del tiempo y espacio, precipitando la aparición del ego (conciencia individual).

Con los temas de la combinación de los signos Virgo-Piscis, la pérdida de la inocencia puede producirse cuando la vida está mal administrada y los recursos no se mantienen o no se cuidan, lo que produce la aparición de variadas crisis como resultado de esta constante negligencia y declive. Los individuos con estas configuraciones pueden llevar vidas disfuncionales, con problemas insignificantes o graves que se acumulan en sus vidas. La falta de higiene, el desorden constante y los continuos contratiempos logísticos sabotean su rendimiento y conducen a un mal resultado. Puede que no sean suficientemente disciplinados en sus tareas y, por tanto, ofrezcan productos y servicios con desperfectos. En el peor de los casos, pueden sufrir de enfermedades crónicas como resultado de la falta de cuidado a sí mismos. Pasan por alto algunas prácticas habituales de nuestros tiempos modernos, como apretar el botón del inodoro, mantener las cosas desinfectadas o cambiar las sábanas. Piensan que están por encima de eso, pero el caos en sus vidas se cierne constantemente, amenazando con destruir lo que tienen.

A veces, estas circunstancias son el resultado de condiciones de pobreza, con infraestructura primitiva, higiene escasa y malas condiciones de trabajo, todo lo que limita la productividad. Por ejemplo, los parásitos pueden contaminar el agua y los alimentos, causar desnutrición y enfermedades.

La salud también puede verse comprometida cuando se padecen afecciones crónicas que no siempre pueden diagnosticarse adecuadamente. Es posible que estas personas nunca se sientan plenamente integradas en su cuerpo, pero a través del malestar y del dolor, se les recuerda que tienen un cuerpo y que deben cuidarlo adecuadamente.

Los riesgos para la salud también pueden ser el resultado de la exposición a ambientes extranjeros que desafían la inmunidad de la persona; por ejemplo, un occidental que viaja a un país del tercer mundo, quien no tiene un sistema inmunológico adaptado para estar a salvo en un medio con normas de higiene más rústicas. Pierden la inocencia al no proteger su inmunidad y contraer parásitos.

Por lo general, las personas con estas configuraciones pueden perder la inocencia al enfrentar la vida sin la suficiente preparación ni medidas preventivas adecuadas. Pueden confiar en la buena suerte y no anticiparse a los problemas, como embarcarse en aventuras sin el equipo adecuado, extraviar los documentos de viaje o no llevar suficiente agua y comida. Una perspectiva caótica y una logística mal gestionada invitan a los problemas y las complicaciones. Sus vidas pueden convertirse en una serie de crisis, porque los detalles se descuidan o se gestionan mal. Pueden carecer de perspectiva y centrarse en exceso en los detalles más triviales mientras pasan por alto los importantes, dejando problemas sin resolver. Cuando estos problemas se acumulan y se vuelven inmanejables, su estrategia de afrontamiento puede consistir en dejar atrás el desorden y partir de cero en otro lugar. La inocencia se pierde cuando los problemas ya no pueden ser ignorados y los alcanza la negligencia.

Otra posibilidad es que el anhelo de orden y perfección lleve a algunos individuos a asumir demasiado trabajo, los que finalmente se desmoronan bajo interminables obligaciones. Tienden a subestimar el tiempo necesario para las tareas y, como resultado, su lista de "cosas por hacer" se vuelve irreal. Es posible que se nieguen a hacer concesiones dentro de sus actividades, ya que perciben todo como absolutamente necesario. Al intentar complacer a todo el mundo y cumplir con todos los compromisos, su rutina acaba abarrotada de interminables tareas "esenciales". Pueden acabar realizando estas tareas de forma nerviosa y desordenada, porque se les acaba el tiempo. La desorganización y la incapacidad de discriminar lo que es esencial de lo que no, los conducen a dejar muchos cabos sueltos en relación a lo esperado.

No es raro encontrar en esta fase dos tipos de enfoques y de personalidades opuestas. El primero es poco refinado, salvaje y normalmente descuidado y desprolijo, mientras que el otro es muy detallista, pedante y muy sensible al desorden y la suciedad. El primer tipo suele pasar por encima de los detalles y puede ser torpe y tosco. El segundo tipo suele ser física y psicológicamente delicado y puede tener dificultades para manejar los aspectos más toscos de la existencia. Pueden ser propensos a alergias, estar predispuestos a un sistema digestivo frágil y no gustarles la crudeza de la naturaleza, especialmente la arena o los entornos salvajes en los que no se sienten en control. Por razones opuestas, estos dos tipos pueden tener dificultades para adaptarse a su entorno e integrarse al ritmo de vida armónico. Pierden la inocencia cuando se encuentran constantemente fuera de sintonía con los demás, incapaces de sentirse cómodos en ninguna parte o de realizar tareas con facilidad.

Del mismo modo, la pérdida de inocencia puede producirse cuando la rutina establecida desde hace tiempo por una persona se ve alterada por acontecimientos imprevistos. Por ejemplo, un nuevo jefe en el trabajo puede alterar el horario laboral o las dificultades económicas pueden obligar a cambiar el estilo de vida. Estos cambios inesperados desencadenan un miedo inherente a perder el control, lo que a veces provoca ataques de pánico o estallidos de agresividad. Estas personas acaban aprendiendo que el orden no es un proceso fijo y estático. Para mantener el orden, es necesario adaptarse al cambio.

En algunos casos extremos, el miedo al desorden y al caos puede engendrar una actitud de conservadurismo puritano. Por ejemplo, pueden sentir náuseas ante la sexualidad que va más allá de la procreación, como la masturbación o la homosexualidad. Puede haber una tendencia a proyectar en otras personas el miedo a la impureza, por ejemplo, percibiendo a las mujeres liberadas como "provocadoras" o a todos los indigentes como ladrones. Esta mentalidad rígida tiene su origen en el miedo a perder el control, lo que se traduce en una necesidad de mantener todo manejable, cuidado, predecible y ordenado. Estos individuos suelen aislarse cada vez más cuando la gente no coopera con sus expectativas.

Por otro lado, la pérdida de la inocencia puede manifestarse a través del trabajo y del empleo, cuando las personas tienen dificultades para mantener sus puestos de trabajo e integrarse a la fuerza laboral. Aunque necesiten los ingresos, pueden optar por no trabajar porque prefieren mantenerse libres de espíritu.

Los intentos para encontrar trabajo pueden ser poco entusiastas, dando lugar a excusas de por qué cada trabajo no resultó ser el adecuado. Con demasiado tiempo libre y sin objetivos profesionales, malgastan su talento y energía en actividades sin sentido, navegando por Internet o por los canales de televisión durante todo el día, mientras dependen de los padres o de la asistencia social para mantenerse. Pierden la inocencia cuando, ese estilo de vida los encamina a una conducta parasitaria o cuando se les termina el apoyo financiero.

En otras circunstancias, a pesar del deseo de trabajar, las personas pueden ser víctimas de un difícil mercado laboral que les dificulta la búsqueda de trabajo. Es posible que no puedan encontrar un puesto en su área de trabajo y entren en un ciclo de frustración, humillación y aburrimiento causado por esta cesantía involuntaria. Estas presiones pueden obligarlos a aceptar un trabajo con considerables rebajas en cuanto a salario, falta de estímulos y menor rango, como es el caso de los ingenieros o médicos universitarios que acaban trabajando como cajeros de supermercado. La pérdida de la inocencia se produce cuando se dan cuenta de que tener habilidades y un título no garantiza trabajo.

El entorno laboral también puede resultar psicológica o físicamente insalubre. Por ejemplo, algunas personas pueden sentirse intimidadas y maltratadas por sus empleadores o compañeros y recibir golpes por miedo a perder su empleo. El lugar de trabajo también puede ser peligroso desde el punto de vista medioambiental y de salubridad, como ocurre con las personas que trabajan en fábricas, minas o gasolineras con exposición a ambientes tóxicos. La promesa de un puesto de trabajo y de buenos ingresos se hace a costa de su salud y seguridad. Estas situaciones ponen de manifiesto la necesidad de crear mejores condiciones de trabajo que favorezcan el bienestar de los empleados.

Fase 3. Fortalecimiento de la inmunidad

Adaptarse al tiempo y espacio, desarrollando un mecanismo de defensa, formando y solidificando el ego y reconociendo el valor del trabajo.

Con recuerdos de fallas y caos, los individuos con la combinación de los signos de Virgo-Piscis deben centrarse en tomar el control de sus vidas para establecer una mayor sensación de estabilidad, productividad y mejoras en la salud. Estos individuos deben aprender que tienen el poder de mejorar sus circunstancias y que no deben conformarse simplemente con lo que está disponible: el esfuerzo marcará la diferencia en su calidad de vida. Pueden decidir el rumbo de sus vidas y aprender a gestionar mejor su tiempo. Una vez que priorizan sus objetivos y evitan dispersar sus esfuerzos, materializan su visión, siendo más organizados y realistas sobre lo que pueden y no pueden lograr.

Tener una profesión satisfactoria contribuye a llevar una vida más sana y estable. Para algunos, conseguir cualquier trabajo es importante porque han pasado por la difícil situación del desempleo. Sin embargo, cuando sea posible, deben encontrar un trabajo que no solo les permita sobrevivir, sino que también mejore su desarrollo. Para ello, pueden volver a la escuela y mejorar su currículum.

Las consecuencias de desempleo son bien conocidas y pueden provocar ansiedad. Por lo tanto, al encontrar un trabajo, puede surgir el miedo a perderlo y convertirse en algo que lo consuma todo. Sin embargo, estas preocupaciones forman parte de esta fase evolutiva, porque es importante no dar algo por sentado, nunca más.

En otro contexto, estos individuos pueden sentirse intimidados por las críticas o el sarcasmo y, por tanto, pueden abstenerse de exponer cualquier debilidad potencial, para evitar la vergüenza. Es posible que no manejen con facilidad los detalles en su vida y que atraigan quejas constantes o consejos prácticos de todo el mundo. Por ello, tienden a mantener un perfil más bien bajo, para mantenerse a salvo de las críticas.

Administrar mejor el propio estilo de vida implica ocuparse de lo básico, como pagar las facturas, adquirir habilidades para arreglar los problemas; aprender a ensuciarse las manos cuando es necesario y dejar de procrastinar. También aprender a mejorar las medidas de higiene, mantener el cuerpo físico mediante el ejercicio y dietas más saludables. Para algunas personas, esto puede significar romper con las adicciones, ya sea por propia decisión o ayuda de programas especializados. Esta fase evolutiva se centra en realizar una revisión profunda de la propia actuación y productividad. No es raro que en esta etapa pasen de actitudes despreocupadas al otro extremo y se vuelvan excesivamente cautelosos en materia de salud y fobias a gérmenes. Sin embargo, esto forma parte de la curva de aprendizaje para establecer límites.

Por miedo a las complicaciones y a una mala administración, es posible que anhelen simplificar sus vidas para evitar mayores problemas y crisis. Es posible que desarrollen intolerancia a los cabos sueltos o a cualquier asunto inconcluso y que sientan la necesidad de resolver problemas inmediatamente por temor a complicaciones. Hacer menos cosas y dejar de lado los grandes objetivos implica que haya menos posibilidades de que aparezcan complicaciones. Mantener su estilo de vida predecible y sencillo es una forma de curar parte de sus recuerdos del caos. Del mismo modo, puede que limiten su relación con otras personas para evitar así verse arrastrados por sus problemas: se vuelven fóbicos a las dificultades.

Sin embargo, si se es realista, los problemas no siempre tienen soluciones inmediatas y pueden requerir tiempo y paciencia para manejarlos. Al principio pueden ponerse frenéticos cuando las cosas no se solucionan y mostrarse extremadamente nerviosos y compulsivos. Con el tiempo, aprenden a confiar de nuevo y a relajarse. Las prácticas de meditación, el trabajo corporal y pasar tiempo en la naturaleza pueden calmar su mente y su sistema nervioso.

A medida que se sienten más seguras y con los pies más puestos en la tierra, estas personas pueden desarrollar rutinas saludables que los mantienen concentrados y productivos. Sus habilidades emprendedoras mejoran a medida que aprenden a combinar las destrezas prácticas con la inspiración superior para producir un trabajo de calidad. Puede que también presten más atención a la estética y a la apariencia física y, de este modo, se vuelven más sofisticadas y refinadas.

Fase 4. Función pública, vocación y fama potencial; convertirse en el instrumento de la vida

Conectarse con la conciencia colectiva; participar en el intercambio colectivo y en la dinámica de las masas.

Con Neptuno en la casa 6 y configuraciones afines, las personas pueden realizar servicio público e involucrarse en el área de salud. Esta forma comprende labores en diferentes áreas que van desde lo convencional a lo alternativo y, según sea su capacidad, puede comprender trabajos de enfermero, médico, farmacéutico, naturópata o masajista.

Asimismo, estas personas pueden dedicarse a otras disciplinas que integran la unión cuerpo-mente, como yoga, tai-chi, artes marciales, aeróbica o actividad física en general. A través de estas prácticas, se promueven estilos de vida saludables a un nivel más masivo.

El interés por el uso eficiente del cuerpo físico también puede manifestarse a través de carreras vocacionales asociadas a los deportes. Pueden ser atletas superdotados, que a veces, incluso, alcanzan el nivel olímpico. Ya sea un gimnasta con un cuerpo elástico, un atleta que bate récords, un miembro de un equipo deportivo o un artista de acrobacias, estos sujetos impresionan e inspiran a las multitudes, mostrando hasta dónde es capaz de llegar el cuerpo. Participar de la industria del deporte puede implicar también ser parte de la venta de productos vinculados, convertirse en periodista deportivo o ser entrenador, a cualquier nivel.

El interés por el cuerpo y el físico puede también dirigir sus pasos hacia la industria de la belleza y el diseño. Por ejemplo, algunos de estos individuos pueden convertirse en modelos profesionales, maquilladores, estilistas, diseñadores de moda o cirujanos plásticos. De esta forma pueden representar también los estándares de belleza y perfección estética que están definidos culturalmente.

En algunos casos, las personas con estas configuraciones pueden ser irresistiblemente bellas, como si los dioses míticos les hubieran esculpido el cuerpo a la perfección. Esta belleza magnética puede ayudarlas a ser populares en el mundo del espectáculo y carreras de modelaje.

Estas configuraciones también pueden revelar influencias en las áreas donde se requieren habilidades manuales, destrezas o trabajos asociados a la reparación, como carpintería, mecánica, diseño de máquinas o mantenimiento de otros servicios públicos. Esta orientación también puede aplicarse a la ingeniería civil, como diseño, construcción o mantenimiento de infraestructuras, puentes, carreteras, represas o sistemas de alcantarillado. Además, puede aplicarse a cualquier trabajo relacionado al procesamiento de recursos naturales, como la depuración del agua, la extracción y refinamiento del petróleo y gas o tecnologías de tipo solar y eólica.

Con una mirada puesta en la salubridad y el mantenimiento, los sujetos pueden involucrarse en la industria de la limpieza, como el aseo de casas o calles, recolección de basura y procesamiento de residuos o venta de productos relacionados con estas industrias.

Estas inscripciones también pueden describir a individuos que toman conciencia sobre cómo lograr armonizar el desarrollo humano y la naturaleza, promoviendo estilos de vida más saludables, en equilibrio con el ecosistema. Pueden, por tanto, desarrollar y emplear sus habilidades en los campos de la ecología y la conservación.

La capacidad de poner orden en la naturaleza puede manifestarse a través de profesiones que implican la domesticación de lo salvaje; pueden dedicarse al adiestramiento de perros o a la domesticación y el trato de animales salvajes.

Desde otro punto de vista, estas configuraciones pueden reflejar la necesidad de generar una toma de conciencia por parte de la sociedad, sobre diversas condiciones que violan la ética en el ámbito del trabajo, incluyendo aquellas realidades extremas como la trata de personas y el trabajo forzado.

Orientación profesional o símbolos públicos
- Campos de la salud y medicina, incluyendo prácticas alopáticas y alternativas.
- Yoga, Tai-Chi, actividad física en general y cualquier disciplina que involucre la unidad cuerpo-mente.
- Cosmética, diseño, modelaje e industria de la belleza.
- Industria del deporte: atletas, entrenadores y productos deportivos.
- Ingeniería: fabricación de herramientas, maquinaria e infraestructuras.
- Maquinaria, servicios de utilidad y reparación.
- Funciones de limpieza, profesiones relacionadas con la higiene y tratamiento de residuos.
- Doma y adiestramiento de animales.
- Defensores de las prácticas laborales éticas.

Fase 5. Desafiar el miedo
Cuestionar las limitaciones existentes, vivir con mayor autenticidad, elegir la Verdad en lugar de la seguridad, liberar el espíritu.

Ante los temas de Piscis y Virgo, los individuos pueden llegar a sentir una fuerte necesidad de liberarse de los miedos relativos a la impureza, tanto en el plano físico como moral. Pueden poner a prueba su propio sistema inmunológico internándose en entornos poco higiénicos en comparación a los que habitan usualmente e, incluso, pueden buscar lo sucio, con el fin de liberarse, acercándose a la vida más salvaje. Por ejemplo, este puede ser el caso de un occidental que viaja a la India rural, monta en autobuses atestados de animales y utiliza retretes primitivos. El impulso de romper la burbuja de la pulcritud también puede manifestarse como el abandono de los cosméticos para volver a un estilo más natural y sencillo; se deshacen de sus tacones altos y otros artículos de moda que pueden resultar incómodos o de perfumes y joyas que, en este estadio, perciben como asuntos restrictivos y vanos.

La actitud general ante la suciedad puede cambiar drásticamente. El individuo puede abstenerse conscientemente de lavarse a diario o de usar desodorantes, para poder oler la piel y el sudor. También puede cambiar todo el enfoque de los residuos corporales, a veces pasando de una aversión aguda a un enfoque más relajado o incluso curioso. Esta dinámica también puede darse cuando se convierten en padres primerizos y tienen que aprender a lidiar con el cambio constante de pañales sucios o cuando trabajan en una granja y tienen que lidiar continuamente con desechos de animales.

También, los individuos con estas configuraciones pueden desafiar sus temores relacionados a cuestiones de salud. Es posible que hayan sido fóbicos a los gérmenes, preocupados por la contaminación y las enfermedades; pero ahora se dan cuenta de que el mejor refuerzo inmunológico es mantener una actitud positiva. Esterilizarlo todo acaba debilitando el sistema inmunológico. Ponen a prueba su temor, adoptando un enfoque más relajado y aventurero de la vida.

Trascender esta mentalidad puritana también puede tener un efecto liberador en la vida sexual y permitirles de este modo integrar cuerpo y espíritu. El individuo puede superar la vergüenza corporal o una mentalidad puritana para abrirse y legitimar la indulgencia y el placer sexual. Se siente más libre para hablar de sexo, expresar sus fantasías y responder a sus deseos. En casos extremos, el individuo puede contrarrestar su tendencia puritana y delicada mediante variantes del fetichismo sexual, como la salirofilia.

Las personas pueden también desafiar sus miedos cuando dan cabida a la incertidumbre en sus vidas y aceptan la pérdida de control. Pueden atreverse a dejar un trabajo insatisfactorio, a pesar de no saber cuál será el siguiente paso. De hecho, no tener un plan puede ser liberador; lo desconocido es un vacío que desafía la sensación de seguridad; pero también genera un espacio que puede ser el lugar donde todo se vuelve posible.

Los individuos, pueden verse compelidos a tomar mayores riesgos y seguir un camino que favorezca la creatividad, aún cuando no se logre mantener el mismo nivel de seguridad. Puede ser el caso de un banquero, que renuncia a la estabilidad de un sueldo regular y un plan de jubilación, para dedicarse a ser diseñador independiente.

Fase 6. Humildad y ego
Darse cuenta de las limitaciones del ego; tomar perspectiva sobre los ciclos y fuerzas más amplios de la vida.

Con Neptuno en Virgo y configuraciones afines, las personas pueden verse en la necesidad de reajustes que desafían el ego, cuando las circunstancias de la vida les disuelven la tendencia a planificar y gestionar cuestiones menores. Puede que algunos se preocupen crónicamente y sufran estrés al no lograr aceptar la incertidumbre. Cuando esta actitud es extrema, es posible que padezcan insomnio y sean propensos a problemas psicosomáticos o, incluso, a ataques de pánico. Una necesidad excesiva de control oculta una profunda falta de confianza en la vida, por lo que pueden necesitar terapia para identificar las causas profundas de sus inseguridades existenciales. Cuando la vida los sorprende con cambios e imprevistos, en realidad, se los estimula a desarrollar un punto de vista más filosófico y reconocer que hay significados subyacentes detrás de los acontecimientos. Si comprenden que hay razones espirituales por las que las cosas se desarrollan de determinada manera, pueden aprender a calmarse de forma natural y ser más receptivos al giro de los acontecimientos. La espiritualidad ofrece un contexto más amplio para comprender lo que parece ser aleatorio y perturbador en la vida. Pueden recuperar la confianza en la vida y aceptar el hecho de no tener el control.

En términos de su salud, no es raro que estas personas padezcan síntomas que la medicina convencional no puede curar o encontrar su origen, dejándolas a menudo sin un diagnóstico claro o, peor aún, con un diagnóstico erróneo. Pueden acabar viviendo con molestias o dolores físicos, mientras los problemas subyacentes afectan su calidad de vida. Una crisis de este tipo desafía su confianza en la medicina establecida y puede obligarlos a explorar terapias alternativas. Se ven presionados a ampliar su punto de vista y a considerar enfoques de curación más holísticos, que no solo aborden los síntomas, sino que tengan en cuenta la relación mente-cuerpo-emociones. Algunos, son capaces de darse cuenta de que los síntomas físicos están vinculados a sus estados emocionales o espirituales y que, por tanto, requieren cambios en su estilo de vida.

Desde otro ángulo, es posible que estas personas lleven una vida aparentemente feliz y perfecta, pero en privado deban soportar un trato humillante por parte de sus parejas o empleadores. A pesar de trabajar duro, tener buenos ingresos y ser buenos padres, nunca parecen satisfacer a sus críticos y acaban con una baja autoestima camuflada bajo apariencias halagadoras. Estas personas pueden ser muy conscientes de los ideales de perfección a los que aspiran, pero nunca parecen alcanzar esos estándares. Esto da lugar a actitudes autodenigrantes y sadomasoquistas. Aunque experimenten el éxito en sus carreras, la mentalidad de autoboicot les impide ser capaces de disfrutar de estos logros. La curación depende de adoptar una actitud de gratitud que permita el error y una visión más liviana sobre la vida.

Las experiencias de humildad pueden ocurrir cuando la persona se ve obligada a encontrar trabajo y abandonar cualquier excusa para no hacerlo. Es posible que la persona inicialmente haya disfrutado del privilegio de contar con el apoyo económico de la familia o de haber podido recurrir a los ahorros, careciendo de una presión importante para encontrar empleo. Sin embargo, un cambio de circunstancias en esta fase puede eliminar la fuente de financiamiento y forzar a la persona a adaptarse a exigencias laborales. La preocupación por no encontrar un trabajo que le sea lo suficientemente significativo puede derivar en a una falta de entusiasmo en lo profesional. Cuando la persona se hace más humilde y se reintegra a la fuerza de trabajo, puede darse cuenta de que es posible revitalizarse y estimular su creatividad. Una oportunidad de empleo que inicialmente parecía poco atractiva puede revelarse como una experiencia que finalmente empodera.

Las personas con estas configuraciones también pueden verse limitadas a nivel del ego, cuando alguien cercano a ellas se comporta de manera disfuncional, desestabilizando sus vidas. Una pareja, un padre o un hijo pueden desarrollar graves problemas de conducta, problemas de abuso de sustancias, depresión u otras debilidades. La persona disfuncional arrastra al individuo de Virgo-Piscis hacia su caos, creando preocupaciones, gastos y estrés emocional. Además de la tristeza que pueden conllevar estas situaciones, estas almas problemáticas también pueden ser muy difíciles de manejar a nivel práctico. Esta situación obliga a la persona de inscripciones Virgo-Piscis a distinguir cuáles son aquellas cosas que están bajo su control y cuáles no y con ello despertar una actitud de mayor aceptación hacia las complejidades y desviaciones de la vida.

También es posible que el individuo de configuraciones Virgo-Piscis sea el que se convierta en una persona disfuncional, tras una crisis mental. Puede que deje de ir al trabajo o de ocuparse del autocuidado y pasar de una vida productiva y saludable a una suerte de espiral descendente de abandono y caos. Estas situaciones ponen de manifiesto cómo desde condiciones estables se puede derivar a crisis o disfunción, recordándonos lo frágil e impredecible que es la vida. Este tipo de situaciones también ponen de manifiesto la necesidad de recibir apoyo, de hacer una pausa en la actividad y descansar.

Dentro de un contexto más amplio, estas influencias pueden simbolizar el triunfo de la civilización y de la cultura, de la ciencia y la tecnología, fruto de un duro trabajo de investigación y desarrollo, que finalmente triunfe sobre la barbarie, la ignorancia y los sistemas sanitarios primitivos. Algunos ejemplos de ello pueden ser la mejora global de las normas de higiene, la condena de la esclavitud, la mejora de las condiciones de trabajo o el mejoramiento en la calidad de los servicios. Sin embargo, los peligros de estos avances se ponen de manifiesto cuando la mejora de las infraestructuras y el refinamiento cultural están al servicio de fines equivocados. Los éxitos de la ingeniería y la industria engendran la engañosa creencia de que los seres humanos pueden controlar y manipular los recursos para satisfacer necesidades inmediatas, hasta el punto de sobreexplotar la naturaleza, degradándola y dejándola cada vez más estéril. El abuso de la naturaleza debilita el sistema inmunológico de todo el ecosistema. Tanto el suelo como nuestro cuerpo pueden llegar a carecer de microorganismos que resultan esenciales para el desarrollo de los procesos orgánicos.

Esta mentalidad también puede generar complejos de pureza que pueden escalar en extremo; por ejemplo, el uso radical de medidas para eliminar lo que, o quien, se considera parasitario, sucio o inútil, dando así lugar a prejuicios y a caza de brujas. Por ejemplo, el surgimiento de los nazis se produjo en los años 30, cuando Neptuno transitaba por el signo de Virgo y arbitrariamente se consideró impuro y amenazante para la sociedad a los judíos y a otras minorías. Esta época de la historia ilustra un ejemplo de cómo algunos ideales de pureza, paradójicamente, legitiman el comportamiento bárbaro.

El control y el refinamiento son parte natural del desarrollo; sin embargo, este proceso se debe abordar con humildad y con respeto por la información que nos brinda el mundo natural. Mientras más conocimiento tenemos sobre el uso de los recursos, más posibilidades tenemos de destruir la naturaleza... lo que finalmente nos lleva a nuestra propia extinción. Hay muchos componentes de la vida de los que no somos conscientes y, a veces, lo que inicialmente parece perjudicial puede tener de hecho un rol importante. Los intensos acontecimientos naturales, las bacterias y otros aspectos de la naturaleza son fundamentales para el equilibrio de la vida. Podemos ver estos contrastes, inherentes a Neptuno en Virgo, al comparar un campo agrícola cuidado por los seres humanos y la explosión de un volcán en erupción; cada uno tiene su propio lugar y propósito.

Del mismo modo, la civilización moderna debe darse cuenta de que las culturas indígenas, a menudo percibidas como primitivas, tienen una tremenda sabiduría que es inherente a su forma de vida, más sencilla. Se requiere humildad para reconocer dónde, la ciencia y la tecnología modernas, son incapaces de proporcionar las respuestas necesarias. Las configuraciones de Virgo-Piscis, en una carta, apuntan también a la necesidad de equilibrar estos dos enfoques o culturas, el enfoque analítico adoptado más comúnmente por la civilización occidental y el enfoque holístico, orientado a la naturaleza, que forma parte de las civilizaciones indígenas. Cada una de estas perspectivas expresa y hace uso, de forma distinta, de nuestra inteligencia y habilidades.

Fase 7. Inocencia, desilusión y madurez en la espiritualidad

Reconocerse y alinearse conscientemente con los principios atemporales de la Verdad.

En la fase espiritual, los individuos con Neptuno en Virgo y configuraciones afines, desarrollan una mayor conciencia respecto al mecanismo y orden superiores del universo. A medida que acceden al reino de lo atemporal, vislumbran la perfección del plan divino, en el que cada parte está perfectamente sincronizada con las demás. No hay errores ni desperdicios en el esquema cósmico de las cosas, por muy absurdo o deficiente que nos parezca dentro del tiempo y espacio. El orden superior sigue siendo misterioso, pero siempre es fiable. El caos solo existe a los ojos de quienes no pueden captar la profundidad de la vida porque, en última instancia, el universo está dentro de un orden perfecto.

Con mayor conciencia espiritual, estas personas comprenden el significado más profundo del trabajo, el que va mucho más allá de la carrera profesional. El papel del trabajo implica que nada en la vida está libre de esfuerzo y que nuestro bienestar depende del trabajo, ya sea que trabajemos en nuestras relaciones, nuestra salud o para garantizar nuestra próxima comida.

Mientras realizamos nuestro trabajo con el fin de sostener aquello que es importante para nosotros, todos los demás seres vivos hacen lo mismo; las plantas, los insectos, los pájaros, los animales marinos, los mamíferos, etc. Cada uno realiza funciones que regulan el planeta. La suma de estas actividades, interactúan con las leyes de la naturaleza ya establecidas del universo. A través de nuestros esfuerzos individuales y colectivos, nos encontramos a medio camino con lo divino, lo que permite que la vida funcione.

En el transcurso del desarrollo espiritual, puede aumentar considerablemente la brecha entre las dimensiones temporo-espacial y atemporal. A pesar de todo el esfuerzo que supone hacer que algo funcione dentro del tiempo y espacio, terminamos por comprender que las cosas materiales acabarán decayendo o muriendo; por lo tanto, el apego a cualquier elemento del reino material será inevitablemente causa de dolor. Esta toma de conciencia puede conducir a una escisión psicológica, en la que estos individuos se sienten obligados a renunciar a la dimensión material y a centrarse exclusivamente en los valores espirituales. Por ejemplo, pueden disociarse de los planos más físicos, como la sexualidad, la comida o incluso el cuidado personal. Estas prácticas austeras reflejan su fuerte necesidad de purificarse y purgar sus apegos. Por ejemplo, pueden practicar ayunos extremos o una intensa práctica de yoga, forzando constantemente sus límites físicos, como si quisieran vencer la dimensión física. Si bien estas prácticas son saludables en sí mismas, la motivación de trascender constantemente los límites físicos puede acabar provocando reacciones adversas. Al principio, puede haber una fuerte sensación de euforia por trascender la densidad de la dimensión física, pero, en algún momento también es posible que se produzcan lesiones o colapsos del sistema inmunológico. Por ejemplo, estos sujetos pueden aumentar la sensibilidad de su cuerpo, lo que los lleva a desarrollar fuertes intolerancias a muchos componentes de su entorno. Esto puede causar malestar y dolor físico continuo, como también aislamiento, dado que sus niveles de tolerancia al mundo físico disminuyen. En este ítem también puede haber intolerancia a un número creciente de tipos de alimentos y productos. Bajo estas influencias, la lección evolutiva es armonizar mejor el espíritu con la materia, en lugar de verlos como incompatibles. Es importante honrar el cuerpo como un contenedor, cuidarlo y, en general, aprender a lidiar mejor con la densidad de la dimensión física.

Cuando el cuerpo se fortalece y se alinea con la conciencia divina, los individuos en esta fase se convierten en puentes entre las fuentes de energías cósmicas y terrenas; se reponen a partir de dicha sintonía y servicio y, aunque lleguen a necesitar menos, producen más.

A medida que se sintonizan con las dimensiones más sutiles, estos individuos pueden desarrollar, de forma natural, habilidades de curación, tales como sanar dolencias movilizando energías, contacto sanador, visualización o canalización de entidades curativas. Algunos también pueden despertar un profundo conocimiento e intuición dentro de la medicina natural, trabajando con hierbas o creando elixires. También en algunas ocasiones, estas influencias pueden conducir a lo que se considera una curación milagrosa a través de la fe, la oración, la meditación y el trabajo energético.

Con un mayor desarrollo espiritual, estos individuos pueden ser capaces de viajar de un lado a otro entre los reinos material y etéreo. Su capacidad de sanación puede basarse a veces en la capacidad de ver la energía en la materia y saben que lo que parece sólido puede en realidad transformarse energéticamente. Su facultad de curar también puede aplicarse a nivel planetario, de manera que son capaces de purificar y limpiar las heridas de la Tierra para restaurar y mejorar la salud de la naturaleza.

Liberación de la paz

Perdona a Dios por deber trabajar a diario para mantener unidos los diferentes componentes de la vida. Acepta que en todo momento estás al servicio, incluso cuando duermes y tienes los ojos cerrados. Acepta que la salud no está garantizada y que tu atención constante es necesaria si quieres que las cosas funcionen. Acepta que este mundo te necesita y que no puedes olvidar eso ni un momento.

Afirmación: Todos los días trabajo para sostener la luz.
Desafío: Saber que hay un orden divino incluso cuando las cosas se derrumban.
Regalo: Poder sobrevivir a cualquier circunstancia.
Felicidad: Disfrutar las sorpresas que trae la vida.

Figuras públicas con las configuraciones Piscis-Virgo

- *Michael Jordan* (Neptuno en la casa 6)
- *Jane Fonda* (Neptuno en Virgo trino Mercurio en la casa 12)
- *Brigitte Bardot* (Neptuno en Virgo en cuadratura a la Luna en casa 6)
- *Mohandas Gandhi* (Neptuno en casa 6)
- *Dane Rudhyar* (Neptuno en casa 6 en cuadratura a Mercurio en Piscis)
- *Serge Gainsbourg* (Neptuno en la casa 6, Mercurio en Piscis)
- *Ralph Nader* (Neptuno en Virgo en oposición a Mercurio en Piscis)

Jane Fonda

Inscripción astrológica de relevancia: Neptuno en Virgo trino a Mercurio en la Casa 12.

Actriz estadounidense y gurú de la actividad física. Los vídeos de ejercicios se convirtieron en los más vendidos en su categoría. Expuso su crianza y contó que fue criada por su padre bajo los estándares de perfección en las apariencias, siendo tales necesarios para ser una persona querida.

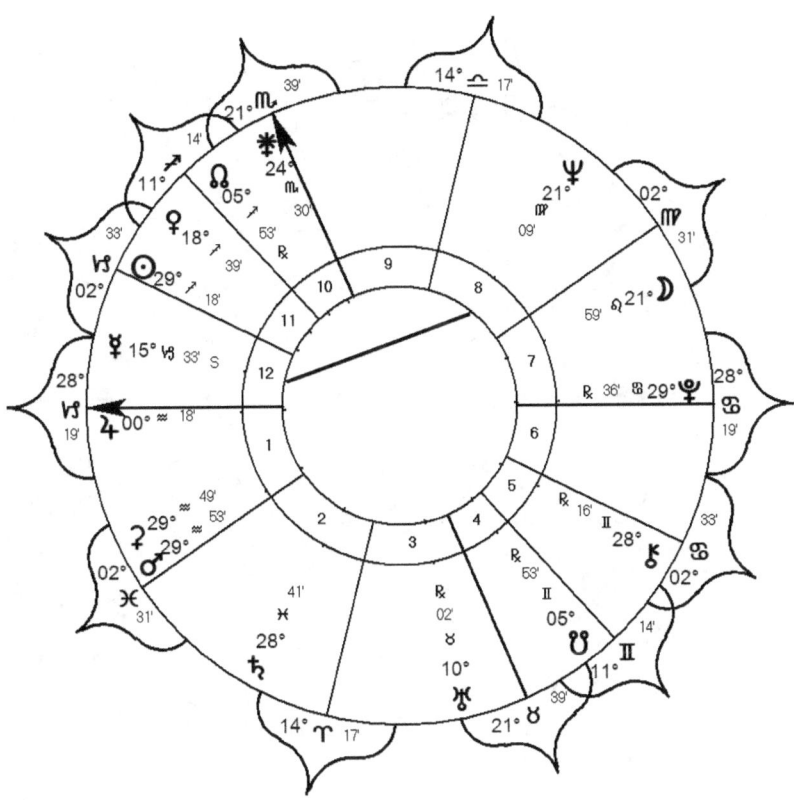

Dane Rudhyar

Inscripción astrológica de relevancia: Neptuno en la casa 6 en cuadratura a Mercurio en Piscis

Astrólogo humanista franco-estadounidense. Prolífico autor, compositor y artista. Sufrió una enfermedad renal en la infancia y los efectos de una cirugía lo dejaron discapacitado y con una deficiente agilidad física.

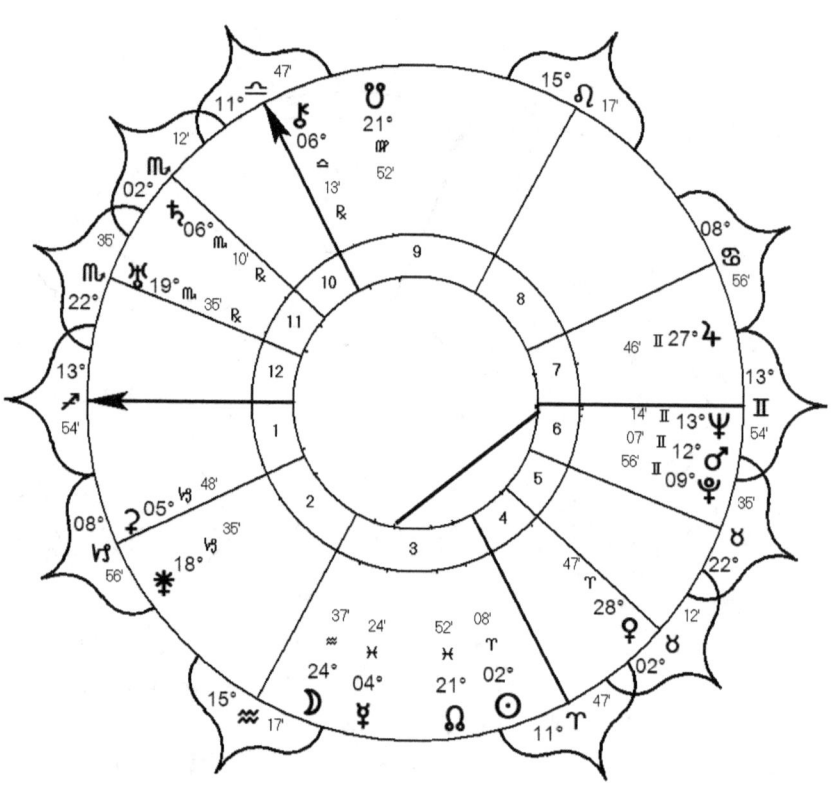

El viaje de crecimiento en los temas de
Libra y Piscis

Neptuno en Libra
o Neptuno en la casa 7

o

Neptuno en aspecto a Venus,
planetas en Libra,
y planetas en la casa 7

Venus en Piscis o en la casa 12
Libra en la casa 12 o Piscis en la casa 7

Lecciones evolutivas

Cuando los arquetipos de Libra y Piscis se integran, la intención evolutiva es darse cuenta de que la Verdad se encuentra en el equilibrio entre los polos o extremos. Un individuo no puede reproducirse solo, lo que demuestra simbólicamente lo imperativo que es conectar los opuestos para sobrevivir; el desafío sigue siendo lograr unir las polaridades en equilibrio y plenitud. Las personas con puntos de vista diferentes aprenden a superar los impulsos defensivos al ver que, a pesar de las diferencias, comparten aspiraciones comunes. Aprenden a cooperar para completarse mutuamente y fortalecerse en su unión. Por ejemplo, los hedonistas aprenden a reconocer el valor de la determinación y la disciplina y los ascetas aprenden a reconocer el valor del placer. Trascender la dualidad y la polarización nos acerca a la libertad de la Verdad.

El sentimiento de carencia interior incita el deseo por aprender acerca de los demás, comprender cómo viven sus vidas y conectar con ellos. Desde esta perspectiva, nos damos cuenta de que hay más en la vida que lo que experimentamos en nuestra infancia; salimos de lo que conocemos de nosotros mismos, de nuestra herencia familiar o de las referencias culturales, para encontrar nuevas respuestas en nuevos círculos y encuentros. Al principio, idealizamos estos nuevos elementos, perspectivas o estilos de vida que descubrimos a través de los demás, porque representan algo que nos ha faltado. De ahí encontramos una mayor sensación de satisfacción al acoger lo que los demás nos ofrecen.

No obstante, para crear relaciones saludables, primero debemos valorar quiénes somos para poder aportar algo significativo a la relación y evitar entregar todo el poder al otro. De lo contrario, parecerá que el césped del vecino siempre estará más verde y, a través de esa idealización, dejaremos que los demás se aprovechen de nosotros o generaremos otras formas similares de desequilibrio.

Una lección evolutiva importante es darse cuenta de que mientras nuestro enfoque de la vida siga anclado en la dualidad, las relaciones estarán destinadas a ofrecer solo una satisfacción temporal y el vacío acabará por emerger nuevamente. Estas lecciones implican que necesitamos acceder a dimensiones más profundas en los vínculos, donde el propósito es un beneficio mutuo. Necesitamos conectar con lo divino, la fuente suprema de la Verdad. Trascender la dualidad significa que reconocemos partes de nosotros mismos en los demás: por ejemplo, los hedonistas se ven en los ascetas y viceversa, como las dos caras de la misma moneda. Aunque seamos diferentes en nuestras personalidades, estamos unidos en nuestros valores espirituales. Aprendemos a navegar a través de las diferencias y similitudes, respetando nuestras individualidades y reconociendo que compartimos los mismos anhelos. Es un trabajo de desarrollo.

La Verdad reside en el camino del medio, uniendo los extremos. Es el ancla en que la neutralidad y el equilibrio traen paz.

Lecciones evolutivas esenciales:
- *Darse cuenta de que la Verdad se encuentra en el camino del medio, entre extremos, más allá de la dualidad.*
- *Salir del condicionamiento de la infancia para descubrir nuevas ideas, estilos de vida y perspectivas a través de los demás.*
- *Aceptar que las relaciones son necesarias, a pesar de que suponen el riesgo de resultar herido. Hay que esforzarse por establecer un "dar y recibir" que resulte equitativo, a fin de evitar desequilibrios donde una parte se aproveche de la otra.*
- *Verse a sí mismo en los demás, incluso en el enemigo, pero reconociendo el papel y el valor de los contrastes.*

Realidad atemporal

Con las configuraciones de Libra-Piscis, la realidad atemporal se concibe como una dimensión en la que prevalecen la armonía y el sentido de humanidad entre los individuos, mientras se completan mutuamente de manera óptima. El aprecio y el cuidado mutuos generan un equilibrio perfecto y proporcional. La armonía brinda paz y quietud y la Verdad absoluta se encuentra en el encuentro de todas las partes, más allá de la dualidad y de la relatividad. El individuo aprecia en forma continua las diferentes experiencias, personas e ideas, comprendiendo que la Verdad es la suma de todas las cosas.

Las relaciones y conexiones se sostienen gracias al equilibrio de fuerzas y a la proporción justa en el dar y recibir. El "yo" o el "tu" se fusionan a través del intercambio que disuelve toda separación y adversidades. Como todo y todos son valiosos, no es necesario elegir. Hay una cálida acogida que abraza a todos en todo momento.

Realidad de tiempo y espacio

Dentro de la realidad de tiempo y espacio, constatamos que no es posible estar de acuerdo con todo el mundo y estar abiertos a todo, sin dejar de atender las necesidades inmediatas dentro del contexto en el que nos encontramos. Encontrar la plenitud e incluir a los demás en nuestras vidas requiere que estemos atentos y discriminemos. De lo contrario, la confianza ciega puede llevar a que se aprovechen de nosotros o a que nos asociemos con personas o ideas que no nos son útiles realmente; las relaciones pueden volverse abusivas o engañosas, porque las intenciones de estar juntos no siempre son honestas o amistosas.

En el tiempo y el espacio, fluctuamos constantemente entre polaridades y perdemos de vista el camino del medio. Cada vez que pensamos que estamos en un lugar armonioso y sereno, donde hemos encontrado plenitud, nos damos cuenta de que, después de todo, falta algo y debemos seguir buscando el equilibrio. Podemos amar el calor del Sol, pero al rato comenzamos a anhelar temperaturas más frescas a medida que se acerca el clima de verano; la negociación del equilibrio es constante.

Aunque la necesidad de equilibrio es vital, cada posición tiene su propia lógica y resiste el punto de vista contrario. Por ejemplo, un ganadero que quiere proteger su ganado ve a los depredadores como una amenaza que hay que eliminar, mientras que un conservacionista que quiere proteger la vida salvaje busca un entorno natural que proporcione mayor libertad para los depredadores. Tanto los ganaderos como los conservacionistas sostienen una Verdad válida, pero dentro del tiempo y espacio, cada Verdad es relativa y no absoluta. La armonía es difícil de alcanzar y, antes de llegar a un acuerdo, la tensión o la adversidad conducen a debates o, incluso, a auténticas batallas. Dentro del tiempo y espacio, la armonía depende de la capacidad de ceder, en la que cada una de las partes se da cuenta de que hay más ganancia en la unidad. El granjero necesita la fauna salvaje tanto como el conservacionista a los agricultores, pero lleva tiempo llegar a ese consenso.

Además, las alianzas y relaciones que unen perspectivas opuestas pueden desmoronarse fácilmente si se altera el equilibrio de poder. Las circunstancias de una relación pueden cambiar con el tiempo y volver a provocar desacuerdos. La armonía y el equilibrio requieren un trabajo constante a fin de mantenerse.

Las siete fases evolutivas

Fase 1. Inocencia en el milagro de la vida

Vivir la vida con total inocencia como si todavía se estuviera en la atemporalidad del vientre cósmico.

Con Neptuno en la casa 7 y configuraciones afines, la inocencia se manifiesta en la convicción de que todos están naturalmente inclinados a ayudar y compartir recursos con los demás dentro de un espíritu de unidad. Estas personas conectan y se relacionan fácilmente con los demás, aprecian a todo el mundo y encuentran interesantes a los demás. Entregan su confianza con facilidad, porque creen que todo el mundo tiene buenas intenciones y mucho que aportar. No entienden las posibles adversidades, los conflictos de intereses, los enfrentamientos o los abusos. Sin embargo, cuando dejan de frecuentar a la otra persona, puede que la olviden absolutamente y den paso a nuevos encuentros. Cada momento puede parecer pleno, sin embargo, no existe el procesamiento emocional suficiente como para crear una verdadera intimidad y compromiso en las relaciones. Cuando surgen crisis en las relaciones, no saben cómo afrontarlas y pueden simplemente dejarlas y seguir adelante para buscar nuevos encuentros.

En la fase de inocencia, las relaciones pueden ser idealizadas como una respuesta que cubre todos los anhelos personales. Los ideales se proyectan en la potencial pareja, como si ésta llenara todos los vacíos y proporcionara el sentido que falta en la propia vida. El matrimonio puede verse como la clave de una felicidad duradera. Estos individuos suelen admirar la personalidad, las ideas o la vida de otras personas, a veces hasta el punto de perderse a sí mismos y adoptar la identidad de otros. Al no entender realmente los conflictos ni los límites, pueden olvidar que deben también confiar en sí mismos y protegerse.

A veces una pareja puede permanecer junta muchos años, porque nunca se cuestionaron nada y se acostumbraron pasivamente al otro. Inocentemente ignorantes de las necesidades emocionales más profundas, se adaptan, siguen superficialmente los pasos y desempeñan redundantemente el papel al que están acostumbrados. Los patrones poco sanos se mantienen igual, ya que no existe el impulso para el crecimiento. A menudo la vida pasa a ser un asunto totalmente sencillo, hasta el punto de ser aburrida y se sigue así sin cuestionamiento ni cambio. De este modo, la inocencia se manifiesta manteniéndose pasivamente siguiendo los movimientos de la relación.

Sin embargo, este enfoque pasivo puede llevar a las personas a permanecer solteras durante largos periodos de tiempo, debido a que el instinto para vincularse y formar relaciones se encuentra dormido. En la inocencia, no entienden la necesidad de crear una relación y pueden sentirse muy incómodos a la hora de coquetear y tener intimidad con otros, sintiéndose más seguros en la falta de complicación que conlleva el permanecer solteros.

Fase 2. Pérdida de la inocencia

Nacer del útero cósmico en los confines del tiempo y espacio, precipitando la aparición del ego (conciencia individual).

Con Neptuno en Libra y configuraciones afines, los individuos pueden perder su inocencia cuando se sobreexponen en las relaciones y mantienen una confianza ciega. La falta de discernimiento los lleva a involucrarse con el otro en forma rápida, saltándose las etapas necesarias que permiten construir una confianza más sólida y conocerse de verdad. En cuanto surgen fricciones en la relación y ésta ya no fluye con tanta facilidad, uno de los miembros de la pareja puede desaparecer y abandonar la relación sin previo aviso. No hay intimidad verdadera, porque la relación se construyó sobre un optimismo más simplista y, por esa razón, se disuelve con la misma facilidad que comenzó. A veces, esta forma abierta de vincularse es de tipo sexual y deriva finalmente en promiscuidad. En estos casos, los individuos gozan de los privilegios de la inocencia al vincularse sin prejuicios ni apegos; sin embargo, en paralelo a esta sensación de libertad subyace la soledad, debido a la falta de un compromiso verdadero. Pueden sentirse muy cerca de la otra persona, como si la conociera desde hace mucho tiempo y, luego, verla desaparecer y olvidarla por completo. Los individuos con estas inscripciones astrológicas pueden encontrarse en cualquiera de los dos extremos de esta dinámica; la de aquellos que se van sin dejar rastro o la de aquellos que experimentan la desaparición de sus parejas o amigos. Aunque el deseo de relacionarse pueda ser fuerte, un enfoque tan simplista e ingenuo no genera la base necesaria para que las relaciones puedan superar los desafíos iniciales, lo que lleva a que muchas relaciones se disuelvan o se vuelvan tóxicas. Las personas acaban heridas emocionalmente, por el cambio abrupto e inesperado que los hace transitar el idealismo y la decepción.

La actitud abierta y libre de complicaciones puede convertir a estos individuos en presa fácil para el abuso. La confianza inmediata y la ausencia de límites invitan, tarde o temprano, a diferentes formas de violación. No existe el esfuerzo suficiente para asegurar que cada parte entregue y reciba con satisfacción y honestidad. Pueden aprovecharse de ellos, porque dan todo de sí mismos, sin una justa reciprocidad. En casos extremos, esta apertura invita a conexiones parasitarias y a la posibilidad de ser explotados financiera y emocionalmente por la pareja. Pierden la inocencia cuando se dan cuenta de que fueron engañados y ya no son capaces de negar el abuso.

La falta de esfuerzo para cultivar y trabajar sobre las relaciones puede provenir de un comportamiento egoísta o narcisista. Uno de los dos en la relación puede desear mantener un espíritu libre y seguir los caprichos personales, mientras que la otra persona se encuentra en la posición menos glamorosa y se ocupa de los aspectos prácticos para apoyar estos caprichos. Por ejemplo, puede tratarse de un artista novato que despilfarra todo el dinero ganado por su pareja en proyectos fantasiosos y da por sentado recibir este generoso apoyo.

En otros casos, la pérdida de la inocencia se debe a que se es demasiado pasivo y se sigue ciegamente a la pareja, hasta el punto en que se encuentran en relaciones o matrimonios sin saber realmente por qué. Un miembro de la pareja lidera y el otro lo sigue sin cuestionar. Aunque ambos tengan buenas intenciones, realmente no hay nada significativo que los una: simplemente siguen al otro. Sin intimidad ni profundidad emocional, las personas pueden vivir juntas y compartir obligaciones, pero sin llegar a conocerse de verdad. Por ejemplo, puede que no conozcan la historia de la pareja o lo que realmente quieren de la vida. No hay un esfuerzo real por cultivar un intercambio más rico y la relación sigue siendo superficial, a veces durante años. Puede ser que cuando uno de los miembros de la pareja desafíe la complacencia y haga preguntas más profundas, se lo culpa por complicarlo todo, con exigencias poco razonables. La inocencia se pierde cuando esta postura pasiva conduce a emociones fuera de lugar. Los sentimientos reprimidos pueden acumularse en el tiempo y llevar a un comportamiento compensatorio, como el abuso de sustancias, explosiones emocionales repentinas o depresión. La persona puede finalmente darse cuenta de que no puede seguir ciegamente a su pareja sin preguntarse qué es lo que realmente quiere y por qué está en esta relación en primer lugar.

En circunstancias más extremas, uno de los miembros de la pareja puede dominar completamente la relación mientras el otro lo sigue, aceptando todo porque no tiene un verdadero y sólido sentido de identidad o de autoestima. Así, se establece una dinámica de amo y siervo, que puede escalar hasta el punto del amedrentamiento, abuso o incluso violencia. Es difícil saber, en este caso, si es la negación la que lleva a la violencia o la violencia la que lleva a la negación. La pareja masoquista se adapta al maltrato sin conocer otras alternativas, aferrándose normalmente al ideal de que existe un potencial en la relación y que mejorará en cuanto se arreglen los problemas actuales. Finalmente, esta inocencia se rompe traumáticamente en un clima de locura o terror.

En otras versiones, el enfoque pasivo de una relación puede conducir a una comunicación deficiente, en la que uno de los miembros de la pareja nunca comparte sus sentimientos y permanece emocionalmente inaccesible y enigmático. No hay forma de saber lo que la pareja siente de verdad, si algo realmente le importa o qué es lo que quiere. Las respuestas son vagas, los planes están siempre en el aire, nada es seguro; se espera que la relación siga fluyendo tal como es. Esta actitud de evasión mantiene todas las opciones abiertas, dado que no se toma ninguna decisión y cada respuesta se deja abierta a una posibilidad, sin compromiso con nada. Por tanto, la relación no evoluciona y se estanca.

En otras situaciones, hay personas que pueden perder la inocencia cuando no consiguen la forma de establecer una relación. A pesar de ser inteligentes, suficientemente atractivos y tener otras buenas cualidades, el terreno de las relaciones puede ser estéril. Estas circunstancias pueden generarse porque el instinto para establecer un contacto íntimo permanece latente, incluso en la edad adulta. Cual flor tardía, esta persona puede soñar despierta con un alma gemela y parejas que son perfectas, como el uno para el otro y aún así, seguir soltera. A menudo, la razón de permanecer soltera es que la persona no está verdaderamente preparada psicológicamente para vivir con alguien y entregar lo que se necesita en una relación; inconscientemente, carecen de la madurez necesaria para iniciar y mantener una relación. Cuando el esfuerzo por hacer que una relación funcione es más auténtico, las posibilidades de encontrar a alguien aumentan. Aunque la relación sea inicialmente efímera, estos individuos necesitan obtener experiencia. Este escenario no solo se aplica a los vírgenes maduros e inexpertos, sino también a los divorciados, que caen en el mismo estado de ánimo, deseando teóricamente una nueva relación, pero manteniéndose quisquillosos a la hora de perseguirla en la práctica.

La dificultad para concretar las relaciones también se da cuando hay ideales que priman por sobre lo práctico. En estos casos, los individuos pueden involucrarse con parejas que no están disponibles, como personas casadas o relaciones a distancia. Esto puede llegar hasta el punto de enamorarse de un preso o de un discapacitado grave, porque el hecho de que la pareja no sea accesible físicamente no es un factor disuasivo para ellos. Aspiran a que el amor pueda ganarle a la realidad material y, a la larga, esto se convierte en una prueba de paciencia, plagada de retos y contratiempos; por lo mismo, estos individuos pueden estar hambrientos en lo emocional y encontrarse en un permanente limbo. Pierden la inocencia cuando la relación sigue siendo físicamente inaccesible y se dan cuenta de que aferrarse al ideal ya no es suficiente.

Los ideales se proyectan en su pareja. Estos individuos prefieren proyectar sus deseos en los demás y a menudo no ven al otro por lo que realmente es, como si eso fuera irrelevante. La pareja se ve presionada a conciliar y ajustar su auténtico yo para calzar con esa fantasía, por lo que termina sintiéndose culpable si no cumple con esas expectativas. En algún momento, esta dinámica termina por generar emociones que se acumulan y estancan, provocando estallidos de rabia y contrariedad cuando la pareja idealizada se rebela contra estas proyecciones. La persona pierde la inocencia al no entender por qué la pareja, que hasta entonces era dócil, acaba enfadándose y rebelándose.

Estas configuraciones suelen describir a individuos que se identifican fuertemente con las necesidades y luchas de otros. Su adherencia a los ideales de unión, equidad y armonía los hacen muy sensibles a la injusticia y al sufrimiento. En consecuencia, pueden atraer parejas vulnerables, emocionalmente heridas, desempleadas o víctimas de la discriminación. Pueden sentirse culpables por tener privilegios en sus vidas y por solidaridad pueden tratar de adaptarse a las condiciones de la pareja herida. La persona muestra una gran compasión, asistencia y apoyo a la pareja más vulnerable, pero esta generosidad termina dándose por sentada. La presunta víctima de la vida puede arrastrar consigo al salvador, porque nunca tuvo la intención de hacer un esfuerzo de mejorar sus circunstancias personales. En lugar de ayudar a la víctima a salir de su sufrimiento, el individuo más sano es arrastrado hacia el caos y las crisis. Pierden su inocencia cuando se dan cuenta de que las víctimas comparten la responsabilidad de sus dificultades y que no pueden salvar a las personas que permanecen dentro de su mentalidad de víctimas.

Fase 3. Fortalecimiento de la inmunidad
Adaptarse al tiempo y espacio, desarrollando un mecanismo de defensa, formando y solidificando el ego y reconociendo el valor del trabajo.

Tras las experiencias de desilusión en torno a las relaciones, los individuos con las inscripciones de Libra-Piscis pueden, en esta fase, asociar la idea de pareja y matrimonio con dolor y confusión y, por lo tanto, se sienten más seguros permaneciendo solteros. Simplifican su vida evitando las relaciones con los demás y utilizando el tiempo a solas para redescubrirse y sanar. Sus recuerdos de victimización pueden hacer que se sientan amenazadas por el sexo opuesto, a veces adoptando estereotipos negativos y generalizando su ira, culpando a todos los hombres o a todas las mujeres de los problemas pasados. Algunas de ellas pueden curarse de estas heridas estableciendo relaciones con personas que no las desafíen y que sean predecibles y seguras. Aunque este tipo de relación no es necesariamente estimulante ni está orientada al crecimiento, los ayuda a tomarse las cosas con calma y a sanar la confianza rota.

Cuando estas personas entablan vínculos, pueden seguir sufriendo estrés postraumático y desarrollar miedos inconscientes a quedar atrapados en las relaciones. Se resisten a asumir cualquier compromiso, porque temen perderse en los demás y verse nuevamente en vínculos disfuncionales de los que no son capaces de salir. Si inician una relación, no pierden de vista la puerta de salida por si las cosas empeoran. Esta actitud puede atormentar a sus parejas, que buscan un mayor compromiso. El hecho de tener un pie adentro y otro afuera y no querer hacer ninguna promesa, mantiene a la relación en el limbo. Se niegan a hacer planes a largo plazo e intentan ir día a día. Existe el miedo al compromiso, como en la fase de pérdida de la inocencia, pero los motivos son diferentes. En cualquier caso, si la pareja los presiona para que se comprometan con más fuerza, es posible que entren en pánico, se cierren y finalmente escapen: el clásico escenario de novia o novio fugitivo. Poder restablecer la confianza puede tomarles bastante tiempo.

Las personas con estas configuraciones, que han transitado en el pasado por diversos tipos de relaciones desfavorables, necesitan aprender a analizar la dinámica vincular existente y desarrollar la capacidad de introspección emocional. Se dan cuenta de que es necesario un trabajo más profundo para lograr romper con los patrones de comportamiento pasivo-agresivo o con los escenarios de dominación y sumisión; toman conciencia de que las relaciones son complejas, con numerosas hebras que se tejen de forma simultánea y, por eso, las personas necesitan ser tomadas de manera consciente para poder sostener una relación saludable.

Cuando se adopta un enfoque más maduro, aprenden a relacionarse de manera más saludable y aumentan las probabilidades de encontrar una pareja que los apoye y ame. Se dan cuenta de que un enfoque más consciente marca la diferencia, por lo que dejan de confiar en el azar que los favorezca para encontrar la pareja perfecta. Y lo que es más importante, aprenden a comunicarse más eficazmente con sus parejas, tomándose el tiempo necesario para expresar adecuadamente lo que sienten en lugar de mantener las cosas vagas y superficiales. En situaciones favorables, pueden encontrar una pareja generosa y dadivosa que las salve de sus dificultades, un alma de buen corazón que les proporcione el apoyo que necesitan para superar desafíos que antes les parecían abrumadores.

La mayor conciencia en las relaciones también se puede aplicar a nivel colectivo, cuando los individuos se involucran en la tarea de resolución de conflictos y trabajan para la mediación y unificación. A medida que fortalecen su inmunidad, estas personas obtienen gradualmente la suficiente confianza para ser justos, generosos y compasivos, sin temer que se aprovechen de ellos. La bondad y la generosidad provienen, ahora, de un lugar que está más fortalecido.

Fase 4: Función pública, vocación, y fama potencial; convertirse en el instrumento de la vida

Conectarse con la conciencia colectiva; participar en el intercambio colectivo y en la dinámica de las masas.

Con Neptuno en la casa 7 y las inscripciones relacionadas, las personas pueden cumplir una función pública, a través de su participación en diversos ámbitos sociales o políticos. Por ejemplo, los ideales de cooperación internacional, comercio e intercambio cultural pueden inspirar una carrera diplomática o política. Pueden poseer las habilidades sociales y el carisma necesario para ayudar a desarrollar programas sociales progresistas, fomentar alianzas políticas y diplomáticas.

Desde el punto de vista político, suelen asumir un papel de opositor, para contrarrestar el poder del partido gobernante. Al desafiar a los que están en el poder, ayudan a mantener los ideales democráticos y a reducir la posibilidad de una dictadura.

En el papel de opositor, el individuo puede simbolizar una amenaza para el consenso, incluso, alentando movimientos revolucionarios que desafían a los monopolios. Puede llegar a formar parte del partido gobernante tras años de activismo.

En otros casos, una persona puede formar parte de una organización que critica la política exterior del país y que ofrece ayuda a las víctimas que se consideran alineadas con el enemigo. Pueden involucrarse en el activismo antibélico que, a menudo, suscita controversia pública; mientras que algunos pueden considerar estas acciones como valientes, otros las verán como una traición. La controversia es común con Neptuno en la casa 7 y las configuraciones astrológicas afines, porque cada posición adoptada puede desencadenar oposición y polaridad.

Curiosamente, estas inscripciones astrológicas también describen a individuos que se convierten en dictadores, autoridades o nacionalistas extremos, que promueven la guerra y la polarización política. La psicología de estos políticos está condicionada por un intenso temor a la oposición. De forma similar, una persona puede ser machista a nivel personal y sentirse amenazada por el género opuesto. Estos miedos pueden proyectarse a nivel colectivo y alimentar la paranoia pública. Consumidos por el miedo a la oposición, estos individuos pueden justificarse utilizando cualquier medio para mantener el control y liderazgo.

De forma más constructiva, estas inscripciones astrológicas corresponden a vocaciones de trabajo social y áreas de servicio, incluyendo mediadores o consejeros que consiguen igualar puntos de vista que parecen extremos. Pueden resolver posiciones polarizadas y fomentar la resolución de conflictos. Su capacidad de escucha y entendimiento de las posiciones de los demás puede permitirles apoyar a los clientes en sus procesos personales.

Todo el campo de la psicología y consejería es un área potencial de influencia para aquellos que poseen estas configuraciones. Si abordan estas áreas incluyendo métodos alternativos, incluiremos también a consejeros astrológicos y otras formas de prácticas afines.

La preocupación por la justicia social puede atraerlos hacia las leyes, ubicándolos en el camino de abogados que defienden a los demás. Del mismo modo, la capacidad de sopesar perspectivas opuestas con relativa neutralidad e imparcialidad podría llevarlos a ejercer como jueces o mediadores.

Otra posibilidad es que los individuos con estas configuraciones conciten el interés público como periodistas o biógrafos que presencian y documentan la vida de personajes y acontecimientos públicos, históricos o actuales. Su rol puede variar, desde el de un historiador que investiga los mitos y la influencia de personajes importantes, hasta el de un columnista de farándula, que se obsesiona con los romances y la vida social de los famosos.

Involucrados en la vida pública de los demás, los individuos con la inscripción de Libra-Piscis también pueden convertirse en agentes, publicistas o abogados de personajes públicos.

Los individuos con estas configuraciones pueden, curiosamente, verse expuestos a través de su relación romántica o profesional con una figura pública. Cuando se casan con alguien reconocido, la relación puede exigirles enormes sacrificios asociados al alto perfil de la carrera de su pareja y a los deberes públicos que la acompañan, pues esto suele eclipsar las necesidades más personales e íntimas, al punto a veces de hacer que la relación sea más virtual y pública que real.

De forma menos glamorosa, la atención pública puede suscitarse cuando un individuo con estas inscripciones astrológicas se convierte en víctima de violencia conyugal, violación o asesinato. Al igual que los que tienen Neptuno en la casa 1 y configuraciones afines, una persona con Neptuno en la casa 7 e inscripciones similares puede ser una esposa o esposo mártir y convertirse en un símbolo trágico y público de la guerra entre los sexos. Del mismo modo, podría ser el agresor que comete este tipo de crímenes.

Orientación profesional o símbolos públicos
- *Diplomáticos y políticos.*
- *Consultores, mediadores, psicólogos, astrólogos y quienes ofrecen algún tipo de asesoramiento.*
- *Jueces, abogados y aquellos relacionados con la justicia.*
- *Periodistas, biógrafos e historiadores.*
- *Gerentes, publicistas y agentes.*
- *Cónyuges de personajes públicos.*
- *Víctimas asociadas a conflictos vinculares.*

Fase 5. Desafiar el miedo
Cuestionar las limitaciones existentes, vivir con mayor autenticidad, elegir la Verdad en lugar de la seguridad, liberar el espíritu.

En la fase de desafío de los miedos, los individuos con Neptuno en la casa 7 y signos afines pueden encontrar el valor necesario para abandonar una relación disfuncional y aceptar la incertidumbre de la vida como persona soltera. Muchos obstáculos prácticos pueden retrasar una separación necesaria, como dependencia financiera o necesidades de niños pequeños, pero una crisis de pareja podría intensificarse hasta el punto de que el miedo a la separación se disuelva y se tome una acción radical. Por ejemplo, podría tratarse de una mujer que sacrifica su educación para apoyar la carrera de su marido y, tras divorciarse de él, se enfrenta al mundo sin un sistema de apoyo para salir adelante por sí misma. En casos más extremos, la persona tiene que desafiar el miedo a las reacciones violentas de su pareja, sabiendo que pone su vida en riesgo al dejar una relación abusiva.

En otros casos, la persona puede desafiar sus temores al entablar relaciones prohibidas que generan controversia en la familia o comunidad. Puede tratarse de un escenario del tipo Romeo y Julieta, donde se enamora de alguien de un clan o grupo étnico rival, como un israelí que se enamora de un palestino. O bien, un individuo que se atreve a mantener una relación homosexual o interracial, en un medio en el que esto no es aceptado, quizás, incluso, demonizado. También, puede ser una persona que se enamora de otro con discapacidad y encuentra la valentía para superar los obstáculos de dicha relación. Estas relaciones controversiales ponen a prueba la fuerza del amor y requieren de un enorme valor.

En esta fase, el individuo puede llegar a estar maduro psicológicamente como para desafiar los condicionamientos sociales, ya sean sistemas de casta, brechas socioeconómicas o dogmas religiosos o como para tomar decisiones personales más auténticas en sus relaciones. Pueden encontrar un significado más profundo si hay suficiente amor para eludir las probables lluvias de críticas; sin embargo, en algunos casos, el antagonismo persistente de los demás puede llegar a ser demasiado opresivo y sabotear las posibilidades de prevalencia del el amor controvertido.

Bajo estas influencias, la atracción por los opuestos se acentúa fuertemente, porque existe una inclinación natural a explorar diferentes formas de vida. Algunas personas bajo estas inscripciones pueden sentirse atraídas por una variedad de experiencias, como quien prueba diferentes tipos de zapatos. Libra se relaciona con el otro lado y cuando este arquetipo se integra con Piscis, puede inspirar un impulso de experimentar con diferentes gamas de realidad y estilos de vida radicalmente diferentes a los suyos. Por ejemplo, podría tratarse de una persona que se convierte a una religión foránea o de un astrónomo que se interesa mucho por la astrología. La persona se atreve a cruzar una frontera que separa su identidad de la de los demás y adopta una posición opuesta a la de su educación y condicionamiento, desafiando el miedo que está relacionado con estos cambios de identidad.

Fase 6. Humildad y ego

Darse cuenta de las limitaciones del ego; tomar perspectiva sobre los ciclos y fuerzas más grandes de la vida.

En la fase de humildad y ego, los individuos con inscripciones astrológicas de Libra-Piscis pueden entrar en contacto con sus vulnerabilidades emocionales más profundas cuando experimentan una pérdida de control en la dinámica de la relación. Por ejemplo, su pareja puede atravesar una crisis de salud o quedar discapacitada, lo que los lleva a sacrificarse y poner a prueba su compromiso con la relación. En otros casos, la pareja puede abusar de sustancias y complicar la convivencia. A pesar del deseo de ser solidario, la persona puede llegar a un punto en el que no puede hacer nada por su pareja y separarse se convierte en la opción más sensata. Las personas pueden verse expuestas a cambios imprevisibles en la dinámica de su relación y enfrentarse a decisiones difíciles, como tener que decidir si trascienden la comodidad personal y permanecen en la relación o la dejan ir porque son incapaces de cambiar la situación disfuncional. Se vuelven más humildes por el cambio de circunstancias y la incapacidad para recuperar el control.

Otras circunstancias de humildad pueden ocurrir cuando una relación monógama se fisura y está teñida de infidelidades. Los individuos con estos signos o sus parejas, pueden no ser capaces de permanecer comprometidos con una sola persona y podrían actuar de forma deshonesta al respecto. Ven las cualidades positivas de los demás y pueden crear naturalmente interacciones íntimas con la gente, algunas de las cuales llegan a ser románticas. Pero a menudo estas relaciones responden a la oportunidad y son de carácter superficial, provocando drama y dolor para todas las partes. Al quererlo todo, pueden acabar perdiéndolo todo cuando su deshonestidad queda al descubierto.

En otras circunstancias, estas relaciones extramatrimoniales pueden ser genuinamente emocionales y significativas y la persona se encuentra en la posición de amar a más de una persona al mismo tiempo. Este tipo de circunstancias dificultan la decisión entre honrar estos sentimientos o reprimirlos estoicamente. Deben cuestionarse en forma honesta y preguntarse si estas relaciones mejoran genuinamente el propósito del alma o si, en cambio, sabotean la oportunidad de una conexión más profunda. La lección importante es ser honesto consigo mismo y con su pareja y asumir la responsabilidad de estas situaciones.

Del mismo modo, los individuos con estas inscripciones astrológicas pueden sentirse impotentes cuando su pareja decide abrir la relación y buscar otra experiencia romántica. Se dan cuenta de que no son dueños de su pareja y que no pueden exigir su compromiso. Mientras algunos pueden decidir separarse, otros pueden darse cuenta de que tampoco están preparados para tomar decisiones radicales. Estas configuraciones pueden mostrar una lección de paciencia y trascendencia en torno a los vínculos. A veces, ambas partes se sienten cómodas al abrir la relación, con el suficiente respeto hacia el otro y pueden conseguir mantener la intimidad y el amor mutuo. Aprenden a dejar de lado la posesividad y a confiar en el proceso en cuestión. Estas situaciones requieren de una gran madurez porque, tarde o temprano, surgirán inseguridades emocionales que desafiarán la apertura de la relación.

En otros casos, las relaciones pueden dar un giro inesperado y desafiar las ideas personales sobre cómo deberían ser las relaciones. Por ejemplo, un individuo con estas características puede enamorarse de una persona casada, aunque siempre haya condenado esta posibilidad. Cuando se ven atrapados por estos sentimientos, ya no pueden seguir siendo falsos y se dan cuenta de que la vida y las relaciones no se ajustan a moldes rígidos. Sus ideales iniciales se enfrentan a circunstancias más complejas y ambiguas y lo que es bueno o malo ya no es tan evidente.

En diferentes escenarios, estas configuraciones pueden describir a personas que tienen una personalidad diplomática muy desarrollada, que nunca dejan de ser políticamente correctas, con tacto y consideración hacia todas las partes. Siempre son justos y se aseguran de no ofender a nadie. Sin embargo, esta postura puede camuflar una reticencia a adoptar una posición que transparente principios. Al intentar darle la razón a todo el mundo, se arriesgan a perder su autenticidad y a menudo se pierden dentro de sus propias justificaciones teóricas. En última instancia, acaban ofendiendo a los demás al darse cuenta de que su conformidad traiciona principios y valores fundamentales, lo que los lleva a reflexionar sobre su comportamiento.

Estas configuraciones también pueden apuntar a fuertes valores e ideales de igualdad social. Estos individuos pueden ser fuertemente antibelicistas, simpatizar con los refugiados y no tolerar la violencia ni la agresión. Suelen criticar duramente las políticas nacionalistas de su propio país, a la vez que se muestran comprensivos con adversarios y víctimas. Aunque se trata de virtudes nobles, pueden volverse humildes cuando, a pesar de sus ideales de no violencia, se enfrentan a situaciones en sus propias vidas que requieren una acción agresiva y firme para salvarse a sí mismos o a sus seres queridos. Puede que tengan que recurrir a pelear a puñetazos o a otras formas de confrontación intensa, dándose cuenta de que la mediación no siempre es una solución posible al conflicto.

Es fácil que las personas con estos signos se identifiquen con los que parecen ser las víctimas, culpando sistemáticamente al bando con mayor poder, pero a menudo sin profundizar lo suficiente en las complejidades del conflicto existente. En algún momento, puede resultar obvio que las víctimas pueden ser igualmente responsables de los problemas y de la actual injusticia.

Fase 7. Inocencia, desilusión y madurez en la espiritualidad

Reconocerse y alinearse conscientemente con los principios atemporales de la Verdad.

En la fase espiritual, las personas con Neptuno en la casa 7 y configuraciones afines pueden tener una visión de unidad y paz colectivas entre diferentes culturas, razas y naciones que trasciende las limitaciones del tiempo y espacio. El aprecio por las personas y su naturaleza diversa disuelve la competencia y la adversidad y refuerza un profundo sentido de cuidado, amor y tolerancia hacia la multiplicidad de la vida. El tira y afloja que sostiene la dualidad pierde ahora su fuerza, y se le da mayor relevancia al camino del medio que permita encontrar un equilibrio universal; en esta fase, se hace evidente que todos tienen un lugar en el diseño más amplio de la creación. Alineándose con los principios supremos de la Verdad, se canaliza la sabiduría espiritual para ir en ayuda de los demás y sanar las heridas producto de los quiebres.

En un nivel más personal, los individuos en esta fase pueden anhelar ser capaces de crear relaciones fundadas en valores espirituales más profundos, como la generosidad, la tolerancia y el crecimiento, renunciando a los apegos, a las emociones transitorias y a la atracción por las apariencias físicas. Puede existir un ideal espiritual para encontrar el alma gemela definitiva, una pareja divinamente compatible, la supuesta alma gemela con la que compartir un vínculo de verdadera química y amor duradero; sin embargo, el ideal de alma gemela viene acompañado de muchas trampas. Pueden enamorarse del concepto de esa unión espiritual más que de la pareja real, proyectando su visión en lugar de ver a la pareja por lo que realmente es. Cuando aquellos felices pajarillos enamorados se encuentran a sí mismos en furiosas peleas de gallos y cuando la relación muestra sus limitaciones, podrían seguir negando la gravedad de los problemas, basados en la suposición de que la relación cumple con designios divinos y, por lo tanto, las almas gemelas deben estar juntas para siempre. Como resultado, pueden elegir soportar dinámicas disfuncionales y justificar las tensiones como una prueba espiritual, todo ello en un intento de mantener este ideal de alma gemela. La lección evolutiva es evitar etiquetas en las relaciones en términos espiritualmente artificiales y permitir que se muestre a sí misma en el tiempo, de manera orgánica. Cuando renuncian a su apego por hallar un alma gemela, puede ser que finalmente encuentren una relación verdaderamente satisfactoria, sencilla, auténtica y no cargada de pesadas etiquetas y expectativas.

En otro tipo de contexto, puede desarrollarse una fuerte conexión espiritual entre dos personas profundamente devotas y centradas en el corazón. Puede que se genere un fuerte vínculo y que confíen y se amen incondicionalmente, pero puede que la relación no se materialice en los niveles románticos y sexuales. La calidad espiritual de estas relaciones puede no estar necesariamente integrada dentro de la dimensión del tiempo y espacio y, como resultado, las brechas como la edad, la distancia física u otras circunstancias prácticas pueden impedir una total conexión física. No obstante, el amor, el significado, la química y el crecimiento les afectan profundamente, tanto si se encuentran físicamente juntos o separados o si la relación está o no sexualizada.

Del mismo modo, cuando se sigue una vocación espiritual y se dedica la vida a la Verdad superior y al servicio, las relaciones personales pueden no ser prioritarias y estas personas pueden permanecer solteras o en relaciones platónicas la mayor parte de su vida. Esto no significa que necesariamente hagan un voto de celibato, sino simplemente que las circunstancias pueden no llevarlos a establecer relaciones duraderas. Su dedicación hacia una vocación superior y a causas más colectivas los lleva a focalizarse psicológicamente en ello, en desmedro de las relaciones más íntimas. Ya sea que se trate de una elección consciente o de circunstancias que los llevan a aquello, finalmente su matrimonio es con el espíritu.

La devoción de espíritu puede ser notablemente fuerte en esta fase, ya que estos individuos poseen naturalmente una forma de ser inclusiva y compasiva. Pueden brindar el servicio de comprender las motivaciones internas de otras personas y de tener la sabiduría natural para encontrar el equilibrio. En su progreso espiritual, son capaces de alinear aún más sus percepciones con el camino medio entre los opuestos, dándose cuenta de que nada está realmente mal en el esquema más amplio de las cosas, porque todo es un fragmento de la Verdad. Encuentran un lugar neutro en el que pueden abrazar las polaridades de forma natural y sin conflicto. La capacidad de seguir el camino del medio solo es posible cuando la persona es capaz de trascender las circunstancias inmediatas del tiempo y espacio y comprender la naturaleza holística de la existencia.

Sin embargo, cuando se alcanza la sabiduría del camino del medio, aún queda el desafío de tener que seguir viviendo entre los fragmentos y la dualidad. A pesar de saber que todo es, en última instancia, Uno y que la dualidad es, en cierto modo, una ilusión óptica, porque no existe una división real, el individuo debe saber cómo navegar por los extremos del tiempo y espacio y tomar decisiones cuando la vida lo requiera: cuándo luchar y cuándo negociar o cuándo conectarse y cuándo separarse; sin embargo, en esta etapa, estas elecciones ya no tienen que ver con las preferencias o apegos personales, sino con habitar un lugar de neutralidad y tener la claridad para comprender lo que la Verdad requiere en cada momento.

LIBERACIÓN DE LA PAZ

Perdona a Dios por el hecho de que la vida esté fragmentada en infinitos elementos polarizados entre sí, creando tensiones, discusiones y oposiciones. Perdona a Dios por el hecho de que las personas hayan sido creadas de forma diferente y tengan orientaciones vitales, necesidades y deseos distintos, que a menudo entran en conflicto con otros. Acepta que la armonía es un trabajo en desarrollo y que para crear relaciones uno debe arriesgarse a sufrir. Acepta que nada garantiza que esas relaciones duren tanto como se desea.

Afirmación: Veo la Verdad donde menos se la espera.
Desafío: Reconocer que no todos tienen buenas intenciones.
Regalo: Poder de desarmar
Felicidad: Entregar felicidad a otros.

Figuras públicas con las configuraciones Piscis-Libra

- **Edward Snowden** *(Neptuno en Casa 7)*
- **Bill Clinton** *(Neptuno en Libra en conjunción a Venus)*
- **Camilla Parker Bowles** *(Neptuno en Libra en cuadratura a Venus en la Casa 12)*
- **Rey Carlos III** *(Neptuno en Libra en conjunción a Venus)*
- **Ilona Staller – Ciccolina** *(Neptuno en Libra en conjunción con Venus en la Casa 12)*
- **Anton Lavey** *(Neptuno en la Casa 7)*
- **Bobbi Kristina Brown** *(Neptuno en la Casa 7 en cuadratura a Venus)*

Edward Snowden

Inscripción astrológica de relevancia: *Neptuno en casa 7.*

Ex empleado de la CIA que filtró información clasificada, sacando a la luz el programa de vigilancia mundial. Figura muy controvertida. Fue considerado por algunos como un héroe y por otros como un traidor.

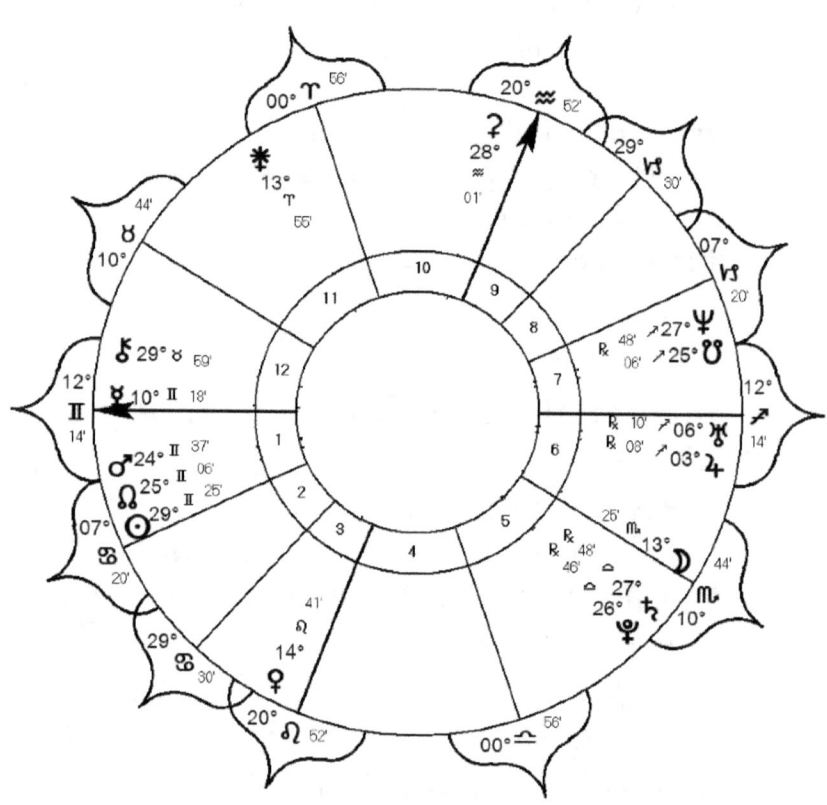

Bill Clinton

Inscripción astrológica de relevancia: *Neptuno en Libra en conjunción a Venus.*

Ex presidente de los EE. UU. Figura carismática, a quien su mediático romance con la becaria de la Casa Blanca, Mónica Lewinsky, lo hizo caer en desgracia y ser parte de un proceso de acusación política. Presuntamente mujeriego, con algunos reclamos a cuesta por acoso sexual. Jugó un papel decisivo durante su mandato en el tratado de paz entre dos enemigos acérrimos: Israel y Jordania.

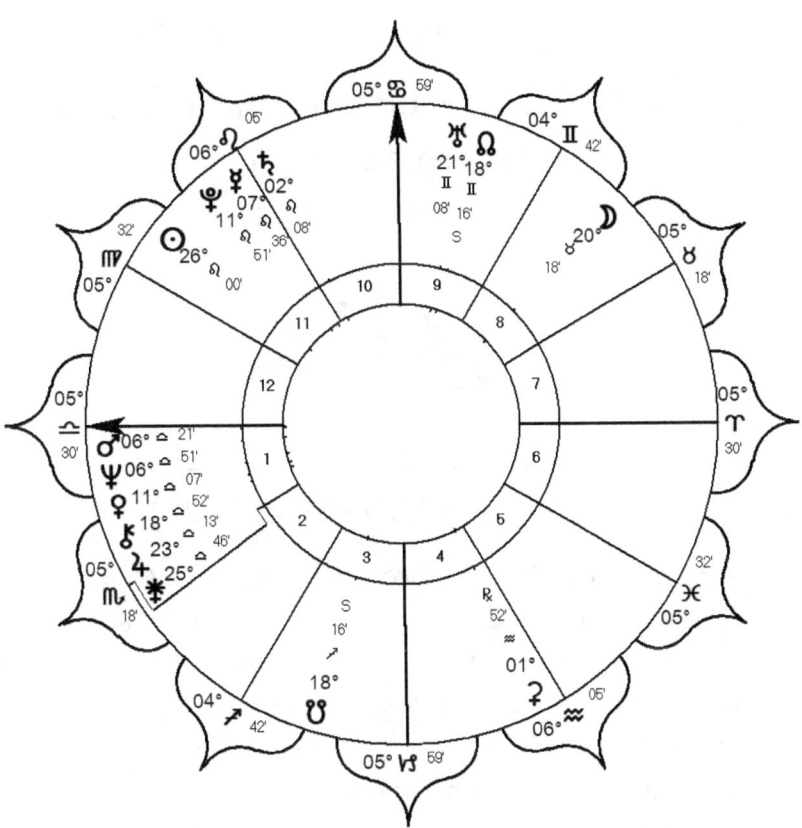

El viaje de crecimiento en los temas de
Escorpio y Piscis

Neptuno en Escorpio o Neptuno en la casa 8

o

Neptuno en aspecto a Plutón, a planetas en Escorpio, a planetas en la Casa 8

Plutón en Piscis o en la Casa 12

Escorpio en la Casa 12
o Piscis en la Casa 8

Lecciones evolutivas

Cuando los arquetipos de Escorpio y Piscis se integran, una de las lecciones evolutivas consistirá en cómo lograr que la vida sea una experiencia empoderada. Bajo estas influencias, no es raro pasar por experiencias muy polares: encontramos en un extremo la sensación de sentirse poderoso e incluso invencible, elevado y apoyado incondicionalmente por las corrientes de la vida, para luego pasar a sentirse derrotado, como si uno estuviese ahogado en las mismas corrientes. Estas fluctuaciones de extremo a extremo traen consigo profundas preguntas existenciales, como por ejemplo, ¿cómo puedo fluctuar entre sentirme bendecido a sentirme maldito? ¿Por qué el dolor y por qué yo? La intención evolutiva es profundizar y transformar la relación con la vida y comprender que, aunque las crisis sean difíciles, no significa que el universo no tenga sentido o nos haya abandonado.

Para sanar, debemos aceptar que no somos dioses, ni invencibles y que enfrentar situaciones como la muerte, la desilusión, el abandono, el dolor y las pruebas emocionales nos ayuda a ser humildes y nos recuerda que no estamos libres de la evolución y del trabajo con la sombra que conlleva. Irónicamente, nos fortalece aceptar los límites de nuestro poder y también nuestras derrotas ocasionales, pues solo así es que finalmente logramos aceptar nuestra condición, nuestra mortalidad, la Verdad.

Estos momentos de debilidad, derrota y dolor a veces conducen a un comportamiento compensatorio y a actitudes más osadas, como desafiar al miedo y enfrentarse a la muerte buscando el peligro. Al desafiar a Dios o al universo, se intenta recuperar el poder.

Por el contrario, cuando se es víctima o se es derrotado, puede surgir la desesperación, a veces al punto de renunciar completamente a la vida y pensar en el suicidio. Estas reacciones intensas de amor y odio por la vida, reflejan una lucha de poder con ella; sin embargo, la sanación puede encontrarse cuando reevaluamos aquello que constituye el verdadero poder, la incansable capacidad de transformar la oscuridad en luz.

Otra lección evolutiva consiste en aprender que el poder puede aumentar si se comparten e intercambian recursos. Al comerciar y formar alianzas, los recursos pueden combinarse y circular, permitiendo que todos los implicados se fortalezcan.

Para que las alianzas tengan éxito, hay que poner a prueba las lecciones sobre la confianza y el valor de la solidaridad. Aunque el riesgo de decepción siempre está presente en cualquier forma de coalición, el hecho de tener objetivos comunes y necesitarnos los unos a los otros puede conducir a experiencias transformadoras por las que aprendemos a superar las diferencias y adversidades y a convertir a los rivales en aliados, del mismo modo que podemos transformar la oscuridad en luz.

Lecciones evolutivas esenciales
- Hacer de la vida una experiencia de empoderamiento.
- Dejar de lado los complejos de invencibilidad: aceptar la mortalidad y el reto de la evolución con el riesgo de sufrir.
- Aceptar que incluso cuando evolucionamos y adquirimos sabiduría espiritual, no estamos completamente libres de dolor y eso no significa que Dios o la vida nos fallen.
- Comprender y gestionar los desafíos emocionales: aprender en qué vale la pena detenerse y qué es lo que hay que dejar de lado.
- Evitar la posible tentación de obtener poder a través de la manipulación.
- Potenciarse a través de la devoción y dedicación a causas superiores. Generar oportunidades y riqueza para uno mismo y para los demás.
- Aportar luz donde hay oscuridad.
- Sanar las heridas en torno a la confianza a través de la perspectiva espiritual y aprender a crear alianzas positivas.

Realidad atemporal

Con los temas de Escorpio-Piscis, la realidad atemporal es concebida como una dimensión en la que conquistamos la muerte y la limitación, como un fénix imperecedero que resurge de las cenizas con un esplendor regenerado, una y otra vez. Existe una sensación de poder fundamental e inquebrantable, como si las fuerzas divinas estuvieran siempre disponibles, apoyando y protegiendo e impidiendo cualquier derrota. El miedo es innecesario, porque la derrota y el dolor son irrelevantes en este estado de supremacía. Si surgen desafíos es porque ofrecen mayores oportunidades para expandirse y aumentar la propia potencia. Bajo esta luz, nada se interpone en el camino para aumentar la prosperidad, las oportunidades y la grandeza en el mundo.

El tremendo magnetismo y el ingenio ofrecen opciones ilimitadas y la oportunidad de crear conexiones positivas, mejoran a todos los involucrados. Estas relaciones son profundas, fructíferas e inmensamente transformadoras, fomentando el crecimiento y el amor mutuo. El poder de uno alimenta el poder de los demás.

Realidad de tiempo y espacio

Con los temas de Escorpio-Piscis, la realidad del tiempo y espacio revela que el poder personal está sujeto a intensas fluctuaciones. Se necesita una conciencia permanente para lograr desarrollar y mantener la potencia porque la amenaza de pérdida es constante. El individuo puede tener éxito y ser atractivo, pero luego puede caer inesperadamente en desgracia; de hecho, apenas el poder se da por sentado, éste se disuelve y somete al individuo a limitaciones, rechazo y pérdida.

La muerte es una presencia constante que nos recuerda que no es posible ganar todas las batallas, por muy inteligentes e ingeniosos que seamos. Aunque la capacidad de transformarse y evolucionar proporciona una sensación de regeneración y vitalidad renovada, finalmente los recursos para hacerlo se terminarán agotando y la muerte acabará imponiéndose. En el tiempo y espacio, el esfuerzo por engañar a la muerte, superar el dolor y sobrevivir es una batalla continua contra la negligencia y la ingenuidad.

Es a través de las pruebas y de los errores, a veces dolorosos, que se aprende a tomar decisiones correctas para conseguir alianzas más saludables, prosperidad y una vida plena. Para ver la luz, debemos enfrentarnos a la oscuridad sin dejar que ésta nos consuma por completo. Se requiere de una enorme lucidez psicológica para aprender a transformar las crisis en oportunidades.

Las siete fases evolutivas

Fase 1. Inocencia en el milagro de la vida

Vivir la vida con total inocencia, como si todavía se estuviera en la atemporalidad del vientre cósmico.

Con Neptuno en la casa 8 y configuraciones afines, la inocencia se manifiesta en sentimientos de invencibilidad, como si se tuviese el poder de triunfar en todo. A veces, esta sensación de poder se manifiesta a través de un fuerte magnetismo personal que puede hacer que estos individuos sean atractivos y deseados y esto les proporciona oportunidades y mayores recursos. Pueden suponer inconscientemente que la gente los elegirá y que no serán alcanzados por el peligro; como sienten que la vida estará siempre de su lado, proceden con confianza para asumir cualquier reto y superar los límites, como si el rechazo, el fracaso y el trauma solo les ocurrieran a los débiles, a los demás.

En otra versión de esta fase de inocencia, las personas pueden conceder confianza de forma indiscriminada y confiar ciegamente en los demás. Pueden enamorarse con facilidad y ofrecerse enteramente a su pareja desde el punto de vista emocional. Al ver el lado positivo de una relación, pueden darlo todo, sin pasar por los pasos y tiempo necesarios para construir una intimidad que sea segura.

La inocencia también se manifiesta al aceptar el destino tal y como viene. Algunos de estos individuos pueden no darse cuenta de que tienen la capacidad de cambiar y de potenciar sus vidas para mejor. Cuando surgen problemas o cuando se enfrentan al rechazo, pueden aceptar y adaptarse pasivamente a estas circunstancias. El instinto de transformación está en estado latente, por lo que no se molestan en buscar las razones subyacentes de los problemas; no aprenden de sus experiencias y, por tanto, están destinados a repetir las crisis.

Fase 2. Pérdida de la inocencia

Nacer del útero cósmico en los confines del tiempo y espacio, precipitando la aparición del ego (conciencia individual).

Con Neptuno en Escorpio e inscripciones afines, la pérdida de la inocencia puede producirse cuando los individuos sufren intensas sacudidas emocionales y experiencias traumáticas, como pérdidas, fracasos o violaciones de confianza. Por ejemplo, una persona puede perder a un miembro de su familia al inicio de su vida, ver morir en combate a un soldado amigo o enfrentarse a una experiencia cercana a la muerte que lo exponga al sentido de la impermanencia y al hecho de que no tenemos ningún control sobre la muerte. La muerte rompe la ilusión de invencibilidad y expone las limitaciones de nuestro poder, revelando que los recursos, incluido nuestro cuerpo, acaban agotándose y que todo en la vida es transitorio. Aunque al principio es un shock, la muerte enseña a estas personas a no dar la vida por sentada, sino a valorarla y a reconocer sus vulnerabilidades.

También se pueden recibir lecciones de impermanencia a través de otros tipos de términos, como el divorcio de los padres o la pérdida de las posesiones. Más allá del dolor que se genera, se experimenta también un trauma existencial y la conmoción de que estos fenómenos sí pueden ocurrir, que las cosas de hecho terminan, a veces, de forma abrupta.

La pérdida de la inocencia también puede ser el resultado de experiencias de rechazo que afecten la confianza. Puede que no entiendan las razones del rechazo, pero a la larga acaban sintiéndose poco queridos, poco atractivos o no lo suficientemente inteligentes. Se debilitan psicológicamente y, como resultado, pueden acostumbrarse al abuso de los demás por el miedo al rechazo. Al perder la inocencia, se dan cuenta de que su atractivo no es una cuestión de hecho, sino que deben trabajar para aumentar ese valor. Pueden sanar los problemas de autoestima a través de la terapia u otros medios para conocerse más a sí mismos. La lección es darse cuenta de que pueden trabajar más en sí mismos, lograr mayor atractivo y poder y reconstruir la confianza haciendo cambios internos.

Los roles pueden invertirse y pueden ser ellos los que se consuman en una relación donde el otro encarne las inseguridades emocionales. Pueden querer irse, pero acaban atrapados por el comportamiento manipulador, las obsesiones y las amenazas de su pareja. De esta forma quedan atrapados y son incapaces de encontrar una salida. Pierden la inocencia al haber supuesto que podían manejar la situación, pero pasaron por alto las tempranas señales de advertencia. Del mismo modo, pueden verse acosados por antiguas parejas mentalmente inestables o resentidas y les resulta difícil deshacerse de estas intrusiones parasitarias en sus vidas. Además de las lecciones sobre los límites y la autopreservación, estas situaciones les enseñan sobre la complejidad de las emociones humanas y las heridas que pueden estar presentes debajo de la superficie. Como resultado, aprenden a no precipitarse en materias de intimidad y confianza. Al principio, es posible que no hayan sido conscientes de estos temas, atrayendo a este tipo de personas y luego apartándose bruscamente de su lado, sin darse cuenta del alcance o las consecuencias emocionales que se generan. Al tener que enfrentarse con estos intensos comportamientos y reacciones emocionales del otro, se inician en el trabajo con la sombra.

Ya sea que se enfrenten a la pérdida, al abuso o el rechazo, la respuesta a estas experiencias puede ser inicialmente la negación, como si no registraran realmente el dolor. Puede que no tengan mecanismos de enfrentamiento adecuados y, por tanto, su instinto de supervivencia es enmascarar y pretender que todo está bien y seguir adelante. La vulnerabilidad puede parecerles completamente extraña y puede que no sepan cómo procesar emocionalmente el dolor emocional. En consecuencia, los síntomas de estrés postraumático comienzan a surgir tarde o temprano, porque el dolor nunca ha sido procesado psicológicamente. Algunos ejemplos de los comportamientos de estrés postraumático pueden incluir una fluctuación entre la apertura y luego una profunda desconfianza, ataques de pánico o estallidos de ira que no tienen una explicación inmediata. Estas respuestas son, de hecho, una reacción a los choques emocionales que han experimentado.

La negación de las heridas emocionales, también pueden causarles dificultades cuando intentan crear un lazo íntimo sano. Estos individuos pueden no ser capaces de abrirse emocionalmente o, por el contrario, pueden apegarse obsesivamente a su pareja. A veces se cierran emocionalmente de forma abrupta y de ese modo terminan confundiendo a sus parejas, ya que alternan entre el compromiso y el distanciamiento en la relación. Para sanar los problemas de confianza y vulnerabilidad, es importante explorar la fuente original de estas emociones, con el objetivo de restablecer una actitud más equilibrada.

Otra forma de enfrentarse a la pérdida de poder y a los intensos sentimientos de vulnerabilidad, puede ser mediante actitudes osadas y búsqueda de superación de límites personales. Inconscientemente, estos sujetos intentan desafiar el miedo a la muerte. Al desarrollar una actitud intrépida, se sienten poderosos de nuevo, pero con ello camuflan un temor subyacente a ser vulnerables. Así pues, pueden buscar la intensidad a través del uso de drogas, estilos de vida adrenalínicos y asumir riesgos que rozan el suicidio mientras coquetean con la muerte. Como resultado, algunos pierden la inocencia al encontrarse con la muerte prematura, mientras otros sobreviven, pero con cicatrices. Pierden la inocencia al darse cuenta de que no son invencibles y que deben dejar de jugar con la vida hasta el punto del exterminio.

En circunstancias extremas, un individuo puede perder la inocencia cuando se convierte en víctima de abusos gratuitos, violencia, violación o incluso asesinato. Al enfrentar tal abuso de poder y malevolencia, se dan cuenta de que la vida puede albergar fuerzas extremadamente negativas que pueden convertir a las personas en vampiros emocionales o espirituales.

Se enfrentan a la existencia del mal y a la potencial corrupción del alma. Estas situaciones reflejan la necesidad de exponer las sombras a la luz, con el objetivo de hacerlas conscientes. El mal es el resultado de un quiebre con la Verdad. La lección es empezar por aprender a identificar y reconocer que esa fuerza existe, que puede ser peligrosa y como tal, no se la debe tomar a la ligera ni tampoco arriesgarse de manera ingenua. La intensidad de estas experiencias puede variar, pero de una u otra forma, los individuos con estas inscripciones se dan cuenta de que la vida no es del todo segura y que la bondad no puede darse por sentada, sino más bien, debe ser apreciada y protegida.

Además, al encontrarse con el mal, aprenden que deben protegerse de tales influencias y, posiblemente, distanciarse de las personas que muestran comportamiento corrupto, abusivo o parasitario, sin remordimientos. Dentro de su inocencia, pueden pensar que son capaces de manejarlo o que no son tan malos como parece. Con el tiempo, cuando se ven atrapados en la dinámica destructiva y sufren las consecuencias, aprenden sobre su propia vulnerabilidad y necesidad de protección.

Al pasar por repetidas experiencias hirientes, estos individuos pueden quedar profundamente desprovistos de poder y perder la confianza en la bondad de la vida. Esto puede llevarlos a consumirse potencialmente dentro de una rabia inconsciente, hasta el punto de convertirse ellos mismos en depredadores. Quedan atrapados en un nudo negativo, que sentencia "comer o ser comido", así el daño y la destrucción pasa a ser el juego principal.

En algunos casos, la confianza se rompe de manera tan fundamental que pueden volverse personas mentalmente inestables y desarrollar esquizofrenia paranoide; pueden ver peligro y mal donde no los hay o escuchar voces que los lleven a hacerse daño a sí mismos y a los demás. A veces estas condiciones pueden reflejar una forma de posesión espiritual en la que pierden el control de su propia psique. Las razones pueden ser variadas, desde el uso excesivo de drogas, hasta sobrepasar los límites con demasiada fuerza o traumas intensos de la vida actual o vidas pasadas. Esta condición mental puede ser de corta duración o, en casos extremos, arraigarse más profundamente. Una vez que reciben ayuda psiquiátrica, pueden necesitar reconstruir su campo áurico y protección espiritual.

La pérdida de la inocencia puede producirse a nivel sexual. En algunos casos, la persona puede iniciarse de manera tardía y ser novata en lo sexual hasta bien entrada la edad adulta. Pueden percibir el sexo como algo intimidante y no tener idea alguna de cómo participar y, por eso, no tienen ninguna experiencia sexual hasta bien tarde en su desarrollo. Los sentimientos de inadecuación o torpeza sexual pueden afectar la confianza en sí mismos, ya que la sexualidad es una parte importante del magnetismo y el atractivo personal.

También, la inocencia puede manifestarse de forma opuesta, cuando los individuos con estos signos experimentan la sexualidad sin discriminación. Pueden ser ingenuamente promiscuos y estar algo confundidos sobre qué es lo que debe permanecer privado y qué debe hacerse público. Pueden responder a cualquier avance sexual, sin tener en cuenta lo que es saludable o apropiado, desdibujando así todos los límites. La promiscuidad también puede llevar a la prostitución. En algunos casos, esta actitud deriva en adicciones sexuales y, en casos extremos, la ausencia de pensamiento crítico puede llevar a comportamientos más marginales, como la zoofilia u otras tendencias perversas. La apertura ingenua da una sensación de libertad; sin embargo, al no haber límites, se vuelven vulnerables a la contaminación emocional o física, incluidas las enfermedades de transmisión sexual, abuso y disociación psicológica.

En algunos casos, la excesiva apertura sexual es consecuencia de abusos sexuales en la infancia. Estas señales pueden apuntar a una inmunidad deficiente y a la sobreexposición que, en los peores casos, puede exponer a los niños a depredadores y parásitos sexuales.

La pérdida de la inocencia también puede producirse en el tema de los asuntos financieros. El individuo puede acabar administrando mal sus recursos y perder el acceso a ellos. Las pérdidas pueden deberse a inversiones ingenuas, a apostar repetidamente en negocios equivocados, a depositar la confianza en personas equivocadas o, en general, a tener límites poco saludables que dan lugar a un endeudamiento abrumador.

Otro tipo de situación para la pérdida de la inocencia puede deberse a un acontecimiento trágico que afecte simultáneamente a un gran número de personas. Ser víctima de una guerra, recesión o catástrofe natural, en la que se ve afectada toda una comunidad o un país: esto da lugar a importantes cuestiones existenciales. El dolor y el duelo colectivos ponen de manifiesto la experiencia de la vulnerabilidad y la necesidad de regenerar experiencias vitales positivas. Cuando el duelo es colectivo, las personas aprenden a unirse y a unir fuerzas para apoyarse mutuamente tras la destrucción. Toman conciencia de que la transformación y la regeneración pueden llegar de las formas más inesperadas, ya que no solo se recuperan de las dificultades, sino que además se fortalecen a través de la experiencia.

Fase 3. Fortalecimiento de la inmunidad

Adaptarse al tiempo y al espacio, desarrollando un mecanismo de defensa, formando y solidificando el ego y reconociendo el valor del trabajo.

Tras las difíciles experiencias de pérdida y dolor generadas por esta fase de inocencia, los individuos con las inscripciones de Escorpio-Piscis pueden estar terminantemente decididos a recuperar el poder y el sentido de la justicia en esta fase de desarrollo. Pueden jurarse a sí mismos no volver a ser perdedores o víctimas y esforzarse por tomar las riendas de su destino con firmeza. La necesidad de recuperar el poder puede aplicarse a las relaciones, trabajo, finanzas u otras áreas de su vida. Amargados por haber concedido tanta confianza y haber entregado afecto sin reciprocidad, es posible que ahora desconfíen mucho más de las promesas y no se fíen tan fácilmente del afecto. Protegerse a sí mismos tiene prioridad por sobre la generosidad y esto engendra autosuficiencia, autodeterminación y un enfoque más cauteloso.

En casos extremos, la pérdida de la inocencia provoca intensas emociones que no se descargan en los objetivos originales y aparece estrés postraumático. Esto puede incluir intensa rabia y desconfianza, hasta el punto, a veces, de la paranoia. La persona puede parecer bien adaptada en la superficie, pero estallar en forma desproporcionada ante pequeñas provocaciones. Esto puede dar lugar a la histeria y a falsas acusaciones contra otros. Calmar este comportamiento reactivo requiere tiempo de terapia y aprendizaje de técnicas de empoderamiento. Parte del proceso de fortalecimiento de la inmunidad requiere calmar su sistema, simplificando las cosas y atrayendo bondad a sus vidas. Pueden aprender prácticas de empoderamiento como artes marciales, yoga u otras prácticas espirituales.

Tras una historia de traición y rechazo, estas personas pueden ser reacias a comprometerse nuevamente. El miedo a sentirse atrapados, a la victimización y al abandono los hace ser mucho más realistas o, a veces, cínicos, con respecto al romance. Evitar los dramas dentro de las relaciones simplifica la vida y proporciona una sensación de seguridad. Pueden necesitar tiempo para purgarse y sanar.

La autoestima también puede aumentar cuando se esfuerzan por tomar conciencia de las dinámicas psicológicas y espirituales internas. Ahora son capaces de aprender a identificar las causas emocionales de ciertos patrones en sus vidas y de adoptar una perspectiva más espiritual, para navegar por los desafíos emocionales que se presentan. Pueden aprender esto a través de sesiones de psicoterapia, grupos de apoyo, *coaching* y prácticas espirituales. Algunas personas pueden ahondar en el estudio sobre la reencarnación y explorar el significado más profundo de la muerte, obteniendo una mayor perspectiva existencial y espiritual frente a los desafíos emocionales. Obtener más claridad los ayuda a vitalizarse y despertar. Ellos mismos pueden convertirse en guías para quienes buscan ayuda con problemas similares.

Para aquellos que se han enfrentado a quiebras u otro tipo de pérdidas monetarias, el fortalecimiento de la inmunidad puede implicar el desarrollo de seguridad financiera mediante la generación de un ingreso estable y la disminución de dependencia de los demás. A veces esto significa actualizar la educación para encontrar mejores trabajos. También pueden necesitar aprender algo más sobre economía y sistema financiero para gestionar sus recursos de forma más eficaz y generar mayor abundancia.

Al vivir de forma más saludable, adquieren mayor sabiduría acerca del significado más profundo del poder. Su éxito puede aumentar cuando superan la tendencia a fluctuar entre la ingenuidad ciega y la desconfianza excesiva. Es un momento en el que aprenden a trascender la mentalidad de víctima, sin dejar de ser realistas sobre los retos y peligros de la vida. Se empoderan cuando se dan cuenta de que es posible cambiar las circunstancias y vivir una vida emocional más sana y estable. Las situaciones negativas no son permanentes y no están condenados a permanecer en ellas; sin embargo, el cambio y el empoderamiento requieren de un esfuerzo consciente.

A medida que estas personas se estabilizan y desarrollan su inmunidad, pueden sentirse inspirados a ayudar a otros, atrapados dentro de mentalidades autodestructivas o viviendo en desventaja. A través de su propia introspección y crecimiento, pueden proporcionar asesoramiento o ayuda financiera o involucrarse en la comunidad ayudando a grupos con necesidades especiales. Por ejemplo, pueden servir como padres de acogida para niños abandonados o apadrinar alcohólicos en grupos de recuperación.

Fase 4: Función pública, vocación, y fama potencial; convertirse en el instrumento de la vida

Conectarse con la conciencia colectiva; participar en el intercambio colectivo y en la dinámica de las masas.

Con Neptuno en Escorpio y configuraciones afines, los individuos pueden servir al público de forma profesional, a través de la psicología u otras formas de terapia que ayuden a las personas a superar traumas y heridas emocionales. Con una habilidad natural para penetrar en los misterios de la psique, pueden ser capaces de ofrecer estrategias de empoderamiento y sanación emocional, ya sea a través de la psicoterapia convencional, regresión a vidas pasadas, asesoramiento astrológico u otros métodos alternativos.

Del mismo modo, estas influencias muestran el potencial de ofrecer apoyo a individuos o familias vulnerables a través de servicios de trabajo social y bienestar o asistencia financiera y préstamos, con el objetivo de fomentar el empoderamiento. Esta orientación también puede incluir la participación en organizaciones no gubernamentales, que realizan una labor humanitaria en la que se proporcionan recursos a las poblaciones necesitadas. A través de estos canales, pueden ayudar a transformar las circunstancias difíciles de la vida en oportunidades de desarrollo.

Estas influencias también pueden describir la participación en cualquier tipo de profesión relacionada con la muerte. De forma muy literal, se aplica a quienes dirigen servicios funerarios y atienden las preocupaciones prácticas y ceremoniales de los fallecidos y sus familias. También pueden realizar trabajos en hospicios y atender las necesidades de los moribundos.

Otras vocaciones asociadas a la muerte son el trabajo en mataderos, carnicerías y toda la gama de la industria de la carne para la alimentación.

En casos excepcionales, las inscripciones de Escorpio-Piscis describen dones paranormales y la capacidad de la persona para acceder al inconsciente colectivo, descubrir verdades ocultas más allá del velo del tiempo y espacio. Pueden tener habilidades psíquicas para ver vidas pasadas, comunicarse con los muertos o localizar a personas desaparecidas.

Otras profesiones bajo la influencia de Escorpio-Piscis son las del ámbito de la salud sexual y genital, desde ginecólogos y urólogos hasta terapeutas sexuales. Estas firmas también describen servicios sexuales que pueden ofrecerse en forma de pornografía, prostitución, tiendas de artículos sexuales u otras profesiones relacionadas con el sexo.

Otra área de vocación puede ser la industria de la gestión financiera, como la banca, los préstamos o la gestión de carteras bursátiles. Esta línea de trabajo podría aplicarse a cualquier aspecto de la economía o gestión de la riqueza, como trabajar en compañías de seguros, dotaciones filantrópicas que apoyan a organizaciones no gubernamentales o recaudación de fondos para organizaciones benéficas.

En la línea de la gestión de la riqueza, estos individuos podrían desarrollar sus propios negocios independientes y generar riqueza a través del comercio, intercambio u otro tipo de empresas. Estas configuraciones pueden describir a personas que llaman la atención del público a través de la influencia de la riqueza y el poder, sirviendo como modelos de éxito e influencia en los negocios, especialmente en lo que se refiere a las historias de personas que pasan de la pobreza a la riqueza y que se elevan desde medios escasos hasta una situación en que se es significativamente pudiente.

La industria del área de la defensa es otra de las orientaciones vocacionales con signo Escorpio-Piscis. Pueden servir en el ejército, fuerzas policiales, servicios secretos o servicios de seguridad, con el objetivo de mejorar la seguridad de los individuos y las naciones. En menor escala, pueden ser criminólogos y detectives que trabajan de forma desapercibida y desenmascaran a los delincuentes. Además, pueden trabajar en la industria de las armas, desde los dispositivos de gas pimienta hasta el armamento pesado. Esta dirección podría incluir incluso el mercado ilegal o clandestino de armas; pero más comúnmente describe el trabajo en la industria de la seguridad personal, como la venta de sistemas de seguridad.

Estas influencias también pueden describir un potencial para realizar cambios radicales que afectan al colectivo. Podrían dedicarse al activismo o convertirse en revolucionarios que exponen la corrupción e incitan a los cambios políticos. Pueden contribuir a la deconstrucción de los sistemas existentes, con la esperanza de crear otros mejores.

En un tono más sombrío, estas influencias también pueden describir a individuos que se vuelven mártires y sensibilizan a la opinión pública, como víctimas de abusos sexuales u homicidios. Cuando la tragedia repercute sobre las emociones de tipo colectivo, despierta una mayor conciencia sobre los problemas sociales o la presencia de la maldad. Estas víctimas se convierten en símbolos, en almas sacrificadas que, con su sufrimiento y tragedia, despiertan una mayor conciencia sobre el crimen y la agresión.

Estas inscripciones astrológicas también pueden reflejar a individuos que se transforman en enemigos públicos, al convertirse en una supuesta amenaza para el colectivo. Cumplen el papel de villano y tienen una presencia intimidante, suscitando temores o representando el peligro a escala social. En el peor de los casos, pueden convertirse en instrumentos y símbolos de destrucción masiva.

Aquí me permito una nota sobre el sextil generacional Plutón-Neptuno que influye sobre nuestra conciencia colectiva.

En los 40, Neptuno forma un sextil con Plutón. Este aspecto, que combina los arquetipos de Escorpio y Piscis, durará aproximadamente hasta el año 2045. Colectivamente, ha acelerado mucho la producción de armas, especialmente durante la Guerra Fría; pero desde los años 90 también ha reflejado la influencia contraria. Ha aumentado la conciencia contra las armas de destrucción masiva, especialmente tras la caída del bloque soviético.

Este aspecto también contribuyó a impulsar el desarrollo de la psicoterapia en los años 50, con los trabajos de Carl Rogers, quien publicó la obra magna sobre *La terapia centrada en el cliente* o de Alfred Kinsey, quien publicó nuevas investigaciones sobre la sexualidad masculina y femenina.

Orientación vocacional o roles públicos

- Terapeutas, psicólogos, consejeros y trabajadores sociales, astrólogos u otras modalidades terapéuticas alternativas.

- Industria de los servicios en torno a la muerte: directores de funerarias relacionados con los servicios de cremación o entierro. Cuidadores de enfermos terminales.

- Salud sexual: ginecólogos y urólogos.

- Industria del sexo: pornografía, prostitución, tiendas de artículos sexuales y juguetes sexuales.

- Finanzas y fondos públicos: banqueros, agentes de seguros, recaudadores de fondos, trabajadores humanitarios.

- Negocios y desarrollo de la riqueza. Personas que se convierten en símbolos de éxito y poder.

- Defensa, crimen e industria de las armas: policías, detectives, militares y personas relacionadas con la industria armamentística.

-Empoderamiento colectivo: activistas, revolucionarios, oradores motivacionales.

-Enemigos públicos que suponen una amenaza de destrucción masiva, crimen o corrupción.

Fase 5. Desafiar el miedo

Cuestionar las limitaciones existentes, vivir con mayor autenticidad, elegir la Verdad en lugar de la seguridad, liberar el espíritu.

En la fase de desafío del miedo, los individuos con temas Escorpio-Piscis en sus cartas, pueden sentir la necesidad de superar temas de vulnerabilidad en la intimidad emocional. Por ejemplo, pueden enfrentarse al miedo más básico al rechazo, que está a su vez, profundamente arraigado en la baja autoestima y, de ese modo, lograr liberarse de la tendencia a complacer constantemente a los demás y traicionar sus valores. Al desafiar el miedo al rechazo, estos sujetos eligen vivir de forma más auténtica y dejan de lado el miedo a estar solos; de esa forma, adquieren mayor confianza en sus decisiones.

El desafío del miedo también puede aplicarse a cuestiones sexuales. Los traumas anteriores o condicionamientos culturales pueden haber generado inhibiciones sexuales bastante arraigadas, que podrían disolverse en esta fase. Pueden cuestionar la vergüenza asociada al deseo sexual y aprender a sentirse más cómodos con sus preferencias y necesidades sexuales, legitimando también las fantasías reprimidas. Ahora están más seguros de sí mismos y desenvueltos. Se vuelven más juguetones, honestos y liberados sexualmente. Este cambio de actitud conduce a un enfoque más experimental y espontáneo.

Algunos individuos pueden querer compensar la represión previa en el ámbito de la sexualidad, con un comportamiento más extremo e intenso. En esta fase, buscan romper con las limitaciones y experimentar sensaciones más fuertes, entregándose por entero a lo sexual. Este tema se despertó con fuerza a finales de los años sesenta, durante la revolución sexual, cuando Neptuno transitó por el signo de Escorpio. La sobrecompensación respecto a la vergüenza derivó en una necesidad de disolver los límites y esto eventualmente también llevó a excesos. En muchos casos, la actitud sexual fue eufórica y excesivamente indulgente; careció de intimidad y tuvo efectos destructivos. Es esencial lograr encontrar un equilibrio en el que la sexualidad pueda seguir siendo una expresión saludable de placer, conexión y transformación personal, sin que esto lleve a perder los componentes esenciales de la intimidad y la confianza; de lo contrario, la experiencia de liberación pasa a ser superficial y puede resultar dolorosa.

En otro contexto, estas influencias pueden indicar un deseo profundo de enfrentarse al miedo a la muerte y al destino. Este deseo puede estar asociado a la pérdida de un ser querido y al duelo que lo acompaña. El miedo a la muerte tal vez sea una de las emociones humanas que más despierta la humildad; debido a que la muerte es una certeza, impredecible, definitiva, misteriosa y sobrecogedora. Ser capaz de superar este miedo puede conducir a una extraordinaria sensación de alivio y profunda liberación. El individuo puede trascender el miedo a la muerte comprendiendo su significado espiritual y dejando de verla de manera negativa. Con más sabiduría, se aprende a aceptar la naturaleza cíclica de la vida y la muerte y se comprende el proceso de evolución, a través de la reencarnación. Aunque la pérdida de un ser querido siempre es difícil, la persona puede llegar eventualmente a aceptarla y ser capaz de dejar ir a ese ser. Además, aceptar la muerte permite valorar la vida de forma más plena, porque nada se da por sentado.

La confrontación con el miedo a la muerte también puede manifestarse cuando se elige el camino de la eutanasia, donde la muerte pasa a ser una suerte de liberación. Donde sea legal, la persona puede recurrir a la opción de la muerte asistida, si es que hay una enfermedad terminal o un dolor profundo e incesante.

De manera más radical, las personas pueden desafiar el miedo a la muerte adoptando un estilo de vida más aventurero y arriesgado. Por ejemplo, pueden elegir una carrera que los exponga a riesgos importantes, como un periodista que trabaja de forma encubierta o informa desde una zona de guerra y tiene que esquivar balas. O podemos ver astronautas que orbitan en la inmensidad del espacio o policías que se enfrentan a constantes peligros vinculados al crimen. Superar el miedo a la muerte les permite a estos individuos seguir su vocación y asumir los riesgos asociados, otorgándoles también más significado a sus vidas.

La necesidad de superar el miedo a la muerte refleja un anhelo subyacente de empoderamiento personal. Como ya se ha dicho, algunas personas con estas características pueden llegar al extremo de querer superar la muerte por completo. Buscan el peligro y el riesgo extremos para confrontarla a propósito, al límite, a través de los deportes extremos, buscando la emoción proveniente de la victoria y de la sensación de poder. Esto puede llegar a extremos absurdos, como las personas que se inyectan a propósito el virus del VIH para obtener ayudas sociales o bien, juegan a la ruleta rusa. Esta mentalidad puede incluso llevarlas al abandono de cualquier reserva moral respecto al asesinato o suicidio. Irónicamente, cuando se desea el poder total sobre la muerte, nos arriesgamos a perder el respeto a la vida.

Fase 6. Humildad y ego

Darse cuenta de las limitaciones del ego; tomar perspectiva sobre los ciclos y fuerzas más amplios de la vida.

Con Neptuno en Casa 8, en la fase de humildad y ego, las lecciones que se obtengan respecto del uso correcto del poder son importantes. En algunas circunstancias, el individuo puede sentirse avergonzado cuando queda al descubierto el comportamiento deshonesto o abusivo. El deseo de ganancia y poder puede corromper a algunas personas y tentarlas a engañar y manipular situaciones o personas. Hambrientos de más, con un complejo de invencibilidad que los hace sentirse más allá de cualquier fracaso, estos sujetos pueden darse injustificadas licencias a sí mismos, con el fin de lograr lo que quieren. También pueden traicionar lo convenido y romper confianzas cuando se presentan mejores ofertas. Sin embargo, la lección evolutiva aquí es lograr aprovechar las oportunidades y crecer de forma ética; de lo contrario, la persona puede volverse humilde a través de pérdidas inesperadas o mala reputación, ya que los demás han perdido la confianza en ellos, debido a su actitud oportunista.

Las lecciones acerca del uso correcto del poder también pueden aplicarse a los individuos que abarcan más de lo que son capaces de manejar, incluso, con las mejores intenciones. Por ejemplo, movilizados por su intuición pueden intentar salvar a personas atrapadas en crisis recurrentes, en adicciones u otras disfunciones, a veces, sin que ni siquiera se los soliciten. Y en lugar de lograr sacarlos de la situación, terminan exhaustos en el proceso. Las experiencias de humildad los enfrentan a los límites de lo que pueden y no pueden hacer. Ayudar a los demás es un objetivo noble, pero no sin antes haber examinado el propio complejo de salvador, como es el caso de brindar ayuda a quienes no tienen ninguna intención de hacer cambios para mejorar sus vidas.

    Las experiencias de humildad pueden sobrevenir cuando se desarrolla una relación de dependencia poco saludable y se es incapaz de ponerle fin. El miedo al rechazo o a la pérdida puede generar un apego obsesivo y una conducta ansiosa. Sin embargo, en esta fase de humildad, es cuando se aprende que nada es permanente dentro de la realidad del tiempo y espacio. Y desde el ángulo opuesto, tratar de controlar a los seres queridos, la carrera o cualquier cosa que apreciamos puede aumentar el riesgo a perderlo; cuanto más se aferra, habrá más probabilidades de sufrir una crisis. Se sienten degradados cuando se dan cuenta de que no pueden hacer nada para que la gente los quiera ni tampoco controlar sus posibilidades. Aprenden de este modo a cultivar la confianza, se sienten merecedores de amor y atraen la atención positiva de forma natural y no manipulada.

    A medida que se va asimilando la humildad, se puede ver a estos individuos aumentando su poder, a través de la solidaridad, amabilidad y compasión. Se dan cuenta de que cualquier intento por aumentar su poder y atractivo, a través de la competencia o manipulación, termina finalmente en más aislamiento y dolor, a pesar de la sensación inicial de gratificación inmediata. Por ejemplo, pueden darse cuenta de que ya no les sirve destruir los negocios de la competencia para elevar el suyo o controlar a sus parejas o socios para satisfacer los deseos personales. Están preparados para adoptar valores más profundos y crear situaciones en las que todos salgan ganando. Mediante actitudes más generosas, solidarias, consideradas y positivas, estos sujetos son capaces de transformar las circunstancias negativas en oportunidades, en abundancia y en otros resultados favorables y significativos. En esencia, la lección fundamental es que el poder no tiene por qué ser corrupto y que la cooperación y la amabilidad pueden generar oportunidades. Aprenden a hacer negocios de forma consciente, en los que el beneficio y el crecimiento personal se logran apoyando a otras personas y al medio ambiente.

Estas personas pueden convertirse en agentes de cambio social o político y participan en el activismo. Por ejemplo, pueden sentirse inspirados a enfrentar injusticias en la distribución de la riqueza o luchar por mejorar las oportunidades para todos. En otros frentes, puede que se vuelvan activistas para desmantelar las armas de destrucción masiva o denunciar la codicia y corrupción en los negocios y la política, ofreciendo ideas alternativas que apoyen el uso del poder de forma positiva.

Fase 7. Inocencia, desilusión y madurez en la espiritualidad

Reconocerse y alinearse conscientemente con los principios atemporales de la Verdad.

Con Neptuno en la Casa 8 y las configuraciones relacionadas, las personas se dan cuenta de que la adopción de una orientación espiritual y de valores afines tiene, en sí mismo un efecto que fundamentalmente los potencia. Aprender a soltar el control, abrir el corazón y vivir con más autenticidad, mejoran naturalmente sus vidas. Producto de los numerosos desafíos emocionales de la vida, en especial por las fluctuaciones extremas entre el poder y la impotencia, la espiritualidad les permite fortalecer el centro y les brinda estabilidad en medio del permanente cambio. Los valores inmutables de la atemporalidad contrastan con las constantes transformaciones que atraviesan en el tiempo y espacio. En la fase espiritual, descubren que lo que siempre permanece estable es la Verdad. Con la perspectiva espiritual, logran adquirir una comprensión más profunda de la naturaleza de las pruebas y dificultades, del sentido de los ciclos de la vida y la muerte y del hecho de que el dolor no es aleatorio o en vano, sino que forma parte de un diseño evolutivo más amplio.

A través de prácticas devocionales como la meditación, oración, el yoga o servicio a los demás, estos individuos pueden despertar capacidades latentes y expandir su potencial personal, puesto que la conciencia se expande en forma natural a partir de estas experiencias. Pueden activar la energía Kundalini, que puede tener el efecto de equilibrar la química y energías emocionales, nerviosas y etéreas. La activación de la energía Kundalini puede aumentar la confianza, la fuerza y fomentar el desarrollo de nuevas capacidades extrasensoriales, como la profundización de la intuición y el refinamiento de las habilidades trascendentales.

El deseo de liberar el alma de un estado de vulnerabilidad y limitación, termina por conducir a quienes son de la configuración Escorpio-Piscis, a enfrentar sus propias sombras. Es un proceso de limpieza profunda en el que los patrones no resueltos y la negatividad deben salir a la superficie para ser purgados; las sombras quedan expuestas y se transmutan a través de la luz. Por ejemplo, se puede tomar conciencia de la propia arrogancia, la pretensión de superioridad moral, la manipulación, la pereza, los celos o las obsesiones, ya sea a través de una crisis o simplemente por una observación más honesta de los propios patrones. Es una forma de exorcismo, a través del cual los patrones negativos pueden ser disueltos de su conciencia. Esto puede resultar chocante para las personas que se dedican al trabajo espiritual porque, a menudo, tienen la impresión de haber superado estas emociones negativas, por lo que reconocer estas sombras pasa a ser una prueba de profundidad, honestidad y humildad. Cuando la intención del amor está presente, logran limpiar su conciencia, dándose cuenta de que no están exentos de su propia sombra. Como resultado, pueden ser más pacientes con la imperfección y las debilidades de las personas que los rodean. Quizás tomarse a sí mismos menos en serio sea parte del exorcismo.

Como parte del trabajo con la sombra en el desarrollo espiritual, estos individuos aprenden a reconocer que la fuerza del mal es una presencia real en la existencia. Puede que no sea suficiente pensar solo en términos positivos y esperanzadores y negar la realidad del mal con el fin de esquivar las trampas. El propósito del mal es proporcionar un desafío espiritual para evitar que demos por sentado lo que es verdadero y bueno. El mal es una fuerza parasitaria persistente que aprovecha cualquier oportunidad o momento de negligencia y falta de atención para fomentar la oscuridad, la separación, la confusión y alejamiento de la Verdad. Quizás no sea una coincidencia que en la lengua inglesa la palabra "mal" (*evil*) pueda ser escrita de forma inversa y formar "vivir" (*live*). Tal vez el esfuerzo por reconocer que existen fuerzas oscuras, sea el primer paso para liberarnos de ellas y vivir una vida valiosa.

El mal se convierte en la mayor amenaza de corrupción, especialmente cuando nos encontramos en posiciones de gran fortaleza o de gran debilidad, cuando estamos ebrios de poder o agotados; cualquiera de las dos situaciones nos hace vulnerables a la corrupción. En este tipo de situaciones deben permanecer alertas, centrados y alineados con la Verdad.

A veces, cuando la gente experimenta un profundo despertar espiritual y realización divina, las fuerzas malignas intentan sabotear la experiencia y son arrastrados de nuevo a vibraciones más densas. Puede ser que durante el punto más álgido del despertar espiritual, la persona experimente una pérdida, aflicción o ataque, como medio para alejarla de su ascensión. Pueden ser arrastrados simultáneamente entre la luz y la oscuridad, pero si su despertar es genuino, prevalecerá y las marañas de la oscuridad renunciarán a absorberlo.

A lo largo de su desarrollo espiritual, no es poco frecuente que los individuos experimenten profundos choques existenciales que pongan a prueba su dedicación a la Verdad. Pueden pasar por experiencias emocionalmente difíciles o verse expuestos frontalmente a la injusticia y al dolor en el mundo y, en medio de estas circunstancias, puede parecer que la sabiduría espiritual no es de ninguna ayuda. Puede que no sean capaces de darle sentido a la dolorosa realidad y pueden verse arrastrados a una crisis existencial, como si se sintieran abandonados por Dios. Pero es en esta oscuridad de la noche cuando aprenden el valor de la determinación y la lealtad a la Verdad y, cuando prevalecen, son capaces de comprender mejor la complejidad del dolor y regenerar la confianza en el diseño universal.

A través del desarrollo espiritual, pueden surgir preguntas respecto de la expresión espiritual en la sexualidad. Estos individuos pueden pasar por intensas fluctuaciones, entre tener fuertes impulsos sexuales y trascender su apetito sexual por completo. Por lo general, estas fluctuaciones son un reflejo inmediato de su propio proceso de transformación. La energía kundalini, que es el combustible de la metamorfosis, se asocia inmediatamente con la energía sexual en el cuerpo. Está arraigada en la base de la columna vertebral y se abre paso a través del sistema energético del cuerpo, los *chakras*, cambiando la química y la densidad del cuerpo y alma. En consecuencia, este proceso puede provocar oscilaciones en los estados de ánimo y apetitos sexuales. En definitiva, espiritualizar su práctica sexual no tiene que ver tanto con técnicas específicas, ni con los tipos de actividad, ni con el hecho de ser o no célibe, sino más bien con la intención que hay atrás. Cuando la sexualidad se utiliza como medio para transformar la conciencia, abrir el corazón, aumentar el amor y conectar el cuerpo con el alma, sirve entonces como fuerza espiritual para superar las limitaciones personales.

Estas influencias también pueden inspirar la comprensión más profunda de la muerte. Comúnmente, en esta etapa de desarrollo, los sujetos ya tienen un interés en la reencarnación, evolución espiritual y el mundo etéreo, más allá de la dimensión física. Puede que sepan bien que la muerte física no es el final de la vida, sino una transición hacia una forma diferente. Sin embargo, la muerte y la pérdida de un ser querido se presentan como desafíos emocionales, aunque tengan conocimientos espirituales sobre la reencarnación y la relatividad de la muerte. Estamos codificados genéticamente para luchar contra la muerte y tratar de encontrar todas las formas posibles de prolongar nuestra vida y bienestar, por lo que la muerte rara vez se asume de forma ligera y relajada. Esta codificación natural es la que nos impide, en circunstancias normales, acoger el suicidio. Sin embargo, aunque luchamos contra la muerte, a través del desarrollo espiritual también aprendemos a aceptarla, porque nuestra mortalidad nos genera humildad y nos recuerda nuestra imperfección y vulnerabilidad.

Al progresar espiritualmente, hay que comprender más profundamente el significado del poder. Estos individuos pueden volverse espiritualmente codiciosos, cuando buscan constantemente mayores elevaciones espirituales y empujan implacablemente sus límites. Pueden adoptar prácticas intensas, como el ayuno intenso, las prácticas del yoga o el uso excesivo de plantas que alteran los estados de conciencia. Estos estados espirituales elevados pueden volverse adictivos y ser buscados por razones equivocadas. El verdadero poder permanece en la simplicidad del amor. Estar en la Verdad es poder: un estado de devoción y pureza abre canales hacia lo divino e inmortal.

Liberación de la paz

Perdona a Dios por el hecho de ser imperfecto y tener que invertir enormes esfuerzos para ascender en el continuo espiral de evolución. Perdona a Dios porque si bien puedes conquistar el tiempo mediante el esfuerzo evolutivo, no puedes escapar del dolor y la muerte cuando tus poderes expiran. Acepta que no eres invencible, que el éxito se mezclará con la derrota y que la derrota estará al servicio de tus éxitos.

Afirmación: Con la Verdad se sobrevive a la muerte.
Desafío: La oscuridad pondrá a prueba nuestro poder de determinación y la profundidad de nuestro amor.
Regalo: Poder de liberar.
Felicidad: Amar poderosamente.

Figuras públicas con las configuraciones Piscis Escorpio

- *Whitney Houston* (Neptuno en casa 8 en Escorpio)
- *Evel Knievel* (Neptuno y Marte en casa 8)
- *L. Ron Hubbard* (Neptuno en casa 8)
- *Adolph Hitler* (Neptuno conjunción Plutón en casa 8)
- *Elian González* (Plutón en Escorpio en casa 12)
- *JonBenet Ramsey* (Neptuno en casa 8)
- *Amanda Knox* (Neptuno en casa 8)
- *Jeff Corwin* (Plutón en casa 12, sextil a Neptuno en Escorpio)

Whitney Houston

Inscripción astrológica de relevancia: *Neptuno en Escorpio en Casa 8, sextil a Plutón.*

Icónica cantante y actriz estadounidense, que batió récords de ventas y premios. Antes de hacerse famosa, era una modelo y cantante bastante solicitada. El matrimonio con Bobby Brown fue presuntamente volátil y abusivo. Ella le hizo sombra a la carrera de su marido que estaba en declive. Murió en la bañera en medio de una difícil batalla contra la adicción a las drogas.

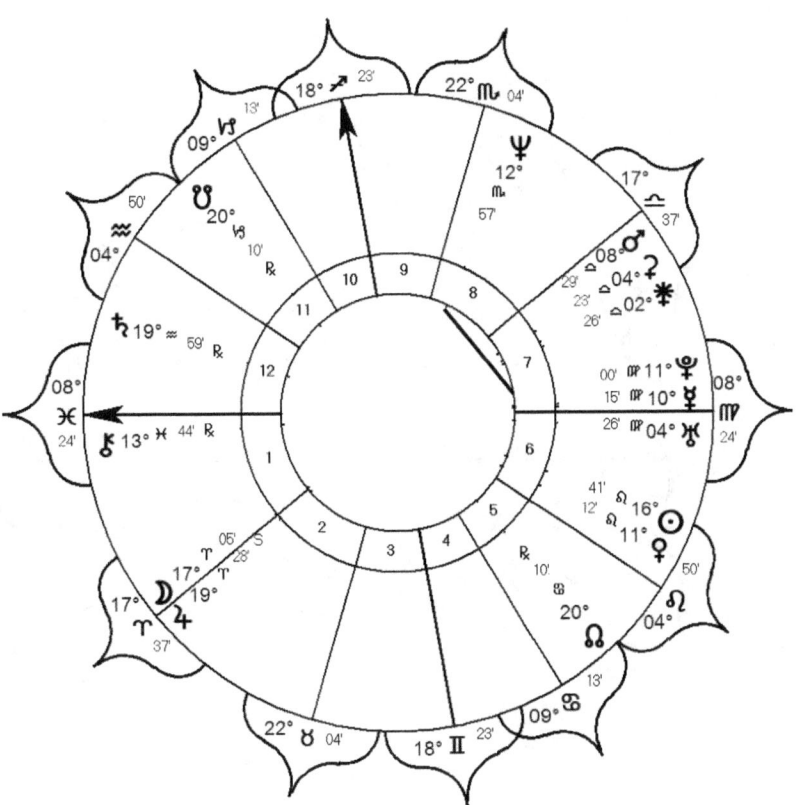

Jeff Corwin

Inscripción astrológica de relevancia: *Plutón en casa 12, sextil Neptuno en Escorpio.*

Biólogo estadounidense, presentador y productor de programas sobre naturaleza, que a menudo se lo ve manipulando y acercándose a animales peligrosos. Tuvo varios encuentros cercanos con la muerte, incluido un episodio en el que un elefante sacudió su cabeza enérgicamente. Se dedica a concientizar acerca de la amenaza de extinción de animales.

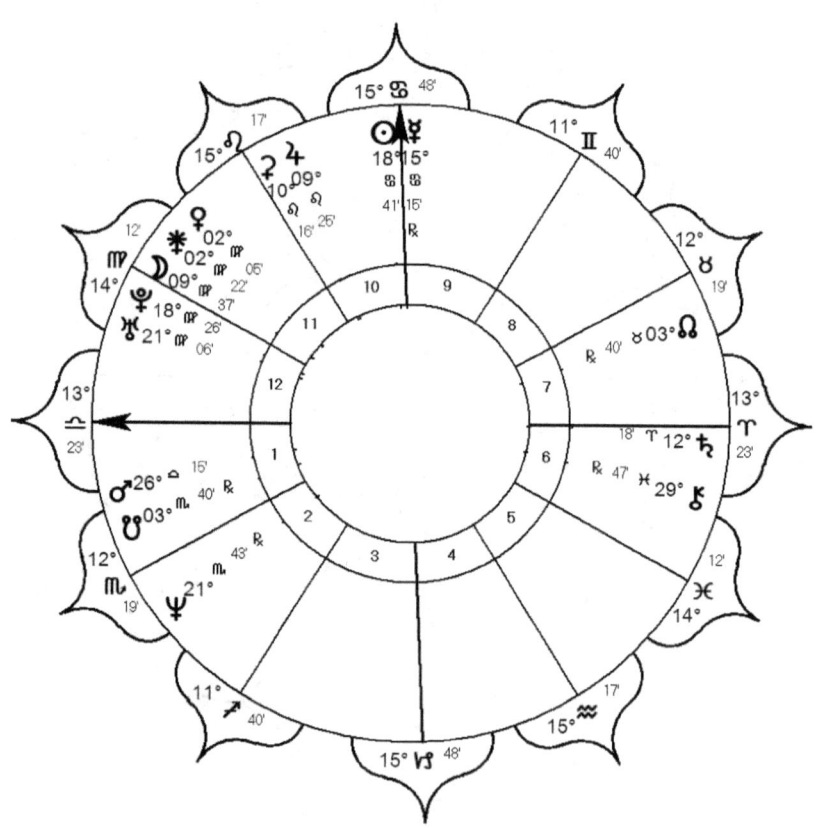

El viaje de crecimiento en los temas de
SAGITARIO Y PISCIS

Neptuno en Sagitario o Neptuno en casa 9

o

Neptuno en aspecto a Júpiter,
planetas en Sagitario,
planetas en casa 9

Júpiter en Piscis o en casa 12
Sagitario en casa 12
o Piscis en casa 9

LECCIONES EVOLUTIVAS

Cuando los arquetipos de Sagitario y Piscis se integran, la intención evolutiva se alinea con las creencias y convicciones personales y la Verdad universal, que rige por encima de todo, anulando las preferencias, los prejuicios o las suposiciones personales. Enfrentados a las complejidades y al sufrimiento de la vida, todos buscamos encontrar un significado más amplio que pueda explicarnos por qué las cosas suceden como suceden;

al encontrar un significado, comprobamos que nuestras luchas no son en vano y que la vida puede no ser azarosa. En este proceso evolutivo, debemos disolver nuestras ilusiones, nuestras creencias, percepciones más estrechas y verdades a medias, creando a cambio un espacio para significados más holísticos, neutrales y comprensivos. Aprendemos a trascender lo relativo, lo ligado al tiempo y espacio y a percibir los significados que son atemporales y ciertos para todos.

La búsqueda de la Verdad y del significado nos lleva naturalmente a cruzar el puente desde la dimensión del tiempo y espacio hacia la dimensión atemporal, desde lo que es parcial o fragmentado hacia lo que está completo. Aprendemos a ir más allá de los confines de nuestro propio condicionamiento y cultura, hacia una perspectiva universal y hacia la Verdad, que no le puede pertenecer a nadie. Este proceso requiere que vivamos de forma auténtica y honesta, desnudos y sin pretensiones. Solo entonces puede producirse un aprendizaje más profundo. No obstante, aquí la lección evolutiva consiste en validar personalmente estos aprendizajes a través de la experiencia directa y no confiar únicamente en las teorías o en las palabras de un maestro.

En consecuencia, el anhelo de aprender sobre la vida fomenta naturalmente una actitud más aventurera, sabiendo que hay más de lo que se ve a simple vista. Esta mentalidad nos abre a nuevas perspectivas, oportunidades y posibilidades cuando vemos que la vida revela gradualmente más de su potencial virgen e ilimitado: parece ser que hay mucho más en nuestras vidas que lo que conocemos. No obstante, aunque el potencial de la vida parece vasto o incluso infinito, debemos permanecer atentos y ver que lo que es más grande no es necesariamente mejor; no todo lo que brilla es oro. Permanecer centrados en la Verdad nos permite también ver a través de los excesos, las inexactitudes, el engaño y la deshonestidad.

Es importante que, mientras se obtiene mayor claridad y experiencia más directa con la Verdad y significados más elevados, se recuerde que la mente humana sigue atada al tiempo y al espacio y siempre la percepción es parcial. Por lo tanto, la lección evolutiva es aceptar humildemente que, a pesar de nuestras capacidades para acceder a la auténtica sabiduría espiritual, el aprendizaje de la Verdad será un proceso gradual que nos impulsará continuamente a redefinir nuestras comprensiones anteriores.

Lecciones evolutivas esenciales
- Darse cuenta de que hay algo más en la vida que las preocupaciones por la supervivencia o la seguridad: significados espirituales mayores que subyacen a todo proceso vital y que pueden guiarnos por la vida.
- Explorar y descubrir significados y verdades que están más allá de los límites de nuestra cultura o circunstancias personales. Aprender sobre los grandes significados de la vida que se aplican a todos, independientemente de su origen y cultura.
- Vivir con autenticidad y honestidad. Conectar con la naturaleza para experimentar y aprender de los elementos simples.
- Asumir riesgos y apostar para explorar el inmenso potencial de la vida.
- Distinguir la Verdad de las ilusiones, los engaños y las mentiras. Aprender que la Verdad no es necesariamente grande, dramática o glamorosa, sino que puede ser simple y ordinaria. Validar nuestras percepciones de la Verdad a través de experiencias directas.
- Entender que nadie es dueño de la Verdad y que, por lo tanto, el aprendizaje es un proceso continuo.

Realidad atemporal

Bajo la influencia de Sagitario-Piscis, la dimensión atemporal se experimenta en el interior de la abundancia eterna de la existencia. No hay nada fuera de la Verdad, por lo que no hay riesgo de error o engaño. La inmensidad de la vida está siempre abierta e invitándonos sin reservas. La libertad ilimitada para explorar es enriquecedora e infinitamente inspiradora. Es estimulante conquistar un nuevo potencial cuando se sabe que hay aún más posibilidades por delante. La verdad lo es todo, así que la imposibilidad no existe.

Si existen diferencias de raza, cultura o mentalidad solo hacen que la vida sea más fascinante y exótica, al revelarnos la cualidad multinivel de la Verdad. La vida es abundante y compartimos estos privilegios con todos. No hay desacuerdos ni opiniones, ya que solo existe la Verdad.

Realidad de tiempo y espacio

Con las influencias de Sagitario-Piscis, la dimensión del tiempo y espacio revela que las percepciones personales acerca de la Verdad suelen estar teñidas de prejuicios y proyecciones personales. Cada persona está condicionada por sus circunstancias personales, por lo que la forma de interpretar la Verdad se percibe a través de distintos filtros, del ambiente, como de la cultura. Como resultado, las creencias se vuelven completamente subjetivas y, a veces, no guardan relación con la verdadera realidad. Los problemas comienzan cuando un fragmento de la Verdad se ve como la Verdad completa y esa visión estrecha se convierte en el único principio que guía a la persona en la vida. Una persona ve un trozo de cielo y piensa que es todo lo que hay, esperando que todo el mundo esté de acuerdo con eso.

La vida alberga una enorme cantidad de creencias, promesas y teorías, muchas de las cuales resultan ser completamente infundadas y conducen a conclusiones erróneas. De ahí que el pensamiento crítico es esencial en el tiempo y espacio, porque la Verdad se entremezcla con mentiras, exageraciones y engaños.

No es posible captar toda la Verdad dentro del tiempo y espacio; en consecuencia, incluso frente al acierto o nueva realización, volverán a aparecer limitaciones. Como resultado, la Verdad es siempre relativa dentro del tiempo y espacio y nunca es pura o completa. Aquellos que son crédulos y creen ciegamente en cada promesa que se les hace, pagan el precio por su infundado optimismo.

LAS SIETE FASES EVOLUTIVAS

Fase 1. Inocencia en el milagro de la vida
Vivir la vida con total inocencia, como si todavía se estuviera en la atemporalidad del vientre cósmico.

Con Neptuno en la casa 9 y configuraciones afines, la inocencia puede encontrarse en la inmensa sensación de libertad. Hay suficiente espacio para permitir que cada uno sea lo que es y que deambule libremente, sin interferencias ni críticas de los demás. No existe el concepto de subyugación, ni ninguna forma de dominio o privación. En esta fase, algunos individuos con estas inscripciones en su carta pueden llegar a ser espontáneamente expresivos en todos los niveles: físicos, intelectuales y emocionales. Con un espíritu salvaje y libre, pueden invadir el espacio de los demás, normalmente sin ninguna intención maliciosa, porque no existe una comprensión de cuáles son los límites. Dan por sentado el concepto de libertad y no conocen la vergüenza, inhibición o pretensión.

Pueden percibir la vida como algo ilimitado y lleno de potencial y creen que todo el mundo dice la Verdad. Por lo tanto, se dejan seducir fácilmente y confían en las promesas, especialmente si se les promete algo grande. Esto también puede aplicarse a nivel espiritual, donde siguen ciegamente las creencias que se predican.

En el escenario opuesto, la inocencia se manifiesta en una actitud muy pasiva, en la que la expresión personal y el instinto de crecimiento y desarrollo están latentes. Estos individuos rehúyen las oportunidades de expandirse y aprender más, creyendo que saben todo lo que hay que saber y se conforman con su estrecha existencia. Algunos de ellos pueden ser especialmente silenciosos y no sentir ningún impulso para expresarse o decir su verdad, al punto, a veces, de resultar aburridos. Puede que no se pregunten qué es la verdad en primer lugar y que simplemente se dejen llevar por la costumbre.

Fase 2. Pérdida de la inocencia

Nacer del útero cósmico en los confines del tiempo y espacio, precipitando la aparición del ego (conciencia individual).

Con Neptuno en la casa 9 y configuraciones afines, la pérdida de la inocencia puede producirse cuando se ignoran y descuidan el potencial y las posibilidades de expansión. Los individuos pueden nacer en la pobreza o simplemente en un entorno monótono y seguir el patrón parental escasamente inspirador, carente de ambición, motivación o fuerza para cambiar y expandir la vida. Además de la ausencia de oportunidades, puede que sus padres hayan sido cerrados, limitando, así, la exposición de sus hijos a su máximo potencial. Al no percibir que puede haber más en la vida que su pequeño mundo, estas personas dan por sentado que sus limitaciones son una realidad.

A veces estas limitaciones vienen impuestas por circunstancias de la vida que escapan al control del individuo. Por ejemplo, podemos ver artistas promisorios y bien dotados que no son capaces de progresar u obtener reconocimiento porque nunca les llega la oportunidad de mostrar su trabajo. Es posible que deseen más, pero también que no tengan el impulso o las habilidades para promocionarse o comercializar los servicios. Cuando su potencial se desaprovecha, pierden la inocencia y se dan cuenta de que no pueden limitarse a esperar que las oportunidades se manifiesten por sí solas, sino que deben ser proactivos para crearlas.

Por otro lado, la falta de afán por aprender acerca de la existencia puede conducirlos a una perspectiva un tanto aburrida y complaciente, en la que no hacen ningún esfuerzo por explorar los significados de la vida. Estos individuos pueden pasar de largo, sin inspiración ni convicción que oriente o, incluso, sin evaluar lo que es verdadero y lo que es falso. Tienden a permanecer silenciosos e invisibles, sin nada en particular que defender. Aunque este enfoque pasivo parece inofensivo, puede engendrar crisis, porque hace que estos individuos sean más vulnerables al adoctrinamiento, la mentira y la manipulación. Cuando no se invierte ningún esfuerzo por encontrar y expresar la Verdad, se carece de un punto de vista y esto los convierte en sujetos crédulos. Por ejemplo, pueden encontrarse en situaciones en las que se los acusa injustamente o son víctimas de calumnias, suposiciones erróneas o prejuicios y no encuentran ningún argumento para defender su verdad o demostrar la inocencia. Se desilusionan cuando se dan cuenta de que no todo lo que los rodea es cierto y correcto, que la Verdad debe ser buscada activamente y que debe ser contada.

Del mismo modo, los individuos con temas Sagitario-Piscis en sus cartas pueden perder su inocencia cuando son criados por padres testarudos que no reconocen ni respetan la auténtica naturaleza de su hijo y, en consecuencia, niegan sus necesidades e instintos naturales. Por ejemplo, un niño puede tener un fuerte vínculo con un animal que los padres desprecian y le quitan la mascota porque les molesta. Del mismo modo, una niña extrovertida y atlética puede verse presionada para ajustarse a un estereotipo más femenino y verse obligada a reprimir su expresión natural. Algunos niños pueden haber tenido fuertes percepciones e intuiciones que son ignoradas y desestimadas y, como resultado, la opinión personal queda relegada. Sin embargo, al llegar a la edad adulta, estas personas pueden encontrar un libro o conocer a alguien inspirador que despierte algo auténtico en su interior. Solo entonces se dan cuenta de que su auténtico yo ha estado adormecido todo el tiempo y que han estado viviendo una vida que no es la suya. Puede que se den cuenta de que no les gusta lo que estudiaron en la universidad o que no tienen afinidad con la pareja con la que se casaron; en otras palabras, ven que no estaban en contacto con su Verdad y que, en consecuencia, sus elecciones no fueron auténticas. Perder la inocencia es un *shock*, pero también es una oportunidad para que vuelvan a estar en contacto con lo que es real y, lo que es más importante en este contexto, encontrar su forma de pensar y, en consecuencia, expresarla.

Esta dinámica puede aplicarse a nivel colectivo, cuando las personas tienen que negar su cultura, fe o identidad porque la autoridad o gobierno impone principios y dogmas diferentes. Estos prejuicios raciales, étnicos o religiosos pueden no ser necesariamente la norma oficial, pero aún así suponen restricción, desprecio e intimidación hacia los grupos minoritarios. En algunos casos, estas influencias pueden llevar a la persona a convertirse en víctima de racismo e intolerancia radicales.

A menudo encontramos dos grupos opuestos con estas influencias. Uno es de espíritu relativamente libre, salvaje y más en sintonía con la naturaleza y el otro es refinado, relativamente sensible y normalmente urbano. Este último tipo suele sentirse intimidado o incluso aterrorizado, por todo lo relacionado con el aire libre o la naturaleza. A este grupo no les gustan los bichos, temen a los animales, por más mansos que sean y evitan los espacios abiertos. Es posible que sus padres nunca los hayan expuesto a la naturaleza durante la crianza y la ven como un territorio extraño. El otro grupo es más rudo, camina descalzo, vive cerca de la naturaleza y sigue la corriente de la vida. A veces, pueden carecer de habilidades sociales y ser bastante bruscos e inapropiados con la gente. El requisito evolutivo para estos dos grupos tan diferentes es aprender a equilibrar los opuestos que cada uno expresa.

Los problemas de adaptación también pueden surgir cuando las personas se encuentran fuera del estereotipo físico de su entorno. En algunos casos, esto puede expresarse de forma literal; por ejemplo, a causa de desequilibrios hormonales, pueden padecer gigantismo u obesidad y, por lo tanto, los sujetos presentan dificultades para calzar en la horma en que las cosas están habitualmente diseñadas. En otros casos, no es el cuerpo físico, sino que los modales o coordinación son toscos. Pierden la inocencia cuando se hace evidente que no están en afinidad con los demás, ni con la norma natural. Por tanto, estos sujetos necesitan aprender a mantenerse fieles a su propia naturaleza y, a la vez, dejar de estar en constante conflicto con su entorno.

En otros casos, la falta de medida y autocontrol se manifiesta a través de un ambiente familiar bullicioso, desconsiderado o turbulento durante la infancia. Los padres pueden haber sido ruidosos, autocomplacientes e invasivos, avergonzando al niño y no respetando su intimidad. Con estas inscripciones astrológicas, los padres pueden haber dado mensajes contradictorios al niño: por un lado, pueden haber gastado y despilfarrando recursos en proyectos e ideas extravagantes y por el otro, pueden haber sido avaros con las necesidades del niño. Este tipo de circunstancias permiten que el individuo aprenda a poner límites y a hablar con propiedad y, al mismo tiempo, conocer las consecuencias negativas de la falta de ecuanimidad.

La falta de límites y proporción también puede manifestarse conductualmente a través de la autocomplacencia excesiva, del oportunismo y escapismo. Estos individuos pueden dejarse llevar por sus deseos y apetito y tener dificultades para gestionar antojos o recursos. Puede haber un anhelo de sentirse estimulado en todo momento, lo que puede conducirlo a dietas poco saludables, hiperactividad, hábitos financieros o juego extravagantes. Pierden la inocencia cuando se dan cuenta de las consecuencias derivadas de su exceso, ya sea a través de una crisis de salud o bien a través de crecientes deudas financieras.

Estos individuos pueden ser muy crédulos a la hora de responder ciegamente a promesas del tipo optimista, porque siempre están abiertos a mayores oportunidades en la vida. Quieren creer en la suerte y la abundancia y fantasean ingenuamente con una mayor fortuna. Pueden dejarse seducir fácilmente por estas extravagantes perspectivas de ganancia, sin ser lo suficientemente precavidos para verificar estas afirmaciones, lo que finalmente redunda en perder la inocencia y sentirse desorientados cuando son estafados. Pueden caer ante estafas deshonestas, ideas grandiosas o productos inútiles que compran sin cuestionarse.

También se les puede lavar el cerebro ideológicamente y ser manipulados para que crean que tienen que servir a una causa espiritual, a menudo de carácter mesiánico. Pueden intoxicarse con sus visiones espirituales y perder el sentido común; seguir ciegamente a un maestro o a un movimiento que luego se revela como ilusorio o fraudulento. Estas configuraciones muestran una inclinación natural en lo espiritual, pero es necesario que los individuos puedan distinguir la Verdad de lo ilusorio o proyección personal. La experiencia aleccionadora comienza cuando comprenden que las ideas espirituales necesitan ser verificadas en la realidad cotidiana.

Este escenario también puede invertirse cuando los individuos con estas inscripciones astrológicas son los que hacen promesas excesivamente optimistas y engañan a los demás. Para ellos, su visión es una realidad. Esta tendencia suele compensar una sensación de carencia en sus vidas. En algunos casos, este comportamiento puede diagnosticarse como depresión maníaca o trastorno bipolar y puede provocarles un caos tanto a ellos mismos como a sus familias. Como existe una tendencia natural a ser buscadores, estos sujetos sobrepasan todo límite con la esperanza de poder acceder a un potencial superior; perciben de manera inconsciente lo que significa la dimensión atemporal, pero por lo mismo pierden contacto con las referencias temporales y espaciales. Esta condición suele estar desencadenada por traumas profundos de humillación o abuso en etapas anteriores del desarrollo, que ahora se compensan con excesos de invencibilidad y grandeza. También puede ocurrir que la persona con estas inscripciones no sea la que está enferma, sino un familiar. En ese caso, pierden la inocencia al experimentar las consecuencias negativas del comportamiento bipolar del que son testigos.

La pérdida de inocencia también puede ser consecuencia del choque cultural. Por ejemplo, pueden encontrarse en un país extranjero en el que la seguridad esté comprometida; por ejemplo, si les roban o caen enfermos, puede que no encuentren ninguna ayuda fiable porque no entienden el idioma o las costumbres locales. Se encuentran desorientados y en situaciones potencialmente peligrosas, sin poder cuidar de sí mismos. A medida que pierden la inocencia, se dan cuenta de que las diferencias culturales no pueden tomarse a la ligera ni darse por sentado.

Dentro de esta lógica, la pérdida de inocencia puede producirse cuando buscan una vida mejor y emigran a un nuevo país, pero en cambio encuentran dificultades y limitaciones en su nuevo hogar. En retrospectiva, toman conciencia de que el gran sueño no se convirtió en lo que prometía ser, ya que se sienten abrumados, desorientados o simplemente fuera de lugar en su nueva vida, lo que lleva a la desilusión y al arrepentimiento.

Esta forma de desilusión puede producirse con cualquier proyecto o inversión que inicialmente promete grandes perspectivas pero que en la realidad resulte ser difícil o abrumador. Se dan cuenta de que asumieron un riesgo demasiado grande, sin prever con exactitud las consecuencias de su aventura.

Fase 3. Fortalecimiento de la inmunidad

Adaptarse al tiempo y espacio, desarrollando un mecanismo de defensa, formando y solidificando el ego y reconociendo el valor del trabajo.

Los individuos con Neptuno en Sagitario y configuraciones afines en sus cartas podrían verse consumidos por la duda y la incredulidad como forma de reacción a la pérdida de inocencia. También, pueden pasar a ser obstinadamente escépticos, cínicos y suspicaces ante cualquier cosa demasiado optimista, prometedora o glamorosa. Las ideas y promesas grandiosas ahora los asustan y podrían incluso provocar reacciones de ira. Pueden ver fraude y engaño en todas partes y negarse a creer cualquier cosa que no sea inmediatamente verificable.

Del mismo modo, pueden desarrollar una fuerte aversión hacia cualquier creencia basada en la fe, rituales, religiones o teorías de la nueva era; huyen de la religión y la espiritualidad como de la peste. Esta dinámica puede manifestarse, por ejemplo, a través de los hijos de padres involucrados en actividades espirituales; rechazan la orientación espiritual de los padres porque la consideran ridícula y poco fiable. Dado que necesitan recuperar la sensación de control sobre sus vidas, se muestran cautelosos a la hora de dejarse arrastrar por teorías fabulosas y especulaciones metafísicas improbables. El aquí y ahora es más seguro, se conforman con menos y eligen una vida más simple, porque al menos es "real".

En esta fase, ya no se sienten tentados por las perspectivas de expansión, aumento y mayor abundancia. Incluso la visión de personas que viven con gran extravagancia e indulgencia puede evocar un sentimiento de repulsión. En esta fase, perciben que una expansión excesiva pondría en peligro lo que ya tienen. Temen verse abrumados por proyectos y empresas demasiado grandes porque pueden estar mal gestionadas. Más da miedo, menos da seguridad.

Desde otra perspectiva, se puede desarrollar resistencia hacia una apertura cultural excesiva. Los recuerdos conscientes o inconscientes de choques y malentendidos culturales pueden provocar miedo a la confusión y desorientación cultural. Si este miedo se descontrola, puede conducir al racismo y a proyecciones fantasiosas hacia otras culturas.

Los recuerdos de desorientación también pueden asociarse a los grandes espacios abiertos, multitudes y conducir a la agorafobia. Se sienten inseguros e intimidados por las grandes extensiones o espacios exteriores, porque nada los logra contener una vez que salen de sus espacios más íntimos. En consecuencia, pueden limitar sus desplazamientos y ser poco proclives a viajar.

Los recuerdos relativos a la humillación cultural, persecución o negación pueden impulsarlos a recuperar su orgullo cultural y autenticidad del ser. Por ejemplo, dentro de la sociedad, las minorías étnicas pueden tener recuerdos de haber sido avergonzadas, incomprendidas e intimidadas y se vuelven conscientes de su herencia cultural. Con el tiempo, pueden sentirse obligadas a revertir la vergüenza, recuperar el orgullo y hacer valer los derechos civiles. Pueden convertirse en personas muy sensibles respecto a cualquier presión que los obligue a conciliar o adaptar sus puntos de vista y tradiciones culturales. Por ejemplo, un nativo americano puede optar por volver a su herencia, conocer las formas tradicionales y, rechazar en lo sucesivo cualquier presión para adaptarse a un estilo de vida occidental, porque encuentra una fuerza renovada en las tradiciones de su linaje ancestral.

Para fortalecer la inmunidad, estos individuos deben aprender a expresarse de forma más abierta y clara, en lugar de esperar que se los entienda sin esfuerzo: necesitan encontrar su propia voz. Esta lección puede aplicarse literalmente y mejorar la dicción y habilidades de escritura; y en el plano psicológico, hacer más esfuerzos por comunicarse. Ya no pueden permitirse el lujo de permanecer en silencio: su verdad o la verdad debe ser escuchada o, de lo contrario, será ignorada.

El fortalecimiento de la inmunidad también requiere que estas personas tomen las riendas de su destino y no esperen pasivamente que las oportunidades se manifiesten por sí solas. Esta es una lección para recuperar la fe y crear proactivamente oportunidades para ellos mismos. Tomar las riendas de su desarrollo y expansión puede implicar la obtención de una educación superior o simplemente aprender a comercializar y promover sus proyectos personales de forma más eficaz para ampliar su alcance.

En general, la necesidad de libertad y autenticidad puede obligar a estas personas a pasar más tiempo en la naturaleza. Estar en espacios abiertos y rodeados de vida salvaje puede servir de inspiración para recordar la esencia original y natural de las cosas y la importancia de no traicionar su verdad.

Fase 4. Función pública, vocación y fama potencial; convertirse en el instrumento de la vida

Conectarse con la conciencia colectiva; participar en el intercambio colectivo y en la dinámica de las masas.

Las personas con Neptuno en Sagitario e inscripciones astrológicas afines podrían ofrecer servicios relacionados con la educación y la enseñanza. Por ejemplo, podrían estar en el mundo académico como profesores, especialmente en los campos de la filosofía, teología, etnología o antropología.

En otros casos, podrían convertirse en líderes espirituales y profesores que publiquen material sobre significados filosóficos y existenciales desde una perspectiva más amplia. Sus ideas sobre la vida y el significado de la existencia pueden inspirar a un gran número de personas y, en ocasiones, pueden ser controvertidas. Pueden servir como chamanes porque son capaces de conectar el plano terrestre con el espiritual o superior, la conciencia humana con la conciencia animal y la naturaleza. También pueden convertirse en oradores motivacionales que animen a la gente a tomar las riendas de sus vidas, a curar viejas heridas y a manifestar circunstancias más positivas.

Los campos de la religión y la espiritualidad también representan áreas de servicio vocacional y algunos individuos se convierten en sacerdotes, monjas y ministros o líderes de similar categoría en otras religiones. También pueden traducir, interpretar y publicar material relacionado con textos y escrituras religiosas y filosóficas.

En otros contextos, con estas inscripciones astrológicas, se puede reflejar la capacidad de influencia pública a través de la industria editorial, la impresión y distribución de libros tradicionales o en la Internet. Desempeñan un papel en la difusión de ideas e historias, ya sean de no ficción, ficción o material de referencia.

Estas inscripciones astrológicas también pueden describir la participación de estos sujetos en la industria publicitaria. Tienen la capacidad para fomentar el consumo y el comercio. Pueden, por ejemplo, promover eventos, diseñar anuncios o trabajar en el campo de las relaciones públicas. En esa misma línea, pueden tener una carrera en ventas y convencer al público para que compre sus productos.

Además, pueden dedicarse al turismo y promover visitas turísticas, viajes y exploración intercultural, actuando como agentes de viajes, guías turísticos y organizadores de eventos culturales.

Desde otro punto de vista, la elección de las vocaciones puede implicar el mundo natural y los espacios abiertos, como por ejemplo guardaparques, conservacionistas o equinoterapeutas.

En relación con el multiculturalismo y la etnicidad, las personas pueden ejercer como antropólogos o etnólogos que investigan diversas culturas, tanto modernas como antiguas. También pueden convertirse en defensores de causas como la tolerancia cultural o ser activistas de la libertad de expresión, promoviendo los derechos de las minorías y la importancia de valorar el patrimonio étnico y las culturas indígenas reprimidas.

Dentro de una versión más negativa, algunos de estos individuos pueden suponer una amenaza para el multiculturalismo, incitando al fanatismo y al odio mediante la difusión de paranoia y prejuicios hacia otras culturas. Pueden, por ejemplo, destacar la influencia negativa de la inmigración y culpar a los extranjeros del desempleo. A la inversa, pueden ser ellos los que se conviertan en víctimas del racismo y, a través del martirio, aumentar la conciencia colectiva sobre la importancia de la tolerancia y la diversidad cultural.

Orientación profesional o funciones públicas

- *Educación, enseñanza, puestos académicos.*

- *Publicación, distribución, radiodifusión.*
- *Publicidad, ventas.*
- *Turismo.*
- *Filosofía, teología, enseñanzas religiosas y espirituales, chamanismo.*
- *Antropología, etnología.*
- *Ocupaciones relacionadas con la naturaleza y la vida silvestre.*
- *Activismo a favor de la tolerancia cultural o, por el contrario, racismo.*

Fase 5. Desafiar el miedo

Cuestionar las limitaciones existentes, vivir con mayor autenticidad, elegir la Verdad en lugar de la seguridad, liberar el espíritu.

Bajo la influencia de las inscripciones de Sagitario-Piscis, el desafío a los miedos e inhibiciones personales puede darse en asociación con el desarrollo espiritual, cuando los individuos encuentran el coraje para seguir la intuición personal e ideas espirituales, aunque sean consideradas poco prácticas o ridículas por sus pares. Por ejemplo, podría tratarse de un científico que expresa abiertamente su pasión por la astrología. Decir su verdad y desafiar el miedo a perder credibilidad puede ser liberador e incluso puede hacer surgir aliados inesperados que también practican disciplinas espirituales a puertas cerradas.

Para algunos, esta fase puede expresarse como un fuerte deseo de mayor autenticidad que los impulsa incluso a cambiar su apariencia y orientación vital. La persona puede adoptar un estilo de vida más informal y natural, renunciar a los tacones altos o corbatas, alejarse de las zonas urbanas estresantes, pasar menos tiempo con el ordenador y dedicarse a conectar con la naturaleza. El miedo a perder ingresos o a ser considerado poco sofisticado disminuye a medida que la libertad de un estilo de vida más armónico se vuelve más convincente. Ser más expresivo también suele traducirse en vivir libremente y mostrar emociones. La gente puede liberarse de estar demasiado tensa o cohibida y desarrollar un lenguaje corporal más cálido y juguetón, con más abrazos, gritos o bailes.

La persona puede desafiar los miedos a través de la toma de riesgos vocacionales, embarcarse en aventuras y proyectos empresariales inspiradores que a su vez, representan una apuesta. Aspiran a una mayor libertad, autenticidad y abundancia y quieren causar un mayor impacto. Esta dinámica puede traducirse para algunos en unirse a expediciones a lugares remotos y salvajes y para otros, en organizar eventos a gran escala para promover causas, creatividad y dinámicas comunitarias. Esta orientación también puede llevarlos a enfrentarse al miedo a hablar en público. La necesidad de inspirar a la gente y generar interés en sus proyectos e ideas requiere mayor exposición pública, que los llevará a superar cualquier timidez o cohibición existente.

En otros casos, puede manifestar un gran interés por las creencias diferentes o culturas extranjeras y poner a prueba los prejuicios. Por ejemplo, puede tratarse de un musulmán que se aventura en el mundo del judaísmo o del hijo de un científico que explora la magia y el vudú y abre una puerta a revelaciones y experiencias fascinantes. La persona también puede convertirse a otra religión o adoptar una nueva cultura por completo, desafiando los temores a cambiar de identidad y posiblemente decepcionando las expectativas de su familia. La valentía de trascender los condicionamientos culturales y entregarse a la pasión de la fe, donde sea que los lleve, puede proporcionar experiencias más profundas y permitir la realización existencial más profunda.

La aspiración a recuperar la libertad puede manifestarse también de forma opuesta, cuando un individuo abandona cualquier asociación filosófica, espiritual o religiosa para vivir la vida de forma más directa, sin que se lo impida ninguna referencia espiritual. La persona deja de lado el miedo a Dios, al vacío y a todos los vínculos con rituales religiosos. Esta orientación se inspira en la necesidad de una experiencia más directa con la vida, evitando las construcciones espirituales que a menudo manipulan y constriñen la mente y las emociones. La persona puede haber seguido un movimiento espiritual o haberse criado en una familia religiosa, solo para darse cuenta de que ese estilo de vida limitaba su experiencia auténtica. El valor de vivir conscientemente sin apego a ningún sistema de creencias ayuda a disolver los condicionamientos y fomenta la exploración de la Verdad con más neutralidad.

Fase 6. Humildad y ego

Darse cuenta de las limitaciones del ego; tomar perspectiva sobre los ciclos y fuerzas más amplios de la vida.

Con Neptuno en Sagitario y signos afines, los individuos pueden tener experiencias de humildad cuando hay un cambio de rumbo y el camino hacia la cima va más bien en declive. Desde un lugar de abundancia, libertad financiera y vida indulgente que acompaña al éxito, puede repentinamente haber un cambio de fortuna que trae consigo pérdidas y limitaciones. En casos extremos can titanes, imperios empresariales y grandes fortunas que se creían inamovibles y se llevan por delante a muchas personas relacionadas con sus negocios. En retrospectiva, se puede descubrir que los cimientos de esas grandes empresas no eran realmente sólidos, sino que se basaban sobre todo en la especulación y posibilidades. A menor escala, una persona puede experimentar caer en desgracia cuando hace demasiadas promesas que no puede cumplir y finalmente se queda corta y decepciona a todos los involucrados. En resumen, el ego se vuelve modesto cuando experimenta un descenso y aprende sobre las consecuencias del crecimiento u optimismo infundados.

En esa misma línea, las personas pueden sentirse humilladas cuando expresan creencias arrogantes, dueñas de la verdad, quienes luego son confrontadas con sus errores y quedan expuestas como una mera construcción basada en su propia proyección. Aquí los individuos pueden reclamar autoridad sobre un tema y afirmar sus convicciones en términos absolutos, pero finalmente se darán cuenta de que estaban equivocados. Por ejemplo, un médico convencional puede ridiculizar los tratamientos alternativos y luego enfrentar el hecho de que un paciente se recupera inesperadamente después de que el tratamiento convencional fracasó.

En otros casos, las experiencias pueden venir como resultado de convertirse en el blanco de la prensa. El comportamiento o lenguaje inapropiados en privado se filtran y se retrata a la persona de forma negativa. El grado de exposición puede variar, desde los chismes dentro de una comunidad más inmediata hasta ser parte de un auténtico frenesí mediático. El escándalo mancha la reputación de la persona, independientemente de que las afirmaciones sean exactas o exageradas. Estas configuraciones pueden reflejar el efecto de dejar que un genio se salga de la botella y se descontrole. La lección evolutiva es comprender que nada puede permanecer completamente privado y que un comportamiento inapropiado o deshonesto puede quedar expuesto inesperadamente. Lo mismo puede ocurrir cuando las personas están en la otra cara de la moneda y difunden falsos rumores sobre alguien. Se aprende que la verdad se reivindica, tarde o temprano.

A medida que los individuos en esta fase maduran, pueden darse cuenta de que la prosperidad, la libertad y la expansión personal deben servir a un propósito superior que va más allá de su gratificación inmediata. Aprenden que la abundancia es el resultado de hacer circular y compartir los recursos y, que invertir en la felicidad de los demás, aporta felicidad a cambio. Las personas ricas pueden decidir renunciar a un estilo de vida opulento y, en cambio, utilizar los recursos para ayudar a personas o causas; sin embargo, incluso aquellos con medios modestos deben darse cuenta de que la generosidad estimula la creatividad. Al dar y compartir, reciben inspiración y devuelven esta energía positiva al mundo.

Con una mayor conciencia acerca de los principios integrales u holísticos que son parte de la vida, las personas pueden ser más conscientes de los excesos del consumo. Pueden optar por estilos de vida más sencillos y valores más austeros, porque entienden que el significado más profundo de la abundancia va más allá de las posesiones materiales.

En esta línea, pueden comprometerse a sanar proactivamente la negatividad derivada del prejuicio, el racismo y la aniquilación cultural de los pueblos nativos. En esta fase de humildad y madurez, se sienten inspirados para aprender de otras culturas, especialmente de las indígenas que se ven a sí mismas como parte de la naturaleza y no por encima de ella. Se dan cuenta de que toda forma de vida merece un simple derecho: la libertad de ser ellos mismos.

Pueden ser más conscientes del abuso de los sistemas de creencias y de las instituciones religiosas y, por tanto, desilusionarse con los métodos de adoctrinamiento y explotación de los creyentes por parte de líderes espirituales e iglesias corruptas. Una crisis de creencias puede generar ira hacia estas instituciones y una sensación de desorientación espiritual; sin embargo, esto puede ser un proceso de purga necesario para la búsqueda de enseñanzas y prácticas más auténticas.

Fase 7. Inocencia, desilusión y madurez en la espiritualidad

Reconocerse y alinearse conscientemente con los principios atemporales de la Verdad.

Sumergirse en un camino espiritual puede proporcionarles a las personas con los temas Sagitario-Piscis una enorme sensación de bienestar, ya que gravitan de forma natural hacia el conocimiento espiritual y mirada más amplia. A través de los canales espirituales, el impulso natural de trascender el reino material tiene una salida y los transporta a dimensiones abstractas y existenciales. Se sienten completos en el mundo conceptual, el mundo etéreo del espíritu, la filosofía y los significados más elevados.

Pueden sentir una fuerte atracción por estudiar las escrituras, explorar los niveles esotéricos y más profundos de las religiones establecidas y atravesar las capas de las interpretaciones populares. Algunos de estos individuos pueden tener una cercanía natural con las lenguas clásicas y más conceptuales, como el hebreo o el sánscrito, ya que estas lenguas evolucionaron a partir de la intención de comunicar la Verdad de forma simbólica y conceptual.

También pueden tener una afinidad natural con las prácticas chamánicas que consideran que los mundos natural y animal son plenamente conscientes. Pueden sentirse atraídos por la comunicación ceremonial con la naturaleza, incluida la vegetación y los animales, percibiendo la unidad subyacente en las diferentes manifestaciones de la conciencia. Incluso pueden ser capaces de romper las barreras entre las diferentes formas de vida y, en algunos casos, desarrollar facultades de comunicación entre especies.

Con una capacidad natural para acceder a la dimensión atemporal, donde las posibilidades están más allá de los confines del tiempo y espacio, estos individuos pueden desarrollar una poderosa capacidad para manifestar visiones y realidades. Entienden que son instrumentos de creación y que su mente es una herramienta capaz de crear visión. Visualizar y proyectar la visión mental los ayuda a materializar este potencial en la vida real. Sin embargo, la lección consiste en comprender que el poder de manifestación debe servir a una causa global y a la Verdad y que no se trata solo de ambiciones egoístas. Además, si se apegan demasiado a las visiones, la línea entre los deseos y la Verdad comienza a desdibujarse. Para realinearse espiritualmente, pueden pasar por experiencias en las que, por ejemplo, pierden su capacidad creativa. En otros casos, pueden acabar decepcionados por las realidades que tan hábilmente manifestaron.

Cuando viven con sinceridad, sencillez y generosidad, pueden establecer una experiencia directa con la Verdad. Esto puede traer epifanías, revelaciones e incluso sentimientos de embriaguez divina. Son tocados por la luz y el sabor del néctar divino. Algunos de ellos serán receptivos para conceptualizar o simplemente "descargar" nuevas comprensiones sobre la vida, la forma en que funciona y sus mayores significados. Este canal de inspiración permanece activo mientras sigan siendo sinceros en su devoción y neutrales como canales de la Verdad.

Una importante lección evolutiva con estas configuraciones astrológicas es abstenerse de desarrollar un fuerte apego a estas experiencias espirituales y evitar convertirlas en un escape del tiempo y espacio. Las realizaciones espirituales más elevadas suelen generar sentimientos de felicidad y bendición y estos sentimientos pueden volverse adictivos. Además, en lo alto de las revelaciones espirituales, las personas pueden insistir y reclamar el monopolio de la Verdad. Algunos de estos individuos pueden verse a sí mismos como encarnaciones de grandes maestros, típicamente elegidos como Juana de Arco o María Magdalena; o, en otras palabras, desarrollar complejos mesiánicos. Naturalmente, estos apegos tienden a provocar experiencias de humildad.

La madurez espiritual bajo estas influencias se manifiesta en el abandono de apegos a creencias. En la fase espiritual, la persona puede desarrollar un conocimiento que anula las creencias, a través de la experiencia directa con la Verdad. En otras palabras, la Verdad no es algo para creer, sino para experimentar y encarnar. Con confianza y humildad, pueden explorar dimensiones más elevadas de la existencia porque poseen un auténtico amor por la Verdad, algo que mantiene las percepciones claras y nítidas. A través de la inspiración divina, pueden desempeñar funciones de maestros espirituales y chamanes que navegan entre las diferentes dimensiones y proporcionan valiosos conocimientos sobre otras formas de conciencia y significados de la vida.

Liberación de la paz

Perdona a Dios por el hecho de que la Verdad no sea algo obvio y que, por tanto, estemos inclinados a malinterpretar, generar engaños y discusiones. Acepta que sabemos muy poco y debido a esto nuestra libertad es muy limitada. Comprende que pensar que somos absolutamente libres nos convierte en esclavos de nuestras propias ilusiones personales.

Afirmación: La verdad se revelará.
Desafío: La Verdad no es lo que esperaba que fuera.
Regalo: Poder para ver lo principal. .
Felicidad: Ver abundancia en lo simple.

Figuras públicas con las configuraciones Piscis-Sagitario

- **Barack Obama** (Neptuno en la casa 9, cuadratura a Júpiter en la casa 12)
- **María Montessori** (Neptuno en la casa 9)
- **Martin Luther King Jr.** (Júpiter en la casa 12 en trino a Neptuno)
- **Abraham Lincoln** (Neptuno en la casa 9 en Sagitario)
- **Papa Juan Pablo II** (Conjunción Júpiter-Neptuno, en aspecto angular)
- **Johannes Kepler** (Júpiter en Piscis en cuadratura a Neptuno)
- **Leonardo DiCaprio** (Neptuno en Sagitario en cuadratura a Júpiter en Piscis)

Barack Obama

Inscripción astrológica de relevancia: Neptuno en casa 9 en cuadratura a Júpiter en casa 12.

Primer presidente estadounidense descendiente de afroamericanos. Rompió barreras raciales e hizo avanzar las causas de los afroamericanos. Abogado y activista de los derechos civiles, nació de una relación interracial y pasó su infancia en diferentes países, expuesto a las culturas africana, estadounidense, hawaiana e indonesia.

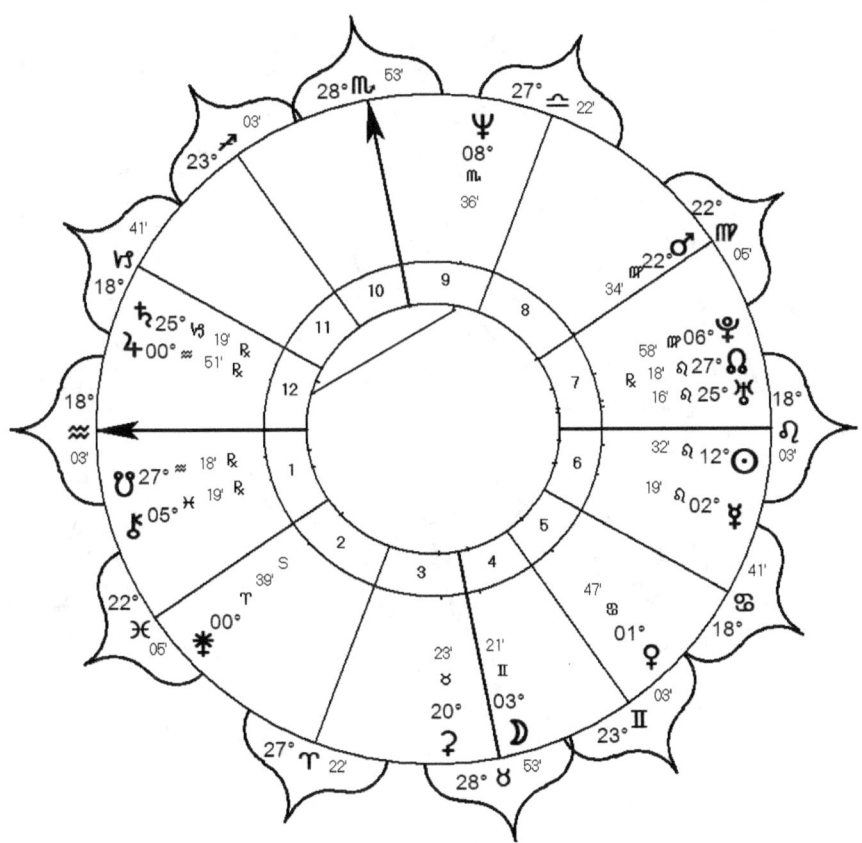

Abraham Lincoln

Inscripción astrológica de relevancia: *Neptuno en casa 9 en Sagitario.*

Uno de los presidentes norteamericanos más respetados, que dirigió a los Estados Unidos durante la Guerra Civil y como tal, su rol fue decisivo para acabar y prohibir la esclavitud. Emitió la proclamación de emancipación para los afroamericanos.

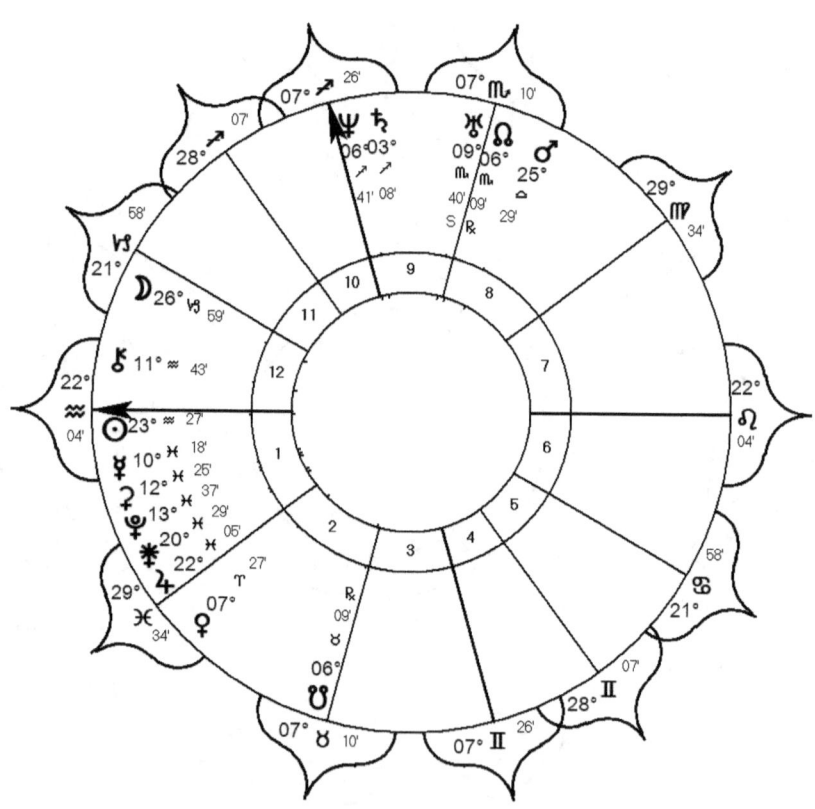

El viaje de crecimiento en los temas de
CAPRICORNIO Y PISCIS

Neptuno en Capricornio o Neptuno en la Casa 10
o
Neptuno en aspecto a Saturno,
a planetas en Capricornio
a planetas en la Casa 10

Saturno en Piscis o en la casa 12
Capricornio en la casa 12
o Piscis en la casa 10

LECCIONES EVOLUTIVAS

Cuando los arquetipos de Capricornio y Piscis se integran, la intención evolutiva es reconocer el orden divino que regula la vida en forma perfecta y armoniza todos sus componentes. Las leyes intrínsecas a este orden superior traen funcionalidad, productividad, bienestar y justicia; representan aquello que funciona, ya que estas leyes son las directivas de la Verdad. Ignorar estas leyes trae fracasos, depravación, mala salud y sufrimiento. Estas consecuencias demuestran que lo que funciona o no funciona no depende de nosotros, sino de un orden superior que lo abarca todo. El orden divino y universal, que nos guía a través de los fundamentos morales y prácticos, refleja el hecho de que la vida tiene sentido, dirección e inteligencia, lo comprendamos o no.

Aunque las leyes divinas superiores proporcionan verdaderas referencias para que la vida funcione, estas leyes no son obvias y deben aprenderse, ya sea a través de la sabiduría de los ancianos experimentados o a través del ensayo y error personal. Los humanos deben intentar interpretar las leyes divinas para construir sistemas y sociedades con la esperanza de crear una estructura fiable que contenga y guíe la actividad humana. Sin embargo, mientras se esfuerzan por descifrar lo que es correcto o justo, las leyes creadas por los humanos nunca coinciden completamente con las leyes divinas, ya que la percepción humana tiene limitaciones: siempre hay una brecha entre las interpretaciones humanas de las leyes y lo que realmente son. Las leyes divinas son atemporales y las percepciones humanas están ligadas al tiempo y espacio. Por lo tanto, el propósito evolutivo es estrechar esta brecha y continuar alineando el gobierno humano con las leyes divinas, un proceso que requiere una reevaluación constante de los sistemas y liderazgo humanos. Cuando están alineadas, las leyes divinas pasan a ser la clave de la libertad y el éxito, ya que son las que verdaderamente funcionan.

Estas influencias astrológicas representan el hecho de que existe una justicia y orden universales, que nos permiten a todos ser moralmente responsables de nuestras acciones e intenciones, ya sean positivas o negativas; tal es la ley del Karma. Aprendemos lo que es bueno, lo que es justo, lo que es equilibrado y lo que es correcto, hechos que no pueden ser manipulados para adaptarse a las preferencias personales. Podemos arrepentirnos de nuestros errores y beneficiarnos de segundas oportunidades, pero en sí mismas, las leyes no son negociables.

Lecciones evolutivas esenciales
- Reconocer que hay un orden omnipresente en la existencia y que solo se puede tener una experiencia exitosa alineándose con las leyes la existencia.
- Aprender las leyes a través de la prueba y error y de personas con experiencia.
- Darse cuenta de la brecha existente entre las leyes creadas por el ser humano y el orden universal superior; por lo tanto, comprender que los sistemas establecidos deben evolucionar y redefinirse constantemente.
- Aceptar la orientación y servir de guía a los demás. Aprender lecciones sobre el liderazgo ilustrado y servir de modelo.
- Reconocer que somos responsables de nuestras acciones e intenciones a través de la ley de equilibrio del karma, donde el juicio es, en última instancia, de orden divino.

Realidad atemporal

Con Neptuno en la casa 10 y configuraciones astrológicas afines, la realidad atemporal se conceptualiza como una dimensión en la que no existen los errores, porque todo está alineado con el orden divino que todo lo abarca. Vivir alineado con las leyes naturales de la vida aporta solidez y maestría; y con la maestría, todo es posible: la alineación con las leyes atemporales aporta libertad. Los líderes y las figuras de autoridad son invariablemente confiables y transmiten la experiencia a las siguientes generaciones, porque ésta funciona.

La conducta correcta, el juicio justo y las referencias morales son evidentes. Los líderes, cuya sabiduría y cuidado inspiran a los más jóvenes, sirven de canal entre el mundo espiritual y el material. Las nuevas generaciones tienen confianza en las previas, ya que se apoyan sobre los hombros de estos gigantes.

Realidad de tiempo y espacio

Dentro de la realidad de tiempo y espacio, lo incorrecto y lo correcto no son necesariamente obvios, porque se necesita tiempo para averiguar lo que realmente funciona; e incluso cuando algo es confiable, es posible que descubramos, tarde o temprano, que tiene fallas. La experiencia ganada de manera ardua inspira a la humanidad a establecer parámetros básicos de orden que aseguren un funcionamiento adecuado para la supervivencia y el desarrollo. Sin embargo, este orden es producto de la interpretación humana y, en el mejor de los casos, solo proporciona una guía parcialmente confiable. Los errores de gobierno, los fracasos y la corrupción demuestran que las leyes establecidas y los códigos morales de conducta deben ajustarse constantemente. La duda en el sistema establecido es, por tanto, constante.

Las leyes humanas deben redefinirse periódicamente; pero esto conlleva un riesgo, porque, aunque el sistema necesite actualización, cualquier cambio puede desestabilizar el funcionamiento actual y potencialmente desencadenar caos. La actualización de las leyes debe ser puesta a prueba y eso lleva tiempo. A veces, algunos individuos tienen que enfrentarse solos a todo un sistema ya arraigado para demostrar que éste estaba equivocado; y soportar quizás, durante el proceso, la intimidación, la presión y el aislamiento de quienes se resisten a cualquier cambio.

Las siete fases evolutivas

Fase 1. Inocencia en el milagro de la vida

Vivir la vida con total Inocencia, como si todavía se estuviera en la atemporalidad del vientre cósmico.

Con Neptuno en Capricornio e inscripciones afines, la inocencia puede manifestarse a través de la expectativa de que las leyes creadas por el ser humano coincidan completamente con el orden divino y, como resultado, se espera que todo funcione sin falla alguna. Las figuras de autoridad son obedecidas con plena confianza, lo que hace que el individuo sea naturalmente dócil y conformista. El crimen, la corrupción y la injusticia son conceptos extraños. Con este nivel de ingenuidad, la persona no es capaz de captar las posibles consecuencias negativas y, por lo tanto, puede seguir a los demás sin tomar en cuenta lo que está realmente bien o mal.

En la vereda opuesta, encontramos a la inocencia que se manifiesta a través de una confianza infundada, en que se cree saber lo que es correcto y cómo debe funcionar la vida. Como resultado, estos individuos pueden sentirse exentos de la necesidad de responder a las autoridades, porque creen que saben más y no tienen nada más que aprender. Eligen qué leyes aceptar y cuáles no y suelen evitar las que son inconvenientes o no sirven a sus propios intereses. De hecho, en su ingenuidad, creen que las leyes son negociables y pueden desarrollar elaboradas teorías para demostrar su punto de vista, del mismo modo que un adolescente puede argumentar que estudiar matemáticas en la escuela no es necesario.

Fase 2. Pérdida de la inocencia
Nacer del útero cósmico en los confines del tiempo y espacio, precipitando la aparición del ego (conciencia individual).

Con las inscripciones astrológicas de Capricornio-Piscis en la carta, los individuos pueden perder su inocencia cuando los modelos de conducta no son capaces de proporcionar una guía fiable y que aporte seguridad. Estas circunstancias pueden ser el resultado de figuras parentales ausentes o inmaduras, creando una sensación general de fragilidad que impregna sus vidas de incertidumbre, inseguridad y falta de solidez. Nada de lo que construyan puede sostenerse por mucho tiempo y la vida puede estar constantemente al borde del colapso, en relación a las finanzas, relaciones, salud física y mental y seguridad general. Pierden la inocencia al enfrentarse a un fracaso tras otro y se dan cuenta de que necesitan aprender a hacer las cosas bien. Empiezan a reconocer que hay un orden y pasos a seguir, que son parte de cómo opera la vida.

Desde el punto de vista de la salud, estas influencias pueden indicar problemas en el desarrollo de los huesos y un sistema inmunológico bastante frágil, que se deriva de la falta de solidez. En casos extremos, pueden producirse deformidades físicas, como enanismo o gigantismo, o bien, lesiones que pueden causar problemas de alineación estructural del esqueleto.

Para algunas personas, la administración de la vida se ve comprometida desde la infancia. Sus padres pueden haber sido disfuncionales e incoherentes con su interpretación de lo que estaba bien o mal, cambiando de posición por capricho. Estos padres manipulaban las situaciones y justificaban el cambio de las reglas para que se adaptaran a sus intereses. Cuando la ausencia de una autoridad moralmente fiable es extrema, puede exponer al niño a diferentes formas de conducta decadente. Por ejemplo, padres que mantienen relaciones sexuales delante de los niños o los incitan a beber alcohol o descuidadamente les permiten acceso a las armas de fuego. Los límites son borrosos e incoherentes y fluctúan entre una estrictez excesiva y una permisividad sin control.

En otras circunstancias, los niños con estas características rechazan la orientación y los códigos morales que se les ofrecen, a pesar de los esfuerzos de padres o profesores. Estos padres pueden carecer de la firmeza necesaria para establecer límites, perdiendo así el respeto del niño. Los problemas de conducta pueden manifestarse en insolencia, comportamiento irresponsable o, a veces, delincuencia. Al principio, estos niños no tienen una comprensión clara de las consecuencias y pueden creer que las cosas les saldrán bien, simplemente porque así lo quieren.

En la edad adulta, esta orientación puede llevarlos a cometer pequeños delitos y a vivir al margen de la sociedad o, en casos más extremos, llevarlos derechamente a una actividad delictiva. En el peor de los casos, estas configuraciones pueden reflejar una falta total de culpabilidad, similar a la conducta psicopática, en la que la persona nunca siente remordimientos cuando causa daño.

Los privilegios en esta fase de inocencia se disfrutan hasta que, eventualmente, se producen disfunciones o accidentes. La inocencia se pierde cuando estos individuos se dan cuenta de que sus vidas no funcionan; que no consiguen nada significativo o que sus malas decisiones pueden producir daño tanto para ellos mismos como para los demás. Finalmente se ven en la obligación de reconocer que la moral y las leyes no son una cuestión de opinión, sino un asunto comprobable en la realidad y un gesto de cooperación que busca el bienestar de todos a largo plazo. Si las leyes existentes en los sistemas humanos se revelan como obsoletas, suele haber formas más eficientes de cambiar el sistema, sin tener que recurrir a la falta de respeto ni a la decadencia.

La falta de moral y orientación claras también pueden generar un comportamiento bizarro, porque la persona no puede distinguir lo que funciona de lo que no y puede entonces desarrollar hábitos extraños o conductas peculiares, como tatuarse toda la cara por capricho, comer comida para gatos o tener comportamientos sexuales extraños, como la necrofilia o zoofilia. Estas formas de comportamiento no son necesariamente malintencionadas, sino que en su mayoría son el resultado de un juicio erróneo debido a la falta de modelos positivos en la infancia.

Ante la falta de moral confiable, lo más habitual, es el incumplimiento de compromisos, la evasión o el abandono de responsabilidades sin comprender del todo las posibles consecuencias y, en general, se incumple en las tareas y defrauda a los demás. Los sujetos aquí pierden la inocencia cuando sus compañeros y colegas ya no los toman en serio y prefieren evitarlos.

Algunos individuos son criados por padres demasiado blandos, hasta el punto de la permisividad y la consideración positiva exagerada. Los niños son tratados como adultos, como si fueran plenamente capaces de tomar cualquier decisión madura. Si bien es muy valioso proporcionar a los niños un sentido de autoridad y responsabilidad, la ausencia de límites y la excesiva laxitud pueden conducir a una falsa sensación de confianza y a un sentimiento de derecho. Con este enfoque más bien de *laissez-faire*, los niños pueden, por ejemplo, decidir abandonar la educación porque les resulta aburrida o bien, recurren a la cirugía plástica por una crisis de identidad. Aunque es crucial en cualquier decisión tener en cuenta la opinión del niño, darles total autonomía en estos asuntos críticos puede engendrar una sensación ilusoria de libertad que no les sirve de nada. De hecho, pueden anhelar inconscientemente una autoridad más decidida, a pesar de su comportamiento aparentemente seguro de sí mismo y de su libertad para tomar decisiones.

En escenarios menos extremos, los individuos con estas características pueden proceder de familias que los apoyan, pero no consiguen ganarse el respeto ni ser tomados en serio por la sociedad. Al salir de la zona de confort de sus hogares y entrar en el sistema, se los juzga con más rigor y no siempre se les dan segundas oportunidades, como estaban acostumbrados en casa. El mundo exterior es más exigente e intimidante y pueden sufrir colapsos debido al estrés.

A veces, la lucha por ganarse la credibilidad de los demás no se debe a su rendimiento, sino a los prejuicios que acompañan sus elecciones poco convencionales. Por ejemplo, una persona puede elegir ser astrólogo y tomarse esa carrera en serio, mientras que la sociedad mayoritariamente considera que esa orientación es ridícula. La inocencia se pierde al darse cuenta de que los códigos y referencias sociales no son del todo confiables y que desafiar las normas o expectativas puede ser una mejor opción. En este caso, desafiar los códigos de conducta que forman parte de la corriente principal no tiene que ver necesariamente con reclamar un derecho para sí de forma egoísta, sino, con el deseo genuino de servir a un bien mayor.

Esta dinámica también puede aplicarse a nivel colectivo, cuando se vive dentro de una sociedad o de un país cuyas reglas y normas éticas están obsoletas o manipuladas de forma grosera por quienes detentan el poder. Con la corrupción y el soborno desenfrenados, se hace borrosa la línea entre los funcionarios encargados de hacer cumplir la ley y los delincuentes. Los individuos que viven en estos países aprenden las reglas del juego e interiorizan que la justicia es más bien teórica y que rara vez se cumple en la práctica.

En consecuencia, estas personas se dan cuenta de que a veces hay que torcer las reglas para que prevalezca la justicia; en otras palabras, desobedecer una ley hecha por el hombre puede ser, a veces, lo correcto. La pérdida de la inocencia puede ser el resultado de ser perseguido o tratado injustamente por las figuras de autoridad, debido a leyes religiosas, culturales o políticas erróneas. En casos extremos, las personas pueden ser encarceladas, torturadas o incluso ejecutadas a causa de un sistema fallido de garantías procesales; un juicio poco acertado que engendra sentencias injustas. La persona victimizada por las figuras de autoridad existentes puede encontrarse indefensa y sola frente a un sistema que opera en forma defectuosa. El trauma resulta no solo del tratamiento en sí, sino que es también producto de la desilusión de que existan fallas tan fundamentales.

A la inversa, la pérdida de la inocencia se produce cuando las leyes y el orden se interpretan de forma demasiado literal y el bien y el mal, tal y como los definen las figuras de autoridad, se toman como algo absoluto. En este escenario, los niños son muy fáciles de educar, ya que son responsables, dóciles y obedecen sin oposición, mostrando lo que parece ser un comportamiento maduro que sobrepasa su edad. Los propios padres pueden sorprenderse del grado y facilidad de esa obediencia. Son niños que pueden delatar a sus amigos y ponerse del lado de los profesores antes de sus propios compañeros, a quienes consideran más inmaduros. Estos niños suelen saltarse la fase de rebeldía durante la adolescencia, sintiéndose frecuentemente alejados de su propia generación. Ya de adultos, esta tendencia puede manifestarse en forma de autosuficiencia y juicios y reacciones exageradas hacia otras personas que parecen más indulgentes en su relación con las normas. Pueden, por ejemplo, sermonear a las personas que estacionan sus automóviles fuera del área permitida o que se atreven a llegar tarde. Sus expectativas relativas a un orden perfecto en el ámbito humano pueden dificultar la integración a la vida cotidiana, ya que detrás de la actitud obediente, estos individuos carecen de flexibilidad y se toman todo demasiado en serio. Pierden la inocencia cuando su comportamiento aparentemente correcto no les aporta felicidad.

Además, puede producirse una crisis cuando descubren que una figura de autoridad a la que admiraban queda expuesta como corrupta. Por ejemplo, su propio padre puede ser descubierto cometiendo un fraude. También pueden desilusionarse cuando se dan cuenta de que las leyes y estructuras del sistema no son infalibles, al ver que los delincuentes quedan libres porque pueden pagar abogados de alto prestigio.

Tal como se ha descrito anteriormente en otras combinaciones, las configuraciones de Capricornio-Piscis también pueden conducir a opuestos, los que van desde lo revoltoso hasta lo excesivamente obediente. En algunas ocasiones, estas dos polaridades se encuentran en diversas circunstancias de la vida. Por ejemplo, un miembro respetado del gobierno puede ser el padre de un niño delincuente; o a la inversa, en el caso de un niño estudioso y académicamente aclamado que puede tener padres hippies y anarquistas. Aquí la lección es superar estas diferencias, porque estas personalidades tan polares tienen mucho que aprender de su opuesto, a fin de poder encontrar el equilibrio o término medio.

Fase 3. Fortalecimiento de la inmunidad

Adaptarse al tiempo y espacio, desarrollando un mecanismo de defensa, formando y solidificando el ego y reconociendo el valor del trabajo.

Con Neptuno en la casa 10 y los signos relacionados a esta configuración, la fragilidad y la falta de solidez experimentadas en la fase anterior, pérdida de la inocencia, conducen ahora a centrarse en la búsqueda de estructuras más estables que puedan proporcionar mayor seguridad y dirección. El caos constante pasó la cuenta y generó fragilidad y desorientación interna. En esta fase, hay un anhelo de encontrar a un líder que sea fuerte y sabio y que pueda proporcionar orientación y orden. En consecuencia, pueden encontrar a alguien que les sirva de sustituto a la figura parental y compensar la falta de modelos de conducta previos. Esta persona puede ser un maestro espiritual; o, incluso, una pareja cuya sabiduría les aporte estabilidad y orientación. Esto les proporciona la sensación de seguridad que nunca tuvieron, por lo que naturalmente sentirán una enorme gratitud hacia esa persona. Al estar más asentados en la tierra, pueden lograr un mejor control de sus vidas y, con el apoyo de los mentores, tener más éxito en sus esfuerzos.

A veces, después de llevar vidas disfuncionales y rotas, plagadas de negligencia, abuso de sustancias, delincuencia u otros vicios, encuentran la salvación en un sistema muy rígido que les entrega límites claros. Por ejemplo, pueden volverse muy religiosos, como cristianos renacidos o unirse al ejército. Seguir reglas más estrictas les permite compensar el hecho de no haberlas tenido y les da un manual de instrucciones y dirección claras. Posteriormente, pueden volverse moralistas y hacer proselitismo de su experiencia con los demás, pensando que todo el mundo necesita ser salvado como ellos a través de la religión, el ejército o algo parecido.

El fortalecimiento de la inmunidad también se basa en obtener más credibilidad en el mundo. La necesidad de ser tomado en serio puede traducirse en el deseo de ser lo más "normal" posible, según los estándares de la sociedad. Por ejemplo, pueden provenir de familias en las que los padres eran de espíritu libre con límites poco claros o simplemente débiles, por lo que pueden desear distanciarse de eso, intentando encajar siguiendo los códigos de éxito y credibilidad de la sociedad. Tener límites más firmes puede ser muy curativo en esta etapa. Es posible que les encante vestir trajes o uniformes corporativos y trabajar en empresas respetables con otros trabajadores ambiciosos, para obtener esta sensación de importancia y validación. También pueden elegir una trayectoria académica en campos que garanticen el respeto social y casarse con parejas que representen una imagen convencional y exitosa.

En otros casos, las relaciones con las figuras de autoridad pueden seguir siendo ambiguas y conflictivas. Aunque pueden buscar estructuras y mentores fiables para compensar sus privaciones infantiles, conservan una enorme aprensión hacia el sistema y las figuras de autoridad en general. Tener registros conscientes o inconscientes de persecución o injusticia puede alimentar una desconfianza fundamental hacia las instituciones y los sistemas, por lo que para ellos cualquier persona que lleve un uniforme puede representar una amenaza en lugar de seguridad. Estos recuerdos de injusticia y persecución también pueden tener su origen en vidas pasadas. A pesar de ello, estos individuos deben llegar a aprender a utilizar el sistema en su beneficio. La cooperación con la comunidad puede ayudarlos a desarrollar sus objetivos y visión. Aunque al principio se sientan intimidados por el sistema, la lección en esta fase es fortalecer su inmunidad y superar estas inseguridades. Aprenden a superar la sensación de inadecuación y victimización y logran tener más credibilidad. Las personas de uniforme o las autoridades en general, pueden realmente ayudarlos y apoyarlos, en lugar de perseguirlos. En este sentido, es posible que estas personas necesiten educarse mejor sobre los derechos básicos, la ética y el orden social, para entender mejor el sistema y evitar que se aprovechen de ellas.

Fortalecer la inmunidad también implica un equilibrio en el enfoque moral, para vivir con más soltura. Se comienza cuando se vence la propia superioridad moral y se aprende del perdón, propio y ajeno, aceptando que los defectos son parte de la condición humana. Estas personas deben aprender a tener una mirada más ligera y flexible, pero sin por ello comprometer la ética y los valores. Sin tener que dejar totalmente de lado la sinceridad y compromiso, descubrirán que tomarse la vida y a sí mismos menos en serio es un remedio contra la frustración y el aislamiento.

Al construir un estilo de vida consistente y bien fundada, surgen nuevas oportunidades que les permiten aumentar su productividad y contribuir mejor a la sociedad. Al sentirse más seguros y con los pies bien puestos en la tierra, estos sujetos pueden convertirse en modelo para los más jóvenes que a su vez necesitan orientación. Por ejemplo, podrían convertirse en entrenadores o tutores que trabajan con jóvenes con problemas.

Fase 4: Función pública, vocación, y fama potencial; convertirse en el instrumento de la vida

Conectarse con la conciencia colectiva; participar en el intercambio colectivo y en la dinámica de las masas.

Con las configuraciones Capricornio-Piscis en la carta, el ámbito de influencia pública y la vocación pueden estar asociados a las leyes, la política u otras organizaciones gubernamentales y oficiales. Los individuos pueden desempeñar cualquier posición relacionada a éstas, desde servir como funcionario de un partido político, legislador, autoridad cívica o, incluso, líder político nacional. Pueden desempeñar funciones que dan forma y definen el orden y la función de su comunidad o sociedad. Pueden participar en el proceso legislativo o convertirse en jueces o abogados.

Estas personas también pueden ocupar puestos de autoridad que se centran específicamente en la moralidad, como maestros religiosos o espirituales, miembros de comités de ética, jueces o personal de la policía o empleados que trabajan en cualquier función en el interior de instituciones penales. En otros casos, pueden servir como educadores de ética y moral para los jóvenes.

En el otro extremo del espectro, las personas pueden ser reconocidas públicamente como infractores de ley y delincuentes. En esta posición, pueden generar conciencia acerca de las leyes de la sociedad, del sistema de justicia y control y rendición de cuentas. A través de sus experiencias, se puede evaluar la confiabilidad del sistema legal. Los casos de persecución y enjuiciamiento que son injustos pueden llamar la atención del público. En casos extremos, una persona puede convertirse en mártir de un régimen corrupto y soportar el encarcelamiento o, incluso, la tortura y ejecución.

Por lo mismo, quienes tienen estas inscripciones astrológicas pueden ser activistas políticos que exponen la injusticia y se enfrentan a sistemas obsoletos u opresivos. A veces, los objetivos que persiguen se consiguen a través del movimiento de masas o de una revolución política, como cuando el líder de un movimiento de protesta genera suficiente ira y malestar como para provocar un levantamiento exitoso y derrocar un régimen existente.

Otra orientación profesional puede ser la de los campos de la medicina que se ocupan de la salud músculo-esquelética, como dentistas, quiroprácticos, cirujanos o fisioterapeutas que se ocupan de las lesiones óseas y articulares y de la rehabilitación.

También pueden dedicarse a vocaciones relacionadas con la construcción, como contratistas, arquitectos, diseñadores de interiores o minoristas que fabrican y venden materiales y herramientas de construcción. Pueden desempeñar muchas funciones diferentes en estas industrias, tanto en el plano práctico como en el estético.

En casos excepcionales, las personas pueden ser capaces de transformar las ideas sobre las leyes naturales y espirituales, de manera que alteren nuestra comprensión fundamental de la vida. Esta persona puede ser un científico o un místico que descubre y revela nuevas leyes sobre la naturaleza de la existencia, revolucionando lo que antes se daba por sentado. Este individuo puede ser capaz de establecer nuevas normas y cambiar permanentemente el conocimiento y la conciencia colectiva. Estos descubrimientos pueden estar relacionados con las áreas de la ciencia, las artes y la filosofía.

Orientación profesional o funciones públicas
- *Posiciones de liderazgo, políticos, jefes de estado.*
-*Abogado, fiscal, empleados de centros penitenciarios, agentes de policía y personas relacionadas con la aplicación de las leyes o los sistemas de justicia legal y penal.*
-*Modelos de conducta, autoridades orientadoras, entrenadores en cualquier ámbito.*
- *Directores de escuela, educadores.*
- *Activistas políticos y revolucionarios.*
- *Dentistas, quiroprácticos, fisioterapeutas.*
- *Constructores y arquitectos.*
- *Investigadores y aquellos que descubren nuevas leyes y paradigmas.*

Fase 5. Desafiar el miedo
Cuestionar las limitaciones existentes, vivir con mayor autenticidad, elegir la Verdad en lugar de la seguridad, liberar el espíritu.

La inspiración para superar el miedo puede surgir al enfrentarse con figuras de autoridad intimidantes. Aquellos que fueron dominados por padres autoritarios, reprendidos duramente por directores de escuela o perseguidos por regímenes opresivos, pueden caer en cuenta de que las figuras de autoridad también son falibles y no se les debe dar rienda suelta para causar daño o injusticia. Aquí pueden reunir el valor suficiente para enfrentarse a sus abusadores. Por ejemplo, pueden atreverse a desobedecer órdenes que consideran inapropiadas. En este caso, este desafío puede ser muy liberador, ya que las figuras de autoridad ejercían mucho poder sobre ellos. Aun cuando estos individuos puedan enfrentarse a represalias y castigos aún más fuertes luego de haberse rebelado, se liberan del miedo cuando se dan cuenta de que la Verdad es más importante que la seguridad.

Pueden desafiar costumbres y reglas religiosas que ahora perciben como anticuadas. Se dan cuenta de que la interpretación de las escrituras y las definiciones de la virtud y el vicio están sujetas a prejuicios humanos y, por tanto, no son tan absolutas como se afirman ser. Los que crecieron con una educación religiosa rígida pueden ahora desmitificar las interpretaciones literales de los libros religiosos y empezar a aventurarse en lo que se consideraba prohibido. Por ejemplo, una mujer religiosa puede levantarse el velo y percibir que su belleza refleja la gracia divina en lugar de la vil tentación; o bien, alguien puede negarse a realizar un sacrificio animal para una ceremonia religiosa. Ahora aprenden a distinguir lo que es la culpa antinatural, que no tiene nada que ver con una mala acción real, sino que más bien es una culpa impuesta producto de una visión estrecha y dogmática de lo que es o no virtuoso. Aquí pueden percibir la diferencia entre el orden superior y el orden creado por el hombre.

Liberarse de la culpa antinatural puede aplicarse a diversos tabúes sociales, como desafiar la prohibición de que las mujeres conduzcan en Arabia Saudita o elegir la eutanasia para acabar con el sufrimiento. En esta fase desafío del miedo, es necesario reevaluar lo que está bien y lo que está mal.

Al desafiar los códigos de conducta convencionales, estas personas pueden aventurarse en un territorio más controvertido, empujando los límites hasta el punto en el que pueden desencadenar reacciones muy fuertes. Puede tratarse de padres que hacen que un niño prepúber se someta a un procedimiento de reasignación de sexo o personas que adoptan dietas extremas, como aquellos que solo comen fruta o beben su propia orina por supuestas propiedades curativas. Estas decisiones y prácticas no derivan de la ignorancia, sino de decisiones conscientes que buscan profundizar e investigar lo que está bien o mal. Con estas configuraciones astrológicas, los individuos se sienten inclinados a buscar descondicionarse de aquellas creencias, códigos de conducta y normas éticas impuestas desde afuera y averiguar cuál es la Verdad a partir de su experiencia directa. Este tipo de investigación puede gatillar, naturalmente, resistencia y controversia.

Las cuestiones morales y éticas pueden tener fuertes connotaciones culturales, dado que lo que se considera aceptable en una cultura puede ser considerado incorrecto o incluso criminal en otra. Por ejemplo, en algunas culturas casarse con una niña es aceptable, pero en la mayoría de las otras culturas se considera pedofilia y se lo castiga con severidad. Del mismo modo, es aceptable comer delfines, perros o insectos en algunas culturas, pero es completamente inaceptable en otras. En esta fase, el individuo se abstiene de apresurarse a juzgar lo que está fuera de las normas de su cultura y aprende a examinar más a fondo las consecuencias de esas prácticas. La lección no consiste en eliminar el juicio o las referencias éticas, sino en ser más neutral y abstenerse de emitir juicios basados únicamente en sus condicionamientos, prejuicios y ansiedad.

En otra dirección, la etapa del desafío del miedo puede conllevar una confrontación deliberada con el orden establecido y con los agentes. Se puede llegar al punto de que algunos individuos obtengan placer y una sensación de poder al infringir las leyes. Pueden dedicarse a robar en tiendas, a evadir impuestos o a participar en delitos aún mayores para poner a prueba su poder y desafiar su temor a las leyes.

A la inversa, los individuos con estas características pueden provenir de los límites de la sociedad, habiendo sido criados en comunidades aisladas y en esta fase se atreven a dar el paso para reintegrarse a una sociedad que sus mayores consideraban corrupta. Por ejemplo, un amish puede dejar su comunidad y atreverse a vivir en un entorno convencional; o un anarquista, implicado en movimientos de protesta, puede decidir presentarse a un cargo político y unirse al sistema antes denostado.

Fase 6. Humildad y ego

Darse cuenta de las limitaciones del ego; tomar perspectiva sobre los ciclos y fuerzas más amplios de la vida.

Con Neptuno en la casa diez y configuraciones afines, los individuos que se creen absolutamente éticos, correctos y maduros tienden a tener experiencias que los encaminan hacia la humildad. Por ejemplo, pueden creerse padres perfectos, horrorizados por la mala crianza de los demás niños a su alrededor, pero luego tienen experiencias de humildad cuando sus propios hijos desarrollan problemas de conducta y se cuestionan las propias habilidades como padres. Del mismo modo, pueden traicionar sus propias normas morales cuando, por ejemplo, mantienen relaciones extramatrimoniales o provocan un accidente de tráfico por conducir sin cuidado. En escenarios más extremos, pueden verse involucrados en escándalos de corrupción. Cuando se revelan sus defectos, ya no pueden seguir creyéndose santos. La lección en esta fase es aprender a tomarse menos en serio a sí mismos y ser más indulgentes al enfrentar sus propias fallas.

Las experiencias de humildad también pueden ser el resultado de asumir demasiada responsabilidad y experimentar un colapso. Sus expectativas de ser siempre fuertes y estoicos se disuelven cuando sus vulnerabilidades quedan finalmente expuestas. Pueden sufrir un colapso y abandonar abruptamente sus responsabilidades, de una manera que parece completamente fuera de lugar en ellos. Este puede ser el caso de un padre responsable que abandona a su familia por un amante más joven o de un ejecutivo de éxito que se revela como alcohólico. Aquella figura de confianza de repente comienza a actuar de la forma más inmadura, perdiendo el control y causando conmoción y daño a su alrededor. Estas personas pueden darse cuenta de que la razón de que su imagen se desmorone está vinculada a la presión de tener que actuar siempre a la perfección, por miedo a perder su credibilidad. Por tanto, adoptar un enfoque menos rígido les enseña lecciones de tolerancia y perdón.

Del mismo modo, puede producirse un colapso cuando la vida personal, que parecía confiable y estable, se tambalea inesperadamente. La sensación de seguridad creada a través de años de trabajo, de una rutina predecible o de la mantención de los lazos familiares, puede verse ahora amenazada por una quiebra, crisis de salud o divorcio. Cuando la sensación de seguridad se pierde abruptamente, surgen la desesperación, el miedo y el fracaso, poniendo en cuestión lo que se daba por sentado. Estas personas se enfrentan repentinamente a las cambiantes mareas de la vida y se dan cuenta de que no controlan su existencia. A través de la crisis, aprenden a ser más flexibles y a aceptar la incertidumbre de la vida, de modo que a partir de estas circunstancias cambiantes pueden surgir nuevas realizaciones.

Desde otro punto de vista, estas personas pueden enfrentar contratiempos o crisis a causa de las inevitables consecuencias del karma. Al haberse librado, al menos en lo que respecta al sistema legal, de las consecuencias de la transgresión de códigos morales o de las leyes, puede ahora encontrarse sujeto a un juicio espiritual de orden superior. Aunque hayan esquivado las leyes humanas, el karma asoma haciéndolos espiritualmente responsables de sus actos, donde tarde o temprano habrá consecuencias. En esta etapa, el individuo se da cuenta de que alejarse de la Verdad y la integridad no funciona.

Estas retribuciones kármicas podrían manifestarse a través de pérdidas, fracasos, problemas de salud o una repentina y general sensación de desgracia. En casos extremos, el karma negativo puede traer problemas físicos más graves o incluso discapacidades. Indistintamente de la mayor o menor gravedad de estas consecuencias, es factible que la persona no sea capaz de relacionar sus limitaciones actuales y sus acciones pasadas. Dicha incomprensión puede enfadar. Sin embargo, estas limitaciones que los humillan les permiten aprender a reconocer el valor de la honestidad, el equilibrio, la humildad y la justicia. Como astrólogos, es importante tener en cuenta que, al evaluar estas configuraciones en una carta, no debemos sacar conclusiones rápidas acerca del karma, porque no todas las enfermedades o contratiempos físicos son necesariamente resultado de un karma negativo. La ley del karma no siempre funciona de forma lineal, como cabría esperar. Sin embargo, estas configuraciones, particularmente en esta fase de desarrollo en la que el ego está pasando por un proceso de purificación, sugieren que la persona está sujeta a una evaluación kármica.

De otro modo, los individuos también pueden ser humillados como resultado de una excesiva indulgencia y, por lo tanto, podrían pagar el precio de no haber previsto las consecuencias de su falta. A veces, un enfoque permisivo, indulgente y sin prejuicios puede ser, de hecho, una negación de la realidad. Por ejemplo, pueden permitir que un amigo borracho se ponga al volante y ser indirectamente responsable de un accidente. De ese modo, aprenden a darse cuenta de la importancia de los límites, de discriminar moralmente o de la necesidad de adoptar una posición cuando las cosas no se encuentran alineadas.

Con humildad y devoción, los individuos de configuraciones Capricornio-Piscis pueden enmendar los errores cometidos y contribuir a restablecer la salud y el orden en sus vidas y en las de los demás. Por ejemplo, pueden reconocer las violaciones que su país pueda haber infligido sobre otras culturas y naciones y concientizar sobre la necesidad de una compensación y reparación. A nivel personal, pueden tomar la decisión consciente de ser mejores personas y alinearse con el bien mayor. Cuando el ego es más maduro, la necesidad de tener razón se sustituye por el deseo de hacer el bien. Con una alineación consciente por servir al todo, es posible ver los efectos kármicos que partieron con estas acciones e intenciones positivas, cosechando, en esta fase, los frutos de esfuerzos exitosos y benévolos.

Fase 7. Inocencia, desilusión y madurez en la espiritualidad

Reconocerse y alinearse conscientemente con los principios atemporales de la Verdad.

A través del desarrollo y la comprensión espirituales, se van aclarando las leyes universales que subyacen al operar de la vida, lo que permite a los individuos nacidos con signos Capricornio-Piscis en su carta natal encontrar un sentido del orden que inicialmente sentían que les faltaba en sus vidas; comprenden mejor la brecha entre las leyes creadas por el hombre y las leyes universales. Todo el tiempo intentaron dar sentido a los errores e incoherencias que veían en las leyes creadas por el hombre; pero ahora, a través de la conciencia espiritual, encuentran el consuelo interior de un orden universal que lo abarca todo y que subyace a la armonía, el equilibrio y funcionamiento de la existencia. Las leyes universales son la clave de la maestría y libertad.

Buscando superarse, algunos individuos pueden anhelar encontrar un maestro espiritual que les permita entregarse con confianza y recibir orientación. Este deseo sincero puede llevarlos de manera inocente a ceder un tremendo poder a maestros espirituales que pueden asumir el papel de salvadores en sus vidas. Es posible que algunos de estos maestros no alcancen los estándares de integridad que se esperan y, como resultado, se genera una desilusión. Estos individuos pueden darse cuenta entonces de que la proyección de una figura paterna perfecta, firme, bondadosa, sabia e infalible, es parte de su propio mecanismo de compensación. En este proceso aprenden que los maestros auténticos suelen ayudar a la persona a encontrar su propia autoridad interior y facilitan la experiencia directa con lo divino, en lugar de fomentar la dependencia y la idolatría.

Psicológicamente, suele haber un hambre de aprobación o aprecio por Dios. Mientras que los maestros espirituales son figuras de autoridad en lo terreno, la fuente suprema de la Verdad se encuentra en el total conocimiento de Dios, el padre supremo, cuyo hijo virtuoso buscamos ser. El individuo puede carecer de modelos estables en el comienzo de su vida y entonces compensa psicológicamente su carencia, proyectando el rol del padre en el ámbito de lo divino. Temas como el concepto cristiano "del Padre, el Hijo y el Espíritu Santo" o el concepto espiritual de "la Madre Divina", capturan esta inclinación. Esta forma de asociación proporciona una base espiritual y una motivación para superarse. Con el tiempo, el individuo también puede convertirse en un buen modelo de conducta y servir de pastor para aquellos que buscan orientación.

En algunas situaciones, los individuos con estas inscripciones astrológicas pueden seguir un sistema espiritual basado en una disciplina rigurosa y en la expiación de los pecados, con un fuerte énfasis en las consecuencias o la culpa cuando no se cumplen estos altos estándares de pureza. En esta actitud hay rigidez, asunto nada infrecuente en muchos de los sistemas espirituales existentes y que es resultado de separar la materia del espíritu, un tema bastante similar dentro de las combinaciones de Piscis y Tauro. En esta mirada se observa un constante énfasis y mandato por controlar y trascender todo aquello que pertenece al mundo físico y mundano, debido a que se lo considera inferior, más denso o un obstáculo en el camino de la realización espiritual. Dentro de estos sistemas espirituales, el cuerpo, la sexualidad, las necesidades emocionales y físicas son consideradas impuras y una distracción y es por ello que existe una fuerte urgencia por trascenderlas. La presión para superar las necesidades de la carne engendra un enfoque más austero de la vida y un temor a sucumbir en la tentación. Esto, a su vez, genera ciclos de culpa, autocondena, penitencia y sadomasoquismo. Esa culpa es contra natura, porque no hay nada realmente malo o inmoral en lo que la persona pueda hacer; pero el solo hecho de ser humano y tener necesidades se percibe en estos sistemas como un pecado. El mero hecho de que la persona no sea divina es la razón principal de la culpa y, por lo tanto, encarnar ya es en sí mismo un pecado; en consecuencia, no hay perdón ni escapatoria del castigo. Con el tiempo, el individuo puede darse cuenta de que la materia y la carne son parte integral e indivisible del proceso espiritual y, por lo tanto, cuando experimenta fracasos, debe adoptar una mayor paciencia y compasión en lugar de la permanente condena. El amor y el aprecio por la vida pueden sustituir la austeridad, sin por ello descuidar los esfuerzos de alineación y autocorrección intrínsecos a estas influencias.

En el lado opuesto, los individuos pueden asociarse a sistemas espirituales que reniegan de cualquier forma de disciplina y culpa y cultivan, en su lugar, valores de no juicio y permisividad. Inclinarse hacia esta orientación puede ser el resultado de presenciar el daño causado por sistemas excesivamente rígidos que manipulan a las personas a través de una culpa antinatural, como se describe en el párrafo anterior. Cambian las prácticas rígidas y la mentalidad cargada de culpa, desterrando enteramente las normas restrictivas y el sentimiento de culpa y acogiendo, en su lugar, un enfoque experimental, que fomenta el lado permisivo y lúdico de la vida. La intención detrás suele ser liberar la mente de la represión y el odio a sí mismo, perpetuados inicialmente por sistemas de creencias austeros. Sin embargo, cuando se lleva al extremo, esta ideología permisiva acaba fracasando de la misma manera. Abandonar la moralidad y la culpa puede ser seductora, porque proporciona una tremenda sensación de libertad y acceso a un mayor grado de placer. Tarde o temprano, se hace evidente que esta sensación de libertad sin culpa es efímera, porque es el producto de un deseo más que de la Verdad. La culpa es necesaria, como forma natural de autocorregirnos cuando nos desviamos de la Verdad. Aunque hay virtud en ser más amable con los errores, aceptar la debilidad humana y los asuntos de la carne, no debe anular la necesidad de adherirse a un orden universal mayor que dicta la existencia de un bien y un mal.

Ya sea que las personas sigan un camino de rigor o de indulgencia, estas configuraciones astrológicas pueden indicar una tendencia a la autojustificación y el impulso de predicar una versión de la moral y la Verdad, a veces con un tono de reprimenda. Pueden llegar a fortalecer sus convicciones, respaldándolas con elaboradas teorías filosóficas y predicar sus puntos de vista como si fuesen hechos absolutos. Esta mentalidad genera complejos mesiánicos donde los maestros espirituales pasan a ser profetas autoproclamados, lo que a la larga trae consigo la propia serie de experiencias de humildad.

En los niveles avanzados de conciencia, cuando el conocimiento de las leyes universales es auténtico y existe un sincero foco en el corazón, estos individuos pueden madurar espiritualmente, mostrándose fuertes, justos y empáticos. Como resultado de su maestría, desarrollan la capacidad para asumir los pecados y desajustes de otras personas, desempeñando así un papel en el alivio del karma colectivo, tal como lo han hecho numerosos santos. La capacidad de asumir las cargas de otras personas y añadirlas a las propias es una cuestión de relatividad; lo que es pesado para una persona común, es ligero para un auténtico maestro espiritual.

Otra expresión potencial de estas influencias es el cultivo de la "sabiduría impredecible o loca". La sabiduría loca implica actos que parecen absurdos, controvertidos o incluso inmorales desde un punto de vista convencional, pero que a largo plazo resultan estar plenamente alineados con los principios de la vida. Con altos niveles de maestría espiritual, estos individuos tienen claridad respecto a lo que es realmente necesario y apropiado, incluso si resulta ir en contra de la sabiduría convencional. Por ejemplo, un individuo así puede robar, mentir, participar en actos sexuales provocativos o realizar otros actos inmorales, no por necesidades personales, deseos o gratificación instantánea, sino porque estos actos resultan servir a un bien mayor. Los resultados les darán la razón si son genuinamente humildes y centrados en el corazón. Muy pocos son lo suficientemente puros de corazón como para comprometerse auténticamente con una sabiduría de este tipo.

Liberación de la paz

Perdona a Dios por las leyes universales que hay que seguir, aunque no se conozcan o no se entiendan. Los maestros fiables son escasos y los seres humanos solo pueden acercarse a la comprensión de las leyes; por lo tanto, los errores seguirán ocurriendo, provocando fracasos recurrentes en el curso de la vida. Acepta que el orden divino se experimentará a menudo a través del caos y que tienes que hacer que la vida funcione dentro de estas circunstancias.

Afirmación: La verdadera Libertad está en la ley.
Desafío: No hay forma de escapar a los errores y sufrir las consecuencias.
Regalo: Poder de perdonar.
Felicidad: Nunca es tarde para hacer lo correcto.

Figuras públicas con las configuraciones Piscis-Capricornio

- *John F Kennedy* (Neptuno en conjunción a Saturno en casa 10)
- *Angela Merkel* (Neptuno en casa 10 en conjunción a Saturno)
- *Mata Hari* (Saturno en Piscis en sextil a Neptuno)
- *David Icke* (Saturno en casa 12 en conjunción Neptuno)
- *Indira Gandhi* (Saturno en casa 12 en conjunción Neptuno)
- *Julian Assange* (Saturno en oposición a Neptuno)
- *Karl Marx* (Neptuno en casa 10 en cuadratura a Saturno en Piscis)

John F. Kennedy

Inscripción astrológica de relevancia: *Neptuno en la casa 10 en conjunción a Saturno.*

El más joven y el primer católico romano en ser elegido presidente de los Estados Unidos. Nacido en el seno de una familia de élite y con una carrera política de toda la vida, se le considera uno de los presidentes más queridos, especialmente tras su asesinato. Tras su heroísmo exterior y su venerado liderazgo, se reveló que era un mujeriego en serie, lo que puso en tela de juicio su ética.

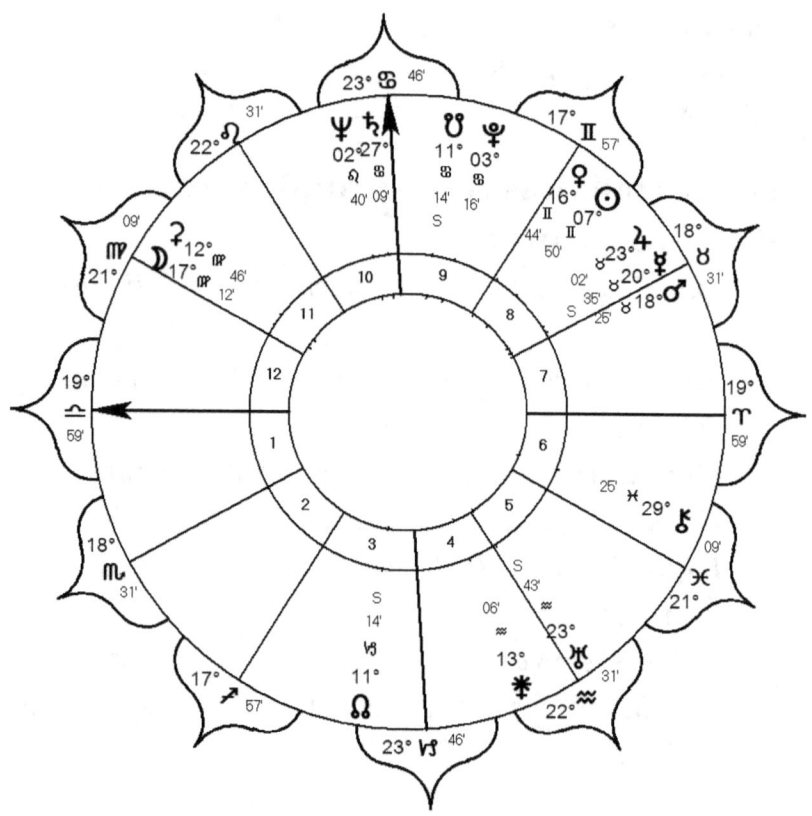

David Icke

Inscripción Astrológica de Relevancia: Saturno en casa 12 en conjunción Neptuno

Figura controvertida, escritor y conferenciante, que se define a sí mismo como un investigador a tiempo completo sobre quién y qué controla realmente el mundo. Inicialmente fue un respetado periodista deportivo de televisión, pero perdió la credibilidad popular al hacer dramáticas predicciones de que el mundo se acabaría pronto. Entre sus El viaje de crecimiento en los temas de teorías conspirativas está la de que el planeta Saturno, "Señor del Anillo", es un centro de control maestro.[1]

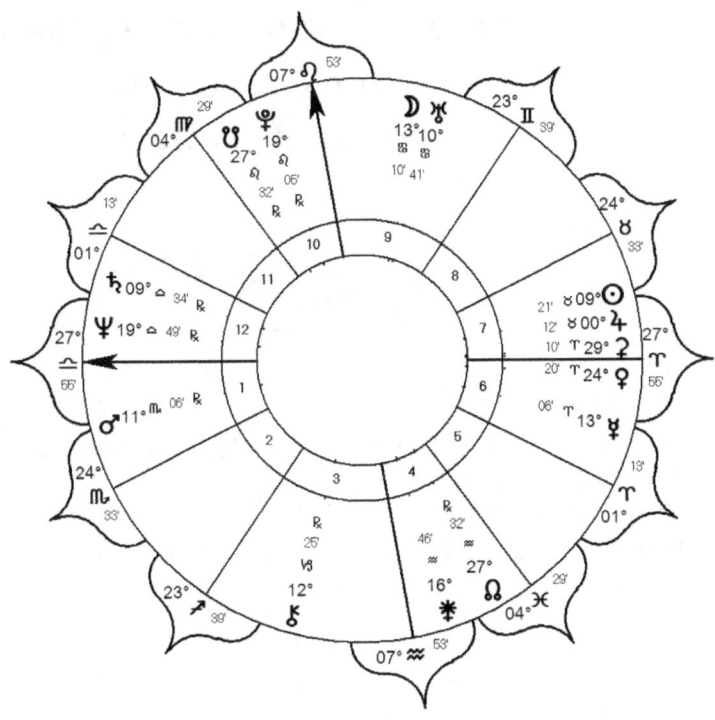

---

[1] De su video de YouTube: "Saturn isn't what you think it is either" ("Saturno no es lo que piensas que es")

El viaje de crecimiento en los temas de

ACUARIO Y PISCIS

Neptuno en Acuario
o Neptuno en la casa 11

o

Neptuno en aspecto a Urano,
a planetas en Acuario,
a planetas en casa 11

Urano en Piscis o en la casa 12
Acuario en la casa 12
o Piscis en la casa 11

LECCIONES EVOLUTIVAS

Cuando los arquetipos de Acuario y Piscis se integran, la intención evolutiva busca unir la ciencia con la espiritualidad para encontrar soluciones más completas a los problemas existentes y mejorar la vida con el objetivo final de crear una civilización iluminada. Este esfuerzo puede llevarse a cabo utilizando la ciencia para investigar y descifrar los grandes misterios de la vida y una vez que se adquiere la perspectiva del funcionamiento de la existencia, nos damos cuenta de que hay un significado espiritual omnipresente que todo lo impregna. Este tema también podría desarrollarse a la inversa, captando los significados espirituales que luego se validan a través de la ciencia y la tecnología.

La forma de armonizar el desarrollo humano y la esencia divina son a través de la integración de la ciencia con la espiritualidad y, de esta manera, intervenimos en el desarrollo del propio diseño inteligente de la vida, posiblemente alterando el destino y el futuro con el fin de obtener mejores resultados. Cuando la mente se combina con el espíritu, podemos atravesar las fronteras existentes para encontrar nuevas soluciones a las crisis existenciales y fomentar nuevos paradigmas de conciencia superior, como justicia social, mayor calidad de vida y aumento del potencial de la vida en su conjunto. Por el contrario, si la ciencia y la espiritualidad no se encuentran, el mal uso del conocimiento, la arrogancia intelectual o las creencias descabelladas engendran, tarde o temprano daño, decadencia y destrucción. Además, corremos el riesgo de perder la perspectiva y disiparnos en los extremos de delirios utópicos o cinismo, que pueden conducir a diferentes tipos de escisiones mentales.

A pesar de que la ciencia y su desarrollo permiten un mejor control de calidad de vida, es esencial reconocer que el misterio que subyace no puede resolverse en su totalidad solamente con la mente racional. Incluso, cuando todo parece claro y los problemas parecen estar solucionados, surgen sorpresas que desafían las referencias establecidas hasta ese momento. Cuando la mente es desafiada, las cosas parecen ser inicialmente absurdas o incluso caóticas, pero finalmente descubrimos que hay una razón en el caos. Se hace evidente que hay una fuerza inteligente y consciente detrás de los procesos vitales y que nada es verdaderamente aleatorio. En estos momentos de humildad, la mente puede reconocer la grandeza del diseño inteligente de la vida, que subyace a un mayor significado espiritual. Cuando nos vemos expuestos a fuerzas existenciales mayores, podemos utilizar la ciencia para verificar y medir estos paradigmas espirituales. Las maravillas de la vida y del universo, con todas sus complejidades y verdades, se revelan y los misterios se aclaran.

Integrar la ciencia con la espiritualidad significa que el progreso debe integrarse con los ciclos de la naturaleza. En otras palabras, al mismo tiempo que aspiramos a crear un futuro mejor, debemos remitirnos al diseño original de la creación. Aunque los humanos puedan cambiar el curso de la evolución y desarrollar facultades divinas, no pueden cambiar o manipular la Verdad porque es eterna.

Un medio importante para generar avances y soluciones es que las personas trabajen juntas en equipos y formen comunidades en las que los mejores talentos e intelectos personales se combinen para servir a un objetivo común. La fusión de dones y conocimientos a través de la fusión de grupos potencia al individuo y mejora la civilización de un modo que no podría ocurrir si actuaran aislados. Estos esfuerzos contribuyen a crear conciencia donde había confusión, liberando a la humanidad de los grilletes de la ignorancia.

Cuando se desarrollan ideas y soluciones progresistas a través de la investigación científica y la realización espiritual, se debe servir al conjunto, incluidos los segmentos más débiles de la sociedad, para que el avance de la comunidad sea amplio y no se limite a beneficiar solo a unos pocos privilegiados.

Lecciones evolutivas esenciales
- *Descifrar los misterios existenciales y desarrollar la ciencia para resolver los problemas de tipo existencial. Hacer avanzar la civilización.*
- *Darse cuenta de que las verdaderas soluciones resultan de la combinación de información científica y conciencia espiritual. La ciencia sin espiritualidad es arrogancia, la espiritualidad sin ciencia es una ilusión.*
- *Servir al objetivo mayor y fomentar el progreso para uno mismo y para la humanidad, elevando los estándares y la conciencia con el objetivo de crear una civilización iluminada, libre de ignorancia.*
- *Promover la justicia social y el cuidado del medio ambiente.*
- *Reconocer que el progreso debe servir al eslabón más débil y estar en armonía con la naturaleza.*
- *Trabajar en equipo y en comunidad para mejorar los resultados y generar avances.*
- *Mantener la propia individualidad en un grupo y evitar perderse bajo la presión de los pares.*
- *Comprender que los seres humanos pueden cambiar el curso de la vida, reescribir el futuro y desarrollar facultades similares a las de Dios, pero no pueden poseer o cambiar la Verdad.*

REALIDAD ATEMPORAL

Con Neptuno en la casa 11 y configuraciones afines, la realidad atemporal se conceptualiza como la visión utópica de una civilización iluminada en la que la justicia, la paz, la fraternidad y el progreso ponen fin a lo disfuncional y al sufrimiento en el mundo, haciendo avanzar el potencial humano hasta su máxima expresión. La esencia divina de la Verdad es conocida como ciencia decodificada, comprendida e integrada al reino de la materia. El futuro es hoy y ofrece una gran promesa.

Todo el mundo expresa de forma natural la esencia más elevada de su genio creativo, manifestado en proezas tecnológicas, inteligencia emocional y habilidades magistrales. Tienen conciencia divina desarrollada y son infalibles en las ciencias de la vida. Pueden alcanzar el mayor potencial humano posible y calibrarse para convertirse en creadores, en dioses.

Las ricas experiencias y el intercambio alimentan la camaradería en la que los lazos de amistad sagrada son sinceros y la fraternidad es un hogar para que el alma florezca.

Realidad de tiempo y espacio

Dentro de la dimensión del tiempo y espacio, las oportunidades de desarrollo y progreso no son fáciles de conseguir y requieren un enorme esfuerzo para mantenerse. Los talentos e ideas personales pueden quedar sin explotar porque las condiciones económicas difíciles, la ausencia de un sistema de apoyo o los complejos emocionales pueden obstaculizar el desarrollo. Los recursos para promover el desarrollo se encuentran con mayor disponibilidad para la minoría de la élite y la gente común queda con opciones más limitadas para aportar lo mejor de sí.

Las ideas progresistas no pueden aceptarse ciegamente; hay que evaluar si sirven al bien mayor o si son caprichosas o dañinas. A veces, los viejos métodos siguen siendo más eficaces que las innovaciones propuestas.

En otro orden de cosas, la dinámica social y la formación de comunidades más sanas pueden también encontrar obstáculos y desafíos. Algunas personas pueden sentirse aisladas y a menudo necesitan tiempo para encontrar una comunidad que resuene con sus valores. Además, aunque las afiliaciones a comunidades, equipos, organizaciones y amigos pueden contribuir al bienestar y al desarrollo, también pueden inhibir el crecimiento personal en lugar de apoyarlo. En el peor de los casos, los amigos y miembros de la propia comunidad pueden mostrar un comportamiento abusivo o engañoso. En otras palabras, se necesita un esfuerzo para que las amistades y las comunidades prosperen.

Las siete fases evolutivas

Fase 1. Inocencia en el milagro de la vida

Vivir la vida con total inocencia, como si todavía se estuviera en la atemporalidad del vientre cósmico.

Cuando los arquetipos de Acuario y Piscis se integran, la inocencia se experimenta a través de un afán por unirse a comunidades, conocer gente nueva y formar parte de grupos, imitándolos con el fin de encontrar apoyo, divertirse y tener nuevas experiencias. La vida social puede convertirse en la motivación central para estos individuos. Confían en las personas y se hacen amigos fácilmente; se adaptan a las tendencias y a los dictados de sus círculos sociales. En esta fase, no hay comprensión de la posible adversidad, desigualdad o manipulación que puede existir en la dinámica grupal.

En esta fase, las personas suelen tener fe en el futuro y esperan que las cosas siempre mejoren. Podemos vivir hoy un futuro promisorio, con la respectiva excitación que se siente cuando se es parte de tiempos tan interesantes. Algunos individuos pueden poseer ideas o talentos únicos y están deseosos de utilizarlos para ayudar a la comunidad, dando por sentado que todos los demás estarán de acuerdo y apoyarán sus ideas progresistas.

La inocencia también puede adoptar la forma de la glorificación de la inteligencia, percibiendo los índices de coeficiente intelectual como el valor principal. Pueden percibir a los humanos como superiores a otras especies, basándose en su capacidad única de progreso, perspectiva objetiva e innovación. En algunos casos, esta mentalidad puede engendrar un desinterés absoluto por las especies no humanas, legitimando así el uso de los animales y de la naturaleza solo para las necesidades humanas, sin molestarse siquiera en preguntarse si el bienestar de los animales debe ser considerado en este proceso.

A la inversa, la inocencia puede manifestarse en un enfoque totalmente pasivo, en el que los individuos permanecen ajenos a las oportunidades de progreso o emancipación en sus vidas. Pueden permanecer indiferentes a aprender sobre nuevos inventos o conocer gente nueva y, a veces, viven relativamente aislados de la comunidad, sin vida social. También pueden rechazar cualquier cosa nueva o moderna y ven los aparatos y avances tecnológicos como algo innecesario e intimidante. En consecuencia, no se sienten inspirados para elevar su nivel de vida y permanecen pasivamente anclados en sus costumbres y circunstancias.

Fase 2. Pérdida de la inocencia

Nacer del útero cósmico en los confines del tiempo y espacio, precipitando la aparición del ego (conciencia individual).

Con Neptuno en la casa 11 y configuraciones relacionadas, la pérdida de la inocencia puede manifestarse cuando los individuos no logran adaptarse a los ritmos de vida cambiantes.

Pueden experimentar una gran desorientación, porque no están sincronizados con los ritmos de vida acelerados y cambiantes. Sus mentes pueden tener dificultades para sincronizarse con el cambio constante de tendencias, como las innovaciones tecnológicas, el mundo virtual de la informática o cambio de valores en la sociedad. Se sienten aislados de los cambios culturales y luchan por mantenerse al día con los tiempos modernos. Entre los posibles síntomas se encuentran distanciamiento, ansiedad, trastornos de sueño, pérdida de identidad y pasión y en casos extremos, crisis nerviosas. El cerebro puede sobrecargarse y ser incapaz de procesar datos o coordinar señales eléctricas y químicas. La falta de sincronización también puede manifestarse a través de condiciones neurológicas, espectro autista o trastornos convulsivos.

En otros casos, las limitaciones pueden producirse cuando los individuos descuidan su educación y no aprovechan las oportunidades de progresar. Es posible que se conformen con condiciones mediocres y frenen su desarrollo, mientras sus amigos o familiares siguen adelante para crear vidas más interesantes y satisfactorias. Pierden la inocencia cuando se dan cuenta, demasiado tarde, de que despreciaron las oportunidades de crear una vida mejor. En otras circunstancias, los individuos pueden tratar de elevar su condición obteniendo una mejor educación, pero carecen de los medios para seguir adelante con sus ambiciones personales. Por ejemplo, alguien nacido en un entorno rural puede soñar con volar en avión, acceder a tecnología avanzada o mudarse a un entorno más progresista, pero es incapaz de emigrar y manifestar su mayor potencial. El individuo se da cuenta de que el progreso no beneficia a todos dentro de la sociedad y que no existe la igualdad de oportunidades para todos. Hay brechas entre las distintas clases y para los que provienen de entornos más modestos, puede parecer imposible mejorar las posibilidades.

A la inversa, los individuos pueden perder la inocencia cuando nacen en familias privilegiadas con educación sofisticada, abundancia financiera y valores elitistas. Ajenos a las luchas que enfrenta la mayoría de la gente, estos sujetos viven protegidos dentro de una burbuja y dan por sentado los altos estándares y la calidad de vida que gozan. Leer acerca de la pobreza y de los desposeídos puede parecerles algo así como una novela sobre una etnia ajena a ellos. Puede que no se den cuenta de que la vida es algo más que tan sólo la próxima reunión social o el próximo partido de golf. La inocencia se pierde cuando el caos proveniente desde las clases bajas llama a su puerta, como cuando roban en sus casas o a una escala mucho mayor, cuando se produce una revolución que determina un cambio total en su suerte y elimina a la actual élite del ámbito de poder e influencia en la sociedad.

Estos individuos pueden perder la inocencia cuando se dan cuenta de que, lo que pensaban que era progresista y con visión de futuro, se revela como destructivo y perjudicial. Por ejemplo, durante el tránsito de Neptuno en Acuario a principios del nuevo milenio, se hizo cada vez más evidente que el progreso industrial y el desarrollo urbano estaban causando daños ecológicos y contaminación catastróficos. La revolución de los ordenadores y los teléfonos móviles tuvo como precio un aumento considerable de la radiación y las estadísticas apuntan a un incremento de los casos de cáncer cerebral. El estilo de vida moderno y acelerado se ha traducido en vidas que transcurren entre tráfico cada vez más congestionado y, por consiguiente, mala calidad del aire.

Del mismo modo, las personas pueden anhelar escapar de la pobreza emigrando a países con mejores economías o mudándose a centros urbanos que prometen más y mejores oportunidades, solo para darse cuenta de que el aumento de estrés, aislamiento y contaminación son los precios que deben pagar. La inocencia se pierde cuando el progreso no se sostiene sobre una base de tipo espiritual y emocional y, como resultado, lo que prometía emanciparnos puede alejarnos de nosotros mismos y de nuestra identidad.

Los individuos que integran los signos de Acuario-Piscis pueden idealizar la vida social y dar demasiada importancia a sus amigos y a la dinámica social, perdiéndose en ello. La participación en el grupo puede ser satisfactoria en un comienzo, pero cuando los amigos de forma natural se alejan y toman diferentes direcciones, pueden darse cuenta de que en realidad no tienen vida propia. Además, al identificarse excesivamente con los amigos y los grupos, se vuelven vulnerables a la presión de los pares, perdiendo su identidad con tal de pertenecer y sentirse incluidos. Pueden verse presionados a participar en actividades que no son realmente para ellos, quizás, incluso, a través de actos de naturaleza degradante o criminal. Por ejemplo, podría tratarse de un joven que se une a una banda en la que los nuevos miembros tienen que demostrar su valor a través de una iniciación violenta. Pueden acabar atrapados dentro de la dinámica destructiva de una banda y enfrentarse a la intimidación cuando intentan escapar.

Esta dinámica también puede darse en el caso de los adolescentes que son excluidos de los círculos más populares y en consecuencia, sufren humillación y sarcasmo o en el caso de una persona que es condenada al ostracismo por una organización porque no cumple con sus normas. Puede que tengan que quedar aislados y enfrentarse a todo un grupo con el consiguiente tormento y humillación que significa ser apuntados con el dedo. El grado de maltrato varía, pero en casos extremos pueden llegar a ser víctimas de acoso o ser objetos de violencia de grupo.

Formar parte de un grupo o de un movimiento social de cualquier tipo puede hacer que estos individuos se vuelvan invisibles, porque la identidad y las necesidades del grupo prevalecen sobre las suyas. Este concepto estaba muy vigente en la antigua Unión Soviética, donde los ideales socialistas del partido suprimían cualquier forma de expresión individual. A menor escala, esta dinámica puede darse dentro de comunidades, organizaciones o cultos que comparten una visión que llega a ser más importante que los propios miembros individuales. Las personas son adoctrinadas dentro de una ideología y manipuladas por líderes que utilizan los ideales utópicos para seducir y manipular las mentes a los recién llegados. Como estos individuos pueden creer que cualquier cosa es posible en la vida, a veces, cuánto más escandalosa es la ideología, más les convence, en la creencia de que las ideas son avanzadas o revolucionarias. La inocencia se pierde tras el maltrato psicológico y la desilusión, ya que estos ideales van develándose como delirantes.

En circunstancias extremas, los traumas psicológicos serios pueden provocar problemas de salud mental. Por ejemplo, los individuos con estas características pueden ser vulnerables a crisis nerviosas, comportamientos disociativos e incluso trastornos de personalidad múltiple. Estas condiciones pueden ser consecuencia de una escisión entre las emociones, la mente y el espíritu a causa de traumas y abusos graves. La mente superior racionaliza y reprime el estrés emocional, generando un comportamiento disociativo y, a veces, una psicosis total. Estas inscripciones astrológicas también pueden reflejar condiciones dentro del espectro autista, donde la escisión entre la mente y las emociones puede haber ocurrido en una vida anterior. A veces, estas dinámicas no afectan directamente a la persona con estas configuraciones, sino a un miembro de la familia que sufre problemas de salud mental, por lo que aprenden al ser testigos del caos y la angustia que se desprenden de estas condiciones.

La pérdida de la inocencia también puede derivarse de individuos que sirvan a ideales más amplios o a proyectos industriales que inicialmente parecen progresistas. Sin embargo, en algún momento se dan cuenta de que han sido engañados y utilizados para servir a un proyecto deshonesto. Por ejemplo, puede tratarse de un individuo que trabaja en una central nuclear sin la protección adecuada y acaba expuesto a niveles peligrosos de radiación. Se convierten sin saberlo, en nombre de la ciencia, en conejillos de indias del progreso y acaban dándose cuenta de que han sido objeto de violaciones de los derechos humanos.

Fase 3. Fortalecimiento de la inmunidad

Adaptarse al tiempo y espacio, desarrollando un mecanismo de defensa, formando y solidificando el ego y reconociendo el valor del trabajo.

Habiendo perdido la inocencia como resultado de una dinámica grupal desafiante, los individuos con Neptuno en la casa 11 y configuraciones afines pueden aislarse ahora de la vida social y replegarse, para estar más en contacto con sus necesidades personales. En esta fase, los estímulos y las expectativas sociales se tornan abrumadores y es posible que prefieran simplificar sus vidas manteniéndose alejados de las interacciones sociales. Las multitudes, las fiestas o las reuniones de grupo pueden generar sentimientos de claustrofobia e inseguridad. Al reevaluar el significado de la amistad, pueden renunciar a ciertas relaciones, incluso si esto significa quedarse sin amigos durante largos períodos de tiempo. Una vez que se afianzan y centran en sus propios valores, llegan nuevos amigos que los aprecian por lo que son, contrarrestando las experiencias anteriores donde pagaron el precio por negar su identidad.

La necesidad de mantenerse firmes puede hacerlos más conservadores y escépticos respecto a la tecnología y las ideas alternativas. Algunos pueden haberse dejado llevar por altos ideales y conceptos abstractos del progreso que luego resultaron ser fallidos y perjudiciales. Puede que se hayan visto envueltos en sectas o movimientos excéntricos y hayan sufrido las consecuencias del lavado de cerebro y manipulación. A veces, la necesidad de una vida más sencilla y normal puede ser muestra del temor a un ataque de nervios o colapso mental. Necesitan disminuir la estimulación y seguir una rutina más práctica para sentirse más seguros. Ante cualquier idea que se difunda, ahora son capaces de buscar una base científica y confiar solo en la información que es fidedigna: esto disminuye las probabilidades de ser presa de un pensamiento fantasioso o excesivamente idealista.

El fortalecimiento de la inmunidad también requiere que los individuos con estas inscripciones astrológicas fomenten activamente el progreso en sus vidas. Ahora tienen que aprender a dar pasos proactivos para elevar el nivel de vida, salir de la zona de confort y aprender más sobre el desarrollo de la vida. Esto incluye recibir buena educación, socializar y conocer lo que ocurre fuera de su burbuja o bien, mantenerse al día sobre el desarrollo tecnológico. Al estimular la mente y desarrollar una mayor conciencia, se vuelven más refinados y sofisticados en sus gustos, procesos de pensamiento y expresión creativa. Estos esfuerzos pueden ayudarlos a superar los sentimientos y experiencias de retracción y exclusión.

La vida mejora cuando se mantiene la mente abierta y se tiene el valor de explorar y desarrollar nuevas ideas, sin dejarse inhibir por el temor a ser engañado. Por ejemplo, las generaciones mayores pueden creer que no les sirven los computadores, pero después de probarlos y comprender sus ventajas, ven que su vida mejora. Lo mismo puede decirse de las personas que actualizan los negocios con nuevas tecnologías y obtienen con ello una ventaja competitiva. Es decir, aprenden a utilizar la nueva tecnología en su beneficio.

Vivir mejor también puede requerir que las personas con estas configuraciones aprendan acerca de sus derechos sociales, para así poder protegerse mejor contra la discriminación y la injusticia. En esta fase, es necesario romper los ciclos de victimización; ya no es factible hacer la vista gorda ante los abusos de los derechos humanos. Aprenden a ser más proactivos en estos asuntos, aunque los resultados no sean inmediatos.

Cuando se adaptan mejor y se sanan del estrés postraumático, estas personas pueden volver a participar en la comunidad de forma más creativa. Pueden convertirse en fuerzas positivas para el progreso y la emancipación y prestar servicios como educadores o apoyo a la comunidad. Pueden sentirse inspirados para organizar eventos sociales, conferencias u otras actividades que estimulen, a su vez, la creatividad, el intercambio y el desarrollo.

Curiosamente, a medida que estos individuos se vuelven más educados, cultivados y refinados, tienden a dejar atrás las supersticiones y las creencias que no son fruto del procesamiento lógico. Pueden rechazar la espiritualidad o la religión y, en su lugar, favorecer el intelecto y la conciencia para obtener una sensación de poder y estabilidad. Culturalmente, las personas tienden a recurrir a la religión y a la espiritualidad cuando se enfrentan a una crisis o se sienten abrumadas por las circunstancias de la vida o acontecimientos naturales. En cambio, la ciencia les proporciona soluciones prácticas a las crisis y una mayor sensación de control. En otras palabras, la ciencia proporciona independencia de Dios; una enfermedad se cura con una píldora en lugar de utilizar la oración o el exorcismo. A medida que la mente evoluciona, los misterios se comprenden mejor y la humanidad se libera de la atadura a fuerzas míticas y creencias primitivas. La ciencia así aporta una sensación de control sobre las fuerzas primarias de la naturaleza.

Fase 4: Función pública, vocación y fama potencial; convertirse en el instrumento de la vida

Conectarse con la conciencia colectiva; participar en el intercambio colectivo y en la dinámica de las masas.

Con Neptuno en la casa 11 y sus inscripciones astrológicas relacionadas, los individuos pueden ofrecer servicios públicos a través de una profesión en el campo de la comunicación y los medios. Al trabajar en la radiodifusión y medios electrónicos, pueden acceder a la mente colectiva, influir en lo que la gente sabe y piensa y en la visión colectiva del futuro. En esta industria pueden desempeñar diferentes papeles y funciones, desde presentadores o reporteros hasta funciones más técnicas y creativas, como ingenieros de sonido, fotógrafos y camarógrafos. Pueden sentirse especialmente atraídos por la producción de documentales, ya que tienen talento para la observación y sentirse inspirados al compartir nuevos descubrimientos con el público.

Otras vías de inspiración creativas incluyen la escritura de ciencia ficción o cualquier género relacionado con la exploración multidimensional y temas futuristas. En esta línea, el futurismo puede expresarse en el arte de vanguardia o música electrónica con tecnología de sonido avanzada. Pueden ser músicos o DJ y utilizar el sonido para inducir estados alterados de conciencia. En las artes plásticas, el uso de materiales y medios no convencionales pueden provocar fuertes reacciones o conmociones. La expresión artística también puede implicar el uso de la tecnología informática como parte del proceso del diseño creativo.

En el ámbito del diseño, estas influencias pueden describir la participación en el mercado de alta gama que abastece a la élite; desde el diseño de moda de alta costura, hasta joyería o bienes inmuebles costosos.

Las vocaciones también pueden desarrollarse en lugares de reunión social, como cafeterías, bares, clubes nocturnos o cualquier otro centro de actividad relacionado con la sociedad.

Los individuos con estas inscripciones astrológicas también pueden inspirar el interés del público a través del desarrollo tecnológico e incluir inteligencia artificial, robótica, nanotecnología o cualquier otro campo en el que, las máquinas, sean capaces de procesar funciones más rápido que los humanos. Estas influencias pueden reflejar la participación en una amplia gama de ocupaciones en la industria de la informática e Internet de alta tecnología, como programación negocios en línea, diseño de sitios web, aplicaciones para teléfonos inteligentes o redes sociales. La comercialización de Internet y ordenadores privados comenzaron a principios de los años noventa, cuando Neptuno y Urano estaban en conjunción en el signo de Capricornio y se integraron rápidamente a escala masiva tras la entrada en paralelo de Neptuno en Acuario y Urano en Piscis. Los computadores han proporcionado un medio para acelerar y hacer avanzar la vida cotidiana del colectivo en ámbitos de comunicación, trabajo en redes, educación e información.

El aumento de la velocidad también puede aplicarse a las industrias del transporte y del espacio. Por ejemplo, una persona puede dedicarse a la aviación o al sector aeroespacial, como piloto, astronauta, técnico o ingeniero. A medida que los aviones, los cohetes y los computadores van batiendo récords de velocidad, nosotros también vamos logrando más en menos tiempo. Con la velocidad, estos individuos van creando acceso a realidades y paradigmas mucho más complejos y desarrollan la capacidad para explorar nuevos territorios dentro de las fronteras del conocimiento.

Centrados en el progreso y la exploración de nuevos paradigmas, pueden dedicarse a cualquiera de los campos de la ciencia y la tecnología, como la ingeniería, la investigación en la medicina, la astronomía, los recursos energéticos o la electrónica. Participando en la investigación dentro de estos campos, pueden desempeñar un papel en el diseño del futuro de la civilización.

La investigación de los grandes misterios de la vida y el universo también les permite a los grandes pensadores ayudar a salvar la brecha entre la ciencia y la espiritualidad, abriendo nuevos caminos en la fusión de enfoques racionales y espirituales. Pueden descifrar los misterios del universo y trazar nuevas formas de entender los ciclos cósmicos y las fuerzas universales. En este contexto, una persona puede ser maestro espiritual, autor u orador público.

Unos pocos individuos pueden mostrar habilidades paranormales y ser capaces de comunicarse más allá de las dimensiones del tiempo y el espacio. Los dones de clarividencia y profecía pueden aportar visiones del futuro y mensajes de otras dimensiones.

Estas configuraciones suelen ser prominentes en las cartas de aquellos que eligen la astrología como vocación, a través de diversos medios de práctica, asesoramiento, enseñanza, escritura o investigación. El conocimiento de los ciclos planetarios y sus significados proporciona una perspectiva panorámica de la vida y da claridad sobre el pasado, presente y futuro. La astrología sintetiza las mediciones fácticas de los ciclos planetarios con los significados espirituales y une la espiritualidad y la ciencia.

De manera completamente diferente, se pueden ofrecer servicios a través de la participación en la comunidad o gestión de personal, como organización de diversos tipos de conferencias o convenciones, gestión de organizaciones, recursos humanos o dirección de personal en una empresa.

Al involucrarse con personas y grupos pueden sentirse inspirados por el activismo social y político, con el fin de establecer derechos y mejorar las condiciones de las clases sociales más bajas, con la aspiración de crear una civilización más progresista e ilustrada. Responden a las necesidades públicas a través del trabajo social, proyectos humanitarios y liderazgo político. Tienen la visión de una sociedad mejor que unifique y proporcione igualdad de derechos a todas las personas y que toque y cambie la vida de todos.

De manera diferente, la persona puede estar involucrada en el campo de la salud mental, cuidar y tratar a personas con problemas mentales y emocionales en ocupaciones de psiquiatra, enfermero, consejero o psicólogo.

En escenarios más negativos, estas configuraciones pueden aportar la capacidad de lavar el cerebro de las masas e incluso conducir a comunidades enteras hacia fines destructivos. Por ejemplo, pueden ser líderes carismáticos de sectas que utilizan ideas utópicas delirantes para supuestamente liberar a la gente de la mediocridad de la vida mundana, pero comúnmente tienen intereses personales y, como resultado, terminan generando traumas y daños importantes en otros.

Orientación profesional o funciones públicas

- *Industria y medios de comunicación.*
- *Ingeniería de sonido, documentales, DJ.*
- *Arte futurista y progresista: ciencia ficción, música electrónica, arte de vanguardia.*
- *Industria de entretenimiento social y tendencias: moda, estilo, vida nocturna, diseño de alta gama.*
- *Vocaciones tecnológicas y científicas: ingeniería, fabricación industrial, maquinaria, innovación y patentes, práctica e investigación médica, astronomía, electricidad.*
- *Aviación, viajes espaciales.*
- *Maestros espirituales que combinan explicaciones racionales y espirituales con fenómenos universales.*
- *Asesoramiento, tutoría o autoría de textos de astrología.*
- *Dones psíquicos, mediums, clarividencia.*
- *Campo de la salud mental.*

- *Organización de eventos sociales y comunitarios: conferencias, organizaciones y gestión de personal.*
- *Activismo social, trabajo humanitario, trabajo social, movimientos políticos.*
- *Líderes de sectas, lavado de cerebro.*

Fase 5. Desafiar el miedo

Cuestionar las limitaciones existentes, vivir con mayor autenticidad, elegir la Verdad en lugar de la seguridad, liberar el espíritu.

Bajo las influencias de las configuraciones de Acuario-Piscis, los individuos pueden desafiar el miedo, enfrentando la presión de los pares y el consenso popular cuando sea necesario. Al arriesgarse a hacer el ridículo, alejarse de los amigos o incluso al exponerse al ostracismo absoluto, estos individuos pueden lograr la suficiente confianza para defender lo que creen que es correcto y enfrentarse al grupo. En algunos casos, para mantenerse fieles a los valores personales, pueden abandonar enteramente una comunidad y vivir sin el sistema de apoyo de sus familiares o pares.

De forma similar, las personas pueden desafiar el temor a ser considerados intelectual o socialmente inferiores, por no tolerar o seguir las normas culturales aceptadas en la comunidad. Por ejemplo, pueden relacionarse con un círculo de familias de élite que suelen matricular a sus hijos en escuelas privadas; pero en cambio, ellos eligen escuelas públicas. Del mismo modo, pueden desafiar la creencia familiar basada en la ciencia y elegir una carrera en alguna práctica esotérica. En esta fase, son capaces de liberarse del miedo a la crítica y seguir su auténtica vocación.

Del mismo modo, pueden desafiar el miedo al atreverse a explorar perspectivas nuevas y, a veces, impopulares o al adoptar un estilo de vida alternativo para obtener una mayor comprensión de la naturaleza multidimensional de la vida. Desde el punto de vista artístico, este enfoque puede verse en estilos musicales o pictóricos que generan sorpresa y controversia. La persona se entrega a la imaginación y a la intuición y se abre a diferentes ritmos y dimensiones del ser. A nivel personal, puede abandonar el estilo de vida moderno convencional y unirse a un movimiento o comunidad donde la gente se reúna porque comparte valores similares, ideales progresistas o una visión espiritual. Se atreven a dejar la seguridad de su vida convencional para ser pioneros en un nuevo paradigma y adoptar un estilo de vida que se adhiera a valores progresistas, más elevados.

En esta línea, algunos individuos pueden sentirse obligados a trascender su propio condicionamiento mental para acceder a su potencial. Este enfoque puede implicar el uso de drogas psicodélicas para explorar estados alterados de percepción y conciencia. También pueden explorar estados de trance a través de la práctica de rituales de danza tribal, hipnosis u otras técnicas que inducen experiencias extracorporales, con el fin de trascender su propio proceso de pensamiento. Quieren dejar atrás la seguridad de cualquier referencia mental conocida y liberarse de las cadenas de su propio pensamiento, con el objetivo de abrirse paso hacia nuevos niveles de conciencia.

Algunas de estas personas pueden sentir un impulso profundo de desafiar la gravedad y empujarse a sí mismos hasta el punto de desafiar las limitaciones de la realidad física. Puede que se sientan atraídos por pilotear aviones, tirarse con un paracaídas o convertirse en astronautas. La fascinación por la velocidad puede atraerlos hacia los deportes extremos, como el vuelo con traje de alas o las carreras de autos y motos.

Fase 6. Humildad y ego

Darse cuenta de las limitaciones del ego; tomar perspectiva sobre los ciclos y fuerzas más amplios de la vida.

Con Neptuno en Acuario y configuraciones afines, los individuos pueden encontrarse llenos de recursos, pero sentirse profundamente frustrados cuando su progreso en la vida encuentra más obstáculos de los que esperaban. Puede que las circunstancias no apoyen la plena expresión de su potencial intelectual; como resultado, se ven obligados a hacer concesiones a nivel profesional y creativo, conformándose con las condiciones que se encuentran dentro del promedio. Por ejemplo, pueden haber sido niños muy prometedores, con un alto coeficiente intelectual o talentos especiales, pero la vida parece no ofrecerles las oportunidades adecuadas para desarrollar su potencial y, finalmente, sienten desprecio por la vida que terminan viviendo. En consecuencia, pueden aburrirse y disociarse emocional e intelectualmente de sus vidas, sintiendo que están sobrecalificados para lo que hacen. Pueden volverse sarcásticos, cínicos, inquietos e impacientes con todo y con todos. Las razones evolutivas para experimentar esta suerte de conciliación pueden residir en un énfasis excesivo en la mente o el espíritu, en desmedro de la integración emocional. Para compensar estas lagunas, atraen a sus vidas situaciones que no favorecen el desarrollo intelectual y espiritual, con el fin de desplazar el foco de atención hacia el crecimiento emocional. Aprenden lecciones de aprecio y paciencia y a valorar las interacciones emocionales más sencillas. El desarrollo de su carrera puede verse afectado por este proceso, pero este retroceso suele ser el resultado de haber avanzado demasiado rápido en el pasado, sin construir una base emocional. Al creer que merecen más y que están sobrecalificados, puede que no aprecien las cosas buenas que tienen frente a sus narices, porque están constantemente esperando más y más. Así, mientras la vida los frena y los obliga a realizar concesiones, les enseña también lecciones de humildad, aprecio, integración emocional y sencillez.

Las expectativas de brillar y ser únicos también pueden proyectarse en sus hijos. Pueden creer que sus genes son especiales y producirán una descendencia superdotada, pero se decepcionan cuando sus hijos se encuentran intelectualmente en el promedio, son espiritualmente inmaduros o, en general, menos sobresalientes que lo esperado. En consecuencia, al volverse padres, se ven obligados a bajar de sus torres de marfil para atender las auténticas necesidades de sus hijos. A veces, las necesidades especiales del niño son una discapacidad en lugar de un talento. En casos extremos, el niño puede ser autista, tener problemas mentales o sufrir problemas emocionales o de comportamiento. Estas circunstancias aportan profundas lecciones de humildad, que contrastan con las expectativas iniciales de tener hijos prodigios. A través de sus hijos, aprenden a valorar a las personas más allá de las proezas intelectuales o logros académicos. Además, a pesar de los comienzos difíciles, el hijo puede revelar hermosas cualidades que no fueron reconocidas o apreciadas al principio. Por ejemplo, el hijo de padres intelectuales y científicos puede elegir una orientación radicalmente distinta en la vida y convertirse en jugador de baloncesto o actuar como payaso para animación, hecho que lleva a los padres a superar los prejuicios y sistema de valores.

Los individuos con estas configuraciones astrológicas suelen ser muy idealistas, hasta el punto de que la vida cotidiana les parece terriblemente superficial o simplemente errónea. Ven en todas partes corrupción, al gobierno teñido por el ego, mala educación, avaricia y degradación del medio ambiente, como un retrato bastante sombrío de la dirección de la humanidad. Esta perspectiva puede dar lugar a la crítica, al cinismo y a un sentimiento de disociación; incluso pueden perder la esperanza en este mundo o esperar que el apocalipsis destruya lo que consideran una civilización fracasada. Aunque su frustración es comprensible, estos individuos deben aprender a involucrarse de forma positiva y proactiva en el mundo para mejorarlo, más que limitarse a la crítica. Son lo suficientemente inteligentes como para señalar dónde está el error, pero a la hora de la verdad, se dan cuenta de que es más fácil decirlo que hacerlo. Esta dinámica es prominente en la generación nacida con Urano y Neptuno en conjunción en Capricornio (aproximadamente de 1989 a 1997) y Neptuno en Acuario (1997 - 2011), que nacieron en torno a la época del colapso del bloque soviético, la guerra contra el terrorismo tras el 11-S y las crisis medioambientales globales resultantes de la agresiva industrialización. En consecuencia, muchos se sienten apagados, cínicos e indiferentes ante la propia necesidad de hacer un aporte. Su lección, sin embargo, es predicar con el ejemplo, encarnando los ideales que quieren ver creados. Al tener su propia experiencia directa con situaciones problemáticas, se darán cuenta de que ellos mismos no están por encima de los errores; al renunciar a sus ideales utópicos, pueden aprender a ser más indulgentes y compasivos y simplificar las expectativas.

Del mismo modo, estas personas pueden percibir que la calidad de vida está en declive. La gente puede hablar de ideales sociales, de emancipación y de igualdad de derechos; pero lo que ocurre realmente es que los regímenes corruptos o dictatoriales obtienen el poder político y llevan a su sociedad a condiciones muy restrictivas. Los regímenes fascistas, que se creían desaparecidos entre los males del pasado, pueden surgir y provocar retrocesos en el progreso social. La razón de esta dinámica puede deberse a que, cuando los líderes progresistas estaban en el poder, no se ocuparon debidamente de las capas más débiles de la sociedad, que no obtuvieron los beneficios que necesitaban y se sintieron abandonadas. Para compensar la sensación de desorientación, vuelven a los viejos valores o fanatismo religioso como forma de sentirse seguros. Esta dinámica demuestra que el progreso no puede ser apresurado y no puede atender solo a los intelectuales. Es necesario atender las necesidades y los valores más simples de la población en general. Esta dinámica también pone de manifiesto la necesidad de seguir protegiendo los valores sociales, la emancipación y abstención de creer que, una vez creadas las nuevas realidades, el único camino es seguir hacia adelante.

En algunos casos, estas personas pueden perjudicarse a sí mismas y a los demás al intentar fomentar avances y nuevos paradigmas sobre bases poco firmes. Por ejemplo, pueden exagerar el uso de psicotrópicos para expandir su conciencia y dañar el cerebro y el sistema nervioso en el proceso o impulsar ideales espirituales alternativos sin la suficiente investigación y acabar fracasando.

La lección evolutiva para salvar el abismo entre la ciencia y la espiritualidad puede mostrarse de diferentes maneras. No es raro, por ejemplo, que estos individuos nazcan en familias en las que uno de los padres es muy religioso o con inclinaciones espirituales y el otro es ateo, claramente racional y de orientación científica. Están expuestos a dos extremos, que no parecen tener puntos en común. Al principio, pueden elegir una u otra orientación y centrarse en esa elección. Más adelante, las circunstancias los obligan a conocer la otra polaridad. Por ejemplo, la persona podría convertirse en médico, con un enfoque muy científico, pero enfrentarse a una crisis cuando los procedimientos establecidos no consiguen curar a los pacientes. El médico puede ser testigo de que los pacientes que tienen una fe de tipo espiritual se recuperan mejor y más rápidamente que los que no tienen ese trasfondo. Poco a poco, aprenden que la ciencia y la espiritualidad deben complementarse.

En esta misma línea, las crisis pueden producirse cuando se utilizan conocimientos avanzados sin tener madurez espiritual y emocional. El peligro de utilizar la ciencia sin ninguna comprensión espiritual se hizo evidente durante la Segunda Guerra Mundial, cuando los nazis realizaron experimentos científicos con los prisioneros. Más recientemente, se modificaron semillas genéticamente para acelerar la cosecha, aumentar la producción, matar insectos y aumentar las ganancias, pero con las consecuencias irresponsables de posibles efectos negativos sobre la salud y la degradación del medio ambiente. Estas modificaciones corren el riesgo de dañar la naturaleza sin retorno, especialmente en el ejemplo de la modificación de las semillas y la pérdida de la biodiversidad. La lección de humildad consiste en comprender que el progreso debe estar en sintonía con los ritmos naturales para ser verdaderamente beneficioso. La ciencia y la tecnología, para integrarse mejor, deben encontrarse con la naturaleza y también con las emociones.

Estos individuos pueden lograr aumentar la inspiración y creatividad, hasta el punto de lograr nuevos hallazgos o descubrimientos, cuando el conocimiento intelectual se encuentra en equilibrio con la sabiduría espiritual y nutrición emocional. Pueden poner en práctica una forma de desarrollo integral, que promueva la salud y la productividad en toda la cadena de la vida. En algunas ocasiones, estos individuos pueden dar muestras de genialidad e introducir importantes innovaciones que representan un verdadero avance en la civilización. Del mismo modo, pueden convertirse en activistas sociales cuyo trabajo y dedicación elevará las condiciones de vida de las personas y fomentará la libertad. Este enfoque más global puede abarcar todos los estratos de la sociedad y de la vida, incluyendo a la flora y fauna.

Fase 7. Inocencia, desilusión y madurez en la espiritualidad

Reconocerse y alinearse conscientemente con los principios atemporales de la Verdad.

Con los arquetipos de Acuario y Piscis integrados, la realización espiritual trae consigo la comprensión de que la existencia descansa en un orden inherentemente inteligente y que la conciencia es la fuerza que está detrás de la creación y la vida. La capacidad de reconocer una inteligencia omnipresente surge de la autoconciencia, la observación de los ciclos naturales y la percepción de la interconexión entre todas las diferentes manifestaciones de la vida. Aunque la imagen completa sigue siendo un misterio, se hace evidente que la existencia tiene sentido y significado. Esta constatación proporciona una sensación de paz interior, pero también genera un afán por seguir descifrando las intrincadas maravillas de la vida.

La idea de un orden de inteligencia implica que cada individuo, especie y entidad viva sea consciente e inteligente. Como resultado, la visión antropocéntrica que enfatiza el dominio humano sobre la naturaleza cambia a una perspectiva más equilibrada, en la que la propia naturaleza desarrolla conciencia, en lugar de ser percibida únicamente como un banco de recursos para servir a los humanos. Mientras que Urano y Acuario destacan la importancia de la inteligencia humana, Neptuno y Piscis nos recuerdan que el mundo natural tiene su propia forma de inteligencia y que, por tanto, no es necesariamente inferior ni está subordinado a los humanos. Esta perspectiva más amplia engendra naturalmente compasión y respeto por todos los seres vivos.

Algunos de estos individuos pueden desarrollar una perspectiva extraordinariamente amplia acerca del funcionamiento del universo y su sutil significado y lógica, lo que les permite comprender los ciclos interconectados de la existencia y descifrar misterios ocultos. Algunos de ellos realizan descubrimientos científicos a través de verdaderas epifanías místicas, acceden a reservas más elevadas de conocimiento y tienen experiencias directas con lo divino. Para ellos, la ciencia ya no se utiliza para desmitificar y desacreditar la espiritualidad, sino para fortalecerla.

Algunas de estas personas pueden poseer dones psíquicos y convertirse en canales de conocimiento espiritual y profético. Pueden ver a través de dimensiones etéreas y tener auténticas visiones del futuro, las que podrán o no comprender en su mente racional. Aunque muchas personas pueden afirmar que tienen visiones proféticas, éstas pueden ponerse a prueba cuando se manifiestan, a veces de forma totalmente imprevisible.

Sin embargo, la capacidad de percibir vibraciones y energías más finas puede conducirlos a una necesidad obsesiva de trascender constantemente lo que se considera denso, negativo o de menor vibración. Pueden llegar a invertir demasiada energía en los reinos etéreos y en las vibraciones más finas, hasta el punto de no ser capaces de abordar adecuadamente los asuntos cotidianos. Sus centros energéticos superiores (chakras), están muy desarrollados, mientras que los inferiores están descuidados, lo que refleja una desconexión entre el espíritu y la materia. Desde el punto de vista psicológico, esto puede crear problemas de comunicación; por ejemplo, utilizar un lenguaje demasiado esotérico y complicado para la mayoría de la gente. Podrían volverse puritanos, apartarse de la exposición mundana y considerarse por encima de los asuntos terrenales. En general, existe el riesgo de que caigan en la arrogancia espiritual y, aunque inicialmente tuvieron percepciones y dones especiales, luego pueden encapricharse con ellos y perder el contacto con la intención más profunda que busca ayudar de forma sincera. Hablarán de elaboradas teorías espirituales, pero no demostrarán compasión y ni paciencia sincera hacia las personas. Para recuperar el equilibrio, la vida podría obligarlos a volver a los ámbitos más densos de la existencia. Por ejemplo, se pueden bloquear los canales espirituales y secar el pozo de conocimiento. La gente puede percibir que ya no son genuinos y perder el interés por ellos. Estas lecciones de humildad pueden tardar en integrarse, ya que, primero, deben descender de su pedestal.

Pueden dejarse llevar por teorías rebuscadas y complicadas que no pasan la prueba de la realidad para compensar la pérdida de una genuina realización y conexión con el conocimiento. Del mismo modo, pueden creer que esta vida es su última encarnación en la tierra y que han completado su viaje evolutivo. Estas afirmaciones suelen ser más bien un deseo que un hecho real. A través de experiencias, deben volver a evaluar las motivaciones y comprender que el conocimiento debe venir desde el corazón y servir al todo en su conjunto.

También, aprenden la importante lección de inteligencia y capacidades espirituales y se vuelven más responsables de lo que ocurre en la vida, a nivel personal y colectivo. El conocimiento e inteligencia también son una responsabilidad y cualquier mal uso o corrupción tiene profundas consecuencias kármicas. En un sentido más profundo, el hecho de que sean canales y custodios de un conocimiento más amplio no significa que Dios limpiará su irresponsabilidad, por decirlo de algún modo. Lo que hacen y crean puede tener consecuencias radicales, para bien y para mal.

Cuando la división entre la mente, las emociones y el espíritu se sana y los extremos de la dualidad se funden en una sola comprensión, estos individuos desarrollan capacidades extraordinarias que les permiten descifrar los misterios cósmicos. Así, podrán decodificar las matemáticas del caos, las matemáticas del amor y las matemáticas de la conciencia; y quizás eso los lleve a encontrar la ecuación del infinito.

LIBERACIÓN DE LA PAZ

Perdona a Dios por el hecho de que, aunque las soluciones a los problemas parezcan obvias, puedan tardar generaciones en ponerse en práctica y que, en lugar de avanzar libremente, tengas que esperar constantemente que los demás te alcancen. Perdona a Dios por el hecho de no poder confiar en lo divino para arreglar tus errores o los de otros y porque no haya segundas oportunidades para corregirlos. Acepta la responsabilidad de tu inteligencia y navega por este mundo con sabiduría y compasión. Acepta que tienes que expresar lo mejor de ti mismo en cada momento y que los demás no necesariamente van a estar a la altura.

Afirmación: El amor abre los misterios de la vida.
Desafío: Acepta tu propia ignorancia.
Regalo: Poder de iluminar.
Felicidad: Ver la genialidad en todo.

Figuras públicas con las configuraciones Piscis-Acuario

- *Nikola Tesla* (Neptuno en casa 11 en sextil a Urano)
- *Albert Einstein* (Neptuno en casa 11 en trino a Urano)
- *Akiane Kramarik* (Conjunción Neptuno y Urano)
- *Karl Marx* (Neptuno en conjunción con Urano)
- *David Lynch* (Neptuno en casa 11)
- *Marie Curie* (Neptuno en cuadratura a Urano)
- *Charles Manson* (Urano en casa 12 en sesquicuadratura con Neptuno)

Nikola Tesla

Inscripción astrológica de relevancia: *Neptuno en casa 11 en sextil con Urano.*

Inventor e ingeniero serbio-estadounidense; un genio desconocido que produjo el primer motor que funcionaba con corriente alterna. Desarrolló la tecnología subyacente para la comunicación inalámbrica a larga distancia, a principios del siglo XX.

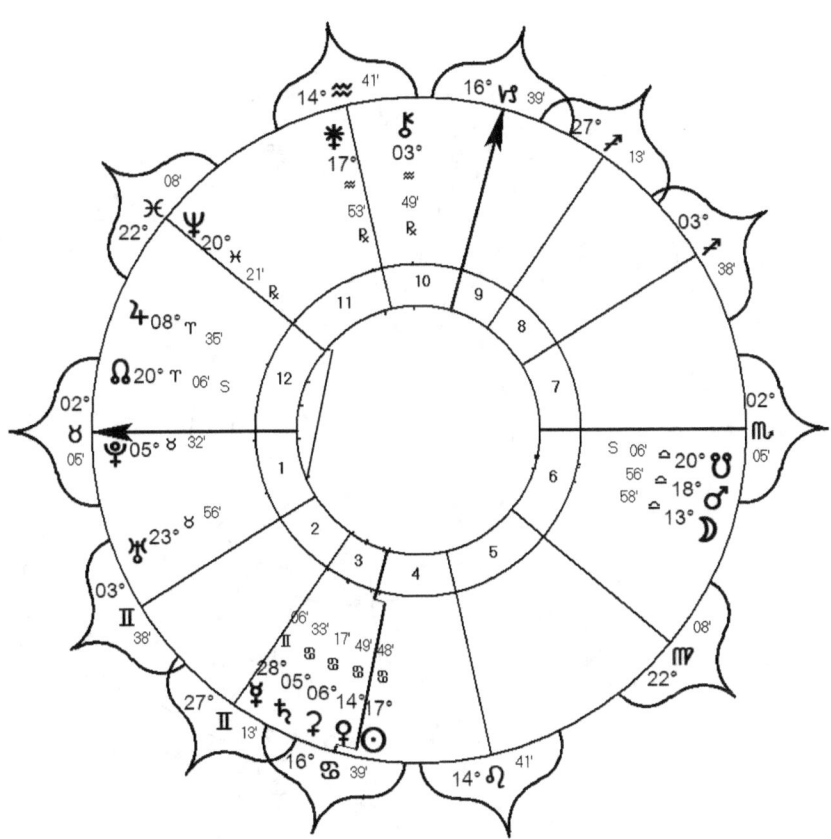

Karl Marx

Inscripción astrológica de relevancia: *Neptuno en conjunción con Urano.*

Periodista y filósofo alemán que desarrolló el concepto de socialismo. Junto con Fredrich Engels, escribió y presentó el Manifiesto Comunista, con la esperanza de crear justicia social y económica y hacer avanzar la civilización.

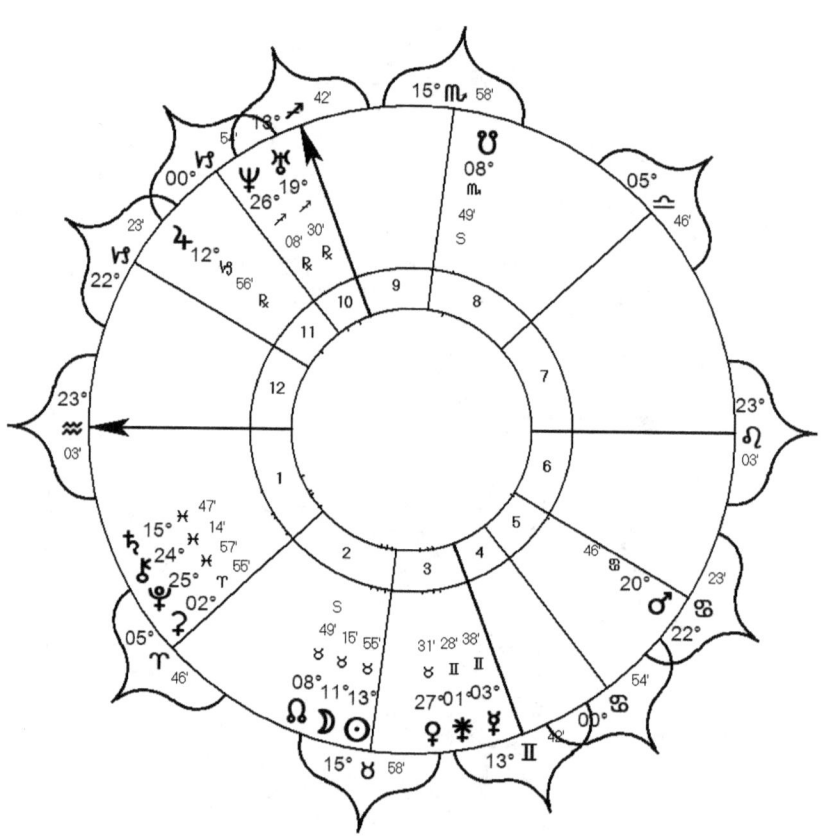

El viaje de crecimiento en los temas de
PISCIS Y PISCIS

Neptuno en Piscis o Neptuno en la casa 12
o
Neptuno en aspecto a planetas en Piscis,
a planetas en la casa 12
Piscis en la casa 12

LECCIONES EVOLUTIVAS

Con Neptuno en la casa 12 y configuraciones afines, la intención evolutiva es hacerse expertos en el arte de vivir y obtener felicidad duradera. Somos una diminuta partícula en de un universo inmenso, en el que las fuerzas de la vida operan más allá de nuestro control. No sabemos cuándo empezó todo ni las razones de por qué las cosas son como son y, sin embargo, interactuamos y dialogamos constantemente con la vida para encontrar nuestro lugar y nuestro papel en el gran esquema de las cosas. La lección evolutiva es armonizar la vida y encontrar paz en medio de las grandes corrientes naturales y universales. La felicidad dependerá del sano desarrollo de nuestra relación con la vida.

La relación con la existencia es compleja. La vida nos contrasta, una y otra vez, la belleza y la inocencia con el dolor y el sufrimiento más descarnados; encontrar la manera de conciliar esta dicotomía existencial requiere de un profundo cuestionamiento y claridad. Cuando se encuentra la felicidad, pronto se ve interrumpida por la emergencia de alguna crisis o motivo de tristeza. En principio, algunas personas pueden encontrar la felicidad, adoptar una postura más optimista, proyectar en cada cosa que perciben su potencial positivo e intentar, de esta manera, neutralizar la negatividad y el sufrimiento. Otros pueden desarrollar un enfoque más impersonal de la vida y aceptar el destino. Se desapegan de las emociones y aceptan el sufrimiento como un hecho de la vida; siguen la rutina diaria sin la necesidad de intervenir o hacer cambios dentro de las circunstancias, en una actitud práctica del tipo "comer o ser comido" o "todos moriremos finalmente". La actitud positiva muestra un intento por preservar la inocencia a toda costa, mientras que la segunda actitud refleja falta de sensibilidad y aceptación pasiva respecto al destino. En última instancia, ninguno de los dos enfoques proporciona una felicidad duradera.

Podemos encontrar las soluciones verdaderas con respecto al sentido de la vida en la dimensión atemporal, donde se originan los significados principales. Acceder al reino atemporal es un viaje hacia el gran misterio y, a través de la rendición del ego, se van develando las Verdades ocultas. La lección es trascender el tiempo y espacio y ver más allá de los diversos apegos de nuestra identidad egocéntrica. Esto implica dejar de lado las convicciones rígidas, la certeza de estar en lo correcto o la búsqueda interminable de gratificación material. La Verdad aparece cuando nos encontramos en un estado neutral, cuando vemos *las cosas como son* y renunciamos a nuestros deseos. La felicidad consiste en aceptar la vida como es, con las partes que nos gustan y las que no; es decir, el paquete completo.

Aceptar la Verdad, inmensamente compleja y bellamente simple, es más fácil de *decir que de hacer*, ya que se encuentra velada y nadie tiene la visión de su totalidad. Pero la felicidad no consiste en saber todo o en resolver todas las crisis para erradicar el dolor y el sufrimiento; más bien, está en saber que, a pesar de que la Verdad conserva su misterio, es buena. "Bueno" no significa agradable o bonito, sino correcto y funcional. Saber eso, confiar en eso, es la felicidad duradera.

En este proceso, adoptar un enfoque más amplio permite que los deseos personales y las necesidades diarias de sostén de la vida sean menos cruciales. La atención se centra en la Verdad superior, mientras que el resto es secundario. Esto puede significar que las necesidades del todo pueden tener prioridad sobre las propias necesidades personales. A veces, las preocupaciones más grandes pueden hacer que un individuo se sienta insignificante, una gota dentro de un vasto océano, pero en la Verdad no hay separación entre la gota y el océano. Así que, en última instancia, servir al conjunto es servirse a sí mismo.

Aunque la Verdad atemporal trae liberación y felicidad, al principio puede ser difícil de aceptar. La Verdad no es de nuestra propiedad, es neutral y está más allá de preferencias personales. Sin embargo, la Verdad es lo único que realmente existe y funciona en la vida. Irónicamente, entregarse a la Verdad atemporal no es realmente una elección, porque todo el mundo está destinado a la Verdad. La elección no es elegir la Verdad, sino aceptarla cuando se nos revela. No se puede huir de la Verdad, aunque muchos intenten apartarse de ella mediante la negación o las ilusiones. Sin embargo, al aceptarla, la vida puede convertirse en algo sorprendentemente sencillo.

Lecciones evolutivas esenciales
- *Encontrar la felicidad en el gran esquema de las cosas.*
- *Acceder a existir, encarnar; aceptar la Verdad.*
- *Comprender el panorama general para navegar a través de las incomodidades y dolores emergentes de la vida.*
- *Dejar de lado los apegos excesivos a los valores del tiempo y espacio y reconocer lo que realmente importa dentro de una escala mayor para cada ser vivo.*
- *Ir más allá de los extremos de la dicotomía existente entre las identificaciones de "optimista despreocupado" y "víctima de la vida".*
- *Superar el escapismo a través de la negación, el desapego excesivo, la evasión espiritual o el abuso de sustancias.*
- *Comprender que, a pesar del aprendizaje, la Verdad atemporal conserva su misterio.*
- *Servir al conjunto satisface las necesidades personales.*
- *Simplificar la vida hasta sus principios más básicos, volviendo a los valores simples.*
- *Llegar a la comprensión central de que la Verdad es buena.*

REALIDAD ATEMPORAL

Cuando Neptuno está en Piscis o en la casa 12, es posible experimentar la realidad atemporal como la unión con el todo y comprender que la vida es esencialmente buena, aunque, a veces, se vuelva un desafío, que funciona para el bienestar de todos. Aunque la inmensidad y la profundidad de la existencia siguen siendo, en gran medida, territorio virgen, la vida está a salvo bajo un cielo protector y la naturaleza provee en abundancia: es decir, todo está en su sitio, en perfecto equilibrio y podemos confiar en que todo ello es bueno.

Dado que la creación lo contiene todo y siempre está en perfecto equilibrio, nada en realidad necesita ser mejorado o cambiado. Inmersos dentro del amor, la paz, la justicia y armonía universales, ¿qué bien podría traer la evolución?

En este universo aparentemente infinito, no hay limitaciones ni imposibilidades. En última instancia, no existe la muerte y la vida no puede ser derrotada; la Verdad hace que la vida sea invencible.

Realidad tiempo y espacio

Dentro de la dimensión de tiempo y espacio, la vida se revela como una compleja fusión de corrientes entrecruzadas, mensajes contradictorios y verdades veladas que dificultan ver con claridad y dirección. En esta inmensidad, descubrir cuál es nuestro lugar y por qué estamos aquí puede ser desafiante y confuso.

Lo bueno puede volverse agrio, de la misma manera que la naturaleza puede hacer que el Jardín del Edén se convierta en una fuerza destructiva y hostil. La mezcla de maravillas y peligros evoca indistintamente una sensación de confianza y miedo y esto puede provocar cambios de humor y confusión existenciales. En cierto modo, la vida se parece más a un edificio en construcción con piezas faltantes, que a una obra maestra terminada.

Del mismo modo, los ideales de unidad, amor universal y paz son difíciles de sostener cuando las presiones propias de la supervivencia activan los instintos de autoconservación y división. Puede que todos vivamos bajo el mismo sol, pero cuando la vida personal se ve amenazada y estamos en riesgo de ser la comida de otro, olvidamos esta perspectiva desapegada y solo vemos la dualidad. En el tiempo y espacio, el cielo no es siempre protector ni garantiza seguridad, entonces, fluir con la corriente puede significar el riesgo de estrellarse contra las rocas.

En el ámbito de tiempo y espacio, podemos sentirnos abrumados y luchar por salir adelante. La vida puede convertirse en una experiencia desalentadora y, en consecuencia, las personas pueden buscar una vía de escape, ya sea a través del abuso de sustancias para adormecer el dolor o de una mirada exageradamente positiva. La falsa felicidad puede ser más soportable que el dolor sincero, sobre todo cuando uno se siente perdido y no está preparado para afrontar los nuevos retos.

En el tiempo y espacio, la Verdad atemporal solo se nos revela por etapas; la imagen completa siempre es un misterio y mantiene a todos en vilo. La gente solo puede hacer lo mejor que puede y eso puede ser simplemente dar unos pocos pasos hacia adelante.

Las siete fases evolutivas

Fase 1. Inocencia en el milagro de la vida

Vivir la vida con total inocencia, como si todavía se estuviera en la atemporalidad del vientre cósmico.

Con Neptuno en la casa 12 y las configuraciones afines, el estado de inocencia se experimenta como una confianza incuestionable respecto de la bondad de la existencia. La vida se percibe completa y perfecta en sí misma. Esta percepción trae consigo un enfoque fundamentalmente pasivo; como todo es bueno, no hay necesidad de actuar, mejorar o evolucionar. La gente sigue la rutina y confía en el cielo protector, sin ningún impulso por ser proactiva o desarrollar algo por sí misma. Se espera que los recursos y las oportunidades estén al alcance de la mano, que la fruta madure en los árboles y que la lluvia caiga del cielo para saciar la sed. No se cuestiona nada. La vida se percibe como una expresión sin complicaciones para ser y tener.

En la inocencia, no se entienden conceptos tales como el mal, la adversidad o la maldad. Hay un optimismo ingenuo, una generosidad abierta y cariñosa; o bien, pereza y valores simplistas, por ejemplo: una persona optimista que confía en que su próxima comida aparecerá gratuitamente por sí sola. Cuando surge algo negativo, se utiliza el mecanismo de la negación o movimiento hacia pastos más verdes. No hay estrategias para lidiar con los problemas o el dolor. La vida *debe* ser fácil y buena.

Las personas pueden sentir que siempre están apoyadas por las fuerzas divinas y protegidas del daño. No reconocen el peligro y, en consecuencia, pueden arriesgar en forma inconsciente o ingenua la propia vida y la de los demás.

También, la inocencia puede manifestarse al aceptar pasivamente el destino, sin involucrar la emoción. En estos casos, los individuos pueden resignarse al hecho de que todo se reduce a "comer o ser comido". Sin ninguna emoción ni preferencias personales, simplemente siguen el instinto de supervivencia y cazan para evitar ser cazados. La crueldad no es un problema, ya que se ve como parte del destino; así que hacen lo que tienen que hacer para conseguir el próximo alimento. No piensan en mejorar la vida o evolucionar más allá de la mentalidad de supervivencia básica. Se toman la vida de forma fatalista e impersonal: respiran, cortan leña, consiguen la próxima comida, tienen hijos para que se encarguen de las tareas y, luego, mueren como final de la historia. Las experiencias personales intermedias no son significativamente relevantes.

Fase 2. Pérdida de la inocencia

Nacer del útero cósmico en los confines del tiempo y espacio, precipitando la aparición del ego (conciencia individual).

Al perder la inocencia, las personas pueden sufrir las consecuencias de no tener un sentido claro de sí mismas y carecer de la capacidad de defenderse o de hacer valer sus propias necesidades. Al permanecer pasivos y esperar que la vida se ocupe de sí misma, pueden perder el sentido de identidad dentro del colectivo o comunidad más amplia; otras personas o la tribu a la que pertenecen pueden acabar tomando todas las decisiones por ellos. Puede predominar la mente inconsciente sobre la consciente y permanecer distantes, carecer de ambición y estar desorientados. A veces se los observa con un rostro inexpresivo y pueden transmitir la sensación de que "no hay nadie allá dentro". Como resultado, el sistema inmunológico puede debilitarse debido a los escasos mecanismos de defensa, lo que puede provocar que se vean afectados por parásitos y sufran de mala salud. En casos extremos, esta sensación difusa se manifiesta en defectos físicos de nacimiento, como si el espíritu no hubiera encarnado totalmente en la materia.

El hecho de no estar en contacto consigo mismos puede causar enfriamiento emocional: dan la impresión de pasar por altos y bajos en la vida sin retener nada en particular. Se insensibilizan y toman las cosas como son, sin preferencias personales. Pueden carecer de imaginación, de sentir dolor o de memoria. La falta de sensibilidad puede verse, por ejemplo, en la capacidad de beber alcohol sin emborracharse o en el hecho de no verse afectados por traumas emocionales. En la superficie, pueden parecer serenos; pero internamente podemos notar un profundo descuido de sí mismos y falta de conciencia. La vida puede volverse cada vez más disfuncional, porque no solucionan los problemas que les ocurren, sino que permiten que se acumulen y empeoren. Esta actitud negligente puede conducirlos, por ejemplo, a falta de higiene, abuso de sustancias, descanso excesivo o desempleo. Intentan seguir la vida sin hacerse cargo, pero pierden la inocencia cuando se presenta un obstáculo y ya no pueden fluir debido a la dificultad para manejar la vida.

La tendencia a adaptarse a situaciones sin cuestionarlas y a seguir la corriente puede ponerlos en situaciones complejas. Por ejemplo, los pueden tomar por sentado, ofrecerles poco dinero por su trabajo o empleos peligrosos. Estas personas no son plenamente conscientes de las consecuencias. En un plano más general, pueden morir como soldados anónimos en el campo de batalla o ser trabajadores desconocidos dentro de una cadena de operaciones. Sin voz ni deseos personales, se desvanecen en el fondo y no reciben atención personal. No se esfuerzan necesariamente por mejorar las condiciones y suelen resignarse a su destino.

En este sentido, cuando estos individuos poseen valores firmes y un claro sentido de dirección, pueden enfrentarse a circunstancias externas que los obliguen a sacrificar las ambiciones personales para responder a una necesidad mayor. Por ejemplo, pueden tener que sacrificar los estudios por un tema económico que se presente por la salud de alguno de sus padres. Parece que siempre hay algo más importante y urgente que sobrepasa las decisiones personales. Van perdiendo la inocencia a medida que aparecen estos continuos sacrificios y se dan cuenta de que no son dueños de su propia vida.

Al principio, estas personas pueden confiar ciegamente y ser optimistas respecto de las bondades de la vida y se sienten amparados bajo el cielo, pero pierden la inocencia cuando aparecen los peligros y las sombras. Cuando se sienten víctimas o dominados o se aprovechan de ellos, ya no pueden negar el sufrimiento. Pueden pasar del optimismo ingenuo a una desilusión aplastante, especialmente cuando se dan cuenta de que el mundo no es siempre bueno. Por ejemplo, pueden descubrir que los niños mendigos son mutilados a propósito para atraer la simpatía de los donantes o ser testigos de cómo se maltrata a los animales sin ninguna razón justificada. Es un trauma espiritual para ellos ver cómo se viola la pureza de la inocencia; Dios no está salvando a los buenos e inocentes. Al perder la confianza y la fe, pueden desarrollar pesadillas, fobias o escapar de la vida durmiendo en exceso.

La pérdida de la inocencia los lleva a una crisis existencial, porque el mundo es un lugar potencialmente peligroso donde se experimenta sufrimiento. Ven que el dolor se encuentra en todas partes; el paraíso se ha perdido.

No obstante, para aferrarse a la visión positiva, algunos de estos individuos pueden evitar situaciones conflictivas o demasiado complejas. Niegan, evaden y abandonan el conflicto Pueden ir a la deriva de un lugar a otro, de un trabajo a otro y de una relación a otra, pensando que todo será mejor o más positivo en otro lugar. Como resultado, pueden llegar a estar cada vez más aislados y sentir que nada se adapta finalmente a sus necesidades. Pueden enfadarse con la gente, porque normalmente son los seres humanos los que están detrás de los actos de violencia e injusticia, motivados por la codicia y el interés propio. Sin embargo, la inocencia se pierde cuando ya no pueden seguir huyendo del mundo. Deben aceptar las complejidades y dificultades que acontecen y renunciar a los propios ideales utópicos. En lugar de intentar escapar, evitar el dolor y sentirse víctimas de un mundo aparentemente cruel, tienen que aprender a desarrollar mejores mecanismos de para enfrentar y marcar la diferencia.

De forma similar, pueden convertirse en los animadores de la familia, porque intentan aportar risas y positividad como forma de distraerlos de las situaciones de crisis y dificultades; intentan ser una nube rosa, por así decirlo, en medio de las dificultades. Aunque esta actitud puede proporcionar un alivio temporal de estrés y cierto bienestar, también, deben aprender a aportar soluciones prácticas. De lo contrario, pierden la inocencia cuando ven que su enfoque humorístico y ligero solo sirve de parche superficial.

Esta mentalidad puede generar a veces cuadros clínicos que pasan de la manía a la depresión, ya que intentan desafiar las dificultades existenciales mediante una exuberancia exagerada, complejos de invencibilidad y grandes promesas que no pueden cumplir. Intentan compensar estos excesos con sensación de impotencia, pero se estrellan y se cierran al no conseguirlo.

En el otro extremo, vemos sujetos que al sentirse desilusionados y abrumados por la forma en que se les presenta la vida, pueden querer salir del juego o, incluso, arrepentirse de haber nacido. En este estado de ánimo, pueden llegar a fantasear con que esta vida será su última encarnación. Pueden percibir inconscientemente que la muerte es una buena alternativa y un escape, que pone fin a sentirse atrapados en este mundo. Tal postura puede escalar hasta el punto intentar suicidarse. Aún cuando la muerte parece una salida fácil, en comparación a vivir en un mundo aparentemente caótico y cruel, necesitan darse cuenta de que esquivar el desafío de encarnar no es una alternativa valedera. Esa huida puede significar que su alma regresará en una vida futura para volver a experimentar los mismos desafíos, hasta que aprendan a aceptar su encarnación.

Su apego a un mundo paradisíaco e ideal puede provocarles complejos de pureza y despertar intensas emociones defensivas. Por ejemplo, pueden adoptar posturas radicales contra el aborto y la anticoncepción, abogar por el veganismo extremo, el activismo medioambiental o convertirse en beligerantes anti-industriales. Suelen sentir aversión por el progreso y el desarrollo industrial, ya que dañan la pureza de la naturaleza. Como se dijo antes, pueden desarrollar sentimiento de rabia contra la actividad humana porque explota la naturaleza y sabotea el equilibrio de la vida. Aún cuando el activismo pueda servir a valores y objetivos nobles, estos sujetos deben comprender que el plan de la naturaleza también incluye la creatividad y la interferencia humanas. Pierden la inocencia al tratar de mantener el mundo de forma pura e intacta, lo que inevitablemente los lleva a darse cuenta de que no hay manera de volver al vientre cósmico y que es necesario integrar los ciclos propios de la evolución. El camino es hacia adelante: no hay retorno al útero.

En el polo opuesto, la mirada de algunos de estos individuos respecto al mundo es muy impersonal y fatalista y desprecian cualquier significado superior de la vida. No esperan que la vida sea buena y no hay significados románticos o fantasiosos que buscar. El cambio y el progreso se perciben como una pérdida de tiempo, porque la naturaleza es, en última instancia, impersonal y cruel y eso resume la noción básica de depredadores y presas. En otras palabras, la vida no tiene que ver con los deseos personales ni con los gustos de nadie. Los inocentes serán presas fáciles y se los dejará morir, porque la vida se trata esencialmente de la supervivencia del más fuerte. Con esta mentalidad, la compasión o las consideraciones personales no tienen ninguna utilidad. Estos individuos pasan por la vida sin amarras, haciendo lo que hay que hacer, ya sea rebanando la garganta de su próxima comida o haciendo que el negocio de otra persona quiebre para obtener un beneficio. Las personas que conviven con ellos pueden sufrir el enfoque demasiado impersonal, ya que, en este nivel, no se molestan por comunicar ni tampoco considerar los sentimientos de los demás. Sin embargo, en algún momento, estas personas pueden experimentar profundos *shocks* emocionales que los obligan a reconectar emocionalmente con sus cuerpos y empezar a sentir a un nivel más personal. La intensidad de estas experiencias cambiantes varía. Por ejemplo, pueden experimentar la pérdida de su propio hijo y perder la inocencia cuando no logran adormecer el dolor personal y permanecer desapegados. A veces los papeles se invierten y los individuos con estas inscripciones astrológicas no son los que encarnan la insensibilidad, sino que atraen a otras personas con este tipo de rasgos, ya sea familiares o parejas.

Fase 3. Fortalecimiento de la inmunidad

Adaptarse al tiempo y espacio, desarrollando un mecanismo de defensa, formando y solidificando el ego y reconociendo el valor del trabajo.

La exposición a una dinámica más impersonal y depredadora de la vida generada por la pérdida de la inocencia puede dejar a algunos de estos individuos profundamente desilusionados, cínicos y amargados. Las experiencias de muerte, crueldad y sufrimiento pueden suscitar una profunda ira hacia Dios por permitir que prevalezca lo que parece ser una completa injusticia; o, por el contrario, pueden desarrollar ira hacia la humanidad por dañar y destruir la naturaleza y la creación. El cinismo puede llevar a las personas a convertirse en ateos o simplemente a vivir el día a día, preocupándose únicamente de sus propias necesidades inmediatas. No obstante, el hecho de reconocer que la vida no es el paraíso que esperaban es el primer paso hacia la integración y el desarrollo.

Aprender a cuidarse a sí mismos puede hacer que, en esta fase, estos individuos sean más egoístas y ensimismados. Temen que los demás abusen de su generosidad y amabilidad y se aprovechen de ellos; en otras palabras, eligen ser austeros porque les preocupa que la amabilidad los haga débiles. Aunque esta perspectiva estrecha los mantiene más aislados, les refuerza la inmunidad.

Una forma importante de superar estas inseguridades es cultivar una mayor sensación de control y aprender que el cambio es posible cuando hay sufrimiento de por medio. No hay manera de evitar por completo las decepciones, las amenazas o los problemas, pero sí hay formas de afrontarlos mejor. Tienen que aprender a tomar las riendas de sus destinos, aumentar el potencial y reforzar el sistema inmunológico, en lugar de esperar pasivamente a que la suerte cambie o que alguien los rescate por obra y gracia divina. Aprenden a crear oportunidades y hacer que la vida sea buena porque depende, al menos hasta cierto punto, de ellos.

Tomar las riendas de la vida puede significar corregir disfunciones, como comprometerse con un proceso de rehabilitación o terapia. En esta fase, es fundamental tener un empleo y una rutina para la sanación. Integrarse en la dimensión del tiempo y espacio también puede implicar prestar más atención a sus cuerpos, comer regularmente, hacer ejercicio y dormir lo suficiente, sin excesos. Tener una rutina los ayuda a arraigarse y superar la sensación de estar perdidos y sin propósito.

Tener la vida más controlada también implica permitirse apegarse emocionalmente a las personas y a las cosas que les gustan. Al crear vínculos emocionales, se comprometen y conectan con la vida y dejan atrás la mentalidad donde todo da lo mismo.

Necesitan descubrir quiénes son como individuos, fuera de sus comunidades y asociaciones colectivas. Aprender a establecer límites saludables entre el yo y el resto del mundo puede contrarrestar la tendencia a perderse en los demás y ser víctimas de abusos. Necesitan aprender a cuidarse a sí mismos, y esto puede significar aprender a decir que no.

Al mismo tiempo, aprenden a depender eventualmente de la sociedad o de la comunidad en general para fortalecer su sistema inmunológico; un ejemplo de ello puede ser solicitar apoyo a programas de asistencia social que los ayuden a superar momentos difíciles. Aprenden que la ayuda está disponible y que no todo el mundo es depredador. Se debe recibir ayuda y equilibrar el esfuerzo personal, porque si abusan del sistema de apoyo, pueden atraer nuevas crisis.

Debido a la tendencia a sentirse desilusionados, desorientados o victimizados, es importante que encuentren nuevas razones para vivir que apoyen el proceso de curación. Estas personas necesitan encontrar principios rectores sanos por los que vivir, para comprender mejor el lugar en la vida. De lo contrario, permanecen en un vacío existencial que los deja vulnerables a estados de evasión, ansiedad, depresión y cinismo.

Pueden encontrar un propósito en este mundo a través de nuevas creencias religiosas, ideologías espirituales u optar por el ateísmo, ya que es un marco filosófico con el cual vivir.

Otra forma de encontrarse a sí mismos es conectar con la naturaleza en su forma más salvaje, ya sea en la tierra o en el agua. Pueden pasar mucho tiempo lejos de los centros urbanos, donde puedan volver a conectarse con lo más básico y auténtico y armonizar nuevamente los ritmos internos. Pueden tener una gran afinidad con la vida salvaje, aunque algunos de ellos lo expresarán irónicamente al convertirse en ávidos cazadores. La experiencia de cazar para conseguir su comida puede ser estimulante. De uno u otro modo, pasar tiempo en la naturaleza puede ser una de las experiencias más terapéuticas en esta etapa.

Una vez que estén más arraigados y que tengan más clara la dirección de sus vidas, estos sujetos pueden restablecer una forma de fluir más saludable. Pueden sentirse orgullosos de hacer algo útil y, aunque no salven al mundo, al menos, lo mantienen en marcha.

Cuánto más fuertes se hacen, la vida empieza a responderles en forma positiva, a menudo, cuando menos lo esperan. En lugar de sentirse aplastados por las circunstancias, ahora pueden recibir apoyo y nuevas oportunidades, como si un fuerte viento los sostuviera o apoyara desde atrás. Empiezan a ver que las fuerzas universales responden a sus esfuerzos. Es una señal de que pueden comunicarse con la existencia y subirse a la ola de manera más consciente.

Fase 4: Función pública, vocación, y fama potencial; convertirse en el instrumento de la vida

Conectarse con la conciencia colectiva; participar en el intercambio colectivo y en la dinámica de las masas.

Bajo estas influencias, las personas con Neptuno en la casa 12 o Piscis pueden dedicarse a cualquier profesión que gire en torno a elementos naturales y materias primas. Esto incluye los campos de la minería, geología, meteorología u oceanografía. Los recursos naturales también incluyen la extracción y el refinado de petróleo y gas o la evaluación y el tratamiento de recursos hídricos.

Estas influencias pueden reflejar la participación en la industria del mar, como la biología marina, la pesca, el transporte y comercio marítimo o la navegación y los barcos.

La fuerte asociación con el mundo natural puede llevarlos a cualquier vocación asociada con la vida salvaje o la botánica, como la gestión de ecosistemas, biología y zoología. Algunas profesiones en estas áreas pueden ser: guardabosques, guardias de caza, propietarios de reservas de caza, rastreadores o veterinarios. Esta orientación podría incluir tanto a conservacionistas como a cazadores.

Los individuos con estas configuraciones también pueden desempeñar funciones públicas que requieren un cierto desapego, donde el trabajo es rudo, desagradable o de mal gusto. Estas tareas pueden exigirles trascender la incomodidad, como el trabajo en la industria de tratamiento de aguas residuales y deshechos o la investigación del sistema digestivo de las cucarachas. Del mismo modo, pueden tener profesiones que requieran la capacidad de no involucrarse emocionalmente, como trabajar en la industria de la carne, los mataderos y las granjas industriales.

De diferentes maneras, estas influencias pueden apuntar a la participación en grandes empresas, sistemas u operaciones que son tan vastas que pueden afectar a poblaciones enteras y ser completamente impersonales. En estas grandes instituciones, las personas son vistas como recursos, estadísticas y números. El trabajo a gran escala suele ser demasiado grande para prestar atención a las necesidades personales o apreciar el carácter individual; todo se generaliza y homogeniza. Por ejemplo, se trata de profesiones dentro de la administración gubernamental, hospitales, prisiones, fuerzas armadas o público general.

Estas personas también pueden dedicarse al bienestar público y trabajo social, formar parte de instituciones de apoyo a los más desprotegidos y personas sin hogar o trabajar para organizaciones benéficas.

Esta dinámica también puede aplicarse a las personas que, desde el inicio de la vida, desde el nacimiento, llevan una vida totalmente expuesta al público, como los nacidos en la realeza, los niños de famosos o los que tienen un destino particular que los convierte en un símbolo para el público. Son parte integrante de la identidad colectiva y tienen poco espacio para la privacidad.

Bajo estas influencias astrológicas, los individuos pueden nacer con talentos extraordinarios que se consideran regalos de Dios. Las notables habilidades y la genialidad pueden manifestarse en muchas áreas, ya sean atléticas, intelectuales o artísticas. Sin siquiera intentarlo, estos talentos los hacen destacar por encima de todos los demás dentro de su propio campo. Dentro de esta línea, estos dones especiales también pueden ser de naturaleza espiritual y psíquica, ya que estos individuos pueden tener la capacidad natural para acceder a dominios atemporales. Por ejemplo, pueden poseer habilidades para ser médium y acceder a dimensiones intangibles, poseer capacidades curativas sobrenaturales o tener habilidades de comunicación con otras especies.

Independientemente de las capacidades sobrenaturales, estos individuos pueden ser reconocidos como figuras espirituales que inspiran al público en general a buscar significados más elevados en sus vidas, por lo que pueden servir como maestros espirituales o religiosos. Curiosamente, también pueden convertirse en símbolos públicos del ateísmo y argumentar contra la falta de ética de las instituciones religiosas y espirituales.

Como estas inscripciones astrológicas se relacionan con lo invisible y con lo que está más allá de nuestro control mental, las profesiones pueden pertenecer al reino del inconsciente, como la investigación del sueño, el tratamiento de la apnea del sueño, el trabajo y el análisis de los sueños o la hipnoterapia.

Estas configuraciones astrológicas también pueden aplicarse a cualquier forma de participación en el cine, entretenimiento o industrias de fantasía e ilusión que proporcionan experiencias de bienestar y devuelven la inocencia a las personas. También pueden aplicarse a diversas capacidades: efectos especiales, espectáculos de circo y magia, intérpretes y actores en el escenario o productores y técnicos tras bambalinas.

Del mismo modo, estos individuos pueden vender sueños a través de la industria de las vacaciones, ofrecer tiempo fuera del tiempo, relajación y ocio a través de "paquetes paradisíacos". Los servicios pueden incluir la propiedad o el trabajo en centros turísticos, la acogida de vacacionistas o la actuación como agentes de viajes especializados en la planificación de vacaciones.

Estas influencias también pueden reflejar la participación en la industria del alcohol, como la propiedad de un viñedo, la producción de vino, la elaboración de la cerveza o la gestión de una tienda de licores. Lo mismo ocurre con el tabaco y cannabis, ya que uno puede participar en el cultivo, producción o comercialización de estos productos.

De forma más velada, una persona puede convertirse en un símbolo público, pero anónimo, que apela a una causa colectiva, como por ejemplo un soldado desconocido cuya tumba honra todas las vidas perdidas de una batalla.

Orientación profesional o roles públicos

- *Recursos naturales: industrias de excavación de minerales y piedras, petróleo y gas.*
- *Industria marina: pesca, navegación, oceanografía.*
- *Vida silvestre: conservacionistas, guardabosques, veterinarios, cazadores.*
- *Vocaciones que implican un enfoque impersonal y desapegado: matadero, gestión de residuos.*
- *Grandes instituciones y corporaciones: hospitales, prisiones, agencias gubernamentales, policía, ejército.*
- *Beneficencia y caridad.*
- *Realeza y otros tipos de familias públicas.*
- *Dones y talentos extraordinarios en el campo espiritual, psíquicos y médiums.*
- *Figuras espirituales, maestros, sacerdotes, salvadores o, por el contrario, predicadores del ateísmo.*
- *Vocaciones que abordan el inconsciente: terapia e investigación del sueño, trabajo con los sueños, hipnoterapia.*
- *El cine, la ilusión y la fantasía.*
- *La industria de las vacaciones, centros turísticos, agencias de viajes.*
- *Industria del alcohol, cáñamo y tabaco.*

Fase 5. Desafiar el miedo

Cuestionar las limitaciones existentes, vivir con mayor autenticidad, elegir la Verdad en lugar de la seguridad, liberar el espíritu.

Los individuos con Neptuno en Piscis o en la casa 12 y configuraciones afines pueden desafiar el miedo, superar el estado inicial de pasividad y atreverse a actuar cuando sea necesario. En el pasado, puede que no se hayan atrevido a adoptar un punto de vista personal y haber sido víctimas o testigos de abusos. Puede que hayan perdido la confianza en sí mismos a partir de los episodios de pasividad. También es posible que hayan sido precavidos a la hora de iniciar algo, por miedo a desbordarse. Probablemente quieran evadir los problemas y adversidades de la vida y prefieran evitar el riesgo para no complicarse. Sin embargo, al actuar o intervenir en el transcurso de los acontecimientos, se empoderan y se dan cuenta de que pueden tener un impacto y hacer un aporte; ya no son invisibles ni insignificantes.

De forma más radical, esta fase puede manifestarse como un impulso por superar la impotencia ante las poderosas fuerzas naturales. Miden el poder frente a la inmensidad y elementos naturales y se sienten atraídos a enfrentar los peligros de la naturaleza. Por ejemplo, pueden desafiar medios hostiles en la selva o en la alta cordillera, trabajar con animales salvajes o practicar deportes extremos, con el fin de explorar la propia resistencia humana. Sienten una llamada a fundirse con las fuerzas de la naturaleza y a liberar el espíritu salvaje

Del mismo modo, pueden sentir el impulso de desafiar el temor a Dios y cuestionar las enseñanzas religiosas y espirituales. El condicionamiento temprano puede haber generado temor a Dios y a las consecuencias negativas de la contradicción a los preceptos religiosos. Desafiar el miedo a Dios puede manifestarse de diferentes maneras. Puede ser que una persona abandone las creencias religiosas y se convierta en un ateo que perciba la religión como un lavado de cerebro; o, también, se puede traducir en abrazar la idea de Dios como amor, alejarse de una espiritualidad basada en el miedo y reconocer la fuerza superior de creación como energía de sustento positiva. En lugar de sentirse culpables por los pecados, adoptan una visión más compasiva del universo.

Puede que desafíen el miedo a vivir y dejen de escapar de la vida. La muerte puede haberles parecido una alternativa más fácil que vivir el dolor o las limitaciones físicas, pero en esta fase, pueden superar la resistencia a vivir o nacer y renunciar al comportamiento autodestructivo o pensamientos suicidas. Desafiar el miedo puede traducirse en una decisión consciente de vivir, de estar despierto y dar lo mejor de sí.

Desafiar el miedo también puede significar seguir una vocación o un sueño que parece absurdo y tiene pocas posibilidades prácticas de éxito. Las personas pueden desafiar las probabilidades y atreverse a confiar en su intuición para hacer posible lo imposible. Para algunos, esto puede significar una aventura audaz o batir un récord, mientras que, para otros, puede significar iniciar un movimiento para crear cambios sociales. Los escenarios varían, pero lo esencial es que estas personas están dispuestas a saltar hacia un territorio completamente desconocido porque confían en su guía interior, sin saber necesariamente en qué se están metiendo.

Fase 6. Humildad y ego

Darse cuenta de las limitaciones del ego; tomar perspectiva sobre los ciclos y fuerzas más amplios de la vida.

Con Neptuno en Piscis o configuraciones afines, existe una necesidad evolutiva de conectar la vida personal con las preocupaciones más amplias y colectivas. Estas personas descubren que, en última instancia, no pueden vivir dentro de una actitud egocéntrica y despreocupada o negar las necesidades del mundo. Esto significa que el éxito personal debe servir también a las causas mayores. Al principio, algunos de estos individuos pueden vivir la vida con una actitud dura e impersonal, porque perciben que la vida consiste en la supervivencia del más fuerte. Sin embargo, en esta fase, estos individuos pueden darse cuenta de que lo que beneficia a una persona, también beneficia al conjunto. Aprenden el valor de la solidaridad y la necesidad de desarrollar una conciencia más unificada. Aquellos que permanecen ciegos a la situación de los demás y eligen permanecer en la mentalidad del depredador y la presa, pueden aprender lecciones como el valor del sacrificio o la devoción, a través de circunstancias externas difíciles. Por ejemplo, una persona puede quedar discapacitada y aprender sobre la compasión, cuando otros acuden en su ayuda y se sacrifican por su cuidado.

Además, estas personas pueden darse cuenta de que la propiedad es relativa y perecedera. En realidad, no somos dueños de nada y, al final, todos volveremos a la naturaleza y elementos. Las personas pueden creer que están seguras cuando son propietarias de la tierra o de otros bienes, pero estos títulos y decretos obedecen a un sistema y construcción humanos, que tarde o temprano, pierden relevancia. Nadie es dueño de la tierra ni de sus recursos, ni de sus parejas o hijos. En casos extremos, estas personas reciben lecciones de humildad cuando un acontecimiento natural les arrebata lo que poseen en un abrir y cerrar de ojos; una inundación, un huracán u otras formas de desastre natural pueden causar daños inesperados. Se sienten humildes ante la inmensidad de la naturaleza, el universo y la fuerza épica de la vida, lo que les recuerda que los apegos y deseos personales importan poco en el gran esquema de las cosas. Aprenden a tomarse menos en serio a sí mismos.

Del mismo modo, pueden aprender lecciones de humildad cuando no respetan la naturaleza y pueden, por ejemplo, abusar de los recursos naturales y contaminar el medio ambiente o maltratar la vida silvestre mientras aseguran ser amantes de la naturaleza. Pueden experimentar alguna forma de "venganza de la naturaleza" al ser víctimas de desastres naturales, como desprendimientos de tierra o sequías graves o experimentar encuentros peligrosos con la fauna.

En otros casos, pueden aprender el valor de la solidaridad y el beneficio mutuo cuando las amenazas externas dan lugar a nuevas alianzas entre antiguos adversarios. Por ejemplo, tras una catástrofe natural, los países inicialmente hostiles pueden superar sus posturas defensivas y acudir en ayuda mutua. Cuando se enfrentan a enormes peligros colectivos, vecinos, competidores y personas de diferentes razas y religiones pueden unir sus fuerzas para hacer frente a una amenaza mayor. En ese momento se dan cuenta de que somos Uno y, a pesar de las diferencias, todos anhelamos los mismos objetivos de salud y felicidad.

Cuando están consumidos por el cinismo y la duda, estas personas pueden refutar con insistencia los significados más elevados de la vida y niegan la existencia, más allá de lo que muestran las ciencias duras. Sus experiencias de desilusión pueden llevarlos a ser fundamentalmente escépticos. En esta fase, los sujetos también pueden enfrentarse a experiencias místicas y a sincronías inexplicables que no pueden entenderse con la mente racional. Por ejemplo, pueden tener sueños aleatorios, pero poderosos, de tipo profético o ser salvados inexplicablemente de una muerte segura; y estos hechos pueden llevarlos a dudar de su propia mente escéptica. Estas experiencias les hacen ver que la vida es más compleja y misteriosa de lo que su conciencia personal es capaz de captar. Por lo tanto, se sienten humildes ante el gran misterio.

En el otro lado del espectro, podemos encontrarnos con individuos que deben aprender lecciones de intimidad y compromiso personal, luego de haber estado principalmente involucrados en causas y asuntos colectivos. Es posible que estén demasiado ocupados o no disponibles para sus seres queridos, porque las causas colectivas o los grandes negocios exigen toda su atención. También pueden sufrir estrés al descuidar las necesidades físicas. Cuando la vida privada se desmorona o la salud falla, reconocen la necesidad de invertir en la nutrición de las relaciones y los hijos.

En otros casos, las lecciones de humildad pueden manifestarse cuando estos individuos se perciben a sí mismos como demasiado compasivos y de buen corazón como para hacer daño. Su falsa modestia los enceguece cuando ocasionalmente se pasan de la raya y se sienten víctimas cuando los demás los confrontan. Tarde o temprano, se vuelven humildes cuando se hace evidente que no están por encima de los errores y deben reconocerlos.

En esta línea, pueden utilizar creencias generalizadas y a veces fantasiosas para justificar decisiones cuestionables. Por ejemplo, puede ser una persona que se niega a conseguir un trabajo porque las empresas son sistemáticamente perversas o alguien que piensa curarse de una enfermedad solamente a través de la oración. Ante las crisis se intensifican los fracasos y se ven obligados a ser más prácticos respecto a las soluciones.

Cuando estos individuos alcanzan el éxito y se desarrollan productivamente, aprenden, finalmente, a volver a valores más simples y a ser genuinos. Puede que acumulen riqueza y lleven una vida ajetreada, pero llegan a descubrir que no son verdaderamente felices a pesar de sus aparentes éxitos. En consecuencia, empiezan a despojarse de capas y eligen vivir más simplemente, más cerca de la naturaleza, lejos de las tendencias y de la tecnología, incorporando finalmente aquello que es auténtico y simple. Volver a valores más sobrios también puede significar conectar con personas sencillas y ayudarlas, como las que no tienen necesariamente una formación académica, pero poseen sabiduría natural. Aprenden los matices entre el éxito y la felicidad y lo que eso significa realmente.

A medida que encuentran un mejor equilibrio entre lo que pueden y no pueden controlar, entre su vida íntima y compromisos públicos, se pueden trazar límites más saludables entre ellos y el resto del mundo. Entonces pueden sentir una enorme satisfacción al dar, sin que esto signifique que se aprovechen de ellos. En consecuencia, pueden dedicarse a apoyar a personas necesitadas, a veces de forma anónima, como una expresión de compasión hacia los demás. Muchos pueden optar por concientizar respecto de la conservación de la vida salvaje, la protección de la naturaleza o el imperativo mayor de conservar de manera auténtica entornos naturales vírgenes que aún no han sido tocados por el ser humano. La preservación de la naturaleza es una forma de recordar y honrar el diseño original de la creación.

Fase 7. Inocencia, desilusión y madurez en la espiritualidad

Reconocerse y alinearse conscientemente con los principios atemporales de la Verdad.

Con Neptuno en la casa 12 y configuraciones afines, los individuos podrían encontrar el cielo perdido dentro de la dimensión espiritual, al ser más conscientes del mundo intangible lleno de significados trascendentales propios del reino del espíritu. El reino espiritual es donde la vida y los valores son eternos, más allá de los velos de la dualidad, la ignorancia, la separación y la muerte. En casos excepcionales, algunas personas en esta etapa de desarrollo pueden poseer habilidades psíquicas, porque los límites entre el tiempo, el espacio y la atemporalidad pueden ser muy porosos.

Los valores espirituales pueden inspirar a estos individuos a llevar vidas devocionales y desinteresadas y dedicarse a causas más elevadas. Pueden seguir una fuerte vocación y dejar de lado la seguridad de la comodidad material para dedicarse a un camino espiritual. El sacrificio puede surgir de forma natural cuando la conciencia personal está fuertemente arraigada dentro de valores superiores de la unidad dentro del colectivo y del amor incondicional.

La búsqueda de valores atemporales y absolutos suele generar una necesidad de encontrarse con los principios y la sabiduría que subyacen al diseño original de la creación. Por lo tanto, podría haber un fuerte interés en las antiguas escrituras o en las enseñanzas indígenas originarias, a través de las cuales pueden reconectar con los orígenes de la existencia: la forma en que las cosas eran antes de la aparición de los valores y estilos de vida modernos. Es posible que estudien textos antiguos, lenguas perdidas, arqueología o chamanismo y que vivan más cerca de los elementos de la naturaleza. Pueden desarrollar una profunda comprensión intuitiva del mundo animal y vegetal y son a veces capaces de trascender los límites de su propia especie y atravesar los abismos, para conectar a todos los seres.

A medida que crecen en las prácticas espirituales y abren las puertas al amor incondicional y la sanación atemporal, pueden ver otras soluciones para un mundo que se encuentra atrapado en nudos de sufrimiento y limitación. Entrar en el reino de la Verdad absoluta, donde el amor es eterno, proporciona un profundo sentimiento de unidad que puede servir como solución definitiva al sufrimiento. Pueden experimentar un entusiasmo eufórico al entregarse por completo a ese camino espiritual, a veces hasta el punto de devoción ciega. Ven que, a pesar de las luchas y el dolor inmediatos, en un nivel más amplio, la vida es fascinante, profunda e infinitamente dichosa. Cuando ven a las personas atrapadas en el sufrimiento, quieren compartir "la buena noticia" de que la felicidad se encuentra al alcance de la mano si uno decide mirar en esa dirección.

En cierto modo, estos sujetos se apegan a la salvación y, como resultado, corren el riesgo de convertir la espiritualidad en una vía de escape, en un puente espiritual; esto significa que avanzan espiritualmente, pero sin una auténtica integración emocional, como lo haría alguien que toma drogas para apurar la sensación de éxtasis espiritual. El éxtasis espiritual se vuelve adictivo y el apego a la dicha puede llevarlos a manipular los hechos y la realidad para comprobar los puntos de vista. Invitan a todo el mundo a la fórmula de felicidad, con un billete exprés hacia la iluminación. Sin embargo, sin la profundidad de la integración emocional, estos picos espirituales potentes son efímeros.

Del mismo modo, estos individuos pueden trivializar el dolor y hacer referencia constantemente a la sabiduría espiritual como un medio para racionalizar y superar cada contratiempo. De este modo, no se ven aparentemente afectados por las luchas y las pruebas emocionales y transcienden para encontrar consuelo en una perspectiva más amplia, en la que el amor lo conquista todo: "todo está bien". Aunque esta perspectiva es válida en sí misma, deben tener cuidado de no utilizar la espiritualidad como una vía de escape que evite la introspección necesaria, ya que, en este caso, el hecho de no abordar adecuadamente estos desafíos, aparentemente mundanos, hace que las crisis se acumulen y deriven en fracasos.

Cuando el alma madura lo suficiente como para comprender que la realidad es la Verdad, entonces, se encuentra por fin la salvación que se buscaba: la salvación del propio idealismo. El fin del idealismo es el comienzo de la Verdad; el fin de la esperanza es el comienzo de la Verdad y la Verdad es la libertad suprema. Al liberarse del idealismo, pueden ver la Verdad con más neutralidad, sin filtros conceptuales ni velos de proyecciones personales que interfieran con su comprensión. En este punto, estos individuos pueden reconciliar mejor la brecha entre la atemporalidad, el tiempo y espacio y trascender genuinamente la dualidad. Dejan de luchar contra el dolor intrínseco del tiempo y espacio y aceptan la totalidad de la vida, como los significados del sufrimiento y el dolor. Por fin, pueden encontrar consuelo. La Verdad disuelve el apego a la dicha y salvación.

Con una devoción sincera a la Verdad y a la causa de la vida, estos individuos encuentran inspiración y fuerza para navegar por los desafíos del tiempo y espacio, porque están alimentados por una conexión directa con la Verdad. Su capacidad personal aumenta, porque en lugar de depender de sus propios recursos para navegar por la existencia, son capaces de conectar con las fuerzas universales y abastecerse de energía a través de las corrientes más grandes de la vida. Se convierten en canales de esencia espiritual más pura, llevan auténtica luz y armonía integral al mundo. Desarrollan un poderoso campo áurico que irradia la quintaesencia divina y la unidad de todas las formas de vida que allí existen.

Liberación de la paz

Perdona a Dios por el hecho de que la vida no gire a tu alrededor y porque siga su curso después de la muerte. Es un privilegio ser parte de la vida y la existencia es una ofrenda: asegúrate de hacer buen uso de esta ofrenda y de la oportunidad de nacer. Acepta que, aunque la vida es buena, está llena de trampas y desafíos que necesariamente causarán dolor: acepta estos desafíos. Acepta el hecho de que tu verdadero propósito es estar quieto y hacer algo al respecto.

Afirmación: Mi nada me da todo.
Desafío: El final no es siempre feliz, pero es bueno.
Regalo: Poder de canalizar y encarnar lo divino.
Felicidad: Despertar con el Sol y decir "sí a la eternidad", una vez más.

Figuras públicas con Neptuno en la casa 12 o inscripción astrológica de Piscis:
- *Ammachi – Mata Amritanandamayi* (Neptuno en casa 12)
- *Uri Geller* (Neptuno en casa 12, en Libra)
- *Príncipe William* (Neptuno en casa 12)
- *Yoko Ono* (Neptuno en casa 12)
- *Virginia Woolf* (Neptuno en casa 12)
- *Linda Tucker* (Neptuno en casa 12)
- *Vincent Van Gogh* (Neptuno en Piscis)

Ammachi – Mata Amritanandamayi

Inscripción astrológica de relevancia: *Neptuno en la casa 12.*

Mejor conocida como Amma, la madre universal, es gurú hindú que hace darshan (reuniones) donde abraza de forma incondicional a los presentes. Estas sesiones han durado en ocasiones hasta 20 horas.

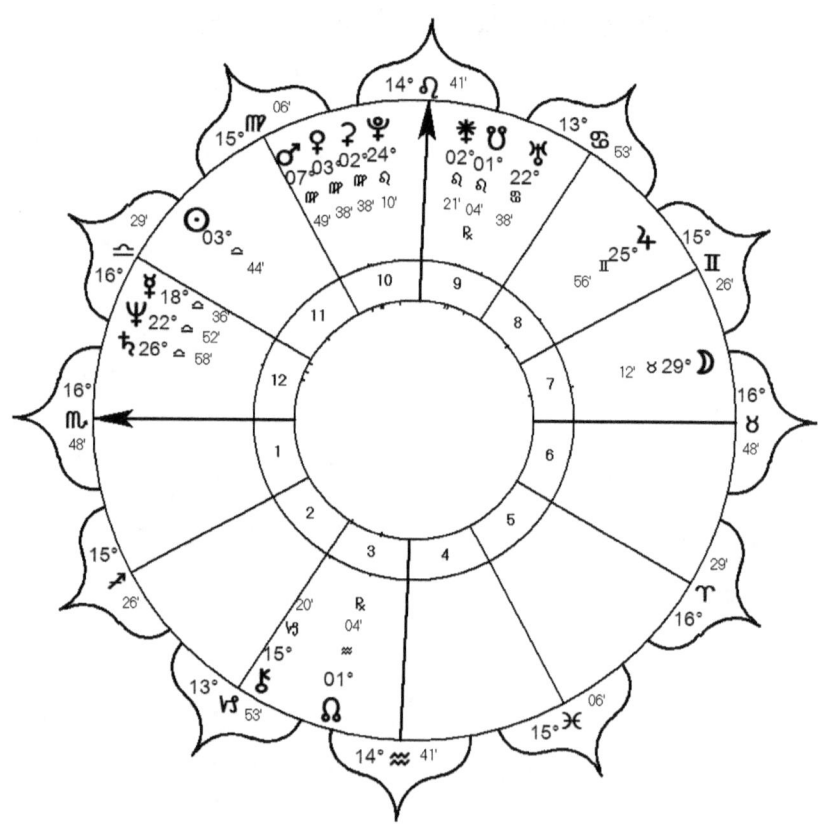

Vincent Van Gogh

Inscripción astrológica de relevancia: *Neptuno en Piscis.*

Pintor postimpresionista holandés, una leyenda por su brillante obra; solamente vendió dos cuadros durante su breve vida en la miseria y pobreza permanentes. Fue predicador en una mina de carbón, pero finalmente lo obligaron a abandonarla y se dedicó al arte. Decepcionado del amor y la religión, era un sujeto intenso, difícil e infeliz. Parecía carecer de un escudo psicológico que lo protegiera del dolor de todo, en cada momento.

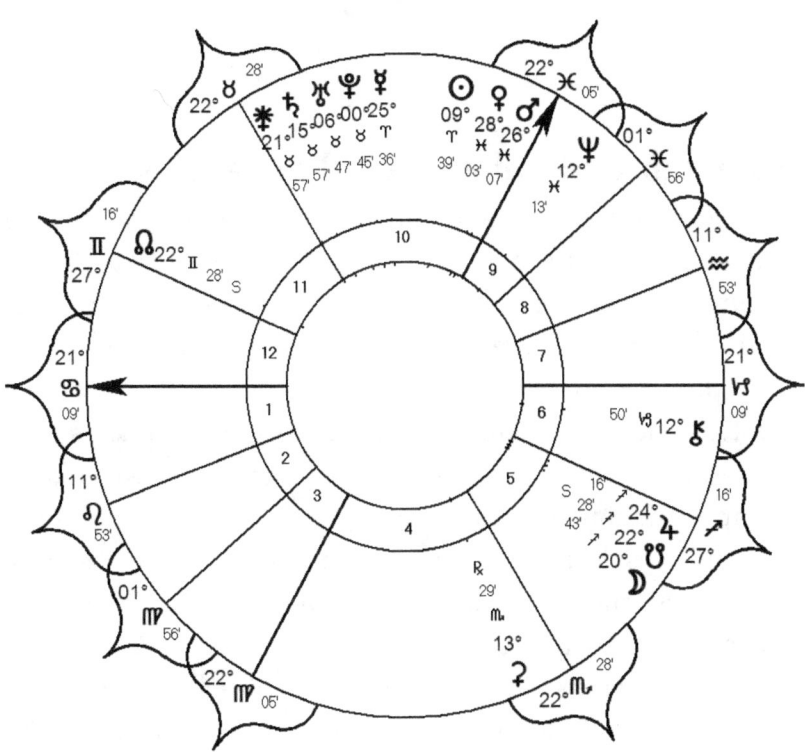

El viaje de crecimiento en los temas de
PISCIS – NODOS LUNARES

Ejes Nodales en Piscis-Virgo o en las casas del eje 6-12
o
Neptuno en aspecto al Eje Nodal

Introducción al eje nodal de la Luna

Un eje nodal comprende dos puntos en el espacio que son la intersección entre la trayectoria de un planeta (o, en este caso, la Luna) y la eclíptica (la trayectoria del Sol vista desde la Tierra). El Nodo Norte representa la intersección entre el planeta y la eclíptica en dirección norte y el Nodo Sur representa la intersección entre el planeta y la eclíptica en dirección sur. Cada cuerpo celeste del sistema solar tiene un eje nodal. La importancia astrológica de este eje es fundamental porque estos dos puntos de intersección describen efectivamente los procesos anímicos más profundos que impregnan nuestra conciencia egocéntrica. Astrológicamente, podemos decir que sirven como puertas a través de las cuales se canaliza la energía hacia la conciencia. El reto evolutivo es equilibrar los temas del Nodo Sur con los temas del Nodo Norte, para que podamos vivir más allá de la dualidad.

En esta sección, nos centraremos exclusivamente en el eje nodal de la Luna asociado con el arquetipo de Piscis y su polaridad, Virgo. Dado que la evolución del alma ocurre esencialmente a través del cuerpo emocional, representado por la Luna, los nodos de la Luna exigen mayor atención porque captan efectivamente cómo el alma procesa la evolución emocionalmente y en qué punto se encuentra.

Los Nodos Norte y Sur de la Luna se encuentran siempre en puntos exactamente opuestos de la carta, en el mismo grado de los signos y casas opuestos, entonces, marcan una polaridad. En general, el Nodo Sur representa conceptos ya asimilados de experiencias de vidas pasadas. Recoge temas que el alma ha experimentado y con las que ha estado asociada previamente, por lo que refleja recuerdos, capacidades y experiencias inconscientes que nos han condicionado. Como ya es conocido, el Nodo Sur marca el tono de nuestras tendencias naturales y describe las circunstancias de nuestro entorno vital temprano. Por el contrario, el Nodo Norte representa conceptos que deben experimentarse, aprenderse e integrarse emocionalmente para contrarrestar finalmente la fuerza gravitatoria del Nodo Sur e incentivar la evolución. Los acontecimientos de la vida nos animan o, a veces, nos obligan, a conocer nuestras cualidades del Nodo Norte y a asimilarlas. Una vez que se accede al Nodo Norte, el reto consiste en encontrar un equilibrio entre las polaridades de los Nodos Sur y Norte y superar la dualidad. Por lo demás, son iguales en su valor y necesidad.

En esta sección, sintetizaremos los nodos de la Luna con el arquetipo de Piscis y describiremos las influencias con Neptuno, el signo de Piscis y la casa 12.

El eje nodal en Piscis y Virgo o en la casa 12 y la casa 6

Conceptualmente, los nodos representan puertas a través de las cuales la energía fluye desde los reinos espirituales superiores hacia nuestra conciencia. Estas dos puertas describen fundamentalmente el proceso de nuestra evolución: de dónde venimos, dónde estamos y hacia dónde vamos. En concreto, cuando Piscis y Virgo o las casas seis y doce se alinean "a las puertas" de los nodos de la Luna, aprendemos sobre lo que podemos y no podemos controlar en la vida, lo que depende de nosotros y lo que está más allá de nosotros. Se nos incita a despojarnos de capas y a tratar de recuperar la esencia pura del diseño original de la vida, la intención primordial de la existencia y la Verdad fundamental que rige nuestras vidas. Este eje nos da una noción de lo que es saludable, productivo y significativo en un sentido ideal; y con estas referencias, también nos da las herramientas para manifestar y manejar estos ideales en la práctica. Tendemos a comparar nuestras circunstancias actuales con un ideal superior, con nuestra percepción de lo que debería ser la vida. Estos ideales nos guían para comprender mejor en qué consiste y cómo funciona la vida. **En esencia, el eje de Virgo y Piscis captura el código de la felicidad y la vida exitosa. Describe las motivaciones de las cosas que hacemos y la forma en que podemos hacerlas mejor.**

De forma natural, el eje Piscis y Virgo refleja la interacción entre la atemporalidad (Piscis) y el tiempo y espacio (Virgo). Piscis representa lo que había antes de que nosotros existiéramos, el diseño original de la vida que recibimos, mientras que Virgo representa cómo intervenimos en esta realidad y lo que tenemos que aportarle; **Piscis se refiere a lo**

que hay que aceptar tal como es, mientras que Virgo se refiere a lo que hay que mejorar. Piscis representa lo que es más grande que nosotros, lo que aún no se ha descifrado y, por tanto, lo que está fuera de control; mientras que Virgo representa lo que ya hemos descifrado, lo que está claro para nosotros, lo que podemos manejar y controlar. **En conjunto, este eje representa el equilibrio entre la función individual que cada uno de nosotros debe cumplir (Virgo) en el esquema mayor de las cosas (Piscis); algo así como los árboles y el bosque.**

Cuando nuestros nodos están en Piscis y Virgo o en las casas 12 y 6, nos identificamos emocionalmente con un ideal de vida que refleja lo que percibimos como realidad suprema. Por ejemplo, **en el extremo de Piscis podemos anhelar la bondad, una mayor libertad de espíritu, sencillez, facilidad y pureza de la naturaleza. Desde el polo de Virgo, podemos anhelar una salud perfecta, potencia, productividad, eficiencia y refinamiento.** Cuando comparamos nuestra realidad actual con estos grandes ideales, no es raro que sintamos una sensación de carencia, que nos impulsa a tomar medidas para mejorar nuestras circunstancias con el fin de intentar igualar estos ideales. Por otra parte, estos ideales pueden servir de motivación para superar el malestar y el dolor que podemos experimentar en nuestra vida actual. Desde un punto de vista positivo, este eje guarda relación con *encontrar formas prácticas de hacer realidad los ideales y los sueños.*

En el plano espiritual, este eje trata de incorporar lo atemporal a la dimensión del tiempo y espacio, uniendo los significados trascendentales y la realidad práctica. En un nivel mundano, representa las fuerzas de la naturaleza, los recursos disponibles para nosotros (Piscis) y el esfuerzo por funcionar en la naturaleza y hacer uso de estos recursos, utilizando el pensamiento y las herramientas (Virgo).

La lección importante con los nodos de los arquetipos de Virgo y Piscis es sintonizar con el orden natural de la vida y encontrar nuestro lugar en este orden mayor. Por ello, este eje se relaciona inmediatamente con nuestra vocación y funciones laborales, ya que es a través de nuestro desarrollo profesional que solemos desarrollar los talentos y habilidades para servir al conjunto mayor.

Este eje está asociado a la salud física y mental, al funcionamiento general y a nuestro sistema inmunológico. Piscis sugiere que cuando estamos en sintonía con la naturaleza y las grandes corrientes vitales, logramos inmunidad natural. Si cuidamos bien nuestro cuerpo mediante el ejercicio, la dieta y la higiene, ampliamos la capacidad y fuerza física y aumentamos la longevidad y calidad de vida. Los individuos nacidos con estas configuraciones pueden estar en cualquiera de los dos polos. En cuanto a la dimensión de salud y desafíos están los que experimentan crisis de salud con el fin de aprender lecciones y los que son sanadores, ya sea que utilicen la medicina alopática, holística o espiritual.

En última instancia, este eje inspira una vida más sana y eficaz, en la que las fuerzas vitales superiores se armonizan con el esfuerzo humano. La armonización entre las polaridades nodales aporta salud: encontramos equilibrio entre el sueño y la actividad, la confianza y el pensamiento crítico, lo colectivo y lo individual, el lugar de dónde venimos y hacia dónde vamos. Unificar las polaridades dentro de este eje nos lleva más allá de la dualidad, a **un lugar donde lo humano y lo divino funcionan como uno solo.**

Para comprender mejor el Nodo Sur y el Nodo Norte en una carta individual, *los regentes de los nodos* deben incorporarse al análisis junto con la ubicación de los nodos y obtener una mayor comprensión de la dinámica en juego. Por tanto, si los nodos están en Piscis y Virgo, hay que analizar e integrar la posición de Neptuno y de Mercurio.

El Nodo Sur en Piscis o casa 12. El Nodo Norte en Virgo o casa 6

En general, con *el Nodo Sur en Piscis o en la casa 12*, nuestra identidad individual está arraigada dentro de una mirada más sencilla y natural de la vida. El reino atemporal nos resulta familiar y accesible, por lo que nos es más fácil seguir la corriente de la vida y entregarnos a lo que nos presenta, sin pensar en cambiar o mejorar las cosas. Al estar en sintonía con el ritmo más básico y natural de la naturaleza, es posible que no nos sintamos cómodos en entornos excesivamente estructurados, cuidados o esterilizados y que nos abstengamos de intentar resolver cada detalle. El enfoque es más global, con mayor interés en el panorama general y una preferencia por lo simple, confiando en que las cosas funcionarán bien y que la vida se desarrollará naturalmente, sin tener que manejar cada detalle. El mundo se percibe como vasto y abundante y se aspira a una mayor sensación de libertad de ser y tener, más allá de los confines de las condiciones construidas por el ser humano y las tendencias culturales, como la moda, la política o los horarios regulados. Con un enfoque más positivo y confiado de la vida, uno simplemente permite que la vida ocurra, en lugar de intentar que ocurra.

Los nacidos con estas configuraciones pueden proceder de vidas pasadas en las que vivieron en entornos naturales o más tribales y comunitarios, en los que se daba más importancia al total colectivo que al individuo. Con esta mentalidad, se requiere poco para la comodidad personal, por lo que su enfoque puede ser más informal y a veces incluso sobrio.

Estos individuos pueden sentirse básicamente bien en la vida; pero, por otro lado, se sienten incómodos en un mundo diseñado por los seres humanos. Las necesidades de sustento, las normas o las expectativas sociales les pueden parecer extrañas y difíciles para adaptarse. Cuando son niños, la necesidad de libertad, positividad y naturalidad, puede hacer que les resulte difícil sentarse en un aula todo el día y memorizar datos. El niño puede sobresalir en asignaturas en las que el aprendizaje es más visual y experimental, pero pierde fácilmente la concentración cuando se lo presiona para que se ajuste a normas rígidas. Imponerles límites puede hacerlos "perderse en la traducción", ya que lo que no les es natural puede parecerles innecesario. Estas personas pueden sentirse poco inspiradas o ser incapaces de concentrarse mentalmente en detalles y tareas minúsculas. En casos extremos, pueden sufrir déficit de atención, dislexia u otros problemas de aprendizaje. Del mismo modo, estos individuos pueden ser a veces socialmente torpes, porque las señales sociales no son tan obvias para ellos. Pueden ser ingenuos y tener un enfoque alegre y despreocupado que no está necesariamente en sintonía con el entorno.

En general, el mundo puede percibirse como innecesariamente complicado; pero, desde un ángulo positivo, estos individuos pueden ser capaces de inspirar a otros a estar más relajados, a tomar la vida como es y recordar lo realmente importante. Son capaces de trascender el drama y las preocupaciones insignificantes y seguir adelante con sus vidas, a pesar de los desafíos que se presenten. Su enfoque auténtico y sencillo pone las cosas en perspectiva e inspira gratitud por lo que la vida ofrece.

En otros casos, la complejidad y las exigencias del mundo moderno pueden causar problemas de comunicación y dificultades para integrarse en la vida. Estas dificultades pueden llegar a ser incluso abrumadoras y la persona puede perderse, siendo incapaz de abordar adecuadamente los desafíos. Un enfoque pasivo o simplista puede llevarlos a la negligencia cuando las tareas importantes quedan sin atender, lo que conduce a la acumulación de problemas. En casos extremos, estas personas pueden desperdiciar su potencial y llevar una vida disfuncional, incapaz de adaptarse o ponerse al día con el entorno. Lo que no resulta fácil o natural se abandona rápidamente. La reticencia a comprometer las libertades personales, combinada con la dificultad para entender lo que el mundo realmente quiere de ellos, puede llevar a un sentimiento de disociación.

Este comportamiento puede dar lugar a veces a una grave negligencia en la gestión y el autocuidado. La disfunción también puede ser el resultado de una mala crianza y de la falta de un modelo fiable o de una figura de autoridad durante los primeros años. Los padres pueden haber estado abrumados, ausentes, ser disfuncionales o extremadamente ingenuos, por lo que la persona puede no sentirse debidamente formada y equipada para asumir los retos de la vida.

Por otra parte, confiar con demasiada facilidad puede dejar a estas personas inocentes y vulnerables a los depredadores. Como tienen un enfoque abierto de la vida, al principio disfrutan del privilegio de la libertad y la positividad, pero la falta de discriminación y precaución acaba por exponerlos al peligro cuando se aprovechan de ellos o son víctimas de fraudes o violencia.

El Nodo Norte en Virgo o en la casa 6 apunta a la necesidad de adaptarse mejor a la dimensión temporal y espacial. Estos individuos están llamados a prestar más atención a los detalles de su vida y a actuar con mayor eficiencia; aprender que deben ser más proactivos e invertir esfuerzos para dirigir la vida de forma más productiva. Ya no pueden confiar solo en el azar, ni apartarse cuando las cosas no resultan fáciles, sino que aprenden que pueden realizar un aporte, que los resultados positivos no son solo suerte sino que, también, dependen de ellos. Puede que quieran seguir siendo libres como un animal salvaje que vaga por los espacios abiertos; y, sin embargo, incluso un animal salvaje no depende de la providencia divina. La vida debe gestionarse adecuadamente para que sea funcional y armoniosa. Se empoderan cuando aprenden que tienen el poder de marcar la diferencia en sus propias vidas y en las de los demás, si aplican sus conocimientos y experiencia.

A través de los Nodos Norte en Virgo y la casa 6, se dan cuenta de que la vida no es solo un destino, sino también una elección y que el bienestar depende del trabajo.

Una importante lección evolutiva es superar la tendencia al descuido y al despilfarro para evitar la disfunción. El Nodo Norte en Virgo y en la casa 6 nos enseña que, dado que el tiempo y el espacio son finitos, los recursos y la capacidad se agotan. Si observamos los regentes de los nodos y sus ubicaciones en casa y signo, podemos comprender mejor las particularidades de estos temas y las áreas de la vida afectadas.

Como resultado, estas personas pueden atraer críticas y presión externa para obtener mejores resultados. La necesidad de corregir errores, de prestar más atención a los detalles y hacer lo necesario requiere de paciencia y práctica. Estos sujetos aprenden que los recursos no solo deben gestionarse adecuadamente, como podar los árboles, pagar las facturas y mantener la higiene, sino que hay que mejorar también la productividad y la función que se ejerce para ampliar más el uso de los recursos que disponemos. Por ejemplo, si aprendemos a cuidar adecuadamente nuestro cuerpo, durará más y funcionará mejor. La capacidad humana puede aumentar con atención y esfuerzo. Estas lecciones pueden experimentarse como terriblemente agobiantes, porque la persona se enfrenta constantemente a la necesidad de autocorregir sus imperfecciones. Desde su punto de vista inicial, todo parece estar bien tal y como está, por lo que la superación personal puede parecer extraña. Pero a medida que se desperdicia el potencial y se acumulan los problemas, ya no pueden negar la necesidad de un cambio como el descrito para Virgo y el Nodo Norte de la sexta casa.

Del mismo modo, estas cuestiones pueden aplicarse directamente al desarrollo profesional. Es posible que estas personas no tengan una formación adecuada o que no encuentren una salida apropiada para actuar y compartir sus habilidades; y, como resultado, acaben desperdiciando su potencial. El Nodo Norte en Virgo y en la casa 6 se refiere a la necesidad de maximizar las posibilidades de éxito profesional, y de crear plataformas en las que sus habilidades puedan ser aprovechadas para obtener una remuneración adecuada para su desempeño.

Aprender lecciones sobre el trabajo nos enseña que nada en la vida es verdaderamente gratuito, libre de esfuerzo, sino que todo requiere de empeño. Dar las cosas por sentadas, confiar solo en la buena fortuna o simplemente dejarse llevar por la corriente no son estrategias confiables en el largo plazo. El Nodo Norte en Virgo y en la casa 6 tiene que ver con la responsabilidad de encontrarse con lo divino a mitad de camino. Nos llama a ser custodios de la vida y sus recursos y a mejorar la capacidad más amplia de la vida. Esto implica arreglar lo que no funciona, curar lo que está desequilibrado y enfermo y perfeccionar el uso de los recursos para reducir el despilfarro y la negligencia. En última instancia, el objetivo es llevar una vida sana, funcional y productiva.

Una vez asimilado el Nodo Norte, el reto consiste en recuperar la esencia del Nodo Sur y equilibrar la expresión de ambos nodos. Por lo tanto, mientras el individuo aprende a intervenir y a tomar el destino en sus manos, como sugiere el Nodo Norte en Virgo o la casa 6, también es necesario recordar el panorama general y no quedarse atascado en los detalles, como sugiere el Nodo Sur en Piscis y la casa 12. En otras palabras, podemos ver todo el bosque sin dejar de centrarnos en cada árbol. En última instancia, este eje se refiere a aprender y aplicar la oración de la serenidad: aceptar las cosas que no podemos cambiar, tener el valor de cambiar las cosas que sí podemos y la sabiduría para conocer la diferencia.

El Nodo Sur en Virgo o la casa 6. El Nodo Norte en Piscis o la casa 12

Con el Nodo Sur en Virgo o en la casa 6, los individuos suelen venir de vidas pasadas en las que han desarrollado habilidades y capacidades muy refinadas para gestionar los recursos. Es posible que hayan pasado luchas de supervivencia o situaciones de caos, carencia y disfunción que los hayan llevado a tomar por sí mismos las riendas del asunto. Se dieron cuenta de que no podían confiar en que la vida funcionara bien si no prestaban atención e intervenían cuando era necesario. En consecuencia, suelen tener la sensación de que son capaces de manifestar sus metas y objetivos con su propio esfuerzo. Sus habilidades les proporcionan una sensación de control, por lo que, con suficiente determinación y trabajo duro, pueden crear una vida según su propio diseño; hacen que las cosas sucedan, desarrollan ideas, solucionan problemas y mejoran lo que hay. Sus habilidades pueden ser notables, ya sean atléticas, técnicas, artísticas, lingüísticas o científicas. Dado que a menudo poseen un enorme conocimiento acerca de las formas de utilizar los recursos y gestionar la vida, a menudo podemos ver en ellos un nivel de maestría, desarrollado a través de un continuo perfeccionamiento a lo largo de muchas vidas. No es raro que sean físicamente atractivos, inteligentes, talentosos, diestros o sofisticados y de gran rendimiento. Debido a que lucharon contra diversas formas de caos y disfunción en vidas pasadas, llegan a esta vida bien preparados y equipados, sabiendo lo que les gusta, cómo conseguirlo, cómo resolver dilemas y evitar problemas. Dominan el tiempo y el espacio y comprenden cómo funciona su entorno. Saben lo que les espera, se preparan para las tareas y logran con éxito sus objetivos mediante una cuidadosa planificación y ejecución.

El Nodo Sur en Virgo refleja un enfoque proactivo de la vida, necesario para la intervención humana en los procesos naturales; los recursos deben utilizarse y manejarse adecuadamente para apoyar la vida y mejorarla. Por ejemplo, podría tratarse de la extracción de sustancias medicinales de las plantas, del cuidado del cuerpo y ejercicio físico, de la tala de árboles para obtener madera, de la construcción de represas para generar energía hidráulica o de infraestructuras para un correcto saneamiento y salud pública. Asumen el papel de ingenieros de la naturaleza y recogen la recompensa de un funcionamiento más eficaz y una mayor calidad de vida.

La habilidad para manejar los recursos puede hacer que estos individuos crean que lo tienen todo bajo control, pero la vida puede tomarlos por sorpresa cuando menos lo esperan. Dado que la perspectiva se basa en la experiencia de la dimensión temporal y espacial, acabarán enfrentándose a limitaciones. Aunque generalmente están bien equipados para la vida y planifican con antelación, sus puntos ciegos se hacen evidentes cuando las cosas no funcionan como lo esperaban. Por ejemplo, es posible que inviertan en la mejor educación posible para adquirir habilidades y conocimientos, pero pueden descubrir que su estilo de vida altamente eficiente no les proporciona necesariamente un verdadero sentido ni felicidad. El Nodo Norte en Piscis insinúa que hay fuerzas vitales superiores y significados más amplios que considerar, más allá de los aspectos prácticos de una adecuada gestión de recursos.

Las personas con un Nodo Sur en Virgo o en la casa 6 pueden haber nacido en familias en las que los padres y especialmente la madre, se preocuparon de proporcionarles buena educación, modales adecuados y oportunidades para desarrollarse. Sin embargo, el énfasis en el alto rendimiento a menudo esconde una considerable sensación de presión interna, alimentada por el miedo al ridículo y a ser considerado inapropiado. El sarcasmo, el desprecio y una actitud demasiado crítica pueden impregnar el ambiente familiar, especialmente hacia todo lo que se considera primitivo o poco refinado. Esta dinámica puede hacer que se sientan muy cohibidos. Se vuelven muy sensibles a la opinión pública y a la imagen, lo que puede generar un control excesivo de sí mismos, de sus hábitos alimenticios y de su conducta en general. En otros extremos, la acumulación de tensión nerviosa puede generar ansiedad, trastornos alimenticios y tendencias obsesivo-compulsivas. Pueden temerle a sucesos inesperados y espontáneos y enfrentar una crisis existencial y de hecho, pueden pretender retomar el control de todo porque dejan de confiar en la vida. *El Nodo Norte en Piscis o en la casa 12* inspira a las personas a recuperar la confianza en los ciclos naturales de la vida y a permitir que ésta siga su curso. El miedo inicial a perder el control y perderse en situaciones caóticas les ha hecho ser precavidos, pero deben darse cuenta de que la ansiedad y una excesiva atención a los detalles también provocarán disfunciones en el tiempo. Pueden acabar regulando su cuerpo en exceso y presionarse demasiado en el trabajo, analizar exageradamente cada detalle y, a mayor escala, controlar la naturaleza hasta hacerla estéril. Para poder volver a confiar y sentirse seguros en el universo, deben desarrollar una perspectiva espiritual de la vida que les ayude a sanar las inseguridades existenciales iniciales. De otro modo, puede que todos sus conocimientos y habilidades notables no les proporcionen la verdadera felicidad.

El Nodo Norte en Piscis y en la casa 12 refleja la necesidad de entregarse y aceptar lo desconocido, porque es ahí donde pueden producirse nuevos aprendizajes. Estos individuos deben aprender a arriesgarse a salir de la zona de confort e *improvisar* cuando la vida da giros inesperados. La improvisación se basa en la confianza en la vida y en sí mismos. Se dan cuenta de que encontrar felicidad, salud y bienestar no consiste en ir un paso por delante para evitar problemas, sino en armonizarse con el flujo de la vida y los ciclos de la naturaleza. El Nodo Norte en Piscis y en la casa 12 los expone al reino de la atemporalidad, donde el sentido personal del poder contrasta con la gran realidad y los valores atemporales. El árbol está rodeado por un enorme bosque.

Recuperar la confianza en el gran mecanismo de la vida depende del poder reconocer que, a pesar de las dificultades y los desafíos, hay una inteligencia unificadora detrás de los sucesos aparentemente aleatorios de la vida. No están perdidos en un universo sin sentido, sino que forman parte de un mecanismo mayor de consciencia. Aunque la inteligencia de la vida siga siendo un misterio y la vida pueda parecer a veces absurda, pueden hallar respuestas si desarrollan un diálogo con la vida. Aprenden a escuchar la vida en lugar de intentar controlarla y de imponer planes personales para sentirse seguros.

Por ejemplo, aprenden a aceptar y respetar la naturaleza silvestre, aunque no puedan estar siempre a salvo. En caso contrario, pueden invitar a mayores crisis en sus vidas cuando los planes se desvíen por circunstancias vitales inesperadas; y si no son capaces de dejarse llevar, se estancan y pierden la vitalidad.

Una vez asimilado el Nodo Norte, queda el reto de recuperar la esencia del Nodo Sur y establecer un equilibrio entre los dos extremos. Seguir la corriente y hacer las paces con el gran misterio de la vida, como sugieren Piscis y el Nodo Norte de la casa 12, no significa que haya que abandonar las habilidades y capacidades personales, descritas por Virgo y el Nodo Sur de la casa 6. Simplemente, a medida que adquieren una mayor perspectiva del panorama general de la vida, las habilidades y capacidades de control pueden utilizarse de forma más equilibrada. Deben utilizar las habilidades (Virgo y la casa 6) para servir al todo mayor (Piscis y la casa 12), mientras dejan de lado los apegos a las necesidades de seguridad personal, para encontrarse con lo divino a mitad de camino.

Neptuno en aspecto al eje nodal

Cualquier planeta que tenga un aspecto directo con el eje nodal de la Luna tiene una influencia dominante en la dinámica general de la carta. Este planeta se convierte en un componente central de nuestra identidad y proceso evolutivo. Como se dijo anteriormente, el eje nodal puede compararse con un portal a través del cual las influencias se canalizan directamente hacia nuestra conciencia. Por lo tanto, cuando un planeta hace un aspecto a él, especialmente una *conjunción* a cualquiera de los nodos o una *cuadratura* al eje, su presencia en la carta se amplifica significativamente, ya que establece el tono de importantes procesos de desarrollo.

Cuando Neptuno forma un aspecto, particularmente un aspecto angular (como se ha señalado, una conjunción o una cuadratura al eje), se convierte en una presencia central que afecta los procesos evolutivos. Temas como la inocencia y la pérdida, el fortalecimiento de la inmunidad, la humildad y el ego, la fama y las exigencias públicas o un fuerte sentido de conexión con los significados y las fuerzas espirituales, se vuelven centrales en nuestras vidas.

Neptuno en conjunción al Nodo Sur

Cuando un planeta se une al Nodo Sur, describe temas importantes que se trasladan de vidas pasadas. La persona se identifica completamente con la cualidad de este planeta y representa una parte integral de su identidad y dones traídos a esta vida. *El Nodo Sur recibe más atención cuando un planeta se une a él,* creando una mayor atracción gravitacional hacia estos temas.

Podemos identificar varios escenarios evolutivos en esta configuración. En algunos casos, los planetas en el Nodo Sur pueden apuntar a asuntos inconclusos de vidas pasadas que deben ser resueltos en esta vida. Estos temas pueden verse en la posición de la carta y en los aspectos de este planeta. Crea circunstancias que obligan a la persona a concentrar más energía y revisar los asuntos del Nodo Sur. En otros casos, este planeta representa un regalo o un servicio que debe ser ofrecido al conjunto. El individuo llega a representar los temas asociados a este planeta y cumple con los deberes y servicios relacionados. Los planetas en el Nodo Sur también pueden provocar una identificación excesiva con el Nodo Sur y una tendencia a reciclar estos temas una y otra vez. En algunas ocasiones, esta dinámica puede generar un bloqueo evolutivo y un estancamiento. Una persona también puede experimentar combinaciones de estos diferentes escenarios. De uno u otro modo, esta dinámica puede necesariamente retrasar el acceso al Nodo Norte.

Planetas en el Nodo Sur
- *Se integran a la propia identidad*
- *Regalos de la vida pasada*
- *Una mayor concentración en los temas del Nodo Sur retrasa el acceso al Nodo Norte.*
- *Necesidad de cumplir un servicio relacionado con ese planeta.*

Neptuno en el Nodo Sur puede indicar vidas pasadas en las que el individuo tenía un espíritu relativamente libre y no se involucraba en lo inmediato con las preocupaciones prácticas de sustento. Por ejemplo, podría haber tenido un estilo de vida nómada, con poco apego a las costumbres, a un lugar específico. En otros casos, estos individuos pueden haber llevado una vida más artística o espiritual en la que la necesidad de una mayor inspiración primaba sobre las necesidades prácticas de supervivencia. También puede ser que llevaran un estilo de vida resguardado de las tensiones urbanas y más cercanos a los elementos naturales, quizás alejados de la civilización en entornos rurales, comunitarios o monásticos. En consecuencia, estos individuos pueden sentirse ajenos a la corriente principal y estar en sintonía con ritmos diferentes. Tienen referencias diferentes y cosas que son obvias para todos los demás a su alrededor, pero para ellos pueden pasar totalmente inadvertidas. Las preocupaciones sobre el tiempo y el espacio pueden resultarles extrañas, por lo que tienden a ver la vida como algo abierto en posibilidades y sin restricciones; este enfoque puede resultar ingenuo, inmaduro o simplemente extraño. Creen en oportunidades que pueden parecer imposibles para otros y no pueden entender por qué todo el mundo no siente lo mismo que ellos. De hecho, algunos de ellos experimentan el fracaso en muchas ocasiones, porque no se integran fácilmente a las exigencias prácticas del tiempo y espacio. También pueden carecer de límites adecuados y dar de sí mismos indiscriminadamente hasta el punto del agotamiento y, en general, no cuidan adecuadamente de sí mismos, sin saber cuándo parar y descansar. Sin embargo, en algunas ocasiones pueden demostrar que todo el mundo está equivocado cuando su perspectiva "desca4bellada" acaba revelándose como revolucionaria.

En casos extremos, la excentricidad, ingenuidad y disociación del tiempo y espacio crean amplias y profundas brechas entre ellos y el resto de su entorno. Estas almas pueden provenir de otras dimensiones en vidas pasadas, quizás de otros planos astrales; o, en algunos casos, pueden haber encarnado previamente como animales, por lo que el mismo hecho de estar ahora encarnados en un cuerpo humano puede sentirse extraño e incómodo. Estas circunstancias pueden requerir un largo y gradual proceso de adaptación.

En casos excepcionales, esta conjunción puede describir vidas pasadas en las que el individuo tuvo importantes revelaciones místicas y espirituales y puede haber trascendido el tiempo y espacio con una visión del reino de la atemporalidad. Su lección es adaptar estas percepciones espirituales a las condiciones de la realidad temporal y espacial.

Neptuno en el Nodo Sur también puede describir circunstancias de vidas pasadas en las que el individuo estuvo involucrado en roles y eventos significativos que tuvieron un impacto a escala colectiva. Pueden haber influido en acontecimientos sociales, en la cultura global, en guerras, en migraciones masivas, en revoluciones políticas o en cambios espirituales. Pueden haber tocado la vida de muchas personas. Es posible que en la vida actual sientan un fuerte llamado a dedicarse a causas más amplias en las que protejan, salven o inspiren a la gente y lleven una vida pública de servicio. Estos roles colectivos pueden ser políticos, artísticos o altruistas. No necesariamente planifican conscientemente asumir estos papeles, sino que a menudo se ven atraídos por circunstancias predestinadas en las que conocen a personas o se encuentran en situaciones que los sacan de su zona de confort para responder al llamado.

En un tono más sombrío, Neptuno en el Nodo Sur puede indicar experiencias traumáticas en vidas pasadas, en las que el individuo perdió el control ante fuerzas dominantes. Por ejemplo, puede haber sido víctima de una catástrofe natural, encarcelamiento, abuso o esclavitud. Estas experiencias pueden, en esta vida, dar lugar a un sistema inmunológico debilitado o a un trastorno de ansiedad, que indican síntomas de trastornos de estrés postraumático a nivel del alma. Cuando éste es el caso, estos individuos vienen a esta vida a sanar estas experiencias pasadas y volver a empoderarse.

Neptuno en conjunción con el Nodo Norte

Cuando un planeta está en conjunción con el Nodo Norte, implica que el individuo ya ha accedido a cuestiones relacionadas con el Nodo Norte en vidas anteriores y está decidido a continuar en esa dirección. Por lo tanto, aunque el planeta esté en el Nodo Norte, también describe cuestiones de vidas pasadas, junto con la orientación actual del individuo. El planeta crea una fuerte atracción a los temas del Nodo Norte y estimula el desarrollo en esta dirección. A veces, una atracción tan fuerte puede crear desequilibrio, en el que los temas del Nodo Norte dominan la esencia del Nodo Sur y, como resultado, la persona puede tener que volver a comprometerse más adelante en su proceso evolutivo con los temas del Nodo Sur, para reequilibrar la dinámica.

Planetas en el Nodo Norte

- Los temas del Nodo Norte se han experimentado en vidas pasadas y ya son familiares.
- Los temas del Nodo Norte reciben una mayor atención.
- Puede ser necesario en algún momento recuperar el Nodo Sur si se dedica demasiada atención al Nodo Norte.

Con Neptuno en el Nodo Norte, la persona está en proceso de desarrollar una perspectiva más amplia y abarcativa de la existencia, para reconocer la inteligencia superior que opera a través de toda la dimensión del tiempo y espacio. Al ver el esquema mayor de las cosas a través de esta perspectiva, el propósito evolutivo es aceptar la vida tal y como es y renunciar a las proyecciones, manipulaciones e ilusiones personales sobre lo que debiera ser la vida. Esta orientación promueve un enfoque más integral de la vida en el que podemos ver un hilo unificador a través de lo que parece estar separado en la vida. El propósito es comprender que todas las formas de vida operan con los mismos principios vitales universales.

Para aprender estas lecciones, Neptuno en el Nodo Norte puede generar circunstancias vitales que expongan a la persona al lado crudo de la vida y de la naturaleza, donde tanto las maravillas de la existencia como los cambios caóticos pueden ocurrir más allá del control de la persona. Por ejemplo, pueden apreciar la belleza de la naturaleza, pero luego ver cómo animales inocentes son depredados sin piedad. Están expuestos a las polaridades de la vida y deben aprender que todo tiene un propósito, aunque no sea necesariamente agradable. A menudo sienten cercanía con los elementos naturales, ya sea con la conciencia de la vida animal y vegetal o la fuerza de la naturaleza, que puede destruir los esfuerzos humanos en un instante.

En otros casos, estas lecciones se aprenden cuando los propios planes se desvían repetidamente de forma inesperada, y las necesidades y los propios poderes son humillados por fuerzas vitales mayores y empequeñecen cualquier sentido de merecimiento personal. Estas circunstancias disuelven los apegos a las convicciones personales, las posesiones o las posiciones. La vida toma el control de estos individuos y aprenden a sintonizar sus ritmos con los ciclos mayores.

Como resultado, la persona se ve finalmente obligada a dejar de lado cualquier forma de rigidez, agresividad, autojustificación o motivación egoísta. Neptuno en el Nodo Norte tiene un efecto muy marcado, así que si la persona se mueve solo por necesidades y perspectivas egocéntricas, cabe esperar contratiempos y bloqueos. Por el contrario, si adopta un enfoque más abierto, humilde y devocional, la persona puede experimentar el éxito y una mayor inspiración.

Esta ubicación en la carta natal puede manifestarse en una necesidad de promover ideales más elevados, en el desarrollo de todos los seres y la promoción de sanación. Estos individuos pueden sentirse inspirados a salvarse a sí mismos y a los demás de experiencias dolorosas y traumáticas y sentirse llamados a servir a un bien mayor. En este caso, el reto es permanecer con los pies bien puestos en la tierra y darse cuenta de que ser bueno y ayudar a la gente no eliminará enteramente el dolor. Deben renunciar a los apegos a la "iluminación instantánea" y a otros tipos de ilusiones. Servir al bien mayor consiste en empoderar a las personas y no en eliminar los desafíos o la fantasía de vivir sin dolor.

Por otra parte, Neptuno en el Nodo Norte puede indicar un profundo deseo de liberarse y trascender los condicionamientos personales. Estos individuos pueden sentirse atraídos a seguir su intuición, aunque vaya en contra de las referencias culturales existentes. Al principio, pueden seguir pasivamente a personas con personalidades o ideas fuertes; pero en algún momento se rebelan contra las expectativas y asumen riesgos que pueden ser controvertidos. Con el tiempo, aprenden a superar el miedo a la crítica y al rechazo, renuncian a la necesidad de control y buscan acceder al caos. El caos, en este sentido, significa acceder a lo desconocido, donde no tienen control sobre lo que viene después. Se sienten atraídos por seguir su espíritu hacia horizontes más amplios y una vida más aventurera, poniendo a prueba su miedo y resistencia. A través de estas experiencias, son capaces de reconectar con aquellas partes de sí mismos que van más allá de lo ordinario y se funden con un espíritu trascendental.

Neptuno en cuadratura con el eje nodal

Cuando un planeta hace una cuadratura al eje nodal, se añade un tercer punto de poder a la ecuación, lo que hace que el planeta que hace la cuadratura sea extremadamente significativo en todos los procesos evolutivos. Esta configuración muestra que hay una inversión similar entre el Nodo Sur y el Nodo Norte. El individuo ya ha tratado con ambas polaridades en vidas pasadas, pero aún no ha establecido el equilibrio entre los dos Nodos, por lo que hay un intenso vaivén entre las dos polaridades. Aunque el planeta que hace la cuadratura de los nodos provoca el desequilibrio entre el Nodo Sur y el Nodo Norte, ahora es la clave para resolver la tensión entre ambos portales. En otras palabras, el planeta en cuadratura es tanto la causa del problema como la solución.

Planeta en cuadratura de los Nodos

- Ambos Nodos ya se han experimentado, pero no están equilibrados.
- Alternancia entre el Nodo Sur y Norte, que se debe a la influencia del planeta en cuadratura.
- El planeta en cuadratura, por casa y signo, refleja el problema y a la vez es la solución para integrar ambos nodos.

Cuando Neptuno está en cuadratura con el eje nodal, puede indicar contextos de vidas pasadas en los que el individuo actuó de una forma que causó disfunción en asuntos relacionados con la casa astrológica y el signo donde Neptuno está ubicado. Este comportamiento ha provocado un desequilibrio entre el Nodo Sur y el Nodo Norte. Por ejemplo, la persona puede haber sido demasiado ingenua, puede haber ignorado los límites sociales o haber evitado las necesidades y responsabilidades de mantenimiento y, ahora, puede experimentar malos resultados u otras posibles disfunciones en estas áreas.

De otro modo, puede indicar que el individuo ha experimentado una grave pérdida de control, una sobreexposición e incluso victimización en el área en la que se posiciona Neptuno. Puede significar que dieron mucho de sí mismos sin límites saludables, hasta el punto de descuidar sus necesidades. Como resultado, pueden sentirse inicialmente desprovistos de poder, en formas que desestabilizan la dinámica del eje nodal.

Este patrón puede repetirse de forma crónica hasta que aprendan a utilizar a Neptuno de forma constructiva, para que, a través de la cuadratura, pueda restablecer el equilibrio entre el

Nodo Sur y el Norte. Al principio, esto consiste en fortalecer su sistema inmunológico (física y psicológicamente), para luego aprender a concentrarse y ser más eficientes en estas áreas. Es imperativo reafirmar los límites, como también aplicar más discriminación para sanar los problemas del pasado.

Cuando aprenden a dejar de lado las ilusiones ingenuas o el idealismo infundado para romper el ciclo de decepciones, estos individuos pueden sintonizar con la Verdad y aceptarla tal como es, aunque no se ajuste a sus ideales privados. Se vuelven más fuertes y, al mismo tiempo, más humildes respecto a estas cuestiones y de este modo la *cuadrada T* entre Neptuno y los nodos puede estimular una inmensa creatividad, inspiración y compasión.

Figuras públicas con Neptuno en los Nodos:
Neptuno en el Nodo Sur:
- *Edith Piaf*
- *Amy Winehouse*
- *Edward Snowden*

Neptuno en el Nodo Norte
- *Madonna*
- *Michael Jackson*
- *Leonardo Di Caprio*

Neptuno en cuadratura a los Nodos
- *Papa Francisco*
- *Dane Rudhyar*
- *Jiddu Krishnamurti*

Nota sobre Neptuno retrógrado

Cuando un planeta está retrógrado, reside en el hemisferio opuesto al Sol (con la excepción de Venus y Mercurio). La distancia del Sol sugiere un tiempo para la reflexión y la duda acerca de las formas en que este planeta se ha expresado y manejado en ciclos evolutivos anteriores: el fenómeno retrógrado exige un enfoque más sobrio de las cuestiones implicadas. Es posible que experimentemos retrocesos en las áreas del planeta retrógrado, porque no podemos continuar ciegamente hacia adelante sin reevaluar. Tras la reflexión y una mayor perspectiva, aprendemos a abordar los temas asociados al planeta con más humildad, madurez y singularidad que antes. El planeta retrógrado nos inspira a explorar nuevos caminos menos transitados. Este proceso puede dar lugar a un enorme crecimiento, ya que podemos expresar capas más profundas en temas relacionados con este planeta y su ubicación.

Suele haber dos formas destacadas de expresar el planeta retrógrado. La primera forma es la más saludable, en la que desarrollamos una actitud más reflexiva, madura e individualista hacia las preocupaciones asociadas con el planeta. Por ejemplo, podemos apartarnos de las expectativas de la corriente principal, para desarrollar gradualmente nuestra propia perspectiva en estos asuntos. Este enfoque suele ser más creativo y consciente.

La otra forma es exacerbar los desequilibrios y problemas inicialmente asociados al planeta. Tendremos a repetir viejos patrones y podemos agravar los problemas en el área donde se encuentra el planeta retrógrado. En este caso, no aprendemos la lección retrógrada e intensificamos las situaciones de crisis.

Planetas retrógrados

- Los temas del planeta han sido reevaluados y ahora se expresan con mayor madurez.
- Los temas del planeta están en constante crisis, porque el individuo se resiste a dar un paso atrás y reevaluar, lo que provoca una exacerbación de los problemas o contratiempos en esas casas y signos.
- Es necesario probar nuevas perspectivas y arriesgarse con los asuntos relacionados con el planeta retrógrado. Tomar los caminos menos transitados conducirá a mejores resultados.

Neptuno retrógrado puede describir una realidad en la que el individuo ya ha experimentado desilusiones, disfunciones o victimización en vidas pasadas y ahora necesita reflexionar sobre los cambios para rectificar este patrón. Para instigar un proceso más reflexivo, puede haber una recurrencia de experiencias aleccionadoras al principio de la vida, que precipiten la pérdida de inocencia e ingenuidad. Estas personas se ven obligadas por las circunstancias a superar las tendencias de negación o de optimismo irresponsable, que les inducen al error. Por ejemplo, pueden ver que el escapismo, la evasión de dificultades o la negación del dolor solo causan más dolor. Pueden experimentar una crisis existencial en la que se cuestionan todo lo que creen o dieron por sentado, incluidas las fórmulas de felicidad. Este proceso puede provocar sentimientos de vacío y cinismo, porque a medida que se disuelven las antiguas convicciones, las nuevas respuestas no son necesariamente inmediatas. Estas personas pueden volverse en general más escépticas y ver más rápidamente a través de los engaños y las ilusiones.

Con el tiempo, estos individuos encuentran su propio diálogo con la vida y establecen una conexión única con los significados superiores de la vida. Un planeta retrógrado requiere que este proceso sea auténtico y orgánico. Por lo general, no se sienten cómodos estando demasiado expuestos y pueden sentirse rápidamente abrumados cuando se transgreden sus límites. Pueden sentir la necesidad de retirarse, purificar sus intenciones y evaluar lo que es genuino y verdadero. Tras este proceso de reflexión, pueden estar más centrados y conectados espiritualmente con más profundidad.

En el caso de que no se aprendan las lecciones retrógradas ni se purifiquen parte de los desequilibrios, Neptuno retrógrado puede reflejar una peligrosa ingenuidad, una considerable falta de realismo y límites deficientes, que dan lugar a problemas. Estos individuos pueden buscar la salida fácil para cada situación y pasar por alto importantes necesidades; mantienen un enfoque simplista y negligente que conduce a crisis y a resultados pobres en los asuntos asociados con la ubicación de Neptuno.

En los casos más graves, el enfoque desequilibrado puede dar lugar a tendencias parasitarias, en las que se aprovechan de los esfuerzos de otras personas para satisfacer sus propias necesidades personales. Pueden aprovecharse de personas ingenuas y engañarlas. Finalmente, las consecuencias kármicas de estas acciones desalineadas provocan repercusiones y crisis aún más graves.

Ejemplos de cartas - Neptuno retrógrado
- *Julian Assange*
- *Edward Snowden*
- *Nadya Suleman*

Estudio de caso

"Kayelitsha"

Este estudio de caso nos ayuda a ilustrar parte de las dinámicas asociadas a Neptuno, la casa 12 y Piscis discutidas en este volumen. Aunque aún considero que es necesario tomar en cuenta toda la carta, el énfasis se fijará en este arquetipo.

Características de identidad

Mujer blanca, judía, de clase media, criada casi enteramente en Sudáfrica.

Estado Evolutivo[2]

3er Estadio individuado

Este estado evolutivo implica que Kayelitsha ha desarrollado una consciencia con valores holísticos, que trascienden su condicionamiento cultural y parental. Ella va a tener el coraje de confiar en su propia autoridad interna y no va a conformarse con las expectativas del promedio: más bien, va a pensar por sí misma. Es más, esto significa que ella le dará un lugar a la autenticidad y a la Verdad por sobre sus propias necesidades de seguridad y no conciliará aquello que ella sabe que es lo correcto para dejar contento al resto, incluso si se arriesga a ser incomprendida. Puede encontrarse en una posición de

---

[2]Para una descripción más profunda de las diferentes etapas de conciencia, remítase a la publicación de Maurice: *Astrología y la Evolución de la Consciencia-Volumen Uno* (2009), basado en el escrito de Dane Rudhyar, *The Astrology of Transformation (Astrología de la transformación)*.

liderazgo, en la medida que su camino más genuino obtiene credibilidad y sirve como fuente de inspiración para otros.

La fase de desarrollo de Neptuno

Kayelitsha expresa un poco de cada una de las fases de Neptuno, pero especialmente la *pérdida de la inocencia* en su vida más temprana, la *influencia pública* y desafío del miedo en su vida adulta.

Inscripción astrológica de relevancia:

- *Neptuno en Virgo en la casa 5.*
- *Neptuno está emplazado en una conjunción ajustada al Nodo Norte, en oposición a Marte en Piscis.*
- *Neptuno es el regente del Nodo Sur.*
- *Neptuno está en trino a Saturno y Urano en Tauro en las casas 1 y 2.*
- *Marte en conjunción al Nodo Sur en Piscis en la casa 11.*
- *Piscis en la cúspide de la casa 11.*

Kayelitsha

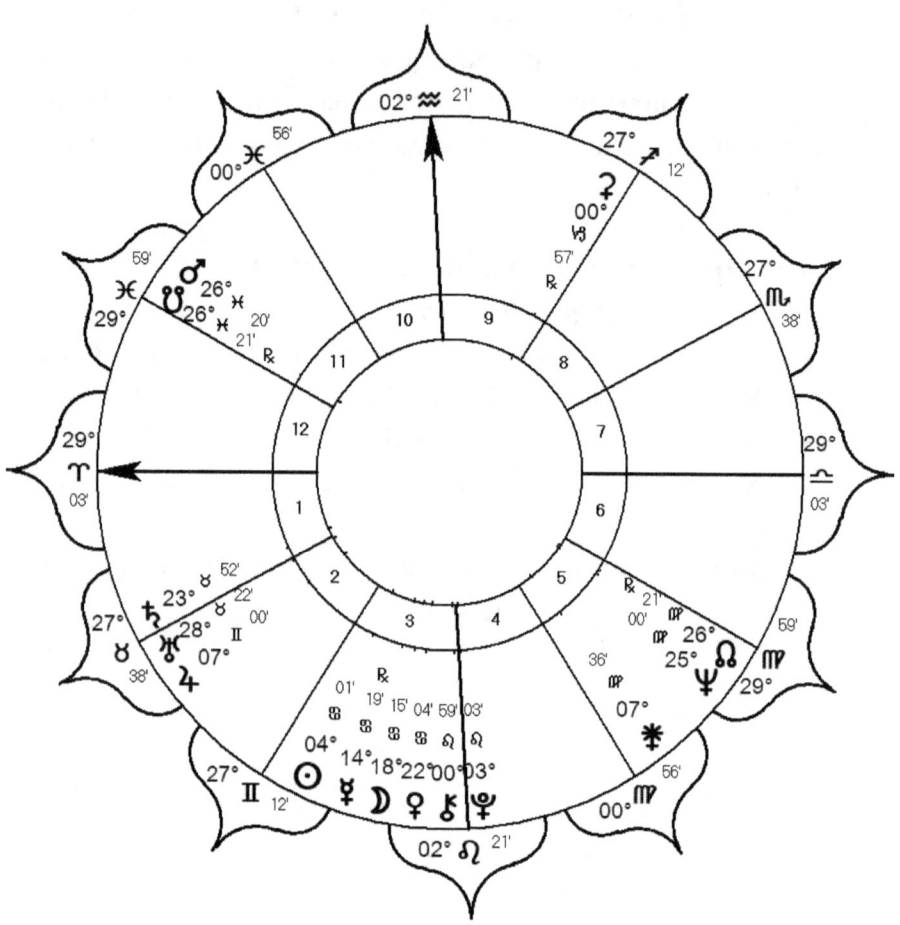

Análisis

Kayelitsha nació y creció en Ciudad del Cabo, Sudáfrica a principios de los años 40, en una época en la que el régimen del apartheid se estaba implantando en Sudáfrica, en paralelo al nazismo en Alemania. Ambos sistemas se basaban en una ideología de supremacía racial blanca. Apartheid significa separación y considera que la asimilación racial es "imposible", "impracticable" e "impía". Mientras que los nazis fueron derrotados en 1945, el régimen del apartheid estaba ya firmemente establecido para 1948 y sobrevivió hasta que Nelson Mandela fue liberado de la cárcel y finalmente elegido presidente de Sudáfrica a principios de los años 90.

Kayelitsha nació en el seno de una familia judía blanca. Sufrió graves abusos psicológicos y físicos, especialmente por parte de su madre, quien le negaba todo tipo de amor y afecto y, en sus recuerdos más tempranos, ya la golpeaba con frecuencia. Su madre favorecía a su hermana, a quien consideraba más bella y siempre desanimó a Kayelitsha para que leyera o se educara.

Además, al ser una de las pocas judías de su comunidad, fue condenada al ostracismo en la escuela; y, por ejemplo, la obligaban a quedarse fuera de su aula durante los estudios bíblicos. Como tardaba en leer y escribir, la evaluaron por retraso mental, pero cuando finalmente aprendió y "descubrió" los libros, se convirtió en una gran lectora, ávida de conocimiento. Esto creó otra fuente de conflicto con su madre, quien intentó activamente reprimir su curiosidad e intelecto. Al parecer, su madre veía la afición de Kayelitsha por los libros como un gesto de desafío, como si intentara eclipsarla siendo más inteligente. Sin embargo, al ser socialmente torpe en la escuela y ser maltratada en casa, los libros se convirtieron en su principal consuelo y único alimento.

Cuando tenía doce años, un día llegó a casa, encontró las maletas hechas y fue enviada a un internado. Sin ninguna preparación previa, fue desarraigada bruscamente de su hogar y enviada a un entorno desconocido y poco amigable. Durante las vacaciones escolares, a menudo era la única estudiante que no podía volver a casa, por lo que la escuela tuvo que nombrar a un supervisor para que se quedara con ella, lo que provocó el resentimiento del personal, que tuvo que perderse sus propias vacaciones. Aunque el internado supuso un cierto alivio respecto a su madre, no le proporcionó calor ni apoyo y fue un reto emocional en sí mismo.

Correlaciones astrológicas

Kaylitsha nació con el Nodo Sur en Piscis, exactamente en conjunción con Marte en Piscis en la casa 11. Al estar relacionados con la Luna, los nodos lunares (especialmente el Nodo Sur) reflejan estrechamente la relación con la madre.

Marte en su conjunción con el Nodo Sur describe los intensos enfrentamientos y los violentos abusos que sufrió por parte de su madre, así como su consiguiente sensación de impotencia. Marte se relaciona con nuestros mecanismos de defensa; y cuando está en Piscis, en la fase de *pérdida de la inocencia*, la persona se enfrenta a la hostilidad y no está equipada para defenderse, lo que configura situaciones de victimización. Kayelitsha era una niña indefensa que se enfrentaba a una madre agresiva, inestable y volátil (Marte en Piscis en el Nodo Sur, reforzado por la oposición a Neptuno).

Marte en Piscis en la casa 11 (que hace referencia a los grupos sociales y a la presión de los compañeros) también describe la dinámica de separación y acoso que experimentó debido a las diferencias culturales entre ella y sus compañeros.

Las dificultades con su madre también se ven reforzadas por Plutón en el ángulo de la cuarta casa, en conjunción a Quirón en la tercera casa.

La casa 3 de Quirón, refleja el fuerte impulso por educarse y aprender sobre el mundo, pero la conjunción con Plutón en Leo en la casa 4 muestra la competitividad de su madre y su influencia, que la des-empodera. Quirón es el inconformista y, al mismo tiempo, refleja una herida sangrante incurable, que aquí, en la casa 3, está relacionada con la lucha por la educación y el sabotaje de actividades intelectuales por parte de su madre.

Además de Quirón, hay cuatro planetas en Cáncer en la casa 3, incluso una Luna nueva en Cáncer, en conjunción con Mercurio retrógrado y Venus. Esto describe su fuerte asociación emocional con el conocimiento y la educación y, de nuevo, refleja el alimento que obtuvo de los libros, compensando lo que no recibió orgánicamente de su madre.

Se suele pensar que las personas con Luna en Cáncer tienen madres nutritivas, pero este caso nos demuestra que eso no es necesariamente cierto. Una Luna en Cáncer también puede describir a una madre infantil, caprichosa e insegura (en la casa 3, lo que muestra que esta inseguridad también es intelectual). Es esencial analizar la dinámica nodal (junto con la dinámica de la cuarta casa) para comprender ampliamente la dinámica madre-hijo.

Analizando la estrecha oposición entre Marte y Neptuno, a su vez, en el eje Nodal Piscis-Virgo, podemos observar cómo Kayelitsha sufre una suerte de martirio cuando, muy pronto en la vida, es sometida en batallas o es atrapada en dinámicas competitivas que no comprende del todo. Es abandonada, golpeada y acosada y queda desorientada. Es socialmente torpe (casa 11) y sus compañeros y profesores la consideran "atrasada". Esta configuración muestra el escaso control que tiene sobre su propia vida cuando, por ejemplo, la envían a un internado sin ninguna advertencia ni control de su parte.

Analizando a Marte en Piscis en el Nodo Sur, las circunstancias de abandono durante la infancia (Nodo Sur de Piscis) inhibieron su desarrollo, lo cual es particularmente crítico porque ella tiene el Sol y la Luna en Cáncer, que reflejan la necesidad de mucho apoyo en lo personal. Un niño con Sol y Luna de Cáncer puede tener problemas de desarrollo, incluso un bloqueo emocional, si careciera de atención y contacto personal. Estas circunstancias la llevaron a ir dando tumbos por la vida, confundida y sin habilidades sociales; intentó permanecer invisible para evitar cualquier atención negativa y añadir problemas.

No fue hasta que Kayelitsha abandonó el internado al final de su adolescencia, que recibió por primera vez la atención positiva de un joven de su edad. Sorprendentemente, le habló y se interesó por saber más sobre ella. Como había tenido poliomielitis, sufría de debilidad en los brazos. Con el tiempo empezaron a salir y él le presentó a su familia. Ésta fue una gran oportunidad para que ella descubriera cómo vivían otras personas; pudo aprender mucho simplemente observando lo que hacían, cómo se relacionaban y cómo llevaban sus vidas, cosas que la mayoría de la gente daba por sentadas.

Se sintió fortalecida por esta relación y empezó a tener más éxito en la escuela y más tarde en la universidad. En sus primeros años se la consideraba una mala estudiante, pero ahora sobresalía en sus estudios y acabó graduándose en la universidad con distinciones, dándose cuenta de que quizás no era estúpida. En 1963 se casó con su pareja, que era un hombre amable y cariñoso y, por primera vez en su vida, la hizo sentir importante.

Se convirtió en logopeda y trabajó en hospitales con pacientes que tenían traumas físicos. Aunque su madre seguía negándose a reconocer su éxito académico, se sintió libre y, por primera vez, dueña de su vida. Se preocupaba enormemente por sus pacientes y era capaz de recurrir a su propia experiencia para comprender el sufrimiento y la profundidad de su dolor.

Pronto se dio cuenta de cómo la realidad política del apartheid afectaba los procedimientos hospitalarios. Por ejemplo, los pacientes negros eran dados de alta rápidamente en los cuidados de rehabilitación y no se les daba el tratamiento necesario. Fue testigo del abandono y la injusticia constantes y sintió el impulso de visitarlos después de las horas de trabajo. Esto significaba viajar a los municipios de barrios más pobres, donde justamente vivían los negros y donde los blancos no se atrevían a aventurarse o ni siquiera se les permitía ir. Hizo caso omiso a los temores y peligros y cruzó a menudo a campo abierto para lograr atravesar las vallas.

Al visitar regularmente a pacientes que no habían obtenido atención adecuada, tuvo experiencia directa con la situación dramática de la gente. Vio todos los aspectos de sus vidas en aquellos municipios. Había humanidad y cercanía con estas personas humildes, sencillas, auténticas e increíblemente sabias. Se dio cuenta de que a menudo le costaba esperar para volver a dichos municipios y pasar más tiempo con ellos. Notó lo genuinas que podían ser estas personas y esto, para ella, se convirtió en un sentido real de vida. Nunca se sintió amenazada; el infierno para ella se encontraba fuera de los municipios, en la vida falsa de los barrios más sofisticados.

Sin embargo, los efectos del grave abandono en los municipios eran devastadores. Estas condiciones eran especialmente duras para los niños que sufrían la pobreza extrema, el abandono, la delincuencia y la prostitución. Sin embargo, al mismo tiempo, se dio cuenta de que entregarles tan solo un poco de atención podía significarles una inmensa diferencia.

En 1964, aproximadamente un año después de realizar estas visitas no autorizadas, su empleador descubrió lo que estaba haciendo y la despidió "deshonrosamente", lo que hizo prácticamente imposible que consiguiera otro trabajo. Sin embargo, siguió visitando a esta población y apoyando a la gente, lo mejor que pudo.

Ella misma crió a tres hijos, una hija mayor y dos gemelos y les proporcionó el amor y la atención que ella nunca recibió. Los mellizos luchaban constantemente entre sí y uno de ellos sufría problemas de aprendizaje. A veces se sentía completamente abrumada, pero se dedicaba a su familia.

Correlaciones astrológicas

Kayelitsha activó su Nodo Norte en Virgo cuando empezó a tomar las riendas de su vida, estableció una forma de funcionar más sana y eficaz y puso en orden el caos en el que vivía; además, otorgó cuidados donde había negligencia. El regente del Nodo Sur, Neptuno, emplazado junto al Nodo Norte, nos muestra que Kayelitsha logró, en vidas pasadas, acceder a los contextos que sugiere su Nodo Norte, dándole ahora continuidad. El regente del Nodo Norte, Mercurio, está retrógrado en Cáncer en la casa 3, entre el Sol y la Luna, mostrando que la educación y el conocimiento fueron instrumentos clave para que ella pusiera orden en su vida y para que sanara los años de abandono. Mercurio, en conjunción con la Luna y Venus, también muestra la relación de apoyo de su marido y su familia, que le proporcionaron un sistema de apoyo por primera vez (Cáncer).

Neptuno en Virgo muestra la *orientación profesional* en el cuidado de la salud; y el regente Mercurio, retrógrado en Cáncer en la casa 3, describe más específicamente su profesión, la logopedia, como su área de especialización.

Como se había criado en condiciones emocionalmente negligentes y abusivas, era capaz de proporcionar cuidados a sus pacientes, porque podía identificarse más personalmente con sus necesidades. A través de estas circunstancias impersonales (Piscis y Neptuno), proporcionó cuidados personales (Nodo regente en Cáncer).

Neptuno en Virgo se opone a Marte en Piscis, lo que demuestra que su trabajo implicaba conflictos e incluso batallas. Por un lado, había una lucha por la justicia social (Marte en Piscis, casa 11), pero también estaba la batalla con su propio empleador (Virgo) y el hecho de que se viera reducida al estatus de persona non grata (Neptuno en Virgo en trígono a Saturno).

Era especialmente sensible a la situación de los niños de los municipios, vulnerables y abandonados (Neptuno en la quinta casa en oposición a Marte en Piscis, respaldado por sus planetas en Cáncer). Aunque había planeado trabajar como logopeda, se encontró con un llamado inesperado (Neptuno en la quinta casa): apoyar las múltiples necesidades de la gente de los municipios.

Marte en Piscis en la casa once muestra su exposición a la injusticia social y vocación como activista. Aunque creció como una niña indefensa, de adulta se encontró luchando por la justicia social y por un grupo dentro del colectivo (Marte en

Piscis, en la casa 11). Marte en Piscis también describe su temeridad, por ejemplo, al no dejarse intimidar cuando se aventuró en los municipios potencialmente peligrosos, plagados de pobreza y delincuencia (fase de *desafío al miedo*). Inesperadamente, descubrió que había una mayor humanidad en esta zona prohibida, lejos del elitismo racista blanco imperante (Piscis en la casa 11).

Además de Marte en Piscis en aspecto a los Nodos, su activismo social fue apoyado por la triple conjunción de Saturno, Urano y Júpiter en Tauro y Géminis, que muestra su vocación por fortalecer las comunidades financiera y educativamente débiles. Júpiter en Géminis muestra la aceptación natural de la diversidad cultural, el pluralismo y la capacidad para encontrar un lenguaje común entre personas de diferentes orígenes étnicos, desafiando el dogma del apartheid, que encuentra imposible, impracticable e impía la asimilación cultural. Neptuno en la quinta casa, opuesto a Marte en Piscis en conjunción a los nodos también muestra parte de los retos a los que se enfrentó con sus propios gemelos, que no se llevaban bien entre sí y que tenían cada uno sus propios problemas de adaptación, lo cual la hacía sentirse abrumada.

Kayelitsha continuó trabajando mientras era vigilada en los municipios, hasta bien entrada la década de 1980, donde ayudó a empoderar a las mujeres, a cuidar y educar a los niños y, en general, a proporcionarles atención sanitaria y otros servicios que apoyaran y mejoraran un modo de funcionar más saludable.

A finales de los años ochenta, un vídeo que recogía sus actividades en los municipios y mostraba la violencia que se ejercía sobre la población, llamó la atención del entonces Canciller alemán, Helmut Kohl, quien intervino personalmente para apoyar sus esfuerzos. Esto sirvió de detonante para que

Kayelitsha iniciara una organización más estructurada. En ese tiempo, los vientos cambiaban políticamente, ya que el movimiento de Nelson Mandela estaba ganando adeptos, lo que llevó a su eventual liberación en febrero de 1991, tras 27 años de prisión. Al principio, las mujeres del municipio se mostraron reticentes a crear una organización formal, porque temían que atrajera demasiada atención y limitara sus actividades, pero los tiempos lo exigían y, en 1990, la organización estaba establecida.

Su trabajo fue rápidamente reconocido, tanto a nivel nacional como internacional y atrajo los fondos necesarios para apoyar los programas que había puesto en marcha. Sus esfuerzos llamaron la atención de líderes y celebridades, sobre todo porque, en ese momento, se estaba volviendo políticamente popular el apoyo a la población negra de Sudáfrica. Fue felicitada por el presidente Clinton e invitada a tomar el té por la Reina Isabel, entre otros.

Su madre se dejó seducir por el glamour e intentó atribuirse el mérito del logro de su hija. Kayelitsha la cuidó durante 11 años, hasta que su madre falleció con un cuadro de Alzheimer. Cuidó de ella, quien le había hecho la vida tan difícil a través de situaciones de maltrato y ridiculización. Kayelitsha nunca olvidó lo que pasó, pero vio que no había otra manera, ya que era la única que podía proporcionarle los cuidados adecuados a su madre.

Correlaciones astrológicas

Los procesos por los que pasó a nivel personal, desde los comienzos de su vida en condiciones emocionalmente negligentes y abusivas, terminaron dando un giro a su situación. Tuvo éxito académico y creó una vida saludable y funcional para sí misma. Esto se reflejó a nivel colectivo por las circunstancias del municipio, donde desde la miseria, contribuyó a la rehabilitación colectiva mediante la construcción de escuelas, centros de salud, panaderías y programas de empoderamiento. Las cuestiones personales reflejadas dentro de la situación colectiva están firmemente representadas por el eje nodal en Piscis-Virgo, que ubica a Neptuno justo en el Nodo Norte. Neptuno representa al todo mayor, lo que está más allá de nuestra individualidad, por lo que lo personal puede convertirse en colectivo.

No es de extrañar que una persona, cuya carta tiene una implicación tan fuerte de los nodos en Neptuno y Piscis, acabe llevando una vida más pública, en la que priman las necesidades colectivas e inspiran al servicio. No es algo que haya podido planificar, sino que ocurrió porque estaba en sintonía y respondió al mensaje de la vida. La influencia de Neptuno requiere una actitud adaptativa, navegar con la corriente y saber improvisar cuando es necesario. Con Neptuno no hay un destino claro, sino un diálogo constante con lo que la vida nos devuelve, llevándonos a navegar por mares abiertos hacia un destino inesperado.

Neptuno en la casa 5 en Virgo muestra la vocación de llevar salud y rehabilitación donde hay descuido y abandono, particularmente con los niños. La oposición a Marte en Piscis en la casa 11 muestra el nivel de activismo social implicado, la necesidad de desafiar sus miedos y de asumir este rol, incluso cuando se enfrentó a circunstancias precarias y al ostracismo social. Neptuno en trígono a Saturno y Urano en Tauro también describen su papel en la creación de cambios sociales y en la construcción de infraestructuras más sólidas, así como en la mejora de las oportunidades económicas de la población. También refleja su capacidad intuitiva para eludir el imperio de las leyes creadas por el hombre cuando éstas no sirven al bien común. Infringió la ley al ir al municipio, pero sabía que era lo correcto. Los aspectos estrechos entre Neptuno y Saturno pueden reflejar las diferencias entre el orden creado por el hombre y el orden universal superior.

Neptuno en la quinta casa muestra su compromiso personal dentro de una causa mayor; pero al mismo tiempo, en este caso, muestra la necesidad de evitar demasiada atención y reconocimiento personal, para evitar las críticas externas o la intervención en su trabajo "clandestino". Nunca buscó abiertamente los elogios y rechazó todos los intentos de dramatizar su historia. Sin embargo, el reconocimiento y el glamour le llegaron de forma natural, sin buscarlos. Fue felicitada por líderes mundiales, inicialmente por el canciller alemán Helmut Kohl, lo que contribuyó a catalizar el cambio de rumbo en su vida. (Él comparte el mismo Júpiter en Géminis y Marte en Piscis, con sus nodos en el Sol de ella).

La historia de Kayelitsha se refleja en los fuertes temas de Piscis en su carta, sobre todo a través de los nodos en los signos de Piscis-Virgo con Neptuno en conjunción a los nodos, pues tiene los elementos dramáticos de una "historia de Cenicienta". Vemos la inocencia y la pérdida, el martirio y el heroísmo y no menos importante, los villanos: el régimen del apartheid y la figura materna abusiva. Estos elementos generan un sentimiento de identificación colectiva que puede inspirar a todos, porque tocan nuestra propia sensibilidad dentro de nuestras luchas existenciales personales.

Capítulo tres

Neptuno en Tránsito Tránsitos en la casa 12 y Piscis

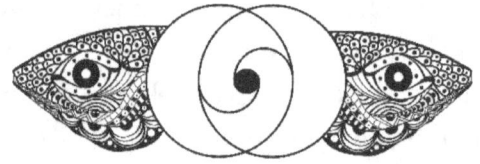

Pautas

Neptuno tarda aproximadamente 165 años en completar una revolución alrededor del Sol, pasa unos **14 años en cada signo**, por un período de tiempo variable en cada casa astrológica, según sea el tamaño. Estos tránsitos relativamente lentos permiten que la influencia de Neptuno acceda a capas más profundas de nuestra conciencia, a partes de nuestra psique que permanecen inconscientes. El paso prolongado de Neptuno por cada signo afecta a toda una generación y también al mundo entero que experimenta el mismo signo durante 14 años. Hemos establecido en capítulos anteriores que dicha influencia no se limita solo a las dinámicas colectivas, sino que también afectan al individuo. Cada persona experimenta el tránsito en forma particular, pero con un nivel de intensidad diferente. La suma de todas estas experiencias personales, en su conjunto, crea una onda colectiva que afecta cuestiones de mayor escala, como el desarrollo cultural, la política y eventos naturales. El efecto del tránsito será más potente cuando Neptuno entre en aspecto directo a un planeta de la carta natal; pero, si eso no sucede, la influencia será aún palpable en la vida personal. Cada paso por un signo y cada aspecto que se produce con otro planeta en tránsito o con un planeta de la carta natal, crea un desafío evolutivo. De uno u otro modo, nos llevará a enfrentar cuestiones latentes, pondrá a prueba nuestra tendencia a la negación, despertará algo en nuestro interior o nos empujará fuera de nuestra zona de confort: todo con el fin de que nuestro proceso de crecimiento continúe. Por supuesto, no está garantizado que todas las lecciones evolutivas se aprendan o utilicen de manera constructiva, porque eso depende del libre albedrío y de las decisiones que tomemos cuando nos enfrentemos a las circunstancias de la vida. La profundidad que alcancemos o la rapidez con la que aprendamos no están predeterminadas. Sin embargo, si entendemos de qué se tratan estas lecciones, es posible que aumentemos las probabilidades de navegar mejor bajo este influjo.

Las lecciones evolutivas de los tránsitos de Neptuno a través de las casas, los signos y los aspectos, son las mismas que las lecciones descritas en el capítulo dos para la posición natal de Neptuno. La diferencia es que los tránsitos duran solo unos pocos años, mientras que la posición natal nos afecta durante toda la vida. Una consideración adicional es que la influencia de los tránsitos se interpreta en relación con la carta natal, no de forma independiente.

Neptuno en tránsito le permite al individuo atravesar las mismas fases de desarrollo descritas en el capítulo dos, las que incluyen:

-Inocencia e ingenuidad en un nuevo sentido.

-Pérdida de la inocencia, cuando se dan cosas por sentadas o se trata de evitar la integración del tiempo y espacio.

-Necesidad de reforzar el sistema inmunológico.

-Involucrarse en una función pública.

-Desafío de miedos y condicionamiento profundos.

-Humildad y ego

-Desarrollo espiritual.

Al igual que con Neptuno en la carta natal, el individuo no pasará necesariamente por todas las fases evolutivas durante un tránsito astrológico, sino que probablemente, se centrará en dos o tres fases. Por ejemplo, el tránsito de Neptuno nos puede impulsar al centro de atención, en la fase de influencia pública y, luego puede activar la fase humildad y ego. No hay forma de saber con antelación qué fase se activará con un tránsito; solo se puede especular al respecto a través de las situaciones vividas previas al tránsito o las identificadas durante el transcurso del mismo. Por ejemplo, si un individuo pasa por la fase de humildad del ego y experimenta pérdida de control, un astrólogo experto puede informar las razones que subyacen a estas circunstancias y señalar las mejores maneras de afrontar los desafíos que se le presentan.

Tránsitos de Neptuno
Tránsitos a la casa 12
Tránsitos en el signo de Piscis

Las fases de desarrollo:

Los tránsitos pueden manifestarse en cualquiera de estas fases y no necesariamente en el orden indicado:

- *La Inocencia y la ingenuidad en un nuevo sentido asociado* con un tema relativo a la casa y signo del tránsito. Podemos tomar ingenuamente este nuevo significado como solución a todos los problemas, como si todo estuviese resuelto y completo. Es posible que nos sintamos libres, protegidos de cualquier daño y que rechacemos cualquier duda o cuestionamiento. Como resultado, puede haber negación y escapismo en el lugar de la carta donde se produce el tránsito.

- *Pérdida de la inocencia en el área donde está Neptuno*. Puede que paguemos un precio por la ingenuidad, credulidad y negligencia. Nos damos cuenta de que no estamos lo suficientemente equipados para defendernos o navegar las demandas del tiempo y espacio efectivamente, lo que potencialmente puede llevarnos a sentirnos abrumados en las áreas de nuestra vida que representa la casa que recibe el tránsito. Nuestra vida puede desordenarse debido a que no la manejamos bien o podemos sentirnos víctimas y desilusionarnos, luego, por haber adoptado una mirada despreocupada, demasiado confiada o, también, por haber tomado demasiado por sentado.

- *Fortalecer nuestro sistema inmunológico, psicológico y físico* para afrontar mejor los retos existenciales y mejorar el funcionamiento de nuestra vida. En esta fase, desarrollamos mejores mecanismos de defensa y nos esforzamos por romper viejos patrones de abandono, victimización y disfunción. Surge la imperiosa necesidad de fortalecer límites, encontrarnos de nuevo a nosotros mismos y tomar el control de la vida, especialmente en aquellos lugares donde nos habíamos perdido o donde nos habíamos dejado arrastrar. Ahora nos retiramos y esforzamos por establecer límites más firmes y remediar las situaciones en las que estuvimos demasiado expuestos y confiados. Para desarrollar mejores defensas y mecanismos de supervivencia, aprendemos a dudar, a reconocer los peligros, a desarrollar el pensamiento crítico y a reconocer la necesidad de educarnos sobre aquellos asuntos relacionados con la posición donde actúa el tránsito. Esto sana y empodera.

- *Participación en funciones profesionales para responder a una necesidad pública.* Aprendemos a operar a nivel colectivo, donde nuestras capacidades personales pueden servir al conjunto. Podemos encontrar un nuevo trabajo que nos exija interactuar con el público en general, lo que nos puede enseñar a abordar nuestra función de forma impersonal y adaptarnos a la demanda general del colectivo. En consecuencia, aprendemos a dejar de lado los prejuicios personales respecto de las diferentes personalidades y necesidades de la gente, para ser capaces de atender a cualquier persona que solicite nuestros servicios. A través de esta función pública, podemos encontrarnos con personas que nunca hubiésemos elegido conocer en el ámbito personal; entonces, las propias necesidades y preferencias pasan a ser secundarias frente a las demandas del trabajo.

- *Podemos seguir el llamado en pos de una visión más amplia y sentirnos impulsados a ocupar puestos de mayor atención e influencia pública.* Esta mayor exposición no siempre es intencionada y puede tomarnos por sorpresa. Puede ser que recibamos amplia exposición en los medios de comunicación, que tengamos una creciente popularidad, reconocimiento público o, incluso, fama.

- *Sentirnos llamados a salir de la zona de confort y cuestionar nuestros miedos.* Cuando existe un sentimiento de limitación o estancamiento nos vemos desafiados a ser capaces de superar el ámbito de lo conocido y establecido. En esta fase, somos conscientes de que ya no estamos dispuestos a pagar el precio de estar centrados solo en nuestra propia seguridad; en cambio, aquí nos vemos inspirados a enfrentar nuestros miedos y dejar ir todo aquello que nos impide ser auténticos y libres. Nos enfrentamos a nuestras inhibiciones, a las cosas o las personas que nos han intimidado y nos atrevemos a dar un paso hacia lo desconocido para vivir una vida más plena. Podemos experimentar una gran sensación de liberación al dejar ir nuestra actitud de anticipación y cautela. También, en esta fase, puede haber una tendencia a sobre compensar, a impulsarnos más allá de nuestros límites, a veces coqueteando con el peligro.

- *Pasar por experiencias que nos obligan a ser más humildes y que nos recuerdan que no tenemos el control total sobre nuestras vidas,* especialmente en el área donde se produce el tránsito de Neptuno. Por ejemplo, los proyectos pueden cancelarse o podemos experimentar una pérdida respecto de nuestro lugar o posición, o bien, darnos cuenta de que habíamos estado completamente equivocados en nuestra manera de ver ciertas cosas. Estas circunstancias pueden obligarnos a enfrentar mucha incertidumbre y a renunciar a nuestros apegos en el área donde se produce el tránsito. Esta fase de limpieza puede ser experimentada como una deflación o una sensación de estancamiento, donde las cosas que antes funcionaban, ya no lo hacen. Puede tratarse de un área de nuestra vida en la que lo viejo se ha disuelto y lo nuevo aún no ha aparecido, dejándonos prácticamente en el limbo. Esta fase requiere ajustar nuestra actitud hacia la vida en general y desarrollar más aceptación y flexibilidad. Aprendemos a confiar en la vida, a desprendernos de lo que estábamos apegados y a improvisar mientras nos adaptamos a la nueva situación. Podemos adoptar un enfoque más holístico y comprender que estamos conectados a un todo mayor, ampliar nuestra visión y darnos cuenta de que la vida va más allá de nuestras necesidades inmediatas o perspectivas personales. Los valores se vuelven más universales, simplificamos nuestras vidas y desarrollamos más compasión.

- *Experimentar un despertar espiritual* que proporcione una nueva sensación de bienestar y despierte la conexión fundamental con las fuerzas más amplias de la vida. Adquirimos mayor sabiduría a medida que renunciamos a los caprichos y a las gratificaciones inmediatas y priorizamos la necesidad de alinear nuestras vidas con una Verdad más amplia. La brecha entre lo que queremos y lo que es correcto disminuye, porque nuestro enfoque se vuelve más holístico y se alinea con la Verdad universal. Nos sintonizamos con la vida en lugar de imponer nuestra voluntad sobre ella; desarrollamos un diálogo más directo con la vida y recibimos señales sobre lo que es correcto y lo que no, dentro de las circunstancias actuales. Servir a la vida y vivir según la Verdad es lo que nos hace felices. Estas comprensiones pueden generar estados de felicidad y conducir a experiencias más plenas y de apertura del corazón.

Sin embargo, si nuestras aspiraciones y apegos espirituales han sido rígidos o ingenuos, es posible que suframos experiencias de humildad que nos dejen en claro que el universo no apoya de forma incondicional nuestras convicciones privadas. Este tránsito nos enseña la necesidad de acceder a un estado de neutralidad interior, donde reconocemos, ante nosotros mismos, nuestras propias resistencias, dogmas, expectativas espirituales y sutiles manipulaciones. Podemos experimentar un vacío existencial, en el que se disuelve lo que antes considerábamos verdadero. Es una forma de limpieza interna que puede ser necesaria en pos de las realizaciones espirituales más elevadas. En este espacio de humildad, independientemente de las circunstancias más desafiantes, la Verdad puede abrir el espíritu y el corazón y proporcionarnos paz. A través de la influencia de este tránsito, descubrimos un significado más profundo: hacer las paces con la vida.

Palabras clave para el tránsito de Neptuno

Inconsciente

Dejarse llevar sin ninguna discriminación

Actitud despreocupada, confiar en la suerte; ser ingenuo e imprudente.

Escapismo y evasión de las consecuencias.

Abandonar fácilmente cuando se requiere esfuerzo; buscar el camino fácil para todo.

Confiar en la ayuda de los demás y en la providencia divina para salir adelante.

Humildad

Pérdida de control, desorientación

> *Acontecimientos fuera de control, pérdidas, tragedia, confusión, situaciones caóticas que no pueden resolverse de inmediato.*

Estancamiento y vacío

> *A pesar del esfuerzo y de la propia inversión, los resultados son pobres, no se progresa o incluso se empeora; la vida no coopera. Parálisis e impotencia. El período de purga requiere un cambio de actitud y soltar; relajar la fuerza de la determinación o las actitudes de autosuficiencia.*

Sentirse abrumado por las circunstancias de la vida.

> *Las situaciones se complican y uno se siente psicológicamente poco preparado para afrontarlas. Sensación de abrumamiento por demasiados acontecimientos que ocurren a la vez; tironeo en demasiadas direcciones; invasión; una ola que arrasa; carencia de apoyo; inseguridad.*

Pérdida del yo, sentirse dominado

> *Exceso de ayuda y disponibilidad para los demás, sentir que los demás se aprovechan, falta de gratitud por parte de los demás, sentirse invadido; en casos extremos, victimizado y maltratado por la gente.*

Crisis existencial

> *Pérdida de sentido, sentirse sin apoyo en la vida, abandonado por Dios; posible pérdida de conexión espiritual, amargura, vacío o desesperación.*

Trastornos autoinmunes

> *Problemas de salud, posiblemente relacionados con trastornos autoinmunes. Estos trastornos suelen reflejar ansiedad psicológica*

subyacente, como la sensación de sentirse inseguro en el mundo o abrumado por la existencia.

Despertar

Aceptación de la pérdida de control sobre una situación
Aceptar un giro diferente de los acontecimientos y abrazar lo desconocido; fluir con la corriente. Sentir paz en medio de la tormenta, sensación de alivio.

Dejar de lado planes o convicciones; abrirse a lo desconocido
Abandonar el apego emocional y mental; cambio de actitud hacia un enfoque más flexible y relajado; fluir mejor con la vida. Superarnos a nosotros mismos.

Despertar de la ingenuidad
Darse cuenta de que la vida requiere involucrarse en forma más consciente; establecer límites más sanos; hacersecargo de las situaciones.

Ir en contra de las expectativas
Confiar en el instinto natural y en la respuesta directa a la vida, por encima de la presión cultural o de los pares.

Aceptar que la vida no gira en torno a nosotros y a nuestros deseos, sino a una verdad mayor.
Escuchar y sintonizar con las circunstancias de la vida en lugar de imponer nuestra voluntad; aceptar la dirección que toma nuestra vida y actuar en consecuencia para servir al bien mayor; el bien mayor ya no es diferente de nuestro propio bien al volvernos más sanos y felices.

Seguir la inspiración en un camino que parece poco práctico
Sentirse llamado a hacer algo o a ir a algún sitio, cuando hay poca evidencia práctica que apoye inicialmente esa iniciativa.

> *Aventurarse en lo desconocido con la certeza de que es lo correcto o auténtico, aunque a veces parezca absurdo desde una perspectiva racional.*

Tener éxito cuando menos se espera
> *Cuando todo parece perdido o inútil, surgen las recompensas. En algunos casos, esto ocurre cuando la capacidad personal ha sido llevada al límite. La confianza y el apoyo prevalecen.*

Dejar de lado las necesidades personales para responder a una llamada superior
> *Algo superior nos llama a involucrarnos con mayor devoción; y en el camino, mientras se dejan de lado las necesidades individuales por esta causa, aparecen los sentimientos de vitalidad y realización.*

Despertar y realizaciones espirituales, dicha y amor divinos
> *Sentimientos espontáneos de euforia y dicha que lo inundan todo; la conexión con lo divino es ahora tangible. Surgen nuevas realizaciones, revelaciones y capacidades, normalmente solo durante breves períodos o momentos intensos; estos momentos deben recordarse como una prueba de la alianza y la unidad con el todo.*

Público

Exposición pública; acceso a la conciencia colectiva
> *Algo sobre lo que uno es o lo que uno hace, repentinamente genera el interés del público. Por ejemplo, un artículo sobre los esfuerzos de la persona puede publicarse en los medios de comunicación impresos o hacerse viral en las redes sociales, lo que atrae una enorme atención y oportunidades.*

Servicio público y desarrollo profesional
> *Cumplir una función u ofrecer un servicio que responda a las necesidades del público. Esta función puede ser algo para lo que la*

persona se ha formado o puede ser un trabajo que se presenta de forma espontánea. En este proceso, aprender a interactuar con la gente más allá del sesgo o de las preferencias personales se hace necesario a la hora de tratar con una diversidad mayor dentro del público en general.

Fama e influencia en la dinámica colectiva

Convertirse en una posible figura pública, quizás a través de una profesión relacionada con el mundo del espectáculo o la participación política. Tener influencia a escala masiva. Aprender a lidiar con las consecuencias de esa exposición continua.

Existencial

La felicidad

Enfoque excesivamente simplista hasta el punto de vivir en la negación y escapar de los inconvenientes, del dolor y de los problemas.

Darse cuenta de que no es posible negar el dolor y la negatividad que nos sobrepasan, ya sea por crisis personales o colectivas. Pérdida, desorientación, duelo o desesperación. En casos límites, la evasión a través del abuso de sustancias o, en un extremo, suicidio.

Pasar por ciclos de esperanza y de cinismo, atravesar los desafíos de la existencia y pagar el precio de nuestros puntos ciegos e ignorancia.

Despertar y desarrollarse espiritualmente. La esperanza de encontrar una solución al dolor y la negatividad de la vida a través de una mayor conciencia, alineación y prácticas espirituales. Un llamado superior que invita a ayudar y salvar al mundo y a traer bienestar para todos, en forma permanente.

Volver a los valores sencillos del aprecio, la aceptación, la compasión y la adaptabilidad para encontrar nuestra felicidad, no a costa de la negación, sino a través de la aceptación de la complejidad y de las paradojas de la vida. Diálogo y negociación constantes con la vida, sintiéndonos apoyados y luego defraudados por el universo, tratando de averiguar cuál es la mejor manera de proceder y lo que hay que hacer.

Nada está garantizado, pero al final aceptamos el reto de la existencia, aceptamos nuestro nacimiento en la densidad de la materia: nacemos, no hay retorno al paraíso; el camino es hacia adelante. Aceptar el reto de la existencia trae consigo una felicidad más duradera y una paz interior más profunda

.

Tránsito de Neptuno por el signo de Piscis

2011 – 2026

Neptuno entró primero en Piscis el 4 de abril de 2011, por primera vez desde 1863 y completará este tránsito en enero de 2026. La nueva edición de este libro se está escribiendo entre 2010-2018 (actualizando la edición previa de 2004) y por tanto estamos a medio camino de este poderoso tránsito. Neptuno en su propio signo intensifica y desafía los principios centrales de su propio arquetipo pisciano. Podemos decir que ahora Piscis está probando su propia medicina; ya que, debido a este tránsito, cada uno de nosotros se está viendo obligado a revisar las influencias de Piscis en su carta natal.

Los tránsitos de Neptuno a menudo traen consigo la pérdida de la inocencia y experiencias de humildad, a través de la pérdida de control. Puede inducir una especie de "ruina" en los asuntos del signo por donde transita y, al hacerlo, disuelve las viejas referencias y las ilusiones de estabilidad y permanencia. Su propósito es, por un lado, *simplificar* las cosas, pero también *globalizar y universalizar* los asuntos. Por ejemplo, **cuando Neptuno estaba en Acuario**, trajo una intensa crisis a la industria de las aerolíneas y coincidió con la desaparición de muchas compañías. Más concretamente, a través de los sucesos del 11-S, experimentamos la caída de la inmunidad y una pérdida de la inocencia que provocó la intensificación de los procedimientos de seguridad en los viajes aéreos. Toda la crisis acabó por reducir los precios de los vuelos, catalizó la fusión de compañías en redes globales y permitió el acceso más fácil a los vuelos para el ciudadano medio.

El mensaje más amplio de los tránsitos de Neptuno es que, a través de la humildad, se vuelve a examinar nuestra relación con el todo y con la vida misma. Se nos obliga a salir de nuestra zona de confort, a mirar el panorama general y a dejar de lado los caprichos y resistencia. Aprendemos a "superarnos a nosotros mismos" para hacer lo que haya que hacer para que la vida funcione.

El juego entre Neptuno y Urano en Acuario y Piscis

1997-2011

Neptuno ingresó al signo de Piscis solo tres semanas después de que Urano completara su propio paso de siete años por Piscis, el 11 de marzo de 2011, el mismo día en que se produjo el desastre nuclear de Fukushima, que liberó cantidades desconocidas de materiales radiactivos en el suelo y en el Océano Pacífico y cuyas fugas siguen siendo difíciles de contener después de años. El simbolismo de este doloroso suceso no puede ser más gráfico, con la transición de estos dos planetas desde y hacia Piscis, captando el agudo desequilibrio entre los humanos (Urano) y la naturaleza (Neptuno). La catástrofe sumió al mundo entero en una crisis existencial (Piscis), mucho más allá de las pérdidas inmediatas y la destrucción local, ya que todos los habitantes del planeta se vieron afectados por la contaminación sin precedentes del océano Pacífico (Piscis). El evento puso de manifiesto los peligros de la energía nuclear (Urano), hizo que la gente reflexionara sobre lo frágil que es la vida en el planeta (Piscis), y que se cuestionara la seguridad de los recursos naturales para el consumo (Piscis).

Urano y Acuario representan la mente creativa de la humanidad y el avance de la civilización. Por el contrario, Neptuno y Piscis representan el diseño original de la naturaleza, en su forma más cruda y virginal. En otras palabras, la interacción entre Urano/Acuario y Neptuno/Piscis contrasta *lo progresivo con lo primitivo* y *la sofisticación con la simplicidad*.

Entre 2003 y 2011, mientras Urano transitaba por Piscis y Neptuno por Acuario, en recepción mutua, nos empezamos a dar cuenta de cómo la industrialización agresiva (Urano y Acuario) estaba provocando la decadencia del mundo natural (Neptuno y Piscis) de forma alarmante. La contaminación, la deforestación, la pérdida de hábitat y la extinción de especies nos hicieron cuestionar si la humanidad estaba realmente progresando (Acuario) o si más bien se estaba hundiendo el barco (Piscis). En el cambio de milenio, en 1999, fuimos conscientes a través de la influencia de Neptuno en Acuario de cómo nuestra avanzada tecnología (Acuario) podía suponer un riesgo para nuestra seguridad, cuando estalló, por ejemplo, el pánico masivo por el efecto del año 2000. Se pensó que un simple error en el formateo informático de las fechas podría provocar todo tipo de catástrofes. Aunque resultó ser una falsa alarma, nos dimos cuenta de cómo los computadores (Acuario) podían escapar a nuestro control y hacernos vulnerables (Neptuno) de formas que no habíamos imaginado. En los años siguientes, vimos cómo la realidad virtual de Internet y los teléfonos inteligentes se convertían rápidamente en parte de nuestra vida cotidiana, introduciendo una tecnología avanzada y elegante (Acuario) en la conciencia colectiva (Neptuno). Esta tecnología llevó la formación de las mayores redes de la historia, con el aumento de la velocidad de comunicación y el intercambio de datos a escala masiva para cada individuo (Neptuno en Acuario). Los medios sociales explotaron y se crearon comunidades en todas partes y se llegó a impactar en grandes eventos políticos y derrocamiento de gobiernos, como en las protestas y rebeliones de la Primavera Árabe (Neptuno en Acuario y Urano en Piscis). Pero con el progreso en la conectividad y la velocidad, llegó la conciencia de que el mundo natural estaba en grave crisis (Neptuno) y se puso en evidencia cómo el progreso tecnológico podía ser destructivo. Fuimos cada vez más conscientes del impacto humano en el medio ambiente, sobre todo, a medida que la población mundial crecía a un ritmo cada vez más acelerado (Acuario) y nos enfrentábamos a la paradoja de un *rápido progreso y declive, en forma simultánea*. El futuro de la humanidad (Acuario) se desconectó de las raíces de un pasado primordial, del diseño original de la naturaleza (Neptuno). Nos dimos cuenta de que disponíamos de estas nuevas y maravillosas herramientas, pero la cuestión existencial seguía vigente: ¿Puede la tecnología hacer feliz a alguien a costa de la aniquilación de la naturaleza (Neptuno)? Aprendimos que el verdadero progreso no puede consistir únicamente en crear nuevos artilugios, sino que es mucho más importante hacer avanzar la civilización hasta un lugar iluminado en el que el progreso no viole el medio ambiente. En otras palabras, avanzar (Acuario) tiene que armonizar con el lugar de donde venimos, los orígenes del tiempo (Neptuno).

Neptuno en Piscis y el asunto de la felicidad

Neptuno en Piscis tiene el propósito evolutivo de incitarnos a revisar nuestra relación personal con la vida misma, para hacernos evaluar si la vida, con sus placeres y dolores, es en realidad algo positivo. En términos sencillos, la cuestión que se plantea es *si, a fin de cuentas, somos felices o no*. En este universo complejo y de múltiples niveles, Neptuno en Piscis toca las cuestiones existenciales más profundas y elementales: lo que proporciona nuestro sentido básico de bienestar, tanto personal como colectivo. Vacilando entre el sufrimiento y la alegría, todos tratamos de darle sentido a nuestra existencia y averiguar de qué se trata. A través de nuestra relación con la vida, nos enfrentamos simultáneamente a la asombrosa belleza y al inmenso dolor que vemos fuera y dentro de nosotros. Estos mensajes mixtos nos hacen vacilar constantemente entre el sí y el no, entre la confianza y la precaución. Conciliar estas dicotomías y encontrar el bienestar existencial, la felicidad en forma sostenida y una relación sana con la vida, es algo que nos ocupa continuamente. Algunas personas encuentran una felicidad ilusoria, niegan el dolor y optan por mirar el mundo con lentes de color rosa o con sustancias que alteran el estado de ánimo, mientras que otras se van al otro extremo y se hunden en sentimientos de victimismo cuando no se cumplen sus expectativas. *Venimos a la existencia sin un manual para la felicidad* y sabemos muy poco sobre el gran esquema de las cosas. A fin de cuentas, ante la inmensidad de todo, la mayoría de nosotros elegimos conciliar con los asuntos prácticos que pueden mantener nuestra felicidad o solo la cordura, simplemente confiando en el proceso.

Neptuno en Piscis y el fin de las ilusiones

Neptuno en Piscis nos conecta con la fuente de la vida y la confianza fundamental en la Verdad. Incluye la confianza en que el Sol saldrá mañana, aunque no tengamos ningún control sobre él. Como resultado, este ciclo y tránsito, conlleva a una lección evolutiva que permite eliminar todos los elementos de la existencia que resulten falsos, ilusorios, irrelevantes, obsoletos, deshonestos o inconsistentes. Las ilusiones existen porque ayudan a nuestro ego a compensar la confusión y dificultad para afrontar el dolor. Proporcionan una sensación de control y endulzan nuestro dolor; las ilusiones sirven como mecanismos de afrontamiento. Esto también puede incluir las esperanzas a las que nos apegamos como forma de hacer frente a las dificultades. Sin embargo, el tránsito de Neptuno en Piscis nos confronta con una Verdad superior, más allá de nuestras proyecciones o esperanzas egocéntricas y disuelve en forma natural estas ilusiones artificiales y engañosas -de ahí que el título original de este tratado fuera *Neptuno, el fin de la esperanza y el comienzo de la verdad*.

Cualquier cosa en la vida que no tenga un real fundamento en la Verdad, tarde o temprano, puede ser erosionada o disuelta por completo. Esto puede causar el colapso de negocios, regímenes, relaciones, sistemas de creencias o ideologías que no están alineados con la Verdad, aunque puede tomar tiempo para que esas ilusiones se desmoronen. A medida que las viejas referencias son eventualmente arrastradas, podemos encontrarnos en una especie de vacío, porque a medida que algo se disuelve, puede no ser reemplazado de inmediato. Con Neptuno en Piscis, es posible que tengamos que atravesar el vacío, porque este vacío es una forma de purga; con el tiempo surgen soluciones nuevas y más auténticas. Es un proceso que requiere fe y paciencia en que la Verdad prevalecerá.

Las personas que se encuentran en transición en sus vidas no deben apresurarse a reemplazar tan rápido lo que se está desmoronando; este estado intermedio es una fase frágil pero necesaria que prepara a la persona para el siguiente ciclo de su vida.

Neptuno en Piscis y el "fin de los tiempos"

Entramos en el ciclo de tránsito de Neptuno en Piscis con preguntas existenciales muy profundas. Simbólicamente, el tránsito comenzó con una discusión sobre el fin de los tiempos, basada en el calendario maya calculado para diciembre de 2012 e incluso la industria de Hollywood recogió el guante y dramatizó este tema. Aunque la mayoría de la gente no pensaba que el fin del mundo estaba literalmente sobre nosotros, era palpable un creciente sentimiento de fatalidad colectiva. Era una época de crecientes crisis económicas y sociales, como la crisis económica de 2008, el tropiezo de la eurozona y el drama en Medio Oriente con el movimiento Daesh. Las crisis medioambientales extremas, como el desastre nuclear de Fukushima, las pruebas del cambio climático, el ritmo sin precedentes de la extinción de especies y la creciente intensidad de los fenómenos naturales pintaban un cuadro de la humanidad encaminada hacia su sexta extinción y su posible final. Neptuno en Piscis reflejaba este sentimiento de que todos estábamos en el mismo barco y de que el barco podía, efectivamente, hundirse. En este clima apocalíptico, se podía percibir la oscura fantasía de que una destrucción global catastrófica podía servir como botón de reinicio para volver empezar la humanidad desde cero, como una solución al malestar existencial global.

Neptuno en Piscis nos inspira a volver al diseño original de la existencia, antes de la impronta humana, cuando las cosas parecían funcionar. **Al ser el último signo del zodiaco, Piscis representa el final de un gran ciclo,** una razón adicional por la que este tránsito trae esta sensación de "fin de los tiempos". El cierre de este ciclo de doce signos, nos lleva a evaluar la suma de todo lo que compone la vida, todo lo que hemos hecho o dejado de hacer, todo lo que hay y dónde estamos. Medimos nuestros éxitos y fracasos para ver si, en su conjunto, la vida nos funciona o no. Al final, lo que resiste esta prueba puede servir de base para el siguiente ciclo. Con Neptuno en Piscis, la dinámica global afecta a la realidad personal. Un problema en un lugar afecta a todo el planeta, porque no hay fronteras que nos separen; no hay lugar donde huir, ya que los problemas son de naturaleza global. Si el barco se hunde, todos estamos en él y, por lo tanto, la sensación de pesadumbre se siente colectivamente. En el lado positivo, cuando se encuentra una solución en un lugar, puede servir y salvar a todos, en todas partes.

La conjunción de Neptuno con Quirón en Piscis (2010-2018) amplió la conciencia de nuestro predicamento existencial. Como arquetipo, Quirón reúne dos extremos: una sensación de maestría y una herida profunda que nunca se cura del todo. En Piscis, nos damos cuenta de que, por mucho que las civilizaciones hayan avanzado (maestría), no podemos negar las crisis globales intratables (cicatrizar la herida). Desde la perspectiva de Quirón, la cuestión es ver si las heridas infligidas a la naturaleza son irreversibles, incurables y sin opción de reinicio o salvación. En la mitología, Quirón se vuelve humilde cuando acepta la mortalidad para liberarse del dolor eterno; nosotros experimentamos el propio complejo de Quirón cuando nos damos cuenta de la mortalidad de nuestra tierra y de nuestra existencia global: no somos invencibles y la tierra tampoco lo es.

Curiosamente, el reciente tránsito de Neptuno en Piscis también reflejó una mayor disponibilidad de servicios de **suicidio asistido y eutanasia**, inicialmente puestos a disposición de los enfermos terminales para acortar su inevitable sufrimiento. Durante este tránsito, esta práctica se ha ampliado en algunos países como Bélgica para permitirles a las personas con problemas psiquiátricos e, incluso, a los niños, acogerse a lo que se denomina "derecho a morir". Neptuno en Piscis pone de relieve la lucha por la vida y las crisis existenciales profundas para las que la muerte pueda parecer la salvación definitiva y el camino a seguir.

Neptuno en Piscis y el papel del mundo de la Naturaleza

El mundo de la naturaleza es un foco central de Neptuno en Piscis, porque la naturaleza sirve como punto de referencia original *sobre cómo funcionaban las cosas antes de la intervención humana*. La naturaleza se compone de todos los elementos primarios que crean y sostienen la vida: la tierra, el aire, el agua y el fuego. Mientras desarrollemos y creemos nuevas realidades a partir de estos elementos primarios, la naturaleza nos servirá como *botón de reinicio* cada vez que cometamos algún error; la naturaleza es a lo que podemos acudir cuando nuestros computadores y cohetes no nos entregan la felicidad prometida. Esto se ilustra con la imagen de la hierba creciendo a través del hormigón agrietado, abandonado y en descomposición, que sirve como recordatorio de que podemos volver a empezar cuando las cosas fallan.

Con Neptuno en Piscis, nos damos cuenta del alcance de nuestro daño a la naturaleza y del hecho de que, si la destruimos lo suficiente, perderemos esa opción de reinicio y con ella, todos nuestros puntos de referencia. Por ejemplo, la agresiva industrialización de la agricultura por parte de las grandes corporaciones que modifican genéticamente las semillas, como Monsanto, podría llevar a una corrupción irreversible de los diseños originales de las semillas. Más allá de los peligros obvios de perder nuestras semillas originales, tal alteración representa una ruptura con nuestros propios orígenes; en otras palabras, una ruptura con el Creador, la semilla original.

Neptuno trae consigo la pérdida de la inocencia, por lo que debemos darnos cuenta de que la naturaleza no puede darse por sentada. Con o sin nuestra ayuda, debe reforzar su propia inmunidad. Somos testigos de la inmunidad debilitada de la naturaleza en las algas invasoras que asfixian los arrecifes de coral y en la diezma de abejas, ranas y murciélagos a causa de nuevos parásitos y trastornos inmunológicos. Con Neptuno en Piscis, las amenazas a la inmunidad humana pueden venir del agua, como de la contaminación de las aguas subterráneas (métodos como la fracturación hidráulica ya están envenenando los suministros de agua). Este patrón también se observa en el aumento de las sequías, las inundaciones y el agotamiento de los peces en los océanos.

Mientras Neptuno en Piscis refleja el alarmante potencial de destrucción de la naturaleza, en forma simultánea, presiona a la misma para que mejore su sistema inmunológico y encuentre nuevas formas de adaptarse a los cambios. Por tanto, podemos esperar que "la naturaleza reclame su carácter salvaje" y desarrolle formas de purificarse de la toxicidad de su sistema. Muchos entornos podrían volverse inhabitables como resultado.

En esta línea, muchas personas sienten la llamada a volver a una vida más natural, tanto interna como externamente. La necesidad de despojarse de las capas artificiales y vivir de forma más auténtica pueden engendrar el abandono de los grandes centros urbanos para llevar una vida más sencilla en las zonas rurales o el desarrollo de la agricultura urbana y el urbanismo ecológico. El anhelo de la verdadera felicidad puede llevar a la gente a pulsar su propio botón de reinicio para volver a lo básico, ya que los estilos de vida requieren alto mantenimiento y, a menudo, son estresantes y superficiales, entonces, pierden su atractivo.

En los niveles de conciencia más elevados, una mayor investigación y revelación puede traer una mayor conciencia sobre la conciencia de la naturaleza. Este tránsito puede fomentar la comunicación entre especies, donde las barreras entre los humanos, animales y plantas se disuelven gradualmente.

Neptuno en Piscis y los recursos naturales

Dado que Neptuno y Piscis representan los elementos en sus formas más primarias y diseño original, también se asocian con la geología, la vulcanología, los recursos naturales y la vida silvestre. Con el actual tránsito de Neptuno en Piscis, estamos experimentando una completa desestabilización en estas áreas, con un número récord de especies que se extinguen y recursos naturales que se agotan. En esta fase caótica, se produce una pérdida de la inocencia y se vuelve a la modestia de nuestro ego para que surjan en la conciencia colectiva nuevas comprensiones sobre el uso de los recursos e importancia de la vida silvestre.

Por ejemplo, el tránsito de Neptuno en Piscis suele ser un momento en el que se descubren y desarrollan nuevos recursos. Además de las tecnologías solares y eólicas ya existentes, quizás se descubra un paradigma o recurso energético completamente nuevo. Los avances pueden estimular una "fiebre del oro" y conducir al florecimiento de nuevas industrias relacionadas. Curiosamente, las reservas de oro y diamantes están disminuyendo. No solemos darnos cuenta de que estas sustancias tienen una finalidad natural distinta a la de servir de costosos adornos. El oro puede ser un purificador del suelo y de las corrientes de agua, por lo que una extracción excesiva podría afectar a la calidad y al ciclo de regeneración del suelo. **El ingreso anterior de Neptuno en Piscis** supuso la llegada de la Fiebre del Oro en California en 1848, el mismo año que se refinó petróleo con éxito por primera vez y que se destiló kerosene (un combustible comercial). Con el auge del petróleo y el oro, la Tierra fue suelo para experimentar, como una generosa tienda de caramelos llena de valiosos recursos fácilmente disponibles para servir a la humanidad y aumentar su riqueza. En el ciclo posterior, los suministros se están agotando y la tienda de caramelos está en bancarrota.

Como Neptuno representa la naturaleza y los elementos en sus formas más primitivas, representa los pocos lugares vírgenes que quedan en el planeta, como las selvas tropicales remotas, los desiertos, las montañas en altura, los fondos oceánicos y los polos, zonas que han permanecido relativamente intactas por ser inhóspitas para los humanos. Curiosamente, con el derretimiento de los hielos polares, el Ártico es ahora más accesible y todos los países circumpolares: Rusia, EE.UU., Canadá, Islandia, Dinamarca y Noruega, han hecho reclamos territoriales, tanto en tierra como en los fondos marinos, para controlar cualquier futura navegación y explotación de recursos. Por otra parte, se han tomado iniciativas para proteger el Ártico de la industrialización y las perforaciones. La región puede convertirse en una zona proclive a las luchas de poder político si no se alcanzan y respetan acuerdos globales.

Neptuno en Piscis también puede estimular la exploración de estos lugares vírgenes. Por ejemplo, en 2012 el director de cine James Cameron fue el primer hombre en los últimos 50 años (y el segundo en la historia conocida) que exploró la Fosa de Challenger, el lugar más profundo del océano. Las exploraciones de "nuevas fronteras" también pueden producirse en el espacio exterior, donde las navegaciones de territorios inexplorados o, incluso, de otras dimensiones, pueden proporcionar nuevas comprensiones de la existencia. Es importante tener en cuenta que, aunque Neptuno en Piscis suele asociarse con el agua, también rige todos los elementos en sus formas primarias, incluidos el aire, la tierra y el fuego, por lo que las nuevas exploraciones pueden producirse en cualquiera de estas áreas, no solo en el océano.

Neptuno en Piscis y el desarrollo espiritual

El propósito evolutivo de Neptuno es armonizar con la vida en su totalidad, con todos sus desafíos y recompensas, tal y como es. Por eso se lo asocia directamente con nuestra sensación de bienestar y felicidad; cuando estamos en sintonía con la vida, podemos navegar por ella con éxito y experimentar la felicidad. Cuando luchamos contra la vida y nos resistimos a ella, experimentamos una constante sensación de carencia, vacío o amargura y cada desafío se convierte en un enfrentamiento personal. La vida en sí misma sigue siendo la misma, pero nuestra actitud hacia ella determina la experiencia que tengamos. Esta dinámica representa la dimensión espiritual de Neptuno y trae consigo la lección *de cómo hacer las paces con la vida*.

Desarrollar una comprensión espiritual nos permite ver el panorama general y confiar en la vida incluso cuando nos enfrentamos a lo desconocido, experimentamos contratiempos y dolor o no entendemos por qué suceden las cosas. Nuestra espiritualidad es un ejercicio de confianza -confiar en la Verdad- aunque solo entendamos parte de ella.

Con el tránsito de Neptuno en Piscis, nuestros puntos de referencia espirituales pueden verse puestos a prueba. Las ideas, las perspectivas y los enfoques que antes tenían sentido para nosotros pueden dejar de tenerlo y es posible que nos acosen las dudas. Nuestra fe y confianza se ven enfrentados a desafíos inesperados y podemos sentirnos abrumados por los acontecimientos. Es entonces cuando descubrimos si nuestras referencias espirituales nos ayudan realmente o si acabamos sintiéndonos aplastados por la vida; ¿sentimos que el universo es nuestro amigo, que nos ha abandonado o, incluso, que se ha vuelto hostil?

De manera más constructiva, este tránsito puede abrir nuevas puertas a realizaciones más elevadas. Si permanecemos centrados en la Verdad y abiertos al aprendizaje, la vida puede guiarnos a niveles de experiencia más profundos y elevados. Son momentos en los que podemos literalmente salirnos del tiempo y entrar en frecuencias mucho más refinadas, alcanzar lugares interiores donde el sentido de separación se disuelve. Esto puede ocurrir a través de nuevas comprensiones del conocimiento y de la existencia, al ser inundados con corrientes de dicha o de amor o a través del desarrollo de nuevas habilidades, como los dones de curación o de clarividencia.

Neptuno por el signo de Piscis

Puede aparecer un maestro espiritual en nuestras vidas, que potencie estas facultades o experiencias. El velo del tiempo puede levantarse cuando conocemos la humildad y la devoción a la Verdad superior.

En algunas ocasiones, estas experiencias espirituales pueden ser embriagadoras, dado que puede ser muy excitante sentirse íntimamente conectado con lo divino. Las personas pueden incluso desarrollar complejos mesiánicos y tener la convicción de que han sido elegidas para una misión espiritual superior, a menudo relacionada con la salvación del mundo. A veces estas llamadas son auténticas, mientras que otras veces son exageradas o completamente delirantes. Así pues, podemos ver cómo surgen nuevos "mesías" durante este tránsito, pero el hecho de asumir ese papel pondrá a prueba la autenticidad y capacidades reales. El papel de salvador también puede proyectarse en líderes políticos carismáticos, porque las masas anhelan una solución definitiva a todos sus problemas. La búsqueda de "aquel que les quite el dolor" puede llevar a la adulación de cualquiera que parezca encajar, por poco que sea, con esas expectativas.

El tránsito de Neptuno en Piscis tiene el propósito de acercarnos a la Verdad suprema, la única religión. Por lo tanto, puede disolver naturalmente las ilusiones, las proyecciones y las interpretaciones limitadas o falsas de lo divino. Cualquier sistema espiritual que no sea auténtico y esté centrado en la Verdad está sujeto a crisis y redefinición durante este tiempo. Junto con el ascenso y la caída de los falsos profetas, podemos ver un quiebre en las instituciones espirituales tradicionales.

Por ejemplo, en 2013, el Papa Benedicto renunció al papado por razones poco claras; esto ocurre por primera vez desde 1415. En esa misma línea, la cantidad de personas que adhieren a la

Iglesia católica y a las iglesias cristianas en generalen Estados Unidos ha sufrido una fuerte merma. Otra institución religiosa que está experimentando retroceso es la Iglesia de la Cienciología, que fue objeto del condenatorio documental *Going Clear*, que expuso la historia de intimidación y abuso de esa Iglesia.

De manera dramática, este tránsito vio el surgimiento del Estado Islámico (Daesh o IS), un núcleo islámico radical cuya supuesta visión es recrear el Califato Islámico en Medio Oriente y el Norte de África. El uso de la brutalidad extrema para lograr sus objetivos fue inspirado por versiones existentes de las interpretaciones del Islam, pero amplificadas. En una expresión negativa de Neptuno en Piscis, la aspiración es volver a las condiciones primitivas y destruir el progreso y la modernidad. Daesh es una fuerza anexa que aparentemente surgió del caos de la guerra, la negligencia y la desesperación en Irak y Siria y algunos afirman que fue financiada originalmente por grandes naciones interesadas en causar un conflicto en Siria. Bajo el tránsito de Neptuno en Piscis, esta organización puede eventualmente disolverse de la misma manera que surgió y, de hecho, ya fue erradicada de su fortaleza en 2017. Sin embargo, el impacto a largo plazo que asocia el Islam con la brutalidad y salvajismo en la conciencia colectiva (Neptuno), ha manchado la imagen del Islam durante mucho tiempo y ha estimulado los sentimientos anti-islámicos en todo el mundo. Esto puede ser especialmente crítico en Europa, donde crece la tensión entre los inmigrantes islámicos y los europeos. En el peor de los casos, esto podría escalar a guerras civiles, culturales y religiosas. No obstante, al igual que otros sistemas espirituales que han debido enfrentar su crisis existencial, el Islam también tendrá que reinventarse y purificar aquellos elementos que resulten ser ilusorios u obsoletos.

Neptuno en Piscis y la globalización, la unificación y la trampa.

El tránsito de Neptuno en Piscis hace que el mundo parezca cada vez más pequeño y centralizado, porque nos hace más conscientes de lo que compartimos, a pesar de nuestras diferencias. El concepto de "unidad" y la disolución de las diferencias, intrínseco a Neptuno en Piscis, ya está ocurriendo, gracias a Internet. Cualquiera puede ser consciente, de forma casi instantánea, de cualquier cosa que ocurra en cualquier lugar del planeta. Este rápido intercambio de información y comunicación fomenta el desarrollo de una cultura global. Podemos ver a personas de todo el mundo reunirse en torno a causas e intereses comunes, con respuestas rápidas y un impacto global masivo. Ya sea una petición para protestar contra la injusticia o un vídeo viral de un gato pueden circular por todo el mundo con unos pocos clics, a veces arrasando con millones de visitas o firmas. Nunca antes los individuos promedio habían sido capaces de llegar de manera tan rápida y barata al resto de la población.

Neptuno en Piscis representa el poder para el pueblo y desde que comenzó su viaje a través de Acuario, Internet ha sido un medio revolucionario y transformador que permite empoderar a las masas para encontrar una voz contra las estructuras de poder de la élite. En septiembre de 2011, unos meses después de la entrada de Neptuno en Piscis, comenzó el movimiento Occupy. Se trataba de una protesta popular contra la injusticia social y la desigual distribución de la riqueza que quedaron descaradamente expuestas tras el quiebre económico de 2008 y los posteriores rescates bancarios. Se centró en la supuesta corrupción y avaricia de Wall Street, en la que influían las empresas que ignoraban las necesidades del ciudadano medio. El movimiento ganó un impulso significativo con el lema "Somos el 99%". Neptuno en Piscis realza los efectos de acciones colectivas y la difusión global de ideas, productos y conceptos. Este es un momento en el que la persona promedio puede tener influencia, ya sea formando parte de un movimiento social o utilizando los canales virtuales para compartir ideas creativas.

La globalización también se manifiesta a través de gobiernos centralizados y grandes empresas. Durante la última década o más, hemos sido testigos del declive de las pequeñas empresas, a medida que son reemplazadas por servicios en línea o asimiladas a corporaciones gigantes que controlan los mercados a través de su tamaño e influencia.

La disolución de la individualidad en la cultura global, también ha llevado a la pérdida voluntaria e involuntaria de la privacidad, ya que nuestra actividad en internet deja un rastro accesible para el escrutinio. Las redes sociales han abierto nuestra vida privada al colectivo, ya que la gente comparte experiencias personales y llega a menudo a un público relativamente amplio, formado por sujetos que no necesariamente se conocen personalmente. De manera más insidiosa, el tráfico por Internet es rastreado por empresas de publicidad que recopilan información privada para dirigirnos anuncios. Con Neptuno en Piscis en 2013, Edward Snowden reveló que la Agencia de Seguridad Nacional (NSA) de EEUU, donde estaba empleado, llevaba a cabo un masivo programa de vigilancia sin orden judicial, recopilando información privada sobre ciudadanos desprevenidos. La gente está completamente expuesta, perdiendo la inmunidad y protección de la privacidad.

El peligro de la globalización es la dilución de la diversidad. Como resultado de la globalización de la cultura, todo se vuelve más homogéneo, haciendo que la singularidad y la individualidad se disuelvan gradualmente. Esta dinámica fomenta los monopolios y las normas simplificadas que pueden imponerse al colectivo. Naturalmente, a medida que todo se vuelve más uniforme y centralizado, la gente puede sentirse atrapada e intentar reclamar las identidades individuales. Como resultado, es inevitable que se produzca una rebelión contra la conformidad general. Podemos esperar que estas tendencias entre el impulso de unificación y fusión en movimientos más globales y el impulso de separación, que proviene del miedo a perder la propia individualidad, continúen hasta bien entrado el tránsito de Neptuno en Aries, ya que las negociaciones internas entre el "uno" colectivo (Piscis) y el "uno" individual (Aries) se pondrán de manifiesto a medida que Neptuno progrese a través de estos signos.

La pérdida de la diversidad también puede verse en la naturaleza, ya que las especies se cruzan debido a la presión de la pérdida de hábitat, creando así nuevas especies; los osos polares se aparean con los osos pardos, creando el oso Grolar o los lobos se aparean con los coyotes, creando los "coywolves". El surgimiento de estos nuevos ejemplares puede alterar el equilibrio de las relaciones establecidas entre depredadores y presas y desestabilizar el ecosistema, hasta que el nuevo orden natural destruya estas nuevas razas o las integre con el tiempo. Mientras tanto, la pérdida de la biodiversidad puede debilitar los sistemas inmunológicos al homogeneizar el ADN. La sostenibilidad puede depender de la extensión de estos fenómenos. Hasta cierto punto, es parte natural de la evolución que las especies cambien de forma y muten a medida que la vida se desarrolla, pero si esto ocurre de forma demasiado rápida y radical, puede contribuir a un colapso de los sistemas naturales.

De forma más alentadora, la globalización puede promover las alianzas y la paz y fomentar los tratados internacionales, porque Neptuno en Piscis puede disolver las actitudes defensivas y permitir que las partes o las naciones se unan, reconociendo sus objetivos comunes. En su mejor momento, Neptuno en Piscis puede traer la reconciliación y la paz y derretir el corazón más duro en situaciones de conflicto. Por ejemplo, la paz entre la guerrilla de las FARC y el gobierno colombiano se firmó en 2016, tras 52 años de conflicto armado. Otros conflictos de larga duración, como entre israelíes y palestinos o Corea del Norte y Corea del Sur, quizás se disuelvan y permitan que surjan nuevas formas de diálogo. No es probable que esto ocurra rápidamente, porque al igual que el agua tarda en erosionar la roca, también se necesita mucho tiempo para que los egos de cada lado encuentren la humildad y cambien su actitud. De no ser así, Neptuno en Piscis puede perpetuar sentimientos mutuos de victimización y acusaciones que alimentan círculos negativos de desconfianza y enemistad.

La unificación también puede producirse cuando se comparte colectivamente una amenaza externa, como una catástrofe natural o una crisis social. Ante la posibilidad de una destrucción y una tragedia extremas, personas que pueden haber sido extrañas o incluso enemigas, pueden unirse a través de los esfuerzos o el dolor compartidos. En estos momentos de vulnerabilidad, la gente se da cuenta de que todos tienen necesidades similares y comparten valores comunes, como la aspiración a estar seguros y sanos. Puede ser necesaria una tragedia para recordarle a todos que deben unirse, como inspira Neptuno en Piscis.

EL TRÁNSITO ANTERIOR DE NEPTUNO EN PISCIS, 1847-1862

Mientras exploramos los poderosos elementos de Neptuno en Piscis, vale la pena revisar la última vez que ocurrió este tránsito, para hacer algunas comparaciones sorprendentes y quizás concluir algunas pistas sobre la naturaleza de nuestros tiempos actuales bajo este nuevo ciclo.

La gran hambruna en Irlanda (1845-1852)

También conocida como la hambruna de la papa irlandesa, esta hambruna masiva fue causada en gran medida por la excesiva dependencia en una única variedad de papa, barata, que fracasó debido al hongo de la papa, una enfermedad que causó un colapso inmunológico de este alimento básico. La falta de diversidad en su dieta y los cultivos comerciales destinados solo a la exportación condujeron al desastre. Cerca de un millón de personas murieron y otro millón abandonó Irlanda, mermando gravemente su población. La hambruna comenzó con Neptuno en Acuario (malestar social) formando una cuadratura con el Eje Nodal en Tauro (alimentos) y Escorpio (muerte), junto con Ceres (cultivos, cosechas y hambruna) en Piscis oponiéndose a Quirón (herida, mortalidad) y se intensificó posteriormente con el desplazamiento de Neptuno hacia el signo de Piscis (colapso de la inmunidad, contaminación y escasez de recursos fundamentales, tragedia masiva, martirio).

En la actualidad, los alimentos básicos y las semillas están contaminados por la ingeniería genética, lo que podría debilitar nuestro sistema inmunológico. Las semillas, nuestro recurso más natural, pueden corromperse irreversiblemente si no se hace nada para preservar su integridad.

La fiebre del oro en California (1848)

El descubrimiento de oro en California el 24 de enero de 1848 provocó una migración masiva hacia la costa oeste. La gente llegó por tierra y por mar, desde todos los continentes, haciendo estallar la población de menos de mil colonos blancos a cien mil, en un solo año. Al principio, el oro era tan abundante que a veces era posible recoger las pepitas desde el suelo. La enorme afluencia de población condujo a un desarrollo masivo, en particular a la ciudad de San Francisco. Cuando las reservas de oro empezaron a disminuir, comenzaron a surgir intensas rivalidades y hostilidades. Las minorías y los mineros extranjeros fueron perseguidos y expulsados, junto con los nativos americanos que vivían en la zona. Los nativos también acabaron siendo esclavizados, obligados por ley a realizar trabajos forzados para servir a los mineros.

Neptuno en Piscis representa los recursos naturales de la Tierra, que son regalos "gratuitos" de la naturaleza y que suelen ser abundantes en zonas donde los humanos aún no han invadido -nuevas fronteras, tierras vírgenes, esos lugares salvajes, primitivos y puros en su estado original-. En este contexto, Neptuno en Piscis también representa la falta de regulaciones y circunstancias en las que cada persona es una ley en sí misma: la "ley de la selva" o el "código del viejo Oeste".

El Manifiesto Comunista de Karl Marx (1848)

Karl Marx y Friedrich Engels publicaron el Manifiesto Comunista de forma anónima, el 21 de febrero de 1848, cuando Neptuno acababa de entrar de nuevo en Piscis y se había unido al Sol. Este fue también el momento del retorno de Saturno en Piscis del propio Marx.

El panfleto de 30 páginas fue suprimido y permaneció bajo tierra hasta 1871, cuando fue reeditado y publicado en seis idiomas, para convertirse en uno de los tratados políticos más influyentes del mundo.

El Manifiesto Comunista capta el espíritu de Neptuno en Piscis, al promover la disolución de las clases económicas y la distribución equitativa de la riqueza, sin el dominio de un gobierno central. La idea es que la gente trabaje felizmente en beneficio del conjunto a cambio de que se le cubran sus necesidades básicas de subsistencia: comida, vivienda, educación y atención sanitaria, todo ello de forma gratuita. Sin fronteras nacionales ni gobiernos, la guerra sería innecesaria.

En tiempos recientes (2016), la aparición de Bernie Sanders, un político socialdemócrata en EEUU, tierra del capitalismo, recoge un ideal similar de justicia económica a través de una redistribución más equitativa de la riqueza.

Guerra Civil de Estados Unidos (abril de 1861-1865)

con Quirón en 0 de Piscis y Neptuno en 29 de Piscis

La Guerra de Secesión de los Estados Unidos comenzó justo al final del último tránsito de Neptuno en Piscis en 1861, el mismo año en que Quirón se trasladó a Piscis, una configuración similar al reciente paso de Neptuno y Quirón en Piscis.

La guerra fue desencadenada por el candidato presidencial Abraham Lincoln, cuya plataforma antiesclavista provocó la secesión de siete y, luego, once estados del Sur en desafío a cualquier intento de abolir o restringir la esclavitud en los

Estados Unidos. Los estados del Sur perdieron la guerra y la esclavitud fue finalmente abolida.

Curiosamente, Neptuno y Piscis representan la esclavitud y la pérdida de la individualidad a manos de una fuerza dominante. Como tal, el tránsito de Neptuno en Piscis fomentó la disolución de la esclavitud, pero solo se le puso fin oficialmente en Estados Unidos cuando Neptuno se trasladó a Aries, el signo de la individualidad.

"El Origen de las Especies" de Charles Darwin (1859)

Esta obra de referencia de la literatura científica de Charles Darwin propuso que la vida evolucionó en el transcurso de muchas generaciones a través de un proceso de selección natural. Presentó pruebas de que la diversidad surgió a partir de un origen en común: la noción propia de Neptuno en Piscis. Las ideas acerca de la evolución de las especies eran controversiales, porque entraban en conflicto con la creencia religiosa de que Dios creó las especies en una jerarquía fija e inmutable, situando al ser humano como único y por encima de todos los demás animales.

La comprensión de la selección natural y de la evolución progresiva como consecuencia de las presiones ambientales, más que de la intervención humana, refleja fuertemente el significado de Neptuno en Piscis. Confirma que todas las formas de vida son dinámicas y conscientes, que responden a los desafíos existenciales y que la inocencia y la debilidad no pueden subsistir en la naturaleza, ya que todas las especies se ven presionadas para reforzar su sistema inmunológico.

Darwin afirmaba que ayudar a los débiles podía diluir los beneficios de la selección natural, pero advertía que inhibir ese gesto pondría en peligro el instinto natural de compasión, "la parte más noble de nuestra naturaleza".

La selección natural y la compasión son las dos caras de la misma moneda con Neptuno en Piscis: por un lado, aceptar la naturaleza tal y como es, con sus indelebles presiones de supervivencia, junto al principio de no intervención; y por otra parte, la compasión que refleja la capacidad de identificarse y empatizar con todos los seres y de intervenir para ayudar, disminuyendo la experiencia de separación y sufrimiento.

Curiosamente, Charles Darwin y Abraham Lincoln nacieron el mismo día, el 12 de febrero de 1809, y ambos nacieron con Neptuno y Saturno en conjunción en Sagitario y, si las horas de nacimiento oficiales son confiables, ambos tienen a Neptuno en un ángulo (para Darwin, conjunción con el Ascendente desde la casa 12 y para Lincoln, conjunción con el MC desde la casa 9).

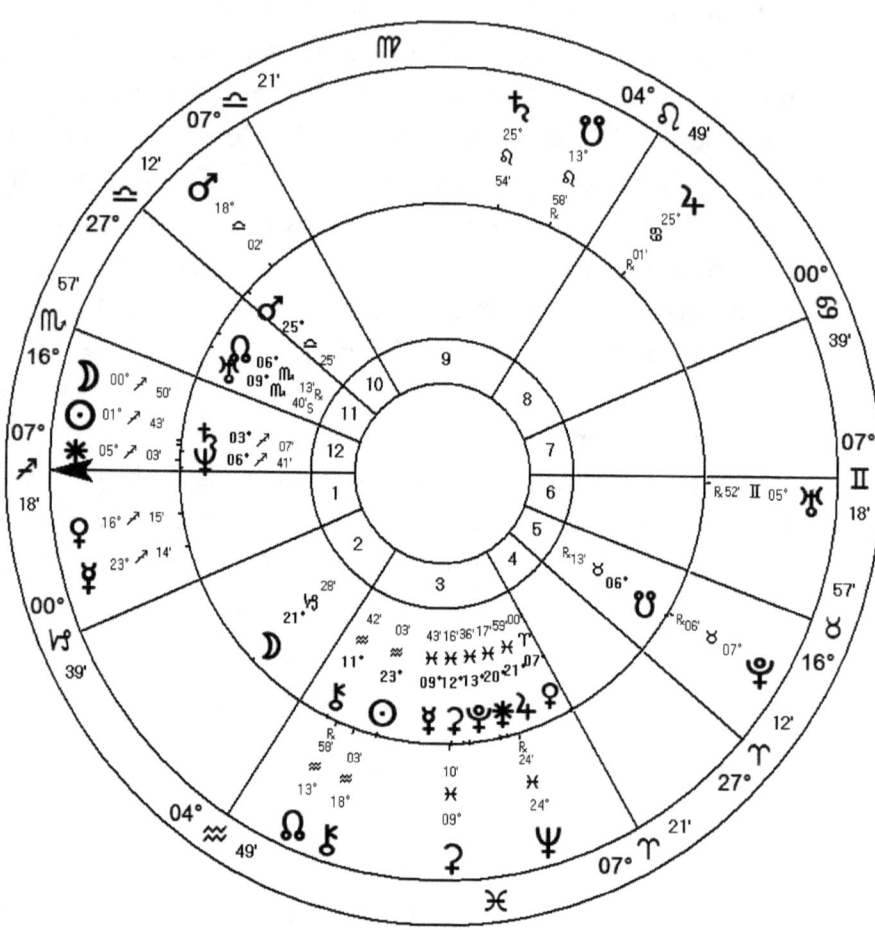

Carta 1: Rueda dual con Tránsito en el exterior– **Charles Darwin** *y su publicación del Origen de las Especies (24 de noviembre de 1859) - (Hora de Nacimiento no oficial).*

- **Tránsito** de la Luna Nueva opuesta a Urano en conjunción con Saturno-Neptuno natal.

Neptuno por el signo de Pisces (1847-1862)

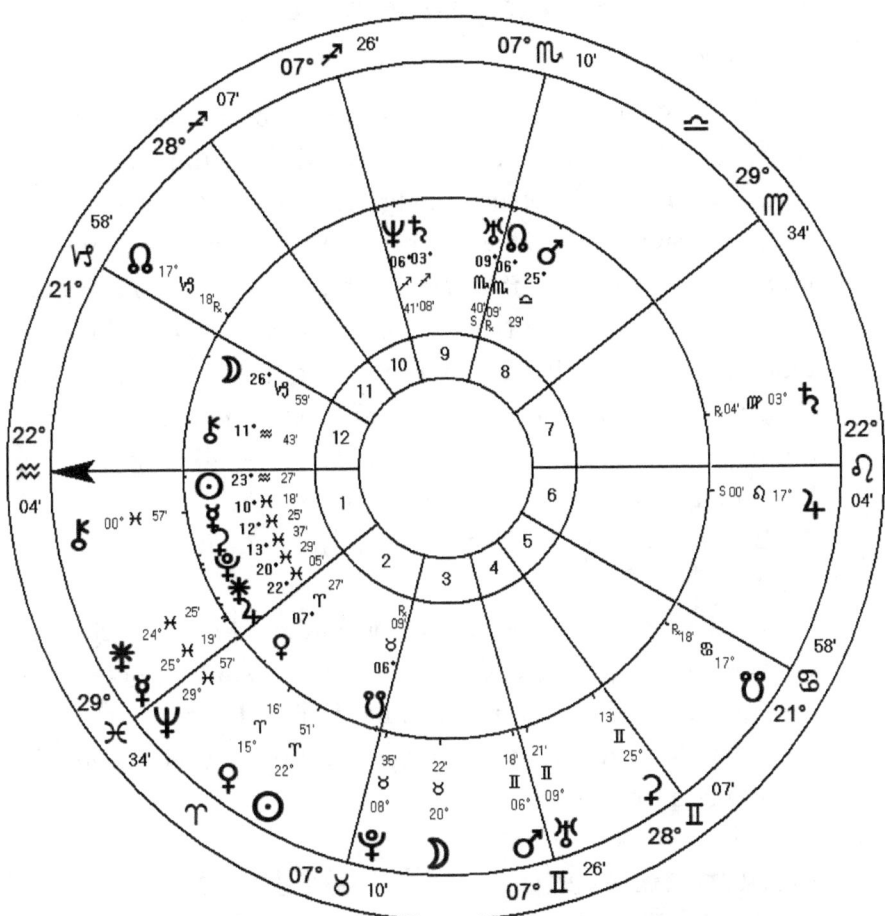

Carta 2: Rueda dual-con Tránsito en el exterior– **Abraham Lincoln** *y el comienzo de la Guerra Civil en Estados Unidos (12 de abril, 1861).*

- **Tránsito** de Marte-Urano opuesto a la conjunción Saturno-Neptuno. El Neptuno, en tránsito, a minutos de arco del ingreso a Aries.

Segunda y tercera pandemia de cólera (1848-1860)

En el siglo XIX se produjeron devastadores brotes de cólera, que se intensificaron durante el tránsito de Neptuno en Piscis, matando a miles de personas en Francia e Inglaterra y a muchos de los sobrevivientes de la hambruna en Irlanda. La emigración irlandesa propagó la enfermedad a América, primero matando a miles de personas en Nueva York y luego extendiéndose por todo el continente, llevada por la Fiebre del Oro a California, Oregón y México. Finalmente, afectó a todo el mundo, matando aproximadamente a doscientas mil personas sólo en Tokio y hasta un millón de personas en Rusia.

En general, las pandemias están fuertemente asociadas a Neptuno y Piscis, debido a su relación con la pérdida de inmunidad y la disolución de los límites, lo que facilita la contaminación generalizada. El cólera se transmite a través de la contaminación del agua potable, normalmente como resultado de la falta de higiene y la negligencia, típicas de la expresión negativa de Neptuno.

Origen del credo Baha'i (1844-1863)

El credo Baha'i predica la unificación de todas las religiones principales, incluyendo tanto las religiones monoteístas, arraigadas en Medio Oriente, como las religiones dhármicas, arraigadas en la India, uniendo así el judaísmo, el cristianismo, el islam, el hinduismo y el budismo. Considera en igualdad a todos los profetas de estos movimientos espirituales. El credo Baha'i se originó en Persia y luego se extendió a Europa y América, con el objetivo de predicar la paz y la unidad de la humanidad.

La unificación espiritual es fundamental para la influencia de Neptuno en Piscis, un tránsito que marca la fundación de este credo.

Guerra de Crimea (1854-1856)

La península de Crimea en el Mar Negro, adyacente a Ucrania, fue el escenario de una guerra entre el Imperio Ruso y una alianza de Francia y Gran Bretaña y el Imperio Otomano, ya en declinación. Rusia perdió la guerra en 1856.

Un ciclo de Neptuno más tarde, en 2014, con el actual tránsito de Neptuno en Piscis, Crimea volvió a ser escenario de un conflicto armado, esta vez entre Rusia y Ucrania, tras una revolución ucraniana en la que fueron expulsados los líderes prorrusos. Al oponerse a los crecientes lazos de Ucrania con Europa Occidental, Rusia puso su ejército en Crimea y arrebató efectivamente la península al control ucraniano. En la actualidad, la soberanía de esta zona sigue siendo objeto de disputa.

L.L Zamenhof (nacido en 1859), fundador de la lengua universal Esperanto

El esperanto es una lengua construida que fue creada por L.L. Zamenhof con la intención de tener una lengua mundial universal. Creía que ayudaría a superar las diferencias culturales y el nacionalismo y fomentaría la paz y la armonía de la humanidad. Zamenhof nació el 15 de diciembre de 1859 con Neptuno en Piscis en cuadratura estrecha con su Sol/Mercurio en Sagitario. Publicó su primer libro sobre el esperanto en 1887, cuando Neptuno se unió a Plutón en Géminis (lenguaje).

Inicio del Impresionismo (1860)

El Impresionismo fue un movimiento artístico iniciado en Francia que se apartó de los métodos y temas de la pintura tradicional, es decir, los retratos y la pintura de estudio y adoptó un enfoque más fresco y libre con un estilo más espontáneo y natural, a menudo pintando al aire libre. Los temas solían proceder de escenas cotidianas de la vida moderna y de la naturaleza. Desde sus humildes comienzos como movimiento marginal y vanguardista en París, el Impresionismo creció hasta convertirse en uno de los estilos de pintura más admirados y populares e incluyó a muchos artistas icónicos, como Monet, Cézanne, Renoir y Manet.

Neptuno en Piscis capta esta forma de pintura natural y de espíritu libre, que mezcla un sentido de "impresión" abstracta del momento con la representación de escenas de la vida cotidiana y paisajes naturales. Neptuno en Piscis refleja este movimiento de liberación artística, donde el estilo no es tan formal, sino más natural y espontáneo.

Los diferentes estadios del presente. Tránsito de Neptuno en Piscis (2011 – 2026)

ABRIL 2011

Neptuno ingresa a Piscis (♆♓)

Neptuno entró al signo de Piscis un mes después de que la central nuclear de Fukushima Daiichi fuera destruida por una ola de tsunami, provocada por un terremoto de magnitud 9,0 cerca de la costa oriental del Japón (11 de marzo de 2011). Los daños en la central nuclear provocaron un enorme vertido de material radiactivo en el océano Pacífico, causando una contaminación sin precedentes de las aguas, aún no contenida hasta la fecha.

Los primeros meses de 2011 fueron también el punto álgido de la Primavera Árabe, una época en la que las revueltas masivas provocaron el derrocamiento de dictadores de larga duración en varios países del norte de África, concretamente en Túnez, Libia y Egipto y en algunos países de Medio Oriente. El efecto dominó de esta oleada de protestas traspasó fronteras y desestabilizó estructuras sociopolíticas enteras, recordando a todo el mundo la rapidez con que pueden producirse los cambios y la desestabilizacióndel status quo, incluso en los sistemas más estáticos y rígidos.

El 2 de mayo de 2011, Osama Bin Laden, presunto cerebro de los atentados del 11-S, fue abatido en su recinto de Pakistán en una operación de asalto estadounidense cuyo nombre en clave era Lanza de Neptuno. En sintonía con "la ira de Neptuno", Bin Laden fue enterrado en el mar. Este acontecimiento debilitó considerablemente a la organización terrorista Al-Qaeda. Sin embargo, dos años después, en abril de 2013, el mundo vio surgir otro movimiento terrorista, Dáesh (Estado Islámico), que sumió especialmente a Siria e Irak en la brutalidad y el caos. El vacío de liderazgo creado por la guerra de Irak de 2003, resultado de la destrucción y el abandono, engendró la aparición de este movimiento terrorista radical y extremista. Neptuno representa la negligencia, el caos y las influencias parasitarias.

En otro orden de cosas, el 17 de septiembre de 2011 marcó el surgimiento global del movimiento Occupy, un movimiento sociopolítico de protesta contra la desigualdad financiera y el control de los recursos por parte de la élite del 1%. Un año después, el movimiento Occupy se extendió por todos los continentes del planeta (aparte de la Antártida), arrastrando a las masas a denunciar la corrupción y la injusticia social. Neptuno refleja la unidad de todos nosotros y la legitimidad de la gente común. Disuelve los privilegios y la superioridad.

Esta lista de acontecimientos que rodean la entrada de Neptuno en Piscis describe la naturaleza de estas influencias: desde la herida de las aguas y los ecosistemas, hasta la necesidad de empoderar a las masas, a la gente sencilla y reequilibrar la distribución de los recursos, pasando por las consecuencias de la guerra y la destrucción que supuran en movimientos extremistas ideológicamente radicalizados, los que en su sensación de victimización se sienten justificados para hacer daño a los demás.

Neptuno en Piscis enseña a los humanos el uso correcto de los recursos naturales y a no morder la mano que nos da de comer, la fuente del diseño original de la vida: la Naturaleza. En su expresión más profunda, nos recuerda nuestro origen espiritual, donde las cosas comenzaron antes de la intervención humana, ese lugar al que siempre podemos volver y empezar de nuevo. Destruir la naturaleza significaría que eliminamos la posibilidad de reajustar nuestro rumbo cada vez que nos equivoquemos o nos perdamos.

2015 – 2016

Neptuno en Piscis en conjunción al Nodo Sur, en oposición a Júpiter en Virgo en el Nodo Norte y en cuadratura a Saturno, en Sagitario

(ΨHʊ ♃♍☋ ♄♐)

Una poderosa T cuadrada, en signos mutables, que involucra a Neptuno en Piscis, Júpiter en Virgo y Saturno en Sagitario alineados con el Eje Nodal en Virgo/Piscis, comenzó a formarse en agosto de 2015 y se solidificó en 2016. Neptuno estuvo exactamente en conjunción con el Nodo Sur a 9 grados de Piscis en noviembre de 2016, amplificando significativamente los efectos de este tránsito.

Los signos mutables representan los principios holísticos de la vida, conectando todos los componentes de la vida entre sí; reflejan la necesidad de integración de lo que se ha creado en los signos fijos precedentes en un todo mayor. En esta perspectiva global, los signos mutables nos recuerdan que todo es interdependiente, que no podemos abordar la vida de forma unidimensional ni centrarnos en una sola cosa, sin comprender su contexto más amplio. Durante este tránsito presenciamos los siguientes resultadosdel mismo:

Dinámicas interculturales y sistemas de creencias: el éxodo de refugiados sirios; el aumento global del racismo.

Neptuno en Piscis, en cuadratura a Saturno en Sagitario y oposición a Júpiter en Virgo, se manifestó como un éxodo masivo de civiles de nacionalidad siria, huyendo del caos de la guerra civil, rompiendo el dique que los contenía e inundando las fronteras de los países europeos a través de las costas de Grecia y Turquía. Esta inesperada fusión de culturas desencadenó una reacción islamofóbica y amplificó el auge del nacionalismo de derecha en Europa y Estados Unidos, especialmente cuando se produjeron atentados terroristas en diferentes países europeos. El Reino Unido optó por abandonar la Unión Europea mediante el infame Brexit, posiblemente como consecuencia de la crisis de los refugiados y la necesidad de asegurar sus fronteras. Del mismo modo, Donald Trump ganó inesperadamente las elecciones presidenciales de EEUU, con la promesa de endurecer las fronteras, apuntando especialmente a los musulmanes y a los mexicanos. Su victoria coincidió con un aumento de los delitos de odio e incidentes de intimidación racial. De las personas que nombró para formar parte de su gabinete, algunas tenían supuestos y controvertidos vínculos con grupos de supremacía blanca. Neptuno en Piscis refleja la disolución de las fronteras, lo que puede dar lugar a una mayor fusión y asimilación, pero también a una pérdida de identidad personal. Como Neptuno estaba en cuadratura con Saturno en Sagitario, los asuntos relacionados con la religión y la diversidad étnica se amplificaron. Júpiter en Virgo reflejaba la necesidad de Europa de incorporar nuevos inmigrantes para consolidar la mano de obra, así como la amenaza del desempleo.

La credibilidad de la información puesta a prueba – el fenómeno de las noticias falsas

En el contexto de la conectividad global y la accesibilidad del conocimiento que llegó con la era de Internet, el riesgo de manipulación masiva e información dudosa se puso de manifiesto en el curso de la campaña electoral estadounidense de 2016. El fenómeno de las noticias falsas publicadas a propósito para desestabilizar a los candidatos a las elecciones quedó en evidencia, de nuevo por la T cuadrada, mutable, que involucra a Neptuno en Piscis (ingenuidad y pérdida de la inocencia) y a Saturno en Sagitario (credibilidad de la información que se difunde).

La desilusión y la disolución de las referencias anteriores con Neptuno en el Nodo Sur en Piscis

Neptuno hizo conjunción exacta con el Nodo Sur en Piscis, del que es regente, en noviembre de 2016. Este fue un momento en el que el mundo se asombró de ver a Donald Trump ganar las elecciones de Estados Unidos, una señal adicional que revela el ascenso de los partidos de derecha en todo el mundo. En esta posición, Neptuno trajo una desilusión global. Donald Trump desafió todas las convenciones y la lógica a lo largo de su campaña, ya que fue elegido a pesar de su falta de respeto a las minorías, su enfoque grosero y la ruptura del tabú de no revelar sus declaraciones de impuestos. Luego procedió a convertirse en el primer presidente electo en desafiar la política de una sola China al hacer una llamada a los líderes taiwaneses. Neptuno puede reflejar el desafío a la lógica y la disolución de límites, lo que, de forma positiva, permite desacondicionar las perspectivas mentales existentes. A medida que los patrones se disuelven, vemos surgir nuevos patrones. En sentido negativo, el abandono de la lógica crea una sensación de desorientación y la pérdida de valores. Puede que Trump sea experto en las expresiones tanto negativas como positivas de esta forma de enfoque imprevisible y de provocar el caos.

De manera positiva, Neptuno en el Nodo Sur puede servir como un portal a través del cual se puede acceder a verdades espirituales más elevadas y conducir a nuevas revelaciones o descubrimientos. Neptuno en los Nodos tiende a disolver los velos entre nuestra realidad y la dimensión atemporal, lo que conduce a posibles avances espirituales, a la exploración de nuevas fronteras y a un anhelo de unificación.

Si nos remontamos a la época en que Neptuno estaba en conjunción con el Nodo Sur en Sagitario (1983), el volcán Kilauea, en la Isla Grande de Hawai, comenzó su erupción y sigue derramando lava hasta el día de hoy: el período más largo de actividad volcánica jamás registrado, en el que las fuerzas primarias e indómitas de la naturaleza desatan su carácter incontrolable.

También fue el año del primer vuelo del transbordador espacial Challenger, que abrió nuevos caminos en la exploración espacial. También fue el año en que, tras la guerra del Líbano, Israel firmó un tratado para retirarse de ese país.

En otro orden de cosas, en vísperas de 1983, Michael Jackson lanzó su famosa obra, *Thriller*, que se convirtió en el álbum más vendido de todos los tiempos. Michael Jackson (que nació con Neptuno en conjunción con el Eje Nodal) también introdujo su movimiento de baile característico, el "Moonwalk", caminata lunar, un movimiento de baile sensacional que se convirtió en una marca registrada. También fue uno de los primeros artistas en utilizar vídeos musicales para promocionar su música en el revolucionario canal MTV (Música y Televisión). Ése fue el año en que se vio catapultado a una fama y popularidad sin precedentes, ya que ayudó a iniciar una nueva era multimedia para la música pop. Neptuno en los Nodos refleja este éxito masivo, permeando todos los ámbitos de la cultura y estilos.

A finales de 1999 y principios de 2000, Neptuno estuvo en conjunción con el Nodo Sur en Acuario, con la inauguración de los Observatorios Géminis, los dos telescopios más grandes y avanzados del mundo. Uno está situado en Hawai y el otro en Chile, y juntos cubren casi por completo los cielos del Sur y del Norte.

Enero y diciembre de 2020

Nota sobre las conjunciones de Saturno-Plutón y de Júpiter-Saturno

(♀♄ 22♑ ♃♄ 0♒)

En 2020 se producen dos importantes alineaciones planetarias: la conjunción Saturno-Plutón, a 22 grados de Capricornio (12 de enero de 2020) y la conjunción Júpiter-Saturno a 0 grados de Acuario (21 de diciembre de 2020); aunque estas alineaciones no implican directamente a Neptuno o Piscis, proporcionan un contexto importante para la influencia de Neptuno.

El ciclo Saturno-Plutón está estrechamente relacionado con cuestiones relativas al uso ético del poder y se asocia a la gestión y distribución de los recursos y la riqueza a escala global. Señala la necesidad de mantener altos estándares éticos cuando se tiene acceso a los recursos y a un poder más global. Por ello, esta configuración suele reflejar una amplificación o exposición de la corrupción y del abuso de poder. Es un momento en el que el deseo de poder y dominio se intensifica y puede poner fácilmente a prueba la integridad de individuos, organizaciones y gobiernos. Cuando Plutón y Saturno comiencen su nuevo ciclo en 2020, se posicionarán sobre sus respectivos Nodos Sur en Capricornio (los Nodos Sur de Saturno y Plutón se posicionan ambos alrededor de los 20 grados de Capricornio), amplificando enormemente la importancia de esta alineación. Pueden producirse cambios importantes en la redistribución del poder, posiblemente hasta el punto de alterar el mapa político de los grandes actores. Es muy probable que algunos de estos cambios impliquen importantes duelos políticos y conflictos armados: los mapas de los países pueden ser redibujados en el proceso, posiblemente mediante la intensificación de las batallas por el dominio del mundo. Positivamente, esta influencia puede hacer que los líderes y gobiernos corruptos rindan cuentas y restauren las referencias éticas.

Ciclos anteriores entre Saturno y Plutón vieron la caída de imperios y el surgimiento de otros nuevos, incluyendo batallas por el dominio mundial, como la Guerra Fría (alrededor de 1947). La conjunción de 2020 puede muy bien ser uno de los aspectos más importantes de estas décadas, sobre todo porque precede por solo unos meses a la conjunción Júpiter-Saturno. Podemos esperar que se tomen decisiones de importancia crítica en el transcurso de estos meses, poniendo al mundo en una nueva trayectoria, ya que el poder y el control sobre los recursos se reorganizan. Esta configuración puede afectar al liderazgo político, a los sistemas bancarios y al uso de los recursos naturales; y puede fomentar tanto nuevas alianzas y tratados como guerras agresivas.

Con el nuevo ciclo de Júpiter-Saturno que comienza en 0° de Acuario en el período entre diciembre de 2020 y parte de 2021, es posible ver que emerja un nuevo orden social, a partir de las intensas luchas de poder y las consecuencias kármicas del ciclo Plutón-Saturno. Júpiter y Saturno en Acuario nos hablan de emancipación y de la aspiración a liberarnos de la corrupción, del estancamiento cultural y del liderazgo desequilibrado. Esta conjunción da más autoridad a los visionarios, científicos e intelectuales y puede representar una liberación y un despertar muy necesarios.

Este nuevo ciclo Júpiter-Saturno es el comienzo de una serie de conjunciones entre estos dos planetas en los signos de Aire, alejándose de los doscientos años previos de conjunciones en los signos de Tierra. Por lo tanto, es probable que propulse el progreso tecnológico y el de los derechos humanos, al haber una mayor integración de la Inteligencia Artificial y la robótica como parte de la corriente dominante.

Abril 2022

Neptuno y Júpiter comenzarán un nuevo ciclo con una conjunción en los 2 3 grados de Piscis.

(Ψ 23 ♓)

Esta conjunción entre los regentes moderno y tradicional de Piscis se produce en el signo de Piscis, lo que resalta su importancia. Los temas que se desarrollaron en 2015-16 en el momento de su oposición, pueden resurgir cuando se junten de nuevo. Esta configuración capta la inmensidad del arquetipo pisciano: lo universal, lo ilimitado y las dimensiones abstractas de la espiritualidad. Esta influencia se refiere a ir más allá de la mente conceptual y del control egocéntrico, para acceder a fuerzas y dimensiones más grandes que uno mismo y estimular un impulso de expansión. Es una alineación que exige que se expongan las ilusiones, al mismo tiempo que nos impulsa a no transigir cuando se busca la Verdad. Aquellos que pueden acceder a una cualidad auténtica dentro de sí mismos pueden experimentar un despertar espiritual o seguir la llamada de un destino especial; una llamada espiritual a la acción. Al igual que otros puntos clave del tránsito de Neptuno, este tránsito puede inspirar a los humanos a reconciliarse con la naturaleza y a simplificar sus valores. Tal vez impulse una mayor exploración del espacio y el descubrimiento de nuevos recursos, posiblemente incluso más allá de la Tierra. Por ejemplo, puede que durante este tránsito avancen temas como la extracción de minerales desde asteroides.

La expansión y disolución de límites intrínseca a esta conjunción puede tener un efecto de *boomerang* destructivo y engendrar una deflación inesperada: esto puede conllevar desilusión, la devaluación de las monedas y el colapso de las estructuras para contrarrestar cualquier exceso y mala gestión. Se espera que durante este tránsito se produzcan inflación y deflación rápidas, similares a la manía y la depresión en curvas que se afectan unas a otras.

Esta conjunción aspectará en semi-sextil a Saturno en 23 grados de Acuario y en sextil al Nodo Norte a 22 grados de Tauro. La síntesis de estos aspectos nos habla de la necesidad de bajar a tierra los ideales utópicos más elevados (Saturno en Acuario, semi-sextil a Júpiter/Neptuno en Piscis) para encontrar formas prácticas de aplicarlos (Nodo Norte en Tauro). Se trata de traer "el cielo a la tierra" y reconectar el cuerpo (Tauro) con el

Neptuno por el signo de Pisces (2011-2026)

espíritu (Piscis). Aunque no es posible anticipar el contexto exacto de estas influencias y cómo se desarrollarán con antelación, como Urano hará conjunción al Nodo Norte en Tauro durante ese mismo año, podemos anticipar importantes reformas en los sistemas financieros y en la gestión de los recursos, con posibles nuevos métodos de distribución y gestión del territorio.

Cabe mencionar que el 2022 también será el año de la oposición del Neptuno en Tránsito al Neptuno de Estados Unidos, en los ejes Virgo-Piscis, al mismo tiempo será el primer retorno para la carta de EE. UU., de Plutón, en 27 Capricornio. Si se utiliza la carta con ascendente Sagitario de los Estados Unidos, el retorno de Plutón se producirá en la casa 2, afectando la dinámica esencial de la economía. El dominio de los EEUU como potencia económica mundial se pondrá a prueba en forma importante; y una de dos: o bien obtendrá una presencia aún más fuerte, o bien se enfrentará a un declive y a diversos reveses. La oposición simultánea de Neptuno en Tránsito con Neptuno Natal, en los ejes Virgo-Piscis, indicará una posible depresión y una crisis de desempleo. Esta oposición puede reflejar el caos interno debido a motivos económicos, pero el caos también podría ser producto de factores políticos, raciales, religiosos y sociales (relacionadas con la casa 9). En un escenario desfavorable, el país puede quedar gravemente dividido. Si miramos el ciclo anterior, éste fue un momento en el que la creciente polarización respecto a la esclavitud dio lugar a la secesión y a la Guerra Civil. Desde un ángulo más positivo, Urano en el Nodo Norte en Tauro, insinúa la posibilidad de soluciones prácticas y tecnológicas y que finalmentehabrá reformas que se implementen.

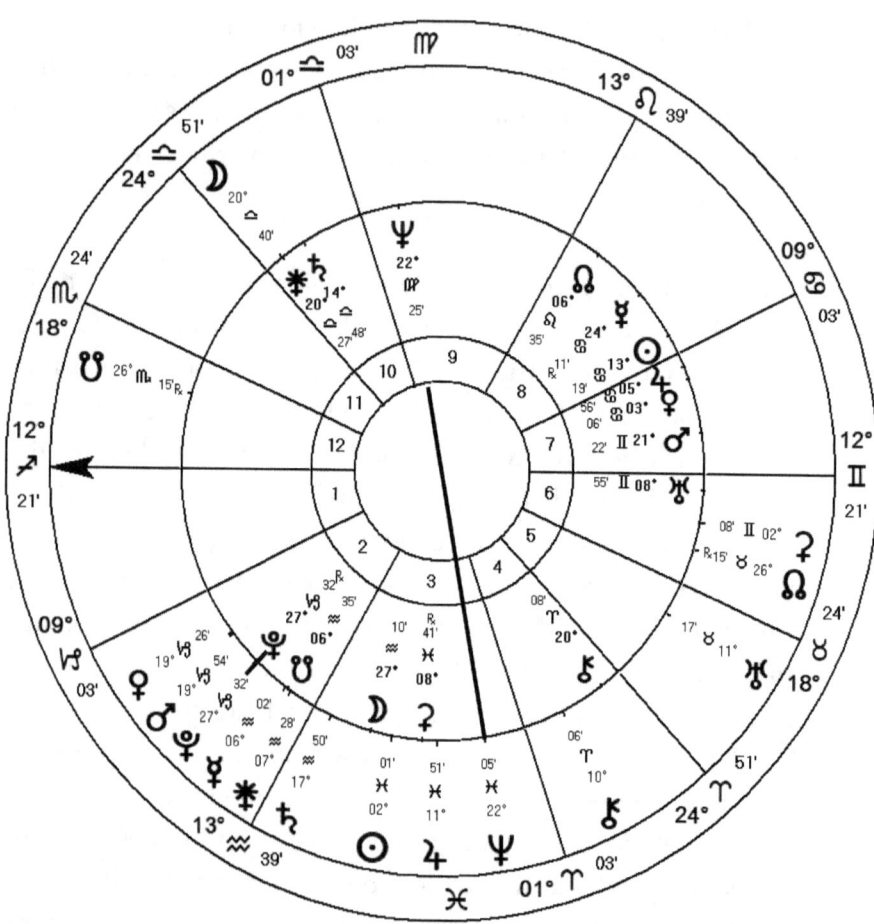

Carta 3. Rueda-dual con Tránsito en el exterior -Los Estados Unidos en febrero de 2022 con la oposición Neptuno-Neptuno y el retorno de Plutón.

Septiembre 2024

Neptuno-Urano-Plutón en sextil a 28 grados de Piscis, Tauro, Capricornio

(♆♅♀ 28♓♉♑)

Agosto 2025

Neptuno-Saturno sextil a Urano-Plutón con Neptuno y Saturno en 1 grado de Aries en sextil a Urano en Géminis y Plutón en Acuario.

(♆♅♀ 1♈♊♒)

Hacia el final de su reinado en Piscis, Neptuno formará ajustados sextiles con los planetas exteriores Urano y Plutón: una configuración que comienza en 2024. Sin embargo, esta configuración será exacta en 2025, **en los primeros grados de Acuario (Plutón), Aries (Neptuno y Saturno) y Géminis (Urano).** Los planetas exteriores reflejan la necesidad de salir de nuestra zona de confort, trascender las limitaciones existentes y evolucionar nuestra conciencia. Sacuden nuestras necesidades de seguridad y las cosas que damos por sentadas para desafiar nuestras limitaciones, fomentando una comprensión más profunda de la Verdad. En las raras ocasiones en las que los tres se alinean, tenemos una increíble oportunidad de experimentar cambios acelerados y poderosos en nuestras vidas y de acceder a dimensiones completamente nuevas del ser; es una oportunidad para un profundo cambio de conciencia. Podemos ver importantes reformas políticas (Neptuno-Saturno en Aries) y avances sustantivos en la educación (Géminis), la cultura (Géminis), la tecnología (Acuario) y la justicia social (Acuario). Estamos entrando en una era enfocada en la mente, las ciencias, la tecnología y el desarrollo social.

Curiosamente, esta configuración estrechará su influencia en el transcurso de aproximadamente dos años, durante los cuales Neptuno cambiará de signo, cuando este planeta ingrese desde Piscis hacia el punto de Aries (0 grados de Aries). Sin embargo, antes de su nuevo nacimiento en Aries, **Neptuno hará conjunción con el Nodo Norte a 28 grados de Piscis en febrero de 2025**. Luego, Saturno alcanzará el grado de Neptuno y, en junio de 2025, ingresará también al punto de Aries. En otras palabras, en agosto de 2025, **los cuatro planetas distantes del zodiaco se sincronizarán en estos potentes grados**.

Esta alineación, que inicialmente se unió en los signos de agua (Neptuno en Piscis) y tierra (Plutón en Capricornio y Urano en Tauro) en 2023 y 2024, seguirán provocando una revolución cultural global. No podemos saber en el momento de escribir este libro cuál será el contexto sociopolítico, pero entendemos que esta configuración exige un liderazgo sabio. Un malestar colectivo (Piscis) puede provocar la necesidad de reformas en el uso y la distribución de los recursos (Tauro) y desafiar la credibilidad de los sistemas políticos establecidos que se resisten al desarrollo (Capricornio). Desde un ángulo positivo, éste es un momento en el que la gente puede encontrar un mejor equilibrio entre el desarrollo de la civilización y el respeto por la tierra y la naturaleza. Neptuno en Piscis con Urano en Tauro inspiran para una mayor integración entre el espíritu y la materia. Con Urano en Tauro, podemos anticipar el desarrollo de sistemas financieros más avanzados que quizás puedan servir mejor a la gente común y corriente (Neptuno en Piscis); Neptuno en Piscis simboliza a la gente común y a la naturaleza, mientras que Urano en Tauro muestra los cambios radicales que se esperan en los sistemas financieros y en la agricultura. Tal vez esto signifique que el capitalismo agresivo tendrá que reformarse y ajustarse para restablecer un mejor equilibrio entre las clases sociales.

Sin embargo, antes de una posible renovación, la humanidad puede enfrentarse a una crisis existencial en la que los alimentos, los recursos y el agua podrían estar considerablemente contaminados y agotados; y puede que segmentos de la población experimenten hambrunas, sequías, epidemias y pérdida de salud en general (Urano en Tauro con Neptuno en Piscis).

Cuando estos planetas se muevan juntos gradualmente hacia los signos de fuego (Neptuno y Saturno en Aries) y aire (Plutón en Acuario y Urano en Géminis), podemos esperar reacciones a las crisis existenciales que vinieron antes, durante el ciclo de Neptuno en Piscis. De manera positiva, el nuevo ciclo puede inspirar nuevas soluciones y un aumento de la creatividad, para activar paradigmas culturales y tecnológicos completamente nuevos, con el colapso de sistemas obsoletos y el surgimiento de nuevos liderazgos. Estos tránsitos inspiran increíbles desarrollos científicos, nuevos descubrimientos, reformas educativas y sistemas de transporte más rápidos y eficientes. Desde el ángulo negativo, las reacciones a las crisis existenciales pueden instigar respuestas políticas violentas, ya que Neptuno en conjunción con Saturno en el punto de Aries refleja el uso de la fuerza a través de conflictos armados y una posible guerra civil.

Agosto 2025 y febrero 2026

Neptuno y Saturno, en Aries

El movimiento de Neptuno a Aries representará una liberación de energía tremenda y una fuerte necesidad de reclamar el propio lugar: esto puede dar lugar al nacimiento de una nueva era. Durante los años en que Neptuno transite en Piscis, experimentaremos una crisis existencial global en la que la supervivencia del planeta y la sostenibilidad de nuestras vidas se verán amenazadas. Este deterioro global crea un vacío. Cuando Neptuno se desplace a Aries, la necesidad de llenar este vacío generará un gran impulso. Cuando Saturno se mueva al mismo tiempo hacia el punto de Aries, podemos esperar más anarquía en diferentes partes del mundo y quizás un nuevo mapa mundial con nuevas fronteras en ciernes. Los países y estados pueden reclamar su independencia y redefinir el mapa mundial. En los EEUU, quizás una vez más seamos testigos de estados que intenten liberarse de la Unión.

La conjunción anterior entre Neptuno y Saturno, en 1989 en Capricornio, trajo consigo el colapso de la Unión Soviética y la apertura del Muro de Berlín. Anteriormente, en 1953, cuando Neptuno estaba en conjunción con Saturno en Libra, se produjo una considerable inestabilidad política cuando el titán y dictador soviético, Josef Stalin, murió de un derrame cerebral; además, David Ben Gurion, padre fundador de Israel, renunció a su liderazgo y la reina Isabel II fue coronada, destinada a convertirse en la monarca que más tiempo ha reinado en el Reino Unido.

La última vez que Neptuno se movió a Aries, fue en 1861: fue el comienzo de la Guerra Civil en Estados Unidos, cuando los estados del Sur se negaron a abolir la esclavitud eintentaron separarse de la Unión. Su incapacidad para alinearse con el progreso y aceptar el nuevo paradigma provocó su catastrófica derrota y el nacimiento de una nueva era en los Estados Unidos.

Los tránsitos, en resumen

El tránsito de Neptuno en Piscis completa todo un ciclo de vida, desarraigándonos y limpiando todo aquello que nos ha servido como referencia emocional y espiritual y preparando así el terreno para un nuevo ciclo, que comenzará cuando se traslade a Aries (2025).

El libre albedrío deja la puerta abierta a las diferentes formas en que se pueden activar estos ciclos. A pesar del potencial de estos intensos desafíos y de su capacidad de destrucción, de forma muy neptuniana, debemos darnos cuenta de que, a pesar de nuestras limitaciones e ignorancia, la humanidad busca en última instancia progreso, armonía y salud. Si el amor no fuera más fuerte que el odio, habríamos desaparecido hace tiempo.

Para más información de Maurice Fernandez

Servicios de Consultas

Diploma en el Programade Astrología Evolutiva
Calendario de eventos como orador
Visite:
MAURICEFERNANDEZ.COM

www.ingramcontent.com/pod-product-compliance
Lightning Source LLC
Chambersburg PA
CBHW072141070526
44585CB00015B/980